세계사 속의 **한국근현대사**

일러두기

1. 세계사의 시각에서 한국근현대사를 이해하고자 각 장 서두에 해당 장과 관련된 '세계사의 흐름'을 별도로 정리하고, 장마다 가급적 세계사와 연관 지어 한국근현대사를 서술하고자 했다.

2. 가독성을 높이기 위해 대체로 한글로 서술하고 내용 이해를 위해 필요한 경우에만 한자를 병기했으며, 한글과 한자음이 다른 때에는 '한글[한자]'로 표기했다.

3. 외국 인명·지명 등 고유명사는 해당 국가 발음을 확인하여 표기하고 필요에 따라 원어를 병기했다.

4. 날짜를 1895년까지는 음력, 1896년부터는 양력으로 표기했다.

5. 도서 등은 겹낫표(『 』), 법령·논문·신문기사 등은 낫표(「 」)로 기재했다.

6. 본문 중 개념 해설 등이 필요한 경우 상자 안에 별도로 설명했다.

7. 참고문헌은 장별 말미에 저자 이름의 가나다순으로 기재했다.

세계사 속의

한국
근현대사

박찬승·이승일·김지형 편

경인문화사

이 책 『세계사 속의 한국근현대사』는 한국근현대사를 세계사 속에서 서술해보고자 한 책이다. 그것은 한국근현대사가 세계사와 매우 밀접한 관련을 갖고 진행되었다고 보기 때문이다. 한국근현대사의 큰 사건치고 세계사의 주요 사건과 관련되지 않은 사건이 없었다. 예를 들어 일본의 한국강제병합은 러일전쟁, 3.1운동은 1차세계대전의 종전과 파리강화회의, 한국의 해방은 2차 세계대전의 종전과 일본의 패전, 한국전쟁은 미·소 간의 냉전 및 중국의 공산화와 깊은 관련을 갖고 일어난 사건들이었다.

그동안 한국사를 일국사적인 시각에서 서술한 책들은 많지만, 세계사와 관련하여 서술한 책은 드물었다는 점을 반성하여, 이 책에서는 가능하면 한국근현대사를 세계사적인 배경 위에서 서술하고자 하였다. 그래서 각 장의 맨 앞에 '세계사의 흐름'이라는 부분을 넣어 각 장의 사건이 일어난 시기의 세계사의 변동을 서술하고, 본문에서는 기회가 있는 대로 한국사의 주요 사건들을 국제정세의 변동과 관련하여 서술하고자 노력하였다. 그러나 모두 한국사 전공자인 필자들의 능력 부족으로 만족할 만한 수준은 되지 못한 점을 아쉽게 생각한다. 추후 기회가 닿는 대로 보완해 나갈 생각이다.

이 책에서는 한국근현대사를 제1부 '제국주의세력의 침략과 근대한국의 개혁', 제2부 '일본제국주의의 지배와 민족해방운동', 제3부 '냉전기와 탈냉전기의 남북한'의 3부로 나누어 정리하였다. 제1부는 7개 장, 제2부도 7개 장, 제3부는 8개 장 등, 모두 22개 장으로 나누어 각 장별로 주요 주제를 서술하는 방식을 택하였다. 특히 북한사 부분에 2개 장을 할애한 점이 이 책의 특징이라 하겠다.

이 책의 집필에 참여한 이는 모두 12명으로, 모두 한국근현대사를 전공한 이들이다. 이 책은 10여 년 전에 펴낸 『한국근현대사를 읽는다』의 후속편이라 할 수 있는데, 필자의 약 반이 바뀌었고, 그동안 학계의 최근 연구성과를 반영하여 집필하였기 때문에 내용도 많이 바뀌었다. 이번 책은 12명의 필자들이 편집회의를 열어 전체적인 방향을 설정한 뒤 각 장을 분담하여 서술하였으며, 편저자 3명(박찬승·이승일·김지형)이 최종적으로 내용을 검토하였다.

이 책은 대중들의 교양서이자, 대학강의의 교재로 사용될 것을 염두에 두고 집필된 책이다. 세계가 더욱 가까워지고 있는 지구화의 시대를 맞이하여, 대중과 대학생들이 한국근현대사를 세계사의 시각에서 이해하는 데 이 책이 도움이 되길 바란다.

『한국근현대사를 읽는다』에 이어 『세계사 속의 한국근현대사』를 선뜻 출판해주신 경인문화사측, 특히 책의 편집과 지도 제작 등에 애써주신 실무자 분들께 감사를 드린다.

2024. 1.
필자들을 대표하여 박찬승

| 차 례 |

2부 일본제국주의의 지배와 민족해방운동

3부 냉전기와 탈냉전기의 남북한

"한국사 속에 세계사가 있고, 세계사 속에 한국사가 있다."

한국근현대사 속에 세계사가 있다

이 책은 세계사 속의 한국근현대사를 서술한 것이다. 한국근현대사를 세계사와 관련시켜 서술한 이유는 두 가지이다. 첫째, 한국사는 결코 일국사가 아니다. 한국사 안에는 세계사가 깊숙이 들어와 있다. 특히 한국근현대사의 경우는 더욱 그렇다. 한국근현대사는 기본적으로 세계사의 흐름에 의해 좌우되어 왔다고 말해도 과언이 아니다. 제국주의 시대에 한국은 문호를 개방하였고, 이후 제국주의 국가의 보호국과 식민지가 되었다. 일제의 한국에 대한 식민지배는 제국주의 국가의 식민지배의 보편성과 일제의 식민지배의 특수성을 함께 지닌 것이었다. 제2차 세계대전의 종전으로 제국주의 시대가 끝나면서 한국은 독립국이 되었다. 그러나 자본주의와 공산주의의 대결, 즉 냉전이 시작되면서 남북으로 분단되어 두 개의 국가가 만들어졌다. 그리고 남북은 미국과 소련을 대리한 전쟁까지 치렀다. 이후에도 1990년경까지 미소의 냉전 상태 하에서 남과 북은 항상 전쟁의 위기 아래 있었다. 이와 같이 한국근현대사는 개항 이후 냉전시대까지 세계사에 의해 사실상 규정되어 왔다고 말해도 과언이 아니다. 그것은 조선-대한제국-남·북한으로 이어지는 국가들이 약소국으로 강대국의 힘을 이길 수 없었기 때문이다.

세계사 속에 한국근현대사가 있다

둘째, 한국근현대사는 같은 시기 세계사 속에서 무시할 수 없는 비중을 차지한다. 한국사는 세계사에 의해 일방적으로 규정 당해온 것만은 아니었다. 한국인들은 제국주의 일본의 보호국과 식민지가 되는 과정, 또 식민지가 된 이후 치열하게 저항했다. 의병전쟁, 3·1운동, 독립전쟁, 임시정부 활동, 각종 결사와 민중의 저항 등을 통해 일제의 식민지화와 식민지배에 저항했다. 한국인들의 저항은 특히 거세어서 3·1운동과 같은 경우는 세계적으로 널리 알려졌고, 다른 약소민족들의 저항운동에 영향을 미치기도 했다. 해방 이후 남북으로 분단되는 과정에서도 한국의 정치인과 민중은 이에 격렬하게 저항했다. 분단시대로 접어든 이후에도 한국인들은 외세의 영향력을 물리치면서 정치 외교적으로 민주적인 국가, 자율적인 국가, 경제적으로 자립적인 국가를 만들기 위해 치열하게 노력했다. 그 결과 한국인들은 한국을 경제발전과 민주화에 어느 정도 성공한 나라로 만들었다. 한국은 이제 아시아에서 가장 민주적인 나라, 경제적으로 상당한 규모의 나라가 되었다. 또 한국의 문화는 '한류'라는 이름으로 세계로 뻗어나가고 있다. 한국은 이제 국제사회에서 상당한 비중을 차지하는 나라, 세계사에 영향을 미치는 나라의 반열에 들어선 것이다.

위와 같은 두 가지 이유로 우리는 이 책의 이름을 『세계사 속의 한국근현대사』라고 붙였다. 물론 이 책에서는 한국근현대사를 주로 서술하고, 세계사는 그 배경이나 관련된 사항을 중심으로 서술할 것이다. 우리는 이를 통해 독자들이 한국근현대사를 항상 세계사와 연관하여 생각할 수 있도록 이끌고자 한다.

한국근현대사는 인간해방을 위한 고투의 과정

인류의 역사는 인류가 기아·빈곤·질병·무지·억압·전쟁·자연재해로부터 해방되기 위해 끊임없이 노력해 온 과정이다. 한국근현대사도 예외가 아니었다. 한국근현대사 또한 한국인들이 이와 같은 질곡으로부터 조금이라도 자유롭게 되기 위해 투쟁해 온 과정이라 할 수 있다. 19세기 말의 제국주의의 침략, 20세기 전반의 식민지배, 20세기 후반 이후의 분단과 전쟁이라는 거듭되는 시련 속에서도 한국인들은 자신들을 옥죄는 질곡으로부터 해방되기 위해 고투苦鬪를 계속하면서 피와 땀을 아끼지 않았다. 그 과정에서 수많은 사람들이 희생되었고, 또 아픔을 겪었다. 그러면서도 한국인들은 한걸음 한걸음 전진해왔다. 그 결과 한국인들은 식민지배로부터 해방될 수 있었고, 비록 분단 상황은 극복하지 못하였지만, 남한의 경우 경제성장과 민주화를 어느 정도 성취할 수 있었다. 한국인들은 이제 기아·빈곤·질병·무지·억압·전쟁·자연재해로부터 어느 정도는 벗어날 수 있게 되었다. 그러나 아직도 불평등·차별·억압·전쟁위기의 문제가 여전히 남아 있고, 기후위기·인구감소와 같은 새로운 문제가 대두하고 있다. 한국인들이 인간해방을 위해 가야 할 길은 아직도 멀다.

역사를 위한 역사

E.H.카는 "역사는 과거와 현재의 대화"라고 말했다. 이는 "역사는 과거의 사료와 현재의 역사가의 대화"라는 말이다. 역사가는 현재라는 시점에서 과거의 사료를 읽고 해석하고 의미를 부여한다. 따라서 역사가의 역사관이나 세계관은 과거의 역사 해석에 어느 정도 영향을 미친다. 그러나 역사가는 자신의 주관적인 역사관과 세계관을 최대한 제어하면서, 과거의 시점으로 돌아가 역사를 보기 위해 노력해야 한다.

단재 신채호 선생은 "역사는 역사를 위하여 역사를 지으란 것이요, 역사

이외에 무슨 딴 목적을 위하여 지으란 것이 아니다"라고 말했다. 즉 역사는 객관적인 사실을 있는 그대로 적은 것이 되어야 하지, 역사가의 목적에 따라 사실을 고치거나 첨부하거나 마음대로 해석해서는 안 된다는 것이었다.

이 책은 이러한 관점들을 계승하여, 한국근현대사를 학계의 연구성과를 토대로 하여 최대한 객관적으로 서술하고 합리적으로 해석하고자 노력했다. 이 책이 독자들의 한국근현대사 인식 제고에 도움이 되기를 바란다.

제국주의 세력의 침략과 근대한국의 개혁

1부

제1장

동아시아 국제질서의 변동과 개항

세계사의 흐름 : 16세기 이후 서구의 해외팽창과 동아시아 진출

14·15세기 유럽은 심각한 은 부족 문제에 직면했다. 은 생산은 감소한 반면, 수입 향료 대금으로 은 유출이 증가했기 때문이다. 이에 아프리카에서 공급되던 금이 그 대안으로 부상했고, 유럽인들은 이전에 지중해 섬들을 식민지화했던 패턴을 대서양으로 확대해나갔다. 이른바 '대서양 시대'가 열린 것이다.

15세기 포르투갈인들은 대서양의 섬들을 식민지화하고 아프리카로 진출하여 금과 노예를 포르투갈로 수출하기 시작했다. 이어 인도로 가는 해상 원정을 계획하여 1498년 바스코 다 가마가 아프리카 남단을 돌아 인도로 가는 항로를 개척한 후 16세기에는 인도와 말라카, 중국 해안에 이르는 해상 무역권을 장악했다. 반면 포르투갈과 경쟁 관계에 있었던 스페인은 서쪽으로 아시아 항로를 개척했다. 1492년 스페인 여왕의 후원 속에 콜럼버스는 인도를 찾아 서쪽으로 항해하여 아메리카 대륙에 도달했다. 이후 스페인은 멕시코를 경유하여 태평양을 건너 아시아로 접근했고, 1571년에는 필리핀 전체에 대한 영유권을 선언했다.

17세기에는 네덜란드가 포르투갈이 장악하고 있던 동남아 해상 무역권을 차지하고, 일본과의 무역 독점권과 중국과 인도에 대한 군사 및 무역 전초기지를 확보했다. 영국 또한 포르투갈을 몰아내고 인도로 진출했으며, 17세기 후반부터는 중국과의 무역에도 적극 참여했다. 18세기에 이르면 뒤늦게 아시아 무역에 뛰어든 프랑스가 인도차이나 방면에서 식민 활동에 주력했고, 이 시기 영국은 인도 경영을 강화하면서 중국과의 무역 확대에 몰두했다.

이처럼 16세기 이후 유럽인들은 적극적으로 해외로 진출하며 18세기 말까지 세계 각 대륙에 상업적 식민주의 체제를 구축했다. 이 과정에서 아메리카는 유럽인들의 식민지가 되었다. 하지만 아프리카·아시아에서는 교역 활동이 증가했을 뿐 일부 특수 지역을 제외하면 식민지가 건설되지 않았다. 아프리카는 경제적으로 큰 매력이 없었고, 아시아에는 강력한 토착세력들이 있었기 때문이다.

그런데 19세기 중반 이후 세계적 차원에서 전례 없는 식민지 확보 경쟁이 고조되었다. 18·19세기 산업혁명과 시민혁명을 거치면서 압도적인 국가 역량을 구축한 서구 열강이 그 힘을 바탕으로 세계 대부분의 지역을 식민지 내지 반半식민지로 분할한 것이다. 주된 동인으로는 심화되는 국제 경쟁체제에서 새로운 자본 투자처와 공업 생산을 위한 값싼 원료 및 독점시장의 확보, 정치·군사·외교면에서의 전략적 이해관계, 국가의 위신과 명예, 과잉 인구 배출을 통한 사회적 압력 완화 등을 들 수 있다.

그 결과 문화적 보편성과 정치적 자기 완결성에서 독자적인 세계를 구성해 온 서구와 동아시아가 하나의 국제체제로 통합되어갔다. 이 과정에서 동아시아의 전통적 국제체제는 해체되어갔고, 동아시아 각국의 전통문화와 질서는 서구 문명과의 대립·갈등 속에 혼성·융합되어갔다. 그리하여 동아시아는 서양과 본격적으로 접촉·교류하는 19세기 중엽을 기점으로 획기적인 변화를 경험하게 되었는데, 이를 주목하여 이 시기부터 동아시아의 '근대'가 시작된 것으로 이해한다.

1. 전통시대 동아시아 국제질서와 해금 정책

화이론에 기초한 중국 중심의 천하질서

19세기 중엽 이전까지 동아시아의 다양한 국가(민족)들은 '화이질서', '천하질서', '중화체제', '조공체제' 등으로 불리는 중국 중심의 국제질서하에서 서로 길항하며 공존해왔다. 이러한 동아시아의 전통적 국제질서는 화이론華夷論에 의해 뒷받침되었다. 화이론은 고대 중국의 춘추전국시대에 출현·형성되어 진한대秦漢代에 사상체계로서 확립되었다. 당시 한족漢族은 자신들을 화華(=中國)라고 부르면서 주변 이민족을 이夷로 구별하였을 뿐 아니라, 그들을 우월하고 문명한 중국[華]에 비추어 저열하고 열등한 미개·야만으로 규정했다. 이와 같이 세계를 화華(=문명)와 이夷(=야만)로 양분하고, 양자의 우열 관계에 기반하여 그 차이를 준별하고, 바람직한 관계를 논한 것이 화이론이다.

이때 화이를 구분하는 1차적 기준은 종족(민족)과 지역적 차이였다. 하지만 보다 중요하게 강조된 지표는 예악질서禮樂秩序와 같은 유교 문화의 체현 여부였다. 당시 한족은 인륜人倫과 그것의 외적 표현이자 질서인 예禮를 인간의 보편적 가치로 절대화하고, 이러한 유교 문화만이 인류의 '유일'하고 '보편'적인 문명이라 확신하면서 그 밖의 문화를 야만시하며 타자화했다.

하지만 '문화'적 요소를 강조함으로써 화이론은 타자에 대한 차별과 배제뿐 아니라 포용·포섭의 논리도 제공했다. 지역과 종족의 차이에도 불구하고 유교 문화를 수용하면 이夷도 또한 화華가 될 수 있기 때문이다. 이러한 교화와 융합의 논리를 통해 화이론은 중국 내 소수자나 이민족에 대한 통치방침, 나아가 주변 이적夷狄(이민족)과의 외교정책을 규율하는 논리로도 기능했다. 동시에 화와 이를 연결시키는 '천하天下'관과 결합되어 중국 중심의 동아시아 국제질서의 원리로 작동하였다.

천하관은 천天, 천명天命, 천자天子라는 개념과 긴밀한 관련을 맺으면서, 전국시대戰國時代부터 진한대에 걸쳐 확립·완성되었다. 그것은 우주의 주재자인

천을 숭상하는 관념으로부터, 지상 최고의 유덕자有德者가 천으로부터 위임[天命]을 받아, 천의 대행자[天子]로서 하늘 아래 온 세상[天下]을 통치한다는 것이다. 이때의 천하란 좁은 의미로는 중국 왕조가 실효적으로 지배하는 영역[華]을 가리키는 경우가 많았지만, 넓은 의미로는 통치권 밖의 영역[夷]도 포함되었다. 따라서 황제가 관료제를 통해 실질적으로 지배하는 협의의 천하[中國]뿐아니라, 광의의 천하에 해당하는 이적夷狄의 영역 또한 천자의 지배가 미쳐야 할 공간이었다.

이러한 천하관에 기초하여 동아시아의 전통적 국제질서는 천자를 정점으로, 천자의 덕에 의해 교화가 미치는 정도에 따라 동심원적으로 서열화된 차등적이고 계서적인 구조를 이루었다. 이때 천하의 공간적 경계는 관념적으로는 무한대지만, 실제로는 중국이 행사할 수 있는 통제력과 영향력이 미치는 정도에 따라 설정되었다. 그리고 이를 구현하는 전형적인 형태는 상商·주周 시대의 봉건제가 한대 이후 외교관계로까지 확장된 '조공·책봉체제'였다.

책봉은 중화의 천자가 이적의 수장에게 왕호王號나 작위를 수여하는 것을 가리킨다. 이를 통해 천자는 이적의 수장을 신하[外臣]로 삼아 그 지배영역을 인정해 주었다. 조공은 책봉을 받은 군주가 정기적으로 천자에게 사절을 파견하여 공물을 바치는 것을 말한다. 이는 이적이 천자의 덕을 사모하는[慕華] 증거로 해석되었고, 천자는 이에 대한 답례로 하사품을 보냈다. 물론 이러한 군신관계는 내신[內臣]이 아닌 외신外臣으로서의 신속臣屬에 지나지 않았다. 실질적으로는 외교적 차원의 형식적이고 의례적인 관계로서, 원칙적으로 천자는 독자적인 법과 제도 및 풍속을 유지하는 조공국의 내정에 간섭하지 않았다.

이처럼 전통시대 동아시아에는 화이론에 기초한 중국 중심의 국제질서가 구축되었다. 그것은 지상 최고의 유덕자인 천자가 천을 대신해서 천하를 다스린다는 구도에서, 천자의 덕에 의한 천하의 일원적 지배를 구현하는 것이었다. 관념적으로는 천자의 덕이 완전하게 행해지는 중국을 중심에 놓고 천자의 덕화德化가 미치는 정도에 따라 서열화되었고, 제도적으로는 조공·책봉체제를 근간으로 한 수직적이고 위계적인 질서였다.

이를 통해 중국은 천자 및 왕조의 위엄과 정통성을 강화하고, 자신을 중심으로 한 안정적이고 평화적인 국제질서를 창출·유지하고자 했다. 주변국 또한 이러한 천하질서에 참여함으로써 국가 안보를 보증받고 '책봉'이라는 국제적 승인을 통해 정치적 위신과 정통성을 공고히 할 뿐 아니라, 교역과 문화교류를 통해 선진문물의 수용과 무역에서의 이익도 얻을 수 있었다. 이로부터 중국의 정치적·문화적 권위와 압도적인 경제·군사적 힘에 뒷받침된 천하질서는 오랫동안 동아시아의 국제관계로서 지속될 수 있었다.

조선의 소중화론과 사대교린관계

한반도에서 화이론은 신라 하대에 수용되기 시작했지만, 조선시대에 이르러서야 지배적인 세계관이자 문명관으로서 확고히 뿌리내렸다. 조선시대 지식인들은 고대 중국에서 확립된 화이론을 전유하여, 조선이 비록 종족·지리적으로는 이[東夷]에 속하지만 유일·보편 문화로서 유교를 전면적으로 수용하였기에 중화에 버금가는 '소중화小中華'로 자부했다.

이러한 화이론은 조선의 대내외적 질서를 전일적으로 규정하는 1차적 원리로 기능했다. 개국 후 조선은 명 중심의 국제질서를 인정하고 사대론事大論에 따라 명과 조공책봉관계를 맺었다. 이때의 '사대'란 '자소字小'와 함께 사용되어, '대국은 소국을 인仁으로 보살피고 소국은 대국을 신信으로써 섬긴다'는 예禮를 매개로 한 상호적 관계였다. 물론 이는 외교적 차원의 형식적이고 의례적인 관계로서, 위계적이지만 조선의 자주성이나 독자성을 부정하는 일방적 관계는 아니었다.

동시에 조선은 중국을 제외한 일본·여진·류큐[琉球] 등의 주변 국가에 대해서는 대등한 외교의례를 나누는 교린국交隣國으로 규정하며 평화적인 대외관계를 도모했다. 그렇지만 실질적으로는 화이론에 입각하여 이들을 '이적'으로 간주하기도 했다. 일본에 대해서는 대등하다는 인식도 있었지만 야만시하는 경향이 강했고, 여진의 경우 이적보다 못한 금수에 가깝다는 인식마저도 보였다.

17세기에 들어서면 여진족의 청淸이 명明을 멸망시키고 중원을 차지했다. 이 과정에서 조선은 정묘·병자호란이라는 전란의 참화를 겪었다. 그런데 당시 집권층과 대다수 지식인들은 야만으로 여겨온 여진족의 청을 중화로 인정하지 않았고, 병자호란 직후 북벌론北伐論이 대두하기도 했다. 하지만 그 실현 가능성이 희박해지자 명이 망한 상태에서 조선만이 유일하게 중화 문명을 계승하고 있다는 '중화계승의식'이 주류적 인식으로 자리 잡았다. 그럼에도 불구하고 청과의 공식적인 관계는 기존의 대중국 외교 관계인 조공·책봉관계를 이어갔다.

17세기 중반 이후 청의 중국 지배가 안정되자 초기의 양국 간 긴장 관계는 점차 완화되었고, 19세기 말까지 양국은 원만하고 평화로운 관계를 유지해갔다. 이 과정에서 18세기 말 조선의 집권층 일각에서는 청의 문물을 수용하자는 북학론北學論이 대두했고, 19세기 중엽 중앙 정계 및 사상계에서는 현실적 위협으로 다가오는 서양 세력에 맞서 청을 조선의 안위와 연계하여 공존공멸의 공동체로 파악하는 인식도 대두했다.

한편 16세기 말 임진왜란을 계기로 중단되었던 일본과의 관계는 17세기 초 도쿠가와 막부[德川幕府] 수립 후 다시 회복되었다. 1609년 기유조약己酉條約에서 일본 및 대마도와의 통교·무역에 관한 틀이 마련되어 일본과의 교섭은 대마도 영주가 대행했다. 막부와는 에도(現 도쿄)까지 통신사通信使를 파견하여 서계書契와 예물을 교환했다. 이는 막부 측의 요청에 따라 조선에서 일방적으로 파견하는 방식이었다. 하지만 19세기 초 에도가 아닌 타처에서 통신사를 영접하자는 막부의 제의를 조선 측이 거절하면서, 1811년을 끝으로 통신사 파견은 중단되었다.

동아시아 3국의 해외통상정책과 해금

해금海禁은 바다를 통한 외국과의 무역·교통을 금지하는 '하해통번지금下海通番之禁'의 약칭으로서 명 초기부터 강력하게 시행되었다. 대내적으로는 연해지역의 치안 확보와 밀무역 단속, 대외적으로는 중국 왕조 중심의 조공체제를 측면에서 보완하기 위해서였다. 명 후기에는 해금정책이 완화되어 해외상인과 중국 해상海商에게 각각 광저우[廣州]와 장저우부[漳州府]의 월항月港이 개방되기도 했다. 이어 중원을 차지한 청조는 대만을 거점으로 한 정청궁[鄭成功] 등의 강력한 반청 활동에 직면하여 다시금 해금을 강화했다. 하지만 1683년 대만 평정 후 네 항구를 개방하면서 해금을 완화했고, 1757년부터는 광저우 한 곳에서만 해외무역을 허용했다.

일본의 도쿠가와 막부 또한 해금을 기조로 한 해양 정책을 시행했다. 그들은 일본식 화이관(천하관)에 입각하여 네 곳만을 대외교섭 창구로 열어두었다. 사쓰마[薩摩], 나가사키[長崎], 쓰시마[對馬], 마쓰마에[松前]에서 각각 류큐, 네덜란드·중국, 조선, 홋카이도[北海道]와 통상하게 한 것이다. 그런데 총포를 비롯한 유럽 물산이 수입되고 기독교가 유입되어 일본 내에서 확산되자, 막부는 기독교 세력과 내국인이 결탁한 반란을 우려하여 포교 금지에 초점을 둔 해금정책을 강화했다.

조선은 건국 초 불법적인 해외 도항과 외인과의 접촉을 원천적으로 차단하고, 왜구나 해적으로부터의 보호를 위해 해금을 단행했다. 또 『대명률大明律』을 준용하는 과정에서 해금에 대한 조항과 처벌 규정도 수용하여 사적인 출해出海와 무역을 통제하고, 일본과 여진과의 관계에까지 이를 적용하는 등 그 규제를 더욱 강화했다. 그런데 강력한 해금이 어민들의 피해 등 많은 폐단과 부작용을 낳자, 명종대 이후에는 규제를 완화하여 조선후기 연안지역의 어업 및 상업 활동은 자유롭게 되었다. 하지만 원양 도항 금지 규제는 여전히 지속되었다. 해외무역에서도 청·일과의 일부 한정적인 교역만을 허용했고, 청과의 통교는 주로 육로를 통해 이루어졌다. 따라서 해양 통상은 일본에게

만 허용했다. 조선 전기에는 삼포三浦, 조선 후기에는 부산으로 무역항을 제한하고 거주지와 무역상인의 수, 무역 기간, 수출입품목과 수량 등을 강력하게 통제했다.

2. 서구 열강의 동아시아 침략과 천하질서의 동요

서구 열강의 침략과 불평등조약체계의 확립

오랫동안 안정적으로 유지되어 온 전통시대 동아시아 국제질서는 19세기 중엽 이후 서구 열강과의 본격적인 접촉 이후 해체되어간다. 이를 알린 첫 신호탄이 제1차 아편전쟁이었다. 이 전쟁은 1840년 중국 측이 영국 상인의 아편 밀무역을 강력히 금지하자 영국이 군사력을 동원하면서 발발하였다. 전쟁은 영국 측의 일방적인 승리였고, 그 결과 1842년 난징[南京]조약(1843년 추가 조약)이 체결되었다. 주요 내용은 광저우를 비롯한 5개 항구의 개방, 개항장에서의 영사주둔과 영사재판권의 인정, 최혜국대우 조항이다. 이는 승전국 영국이 중국에게 일방적으로 강요한 것으로서, 이후 서양과 동아시아 각국 사이에 맺어진 '불평등조약'의 효시가 되었다. 그렇지만 당시 중국은 최혜국대우와 영사재판권을 일시동인一視同仁이나 기미정책羈縻政策과 같은 전통적 정책의 변용으로 해석하는 등 새로운 국제질서를 받아들이지 않았다.

영국은 난징조약 이후에도 대중국 무역적자가 개선되지 않자 수출 확대를 위해 조약개정을 시도했다. 하지만 청이 이를 거절하자 1856년 중국 관헌이 애로우호의 영국기를 끌어내린 사건을 구실로 제2차 아편전쟁을 일으켰다. 프랑스도 자국 선교사가 광시성[廣西省]에서 처형된 사건을 빌미로 이 전쟁에 참여했다. 이 과정에서 청은 영·프·러·미 4개국과 1858년 톈진[天津]조약을 체결했고, 1860년에는 베이징이 영·프 연합군에 의해 점령되어 베이징협정이 체결되었다. 그 결과 외국공사의 베이징 주재와 선교사의 기독교 포교,

영국군의 오송포대 공격 장면
제1차 중영전쟁 당시 외국의 침입을 방어하기 위해 축조한 오송포대를 영국군이 공격하고 있다.

아편무역 등이 인정되었다. 이를 계기로 중국 시장은 전면적으로 개방되기 시작하여 자본주의 세계시장에 편입되었으며, 중국과 서구 열강 사이의 불평등조약체제가 확립되었다. 이후 베이징에는 외국 공사관이 설치되었고, 청은 전문적 외교 기구인 총리아문을 설립했다.

한편 도쿠가와 막부가 지배하던 일본도 이 무렵 서양 열강의 위협에 직면했다. 19세기 중엽 미국은 북미대륙의 동서 해안에 걸쳐 광대한 영토를 확보하면서 태평양을 오가는 자국 선박의 안전과 동아시아에 대한 러시아 세력의 침투를 억제하기 위해 일본을 개항시키고자 했다. 미 해군제독 매듀 페리 Mathew C. Perry는 일본 원정을 위해 치밀한 계획과 만반의 채비를 갖춘 뒤, 흑선 4척을 이끌고 1853년 7월 도쿄만에 도착했다. 그는 일본 측에 개항을 요구하는 서신을 전달한 후, 답변을 받기 위해 다음해 1월에 올 것을 통고하고 돌아갔다. 다음해 2월 페리가 8척의 군함을 이끌고 일본으로 돌아오자 일본의 막부 지도자들은 개항을 결정했다. 서양의 군사력과 서양 과학기술의 실용적 가치, 나아가 아편전쟁에서 중국이 당한 패배와 굴욕을 잘 알고 있었기 때문이다. 그리하여 1854년 3월 31일 미일화친조약이 체결되고, 도쿠가와 막부가 250여 년 동안 견지해온 해금정책은 종지부를 찍게 되었다.

근대 국제법 체제로의 편입과 천하질서의 동요

19세기 중엽 중국이 서구 열강과 체결한 조약은 국제법international law에 기초하여 체결되었고, 이후 동아시아의 전통적 국제질서는 해체되고 근대 국제법 체제로 편입되어갔다. 국제법은 수평적이고 평등한 주권국가들의 관계를 규율하는 법으로서 전통시대 동아시아의 수직적이고 위계적인 천하질서와는 원리를 달리했다. 따라서 근대 국제법 체제에 대해 좀 더 자세히 이해할 필요가 있다.

중세 유럽은 계서적이고 보편적인 로마 가톨릭 세계 아래, 공권력이 개별 영주에게 귀속된 고도의 지방분권화된 정치체제였다. 황제 및 왕, 여러 제후들의 지배 영역과 지배권은 명확하게 구분되지 않은 채 중복·분산되어, 세분화되고 다양한 정치체들이 혼재해 있었다. 하지만 16세기 종교개혁과 17세기 '30년전쟁'(1618~1648)을 거치면서 기존의 종교·정치적 권위는 붕괴되어 갔다. 동시에 각 지역에 기반을 둔 세력들이 교황이나 황제의 종교적·보편적 권위로부터 자립하여, '주권sovereignty' 개념을 통해 자신들 관할권 내에서의 절대적 권위와 대외적 독립을 주장하기 시작했다. 근대적 '주권국가'들이 출현하여 복수의 국가들이 공존하는 '국가 간 체제inter-state system'가 형성된 것이다. 국제법은 이렇게 상호 경쟁하는 주권국가들의 공존을 위해 서로를 규율하는 규범으로서 등장했다. '30년전쟁'을 종식시킨 베스트팔렌 조약에서 그 기본원칙이 제시된 이래 18세기 말에서 19세기 초에 이르면 근대 국제질서의 원리가 국제법상의 규준으로 명확하게 나타났고, 이는 유럽 국가들의 묵시적 혹은 명시적 합의인 조약과 관습에 의하여 뒷받침되었다.

베스트팔렌 조약 이후 서유럽 국가들은 실제 국력 상으로는 불평등하지만, 국제법상으로는 모두 평등한 주권국가로서 국제사회의 동등한 일원으로 인정되었다. 또 폴란드와 같은 극소수의 예외적 사례를 제외하면, 기본적으로 주권국가들 사이에는 전쟁에 따라 영토의 일부를 정복하더라도 주권을 소멸시키지는 않았다. 이런 측면에서 국제법은 냉혹한 약육강식의 세계를 보여

줌과 동시에 강대국의 상호 견제를 통해 약소국도 살아남을 수 있는 국제관계의 안정성을 제공하기도 했다. 그렇지만 평등한 국가들로 구성되는 당시의 국제사회란 유럽 국가들이 '인정'한 주권국가만으로 구성되는 배타적 클럽이었다. 국제법은 이들 '문명국'에만 통용되는 규범이었고, 주권국가로서의 승인은 객관적인 법적 기준 없이 유럽 국가들의 승인 여부에 달려 있었다. 나아가 유럽 문명과 기독교의 우월성 등을 내세우며 다른 종교 및 문명을 가진 사람들을 지배할 권리와 책임을 인정했고, 그들이 설정한 '문명' 밖의 지역이나 국가는 제국주의적 침탈의 대상이 되었다. 이처럼 서구중심적이었던 19세기의 국제법은 배타적이고 이중적이었다.

19세기 중엽 군사적 위협에 기초하여 중국과 일본이 서구 열강과 체결한 조약은 이러한 국제법에 기반하여 체결되었다. 서구 열강은 자신들의 기준에 따라 이들 동아시아 국가들을 반半문명으로 간주하고 불평등조약을 체결하여 침탈의 발판을 마련하였다. 이후 중국은 약 한 세기 동안 반半식민지 상태에 놓이게 되었고, 동아시아의 전통적 국제질서도 해체되어갔다. 한편 19세기 후반 동아시아에는 국제법 서적들이 『만국공법』(1864), 『공법회통公法會通』(1880) 등으로 번역되어 소개되었다. 그런데 이들 역서들은 국제법의 자연법적 측면이 과장되어 있었기 때문에 당시 동아시아 지식인들이 국제법의 이중성을 정확히 파악하기란 쉽지 않았다.

3. 흥선대원군의 집권과 대내외 정책

대원군의 내정개혁

안으로는 세도정치와 삼정문란으로 민란이 확산되는 등 구체제의 모순이 심화되고, 밖으로는 서세동점西勢東漸에 의한 외세의 침략위협에 직면한 19세기 중반, 흥선대원군이 조선 정계의 중심인물로 등장한다. 1863년 철종이 후

흥선대원군 이하응

사 없이 죽자 흥선대원군의 둘째 아들인 명복命福이 조선의 제26대 왕으로 즉위했다. 즉위 당시 고종의 나이는 12세에 불과하여 조대비趙大妃가 수렴청정을 하게 되었다. 하지만 조대비는 수렴청정의 명목 아래 대원군에게 국정을 위임하여 대원군이 정권을 장악하게 된다.

집권기간 동안 대원군은 국가 기강을 확립하고 흐트러진 민심을 수습하기 위해 과감한 개혁을 추진했다. 우선 권력체제의 근간인 중앙정치기구를 개혁했다. 그동안 세도정치의 중심이었던 비변사의 기능을 약화시키고, 왕조 초기의 정치기구인 의정부와 육조, 삼군부를 부활시켰다. 나아가 당색을 불문하고 종친을 포함한 유능한 인재들을 과감히 등용했다.

다음으로 대원군은 1865년 경복궁을 중건하는 대역사大役事에 착수하여 이 사업을 진두지휘했다. 건국 직후 정궁正宮으로 기능해온 경복궁은 임진왜란 당시 화재로 소진된 이후 270여 년 동안 불에 탄 채로 남아있었다. 대원군은 이러한 경복궁의 중건을 통해 세도정치로 실추된 왕실의 권위를 회복하고자 했다. 그런데 당시 조선왕조의 재정 상태로는 경복궁 중건에 따르는 막대한 재원을 충당하기가 어려웠다. 그래서 종친뿐 아니라 백성들을 대상으로 원납전願納錢을 염출해서 공사를 진행했다. 하지만 이듬해의 대화재로 그간의 공사가 수포로 돌아가자, 재원 확보를 위해 원납전뿐 아니라 일반 백성들에게 각종 세금을 부과했다. 또 당백전當百錢을 주조하고 청전淸錢을 수입하여 유통시켰는데, 이러한 악화의 남발과 유통은 물가를 앙등시키고 유통질서에 심각한 혼란을 초래하는 부작용을 낳았다.

대원군의 개혁정책 중 가장 과감하고 획기적인 조치는 서원철폐였다. 서원은 조선 중기 이후 선현에 대한 제사와 학문 수양을 위해 전국 각지에 세워져 유교적 향촌질서 유지 등 긍정적인 기능을 발휘하였다. 하지만 후기로 내려오면서 지방양반·유생 등 특권 세력의 근거지가 되어, 전토와 노비를 점유하고 면세·면역의 특전을 향유하면서 많은 민폐를 야기했다. 나아가 서원의 남설은 면세지를 늘려 국가재정에도 막대한 폐해를 끼치고 있었다. 이에 대원군은 서원철폐를 단행하여 왕권의 권위를 높이는 한편 민폐를 줄이고 세수 증대를 꾀하였다. 집권 직후 서원 설립을 제한한 대원군은 자신의 권력기반이 확고해지자 1865년 3월, 당시 큰 영향력을 갖고 있던 만동묘萬東廟를 철폐하고, 1871년 3월에는 사액서원으로서 존속시켜야 할 47개 처를 제외한 전국의 모든 서원을 철폐했다.

한편 대원군은 민란의 원인인 삼정三政의 폐단을 바로잡고 국가재정을 건실하게 하기 위해 부세제도의 개혁을 시도했다. 전정田政에서는 조세지 확보에 노력하여 상당한 성과를 거두었고, 군정軍政에서는 전 주민에게 균일하게 세를 부과하는 호포제戶布制를 시행했다. 환정還政에서는 사창제社倉制를 도입하여 관리들의 간여를 금지하고 민간에게 운영을 맡기는 조치를 취하였다. 이 외에도 국가재정의 부족을 메우기 위한 다양한 개혁들이 시도되었다. 하지만 이들 개혁은 제도의 근본적인 개혁보다 운영상의 개선에 불과한 경우가 많았다. 특히 두 차례의 양요로 군사비용이 증가하고 경복궁 중건사업으로 재정수요가 증대되자 개혁은 점차 내실을 잃어갔다. 그 밖에도 대원군은 국방력 강화에도 심혈을 기울여 군사제도의 개혁과 신무기 제조 등을 통해 군비 확장에도 많은 노력을 기울였다.

병인·신미양요와 통상수교 거부 정책

대원군은 집권 기간 내내 일관되게 서구 열강의 통상수교 요구를 배척하는 대외정책을 견지했고, 그런 가운데 병인양요와 신미양요가 일어났다. 이 중 병인양요는 조선정부의 천주교 금압책과 프랑스 선교사 학살사건을 계기

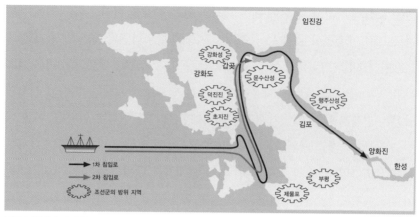

프랑스 함대의 강화 침입로

로 프랑스의 식민지 팽창정책과 대아시아 로마 가톨릭교 포교정책이 결합하여 발생한 제국주의적 침략전쟁이었다.

　18세기 조선에 전파된 천주교는 신유사옥(1801), 기해사옥(1839)과 같은 대박해에도 불구하고 꾸준히 교세를 확장해왔다. 대원군 집권기에는 천주교도가 2만 3천여 명에 이르렀고, 12명의 외국인 선교사들이 활발한 포교활동을 벌이고 있었다. 대원군은 집권 초 2년 동안 천주교에 대한 관용책을 취했지만 1866년부터 대박해정책으로 급선회했다. 1866년 정월 '병인사옥'으로 불리는 천주교 박해에서는 베르누 주교를 비롯하여 프랑스인 신부 9명과 약 8천여 명의 교도가 희생되었다. 이후 천주교도에 대한 탄압은 1872년까지 7년 동안 지속되었는데, 이는 조선의 천주교 지도자들이 서양세력과 결탁하여 조선에 해를 입힐 것이라는 위기감과 관련이 있었다.

　그런데 1866년의 대박해에서 화를 면한 리델 신부가 중국 톈진으로 탈출하여 프랑스 극동함대 사령관 로즈제독에게 조선의 천주교 탄압의 실정을 알리고 보복 원정을 촉구했다. 이에 로즈 제독은 북경 주재 프랑스 공사 벨로네와 협의하여 조선에 대한 무력침공을 결정하고 1866년 8월과 10월 사이 두 차례에 걸쳐 조선을 침공했다. 8월의 1차 원정에서는 강화해협을 중심으로 서울까지의 한강수로를 탐사하여 조선정복을 위한 예비 정찰을 수행했다. 이후 9월의 2차 원정에서는 초기 막강한 화력으로 강화부를 점령했지만, 10월 1일 정족산성 전투에서 양헌수의 '기병작전奇兵作戰'에 참패한 후 강화도에서 철수했다. 당시 프랑스군은 강화읍 일대를 파괴하고, 강화도에 보관되어 있던 외규장각 서적을 비롯한 각종 문화재와 보화를 약탈해갔다. 프랑스의 침략을 물리친 대원군은 1868년 독일 상인 오페르트에 의해 자행된 남연군묘 도굴사건 이후 배외 정책을 더욱 강화했다.

한편 1866년 병인양요 직전 미국 상선 제너럴셔먼호가 장마로 불어난 대동강을 거슬러 올라와 평양에서 통상을 요구하다 조선 측의 화공에 격침되는 사건이 발발했다. 미국은 이 사건을 계기로 함포외교를 통해 조선을 개항시키고자 아시아 함대 사령관 로저스가 이끄는 미 해군을 조선으로 파견했다. 1871년 4월 14일, 강화해협의 손돌목에서 첫 전투를 치룬 미군은 초지진과 덕진진, 광성보를 차례로 함락시켰다. 이때 광성보 전투에서는 어재연 휘하의 조선군이 처절한 결사 항전을 벌였다. 미국은 이러한 조선군의 격렬한 저항과 예상보다 완강한 대원군의 배외정책에 조선과의 수교를 단념하고 철수했다. 이후 대원군은 전국 각지에 척화비를 세우며 서양과의 통상수교 거부 정책을 더욱 강화했고, 조야의 배외감정도 더욱 고조되었다.

4. 조일수호조규 체결과 서양 각국과의 수교

고종의 친정과 대내외 정책의 변화

조선이 병인양요 이후 배외정책을 강화해가던 1868년, 메이지 유신을 단행한 일본은 그해 12월 쓰시마 번을 통해 왕정복고를 알려왔다. 그런데 이를 전하는 외교문서[書契]에 중국 황제만이 쓸 수 있는 '황皇', '칙勅' 등의 용어를 사용하고, 종래 일본 측이 사용해 왔던 인장을 자의적으로 변경했다. 이러한 격식의 변화는 기존의 조일 교린관계를 일방적으로 변경한 것이었고, 조선 측은 이를 문제 삼아 서계 접수를 거부했다. 그러자 1873년 메이지 신정부 내 일부 정치세력은 무력을 통해 조선 문제를 해결하자는 '정한론征韓論'을 제기했다. 하지만 내치가 더 중요하고 아직은 외국과 전쟁할 단계가 아니라는 '내치파'의 반대로 정한론은 수그러들었다.

한편 이 무렵 조선에서는 집권세력이 교체되었다. 1873년 10월과 11월, 최익현이 올린 대원군에 대한 비판 및 탄핵 상소를 계기로 고종은 11월 4일 전격적으로 친정親政을 선포했다. 이로써 10여 년에 걸친 대원군 집권은 허무하게 막을 내렸다. 대원군의 권력은 공식적이고 제도적인 틀이 아닌 국왕의 생부라는 명분상의 지위에 근거하고 있었다. 따라서 장성한 고종이 친정을 선포하자 급격히 붕괴되었다. 이후 중앙정치 실권은 왕비와 외척인 여흥 민씨 세력이 장악했다.

친정체제를 구축한 고종은 대원군 집권기와는 다른 새로운 정책을 추진했다. 고종은 친정 직후 조정 내 집권세력을 교체했다. 이어 대원군 집권기에 신설된 각종 잡세들을 철폐하는 재정개혁과 친위병을 양성하여 군사권을 장악하기 위한 군제개혁을 단행했다. 그러나 이 시기 정책 변화에서 무엇보다 주목할 것은 대외정책의 전환이었다. 고종은 그동안 대일외교를 담당해온 관리들을 일괄 교체함으로써 일본과의 외교 문제에서 새로운 돌파구를 찾고자 했다.

고종이 일본과의 관계개선을 도모한 것은 청에 파견했던 사신들과의 접견을 통해 주변 국제정세의 변화를 주목해왔기 때문이다. 게다가 1874년 2월 일본이 대만을 불법 점령하자 중국은 일본군의 조선 침략 가능성을 경고하고, 이를 대비하기 위해 프랑스 및 미국과의 통상조약 체결을 권고하고 있었다. 이러한 배경에서 고종은 서계 문제로 교착 상태에 빠진 일본과의 관계개선을 시도한 것이다.

조선정부는 신임 왜학훈도 현석운에게 일본과의 교섭을 지시하여, 1874

년 9월 3일 현석운과 모리야마 시게루[森山茂] 사이에 국교재개 문제와 관련한 회담이 열렸다. 회담 후 10월 하순 도쿄로 돌아간 모리야마는 이 기회에 조선 문제를 적극적으로 해결할 것을 건의했다. 이어 1875년 2월 부산에 다시 온 모리야마는 서계를 제출하고 조선 당국자들과의 교섭을 시작했다. 하지만 일본과의 관계개선에 대한 고종의 적극적인 의지에도 불구하고 조정 대신들은 여전히 서계 접수를 거부하는 입장이 다수였다. 결국 조선정부는 1875년 5월 일본이 보내온 서계를 접수하지 않기로 공식 결정했다.

조일수호조규 체결과 개항

조선정부의 입장을 확인한 일본 정부는 서구의 무력시위에 굴복하여 개항을 결정했던 자신들의 경험을 조선에 적용하기로 했다. 일본정부는 1875년 5월 운요호를 비롯한 군함 3척을 동래 앞바다에 보내어 무력시위를 감행했다. 8월에는 조선 영해를 침범하여 한강 하구까지 거슬러 올라왔다. 이에 대응하여 조선군이 강화도 초지진에서 포격을 가하자, 이를 빌미로 일본군은 초지진을 파괴하고 영종도에 상륙하여 약탈과 살상을 자행한 후 일본으로 돌아갔다.

일본정부는 왜관의 거류민 보호와 운요호 포격의 책임을 묻는다는 명목으로 군함과 전권대표의 조선 파견을 결정했다. 그리하여 특명전권변리대신으로 임명된 육군중장 구로다 기요타카[黒田淸隆]가 이끄는 8척의 군함이 1876년 1월 강화도에 상륙했다. 이들은 무력시위를 감행하며 조선정부에 회담을 강요했다.

사태가 악화되자 조선정부는 신헌과 윤자승을 전권대신과 부관으로 임명하여 강화도에서 일본과 교섭하도록 했고, 강위와 오경석 등이 이에 참여했다. 교섭 결과 일본 측이 제시한 조약 문안의 일부 내용을 수정하여 2월 3일 「조일수호조규」가 체결되었다. 7월에는 수호조규의 조항을 보완한 「수호조규부록」(및 이에 부속하는 「왕복문서」)과 「통상장정」이 맺어져 이른바 '병자불평등조

열무당閱武堂(1876) 열무당 뒷쪽에 있는 진무영 본부 건물에서 조일수교회담이 진행되었다. 당시 일본측은 이곳에 대포 4문을 배치하는 등 조약체결을 강요하는 무력시위를 벌였다.

약체제'가 성립되었다. 이러한 일본과의 수교는 일본의 강압적인 요구에 말미암은 것이지만, 이를 권고한 중국의 영향도 크게 작용했다.

수호조규의 주요 내용을 살펴보면, 제1조에는 '조선은 자주의 나라로 일본과 평등한 권리를 가진다'는 규정이 명시되었다. 이는 조선에 대한 청의 종주권을 부인하여 조선 문제에 대한 청의 개입을 방지함으로써 조선에 대한 침략을 용이하게 하고자 한 일본의 의도가 반영된 것이었다. 제4조와 제5조에서는 통상무역의 실질적 근거가 되는 개항장의 선정과 설치 및 운영을 규정했다. 이로써 일본은 향후 조선 땅에서 외국인 거류지, 즉 조계租界 설치의 근거를 마련했고, 부산 이외에 추가로 2개의 항구를 개항하도록 했다. 또 제7조에서는 연안 측량권과 해도海圖 작성권을 허용했는데, 이로써 조선 연안에서 일본 군함의 침략 활동이 수월해졌다. 이어 제10조에서는 치외법권을 인정하여 조선 영토에서 벌어지는 일본인의 활동과 범죄를 규제하거나 통제할 수 없게 되었다. 나아가 제9조에서는 임의무역, 즉 자유무역을 강제하고 「부록」과 「통상장정」에 일본 화폐의 유통과 관세 주권의 포기, 미곡의 수출 허용

등을 규정했는데, 이는 조선에 대한 경제적 침투를 획책한 것이었다.

이처럼 일본 측의 일방적 특권이 규정된 병자불평등조약체제는 개항 초 조선의 주권을 제한하고 대등한 대외 관계의 전개를 저해하는 외적 요인이 되었으며, 일본의 독점적인 대 조선무역을 가능하게 했다.

서양 각국과의 수교와 양절체제

일본과의 수교 교섭이 진행되는 동안 이를 반대하는 척사파의 개항 반대 운동이 거세게 일어났다. 그들은 '오늘날의 일본은 서양과 같으므로 일본과 의 수교는 곧 서양과의 통교'라는 왜양일체倭洋一體의 논리로 개항을 반대했 다. 하지만 고종을 비롯한 집권층은 일본과 서양을 분리하여, 일본과의 수교 는 도쿠가와 막부와의 구교舊交 부활이라는 척양대일개항론斥洋對日開港論으로 반대론을 봉쇄했다. 나아가 조약 체결 직후 일본 측이 조선정부에 초대외교 의 형식으로 사신 파견을 요청하자, 수신修信과 일본의 상황 파악을 위해 그 해 4월 수신사 김기수를 일본으로 파견했다.

이어 1880년 제2차 수신사로 일본에 파견했던 김홍집의 귀국 복명復命 이 후 조선 정부는 '개화' 시책을 본격적으로 추진했다. 그해 12월 조선은 정부 조직을 개편하여, 삼군부를 폐지하고 변화하는 정세에 대응하기 위해 국내외 의 군국기무軍國機務를 총괄하는 관청으로서 통리기무아문統理機務衙門을 설치 했다. 이듬해인 1881년에는 군제를 개혁하여 종래의 5군영을 무위영武衛營과 장어영壯禦營의 2영으로 개편하고, 무위영 안에 신식 군대인 별기군別技軍을 창 설하여 일본인 교관의 훈련을 받도록 했다. 나아가 일본의 신식 문물제도와 시설을 시찰·조사하기 위해 박정양·어윤중 등 60여 명의 시찰단을 극비리에 일본으로 파견했다. 동시에 청으로는 군기 제조 학습을 위해 영선사領選使 김 윤식의 인솔 아래 60여 명의 유학생을 파견했다.

한편 개항을 전후하여 청은 일본의 독점적인 조선 침투를 견제하기 위해, 조선에 미국이나 프랑스와의 수교를 권고해왔다. 미국도 조·일수교가 맺어지자 일본을 통해 조선과의 수교를 시도했다. 이때까지 조선정부는 '척양적 개항론'의 견지에서 서양과의 수교를 거부하고 있었지만 1880년 수신사 김홍집의 귀국을 계기로 미국과의 수교문제가 구체적으로 제기되었다. 청·러 관계의 악화와 일본의 류큐 강제 복속 등 급변하는 동아시아 정세에 관한 김홍집의 귀국 보고, 이때 전해진 황쭌셴[黃遵憲]의 『조선책략』의 영향으로 일본의 독점적 침투를 저지하고 러시아의 남하정책을 견제하기 위해 미국과의 수교를 결정한 것이다.

그런데 『조선책략』의 내용이 조야에 널리 알려지면서 1881년 「영남만인소領南萬人疏」를 비롯한 척사상소운동이 전국적으로 일어났다. 이에 조·미 양국의 수교 움직임은 잠시 지연되었지만 리홍장[李鴻章]의 주선으로 1881년 말부터 양국 수교교섭이 재개되었다. 그 결과 1882년 4월 6일 제물포에서 양국을 대표하여 신헌과 슈펠트Robert W. Shufeldt 사이에 「조미수호통상조약」이 체결되었다. 주요 내용은 '제3국이 체약국(조선·미국)을 부당하게 대한다면 서로 돕고 잘 조처한다'는 제1관의 거중조정居中調整 항목을 비롯하여, 아편무역 금지, 생필품 10%와 사치품 30%의 관세율 확정 등이었다. 이 조약은 일본과의 조약에 비교하면 불평등성이 완화된 측면이 있었지만, 치외법권과 최혜국대우를 규정하고 있다는 점에서 불평등한 조약이었다. 조약 체결 후 1883년 4월 조선주재 초대공사로 푸트Lucius H. Foote가 내한했고, 조선정부는 이에 대한 답례와 양국 간 친선을 위해 그해 6월 민영익을 수반으로 한 보빙사報聘使 일행을 미국으로 파견했다.

미국과의 수교는 조선이 서구 열강들과 연쇄적으로 수교를 맺는 계기로 작용했다. 조미조약 체결 후 2주일 만에 영국과는 「조영수호통상조약」(1882.4.21), 그해 5월 독일과는 「조독수호통상조약」(1882.5.15)을 체결했다. 이어 8월에는 임오군란을 계기로 조선에 청군이 주둔한 상황에서 청과 「조청상민수륙무역장정朝淸商民水陸貿易章程」을 체결했다. 이를 통해 청은 조선에 대한 종래의 형식적 종주권을 명문화하고 청국 상인의 특권을 보장받았다. 그런데 내지통상권 및 파격적인 저율 관세를 강요한 이 통상장정은 열강의 조선정책에도 지대한 영향을 미쳤다. 영국은 임오군란을 계기로 통상조약 비준을 거부하면서 보다 유리한 조건을 확보하고자 했고 독일과 일본도 이에 동조했다.

결국 1883년 10월 27일 영국은 조선과 조약을 다시 체결하며 조청상민수륙무역장정의 선례를 좇아 내지 통상권 및 저율 관세를 강제 규정했다. 독일 또한 영국과 보조를 같이하며 같은 날 거의 동일한 내용으로 조약을 다시 체결했다. 나아가 이들 규정은 최혜국 대우 조항에 따라 미국 등 다른 열강에게도 적용되었다. 이후 러시아·이탈리아(1884), 프랑스(1886), 오스트리아(1892), 벨기에(1901), 덴마크(1902) 등도 1883년의 조영조약을 원형으로 하여 조선과 조약을 체결했다.

이와 같이 조선은 1880년대 이후 서구 열강과의 수교를 통해 근대 국제법체제에 편입되었지만, 이는 서구 열강이 동아시아에 강제한 불평등조약체제였다. 동시에 청과는 기존의 전통적 사대관계를 유지하고 있었는데, 청은 1882년 임오군란을 계기로 기존의 전통적인 양국 간 관계를 지렛대로 삼아 국제법 질서에서의 속국 관계로 전환시키려고 책동했다. 조선은 서구 열강과는 주권 평등의 근대적 국제관계를 맺고 있으면서 청과는 전통적 사대관계에 기초한 외교관계가 지속되고 있었던 것이다. 이러한 조선의 이중적 대외관계는 향후 조선의 외교와 내정에서 커다란 질곡으로 작용하게 되었는데, 유길준은 『서유견문』에서 이러한 상황을 '양절체제兩截體制'라고 명명했다.

참|고|문|헌

강상규, 2008, 『19세기 동아시아의 패러다임 변환과 한반도』, 논형

김민석, 2022, 「전통적 華夷論의 변천과 崔濟愚의 文明觀」, 『학림』 49, 연세사학회

김용구, 1997, 『세계관 충돌의 국제정치학-동양 禮와 서양 公法』, 나남출판

김용구, 2001, 『세계관 충돌과 한말 외교사, 1866~1882』, 문학과 지성사

檀上寬, 2005,『港町と海域世界』, 清水書店

동북아역사재단 한국외교사편찬위원회 편, 2018,『한국의 대외관계와 외교사 : 근대
　　　편』, 동북아역사재단

로버트 잭슨 저·옥동성 역, 2016,『주권이란 무엇인가』, 21세기북스

성대경, 1984,「대원군정권성격 연구」, 성균관대학교 박사학위 논문

연갑수, 2001,『대원군집권기 부국강병정책 연구』, 서울대출판부

우인수 외, 2007,『한·중·일의 해양인식과 해금』, 동북아역사재단

이영림·주경철·최갑수 저, 2018,『근대 유럽의 형성』, 까치

최덕수, 2021,『근대 조선과 세계』, 열린책들

제2장

개화파와 갑신정변

세계사의 흐름 : 19세기 국민국가로의 세계사적 전환

16~17세기 유럽에서 주권국가가 등장할 때, 그 주권은 대부분 국왕이 소유하거나 주장했지만 점차 의회나 인민(또는 국민)도 주권을 주장하게 되었다. 이후 주권의 소재를 둘러싼 치열한 정치적 공방이 일어났고, 후자가 승리하면서 명실상부한 국민국가로의 전환이 이루어졌다. 이러한 전환에 가장 빨랐던 영국과 프랑스는 폭발적인 내적 응집력과 동원 능력을 보여주면서 19세기 유럽의 최강대국으로 부상했다. 그러자 이들 국가에 맞서거나 생존을 위해 다른 국가들도 각국의 처지와 상황에 기초하여 국민국가의 원리를 수용 혹은 변용하며 개혁을 강구하지 않을 수 없었다.

프로이센의 경우 1806년 예나 전투에서 프랑스군에 궤멸적 패배를 당하자 극도의 위기감 속에 슈타인과 하르덴베르크의 주도로 국가체제 재편을 위한 본격적인 개혁을 시작했다. 행·재정 기구의 합리적 개편, 관권적 지방체제의 개혁과 지방자치의 도입, 봉건적 토지소유의 해체와 농업 개혁, 군제·교육·사법 등 제 분야에 걸친 개혁이 추진된 것이다. 이후 프로이센은 국왕과 관료들의 주도하에 위로부터의 점진적인 개혁이 추진되었다. 이 과정에서 19세기 중엽 흠정헌법을 통해 입헌군주국가로 전환되었고, 이를 발판으로 1871년 독일 통일을 완수했다.

한편 19세기 중엽 서세동점이라는 위기에 대응하여 청과 일본 또한 서구 열강과의 조약 체결 및 개항을 계기로 위로부터의 개혁을 추진했다. 중국에서는 제2차 아편전쟁 이후 실권을 장악한 공친왕恭親王과 태평천국의 난을 진압한 쩡궈판[曾國藩], 리훙장[李鴻章], 쭤쭝탕[左宗棠] 등 한인 관료들이 중체서용론中體西用論에 입각하여 이른바 '양무운동洋務運動'을 전개했다. 군수산업에서 시작된 양무운동은 1870년대 이후 교육과 교통, 광공업 부문으로까지 확장되었다. 서양의 근대적 신무기와 과학기술의 우수성을 인정하고 서양의 과학·기술을 도입함으로써 중국의 자강을 도모한 것이다. 그러나 정치사회제도의 근본적 개혁 없이 서양의 산업·기술만을 받아들이려 한 양무운동은 실패로 끝났고, 1894년 청일전쟁 후 변법자강운동이 이를 대신하게 되었다.

반면 일본은 '문명개화'론에 입각하여 서구문명을 적극적으로 수용하는 방식으로 대내외적 위기에 대응했다. 막부정권을 무너뜨린 메이지 신정부는 대외적으로 개방정책을 채택하고, 대내적으로는 부국강병·문명개화를 적극적으로 추진하여 정치·경제·군사·교육 등 거의 모든 방면에서 적극적으로 서양의 문물과 제도를 수용하기 시작했다. 1871년부터 1873년까지 이와쿠라[岩倉具視] 사절단을 유럽 각국으로 파견하여 서양의 문물과 제도를 시찰·연구하도록 했다. 또 서양인 교사와 기술자들을 초빙하여 근대적인 공장, 군사시설, 학교 등을 세우고, 서양과 맺은 불평등한 조약을 개정하기 위해 노력했다.

조선 또한 1876년 개항을 계기로 심화되는 대내적 모순과 대외적 위기에 대응하여 집권세력 및 지배층 일각에서 위로부터의 개혁을 시도했다. 하지만 이는 주체적 역량의 미성숙과 불리한 대·내외적 여건으로 인해 순탄하게 전개되지 못했고, 이후의 역사에서 커다란 후유증을 남기게 된다. 제2장에서는 이러한 과정을 주로 살펴본다.

1. 개화파의 형성

19세기 중엽 이후 조선은 국가·사회체제가 심각한 질곡에 빠진 상황에서, 이른바 '서양의 충격'으로 불리는 대외적 위기를 맞아 그 대응 방안을 모색했다. 이에 대한 지배층의 대응은 크게 두 가지 차원에서 전개되었다. 하나는 종래의 화이론적 세계관에 입각하여 기존의 전통질서와 가치를 고수하며 서구를 이적夷狄보다 못한 금수로 규정하며 전적으로 배척하는 것이고, 다른 하나는 서구의 현실적인 힘의 우위를 인정하고 그 문물을 수용함으로써 국가·사회적 위기에 대응하려는 흐름이었다.

전자는 이른바 위정척사운동으로서 대한제국기까지 이어지지만, 1880년대 이후 중앙정치에서 주류로 정착하지 못했다. 반면 후자는 이른바 '개화'운동으로, 서구문명을 부분적으로 수용하려 한 동도서기론東道西器論적 논리로 등장하여 차츰 그 수용의 폭과 깊이를 확장해갔다. 이 과정에서 다양한 정치세력들이 형성되고 분립 또는 분화되었는데, 후대에 통칭 '개화파'라 불리는 이들 세력들에 의해 1880년 이후 본격적인 '개화'시책이 전개된다.

1880년대 이러한 '개화'운동을 뒷받침한 대표적인 논리가 동도서기론이다. 이는 서양세력의 접근에 대한 대응의 일환으로서, 서양의 발달된 문물을 수용하여 부국강병을 이룩하려는 사상적 모색이었다. 조선에서는 청과 일본을 통해 전래된 서양에 대한 새로운 지식의 영향을 받아 1880년대 이후 체계화되어갔다. 따라서 이러한 논리의 성립에서 외래적 요인은 결코 무시할 수 없다. 동시에 이러한 사상은 북학파의 사상적 영향 아래 제기된 1860·70년대의 적극적인 서학·서구문물 수용론, 해외통상·수교론의 연장선에서 성숙되어 갔다. 이러한 측면에서 이를 선구적으로 주장한 박규수朴珪壽와 중인 출신의 지식인 오경석吳慶錫, 유홍기劉鴻基 등을 1880년대의 새로운 사조를 예비한 선구자이자 개화파의 비조鼻祖로 일컫기도 한다.

이 중 박규수는 전통적 화이론에서 벗어나, 청과 중화中華를 구별하지 않고 발달된 청의 선진문물 수용을 주장한 북학파北學派의 거두 박지원의 손자였다. 그는 1840년 무렵부터 서양의 접근에 대응하여 일찍이 개방적 대외관을 피력했고, 1850년을 전후해서는 중국에서 전래된 『해국도지海國圖志』의 사상을 수용하여 서양을 알고 그 장기를 배워 서양의 침략을 막자는 해방론海防論을 주장했다. 나아가 1861년의 중국 사행을 계기로 그는 당시의 국제정세를 약육강식의 시대로 인식하고 열강의 침입에 대한 위기의식 속에서 서양과 자주적으로 외교해야 한다는 '외교론'을 정립했다. 이후 1874년에는 일본과의 수교 문제가 현안으로 제기되자 이를 공개적으로 지지하기도 했다. 이러한 박규수의 통상·수교론은 당시 강력한 '척화斥和' 분위기 속에서 널리 받아들여지지 못했지만, 1876년 일본의 무력침공 후 정부 방침으로 수용되어 조일수호조규가 맺어질 수 있었다.

이처럼 19세기 중반 이후 박규수를 비롯한 선각적 인물들은 국내외 정세의 변화에 대응하여 새로운 대응방안을 모색해왔다. 이 과정에서 1860년대 후반 무렵 박규수·오경석·유홍기 등이 결집하고, 이들의 영향과 지도하에 1870년대 초부터는 김홍집·김윤식·김옥균·박영교·박영효·홍영식·서광범·유길준 등 당시 혈기왕성한 청년들이 하나의 세력을 이루어갔으며, 이 밖에 승려 이동인, 중인 변수, 군인 유혁로 등이 합세하며 1870년대 중반 이후 이

☞해설

동도서기론

동도서기론은 중국의 중체서용(中體西用)이나 일본의 화혼양재(和魂洋才)와 그 궤를 같이하는 일종의 서구문화의 선별적 섭취론이다. 서구의 도전에 직면하여 동양의 유교적 윤리질서[東道]는 그대로 유지한 채 서구의 발달된 군기(軍器) 및 과학기술[西器]을 수용하여 부국강병을 이룩하고자 한 논리이다. 이는 동도에 강한 집착을 보인다는 점에서 일견 척사론(斥邪論)과 보조를 같이하는 듯하나, 성리학에 바탕을 두고 그 밖의 이질적 문화를 일체 수용하지 않고 배척했던 척사론과는 첨예하게 대립·갈등했다. 1880년대 초 동도서기론은 일본 및 서구와의 수교를 추진했던 고종과 민씨척족을 비롯한 당시 집권세력들의 입장이었으며, 이를 주창한 대표적 인물은 중진·소장 관료였던 김윤식, 신기선, 어윤중, 김홍집 등이었다.

른바 '개화파'라고 불리는 세력이 형성되어간 것으로 추정된다.

2. 초기 개화정책의 추진과 신사척사운동

초기 개화정책의 추진

1876년 강화도조약 체결 직후 일본 측은 사절 답방을 요청했다. 이에 조선 정부는 제1차 수신사로 김기수 일행을 일본에 파견했다. 일본의 막강한 군사력에 충격을 받은 고종은 수신사행을 통해 일본의 실상을 파악하고자 했다. 하지만 김기수의 소극적이고 부정적인 태도로 제1차 수신사행은 기대만큼의 성과를 거두지는 못했다.

당시 조선 정부의 대다수 관료들은 1876년 일본과의 수교를 기존 외교관계의 재개로 받아들였다. 하지만 일본과의 외교현안이 제기되고 또 1879년 청의 리훙장이 서양과의 수교를 권고하면서 정부의 현실 인식과 정책은 일대 전기를 맞이한다. 특히 1880년 제2차 수신사로 일본에 파견된 김홍집의 귀국·복명을 계기로 고종과 개명관료들은 군비軍備와 자강을 위한 본격적인 개화정책을 추진하기 시작했다.

1880년 12월 고종은 개화 추진기구로서 통리기무아문統理機務衙門을 설치했고, 이는 대외 문제의 효과적인 처리뿐 아니라 군국기무와 관련된 내정문제도 처리함으로써 조선후기의 비변사와 같이 국정의 최고기관으로 자리잡아갔다. 이어서 고종은 일본의 새로운 문물제도와 시설을 조사하고, 개화정책 추진에 필요한 정보수집과 인재양성을 목적으로 대규모 시찰단을 일본으로 파견했다. 동래부 암행어사로 임명된 12명의 조사朝士(조정관리)를 비롯하여 60여 명의 시찰단이 척사세력의 반발을 의식하여 1881년 4월 부산에서 비밀리에 일본으로 출발했다.

대부분 중견 관료들로 구성된 이들은 약 4개월 동안 일본의 근대문물을

구체적으로 시찰하고 세세한 실무 자료까지 수집하는 등 적극적인 활동을 전
개했다. 귀국 후에는 각 분야의 개화 관료로서 활약했고, 이들의 영향으로 정
부 내 개화 관료의 비중도 점차 증가하게 되었다. 또 시찰단의 일원으로서 조
사들을 수행한 유길준, 윤치호 등을 일본에 잔류시켜 서양 학문을 수학하도
록 하였다.

　이와 동시에 새로운 군기제조의 기술을 습득하기 위해 영선사領選使 김윤
식을 비롯한 69명을 청으로도 파견했다. 1881년 9월 26일 조선을 출발하여
11월 17일 베이징에 도착한 영선사 일행은 1882년 1월 8일부터 톈진기기국
동국·남국에 배속되었다. 이들은 화약·탄약 제조법, 기계조작법 등 근대적
군사 지식뿐 아니라 자연과학·외국어 등도 학습했다. 그러나 신병 등의 이유
로 19명의 유학생이 중도 귀국하고 재정 지원도 충분하지 못해 심도 깊은 학
습이 진행되지 못했다. 더욱이 조선에서 기기창 설립 계획이 수립되고 임오
군란이 발발하자, 1년여 만에 전원 철수하여 무비자강武備自强이라는 소기의
목적은 달성하지 못했다. 하지만 이를 토대로 1883년 국내 최초의 근대적 병
기 공장인 기기창機器廠이 세워질 수 있었다.

'개화'의 유행

　'개화'라는 용어가 전통시대 동아시아에서 전혀 사용되지 않은 것은 아니다. 하지만 조선에
서 역사적 용어로서는 1880년대부터 사용되기 시작하여, 갑오개혁 이후 사회적으로 크게 유
행했다. 그것은 1870·80년대 일본에서 유행한 '문명개화'라는 말에서 상당한 영향을 받았는
데, 조선에서 이 용어는 사용하는 주체의 정치적·사상적 입장이나 문맥에 따라 다양한 의미
로 쓰였다. 예컨대 1898년 9월 28일자 『황성신문』 기사에서는 개화를 '사람이 아직 알지 못
하는 바를 개발하고 사람이 이루고자 하는 것을 이루게 한다'는 의미의 '개물성무(開物成務)'와
'백성을 교화하여 아름다운 풍속을 만든다'는 뜻의 '화민성속(化民成俗)'으로 정의하였다. 이는
동양 고전인 『주역(周易)』과 『예기(禮記)』에 나오는 구절로, 유학적 입장에서 '개화'를 '교화'의
의미로 이해한 것이다. 하지만 '개화'는 대체로 서구와 통상하고 그 문물을 수용한다는 의미로
정착되어, 시간이 흐르면서 서구화·문명화의 의미를 강하게 가지게 되었다. 또 이와 유사한 용
어로서 당시 중국에서 즐겨 사용되던 '자강'이라는 말도 자주 쓰였다.

일본교관을 초빙하여 훈련을 시작한 별기군(1881)

한편 조선 정부는 1881년 4월 통리기무아문의 진언에 따라 신식 군대인 별기군別技軍을 창설했다. 근대식 소총으로 무장한 별기군은 일본군 육군 소위 호리모토 레이조[堀本禮造]에게 신식 군사훈련을 받았다. 또한 구식 군대의 편제도 개혁하여, 종래의 훈련도감·어영청·금위영·총융청·수어청의 5군영제를 무위영·장어영의 2군영 체제로 축소 조정했다.

신사척사운동

1880년부터 고종과 개명관료들이 추진한 개화정책은 1881년의 신사척사운동辛巳斥邪運動이라는 위로부터의 저항과 1882년 임오군란이라는 아래로부터의 도전에 직면하여 순조롭게 진행되지 못했다.

1880년 조선의 새로운 대외정책을 제안한 『조선책략』이 반입되자 강력한 위정척사운동이 일어났다. 『조선책략』이 조정에서 회람되고 유생들에게 배포되자, 유생들뿐 아니라 관리들까지도 이에 반대하는 상소를 연이어 올렸다. 1880년 10월 유원식의 상소를 필두로, 1881년까지 정부의 개화정책을 탄핵하는 상소가 요원의 불길처럼 번져갔다. 특히 1881년 2월 이황의 후손인 이만손을 소두疏頭로 한 영남유생들의 집단상소인 만인소萬人疏는 전국의 척사풍조를 크게 자극하며 신사척사상소운동을 선도했다.

정부는 척사상소를 엄벌하는 한편 회유책으로서 그해 5월 척사윤음斥邪綸音을 발표하여 이러한 저항을 무마하고자 했다. 그렇지만 정부의 탄압과 척사윤음의 기만성에 반발하여 상소운동은 영남·충청·경기·호남·강원 등 각지로 확산되었다. 그러나 신사척사상소 파동은 1881년 8월 안기영·권정호 등의 국왕폐위 쿠데타 미수사건을 고비로 그 기세가 수그러들었다. 대원군 지지세력에 의해 척사에 무능한 고종을 폐위하고 대원군의 서자인 이재선을 왕으로 추대하려다 사전에 발각된 이 사건을 계기로, 정부는 대원군 측근세력과 위정척사운동을 철저히 탄압하며 사태를 진정시켜갔다.

동도서기론의 체계화와 확산

1880년대 초 고종과 개명관료들에 의해 추진된 개화정책은 사상적으로는 동도서기론에 의해 뒷받침되고 있었다. 개항 후 진취적인 개명관료를 비롯한 지배층 내부의 선진 지식인들에 의해 전개된 동기서기론은 1881년 무렵부터 공식적으로 표명되기 시작했다. 신사척사운동이 맹렬히 전개되던 그해 7월 전 장령掌令 곽기락의 상소를 필두로 동도서기론의 입장에서 정부의 개화정책을 지지하는 상소들이 잇달았다. 특히 1882년 4월 조미조약 체결을 계기로 이러한 상소는 더욱 확산되어, 서양의 기술뿐 아니라 법과 제도까지 받아들이자는 주장으로 발전하였다. 상소를 올린 이들 또한 현지 관료를 비롯하여 전직관료·재야유생·무과합격자 등 다양한 계층으로 확산되었다.

그리하여 동도서기론은 임오군란 진압 후 정부의 공식 노선으로 선포되었다. 1882년 8월 5일 김윤식이 대신 지어올린 교서에서 고종은 "저들(서양)의 교敎는 사특하니 마땅히 음탕한 소리나 치장한 여자를 멀리하듯이 해야 하지만, 저들의 기器는 이로우니 진실로 이용후생을 할 수 있다면 농업·양잠·의

약·병기·배·수레의 제도는 무엇을 꺼려서 피하겠는가? 그 교는 배척하되 그 기는 본받는 것이 진실로 병행하여 거스르지 않는 것이다"라고 하여, 동도서기론에 입각한 개화정책의 추진 의지를 분명히 밝혔다. 이후 동도서기론은 조야에 더욱 확산되어 갔다.

3. 임오군란

임오군란의 발발

임오군란은 초기 개화시책에서 소외되어 생활의 위협을 받게 된 서울의 하급군인들과 빈민층이 일으킨 생존권 투쟁의 일환으로 일어났다. 1881년 별기군이 창설되고 군제개혁이 단행되자, 5군영 소속의 상당수 군인들이 실직했고 2군영에 편입된 군인들 또한 별기군에 비해 열악한 처우를 받게 되었다. 게다가 구식군인들의 급료가 13개월이나 밀리면서 이들의 불만은 절정에 달했다. 이는 개항 후 다량의 미곡이 일본으로 유출되어 국가보유 미곡이 고갈된 것이 주된 원인이었다. 하지만 구식 군인들은 그 원인을 민씨 척족의 부정부패로 인식하여 급료 담당 관리인 선혜청 당상 민겸호와 전 당상 김보현에게 깊은 원한을 갖게 되었다.

이처럼 구식 군인들의 불만이 고조되고 있던 1882년 6월 초, 전라도 세곡이 서울에 도착하자 정부는 밀린 급료 가운데 1개월분을 지급했다. 하지만 선혜청 도봉소都捧所 말단 관리의 착복으로, 급료로 지급된 쌀에는 겨와 모래가 섞여 있었고 양도 턱없이 모자랐다. 이로 인해 구식군인들과 말단 관리들 사이에 충돌이 발생했고, 이를 보고 받은 민겸호는 김춘영, 유복만 등 4명을 주동자로 체포하여 고문을 가하고는 이 중 2명을 처형하려 했다.

이에 구 훈련도감 군인들은 6월 9일 동별영에 집결하여 자신들의 직속상관인 무위대장 이경하에게 동료들의 구명을 호소했다. 하지만 실권이 없던 이경하는 민겸호를 통한 직접 해결을 유도했고, 이에 구식군인들은 민겸호의 집으로 몰려갔다. 그런데 이곳에서 도봉소 고직庫直을 만나 다투던 중 민겸호의 집이 파괴되었다.

상황이 이처럼 악화되자 구식군인들은 대원군을 찾아가 대책을 진정했다. 권력을 잃고 의기소침해 있던 대원군은 이를 이용해 재집권의 기회로 삼고자 했다. 대원군의 묵인 하에 구식군인들의 행동은 더욱 대담해졌다. 동별영의 무기고를 습격하고, 포도청에 구금되어있던 김춘영 등을 탈옥시켰으며 일본공사관마저 습격했다. 또 민씨척족정권의 최고 권력자인 왕비를 겨냥하여 창덕궁으로 몰려가 궐내를 수색했다. 이 과정에서 별기군 교관 호리모토와 외무성 순사 등의 일본인과 영돈령부사 이최응과 민겸호, 김보현 등이 살해당했고, 일본공사관원들은 공사관 건물을 자진 방화한 뒤 12일 일본으로 철수했다. 왕비는 무예별감 홍계훈洪啓薰의 도움으로 궁궐을 탈출, 충주로 피난하여 화를 모면할 수 있었다.

결국 고종은 사태 수습을 위해 대원군의 입궐을 청하여 "지금부터 대소 공무는 모두 대원군 앞에서 품결하라"는 명을 내렸다. 대원군이 재차 권력을 장악한 것이다. 대원군은 고종에게 자책 교지를 반포하게 하여 구식군인들의 행동에 정당성을 부여하는 한편 왕비의 유고 상태를 기정사실화하기 위해 국상國喪을 반포했다. 이어 통리기무아문과 별기군을 혁파하고 삼군부와 5군영을 복구시킴으로써 종전의 개화시책을 백지화시켰으며, 민씨척족세력을 제거하고 자신의 세력을 확보하기 위한 인사조치를 단행했다.

청의 개입과 대조선 정책의 변화

임오군란 발발을 계기로 일본과 청은 군대를 파견하여 자신들의 영향력을 극대화하기 위해 각축을 벌였다. 6월 15일 나가사키[長崎]에 도착한 하나부사 요시모토[花房義質] 공사의 보고를 통해 군란 소식을 알게 된 일본정부는 조선의 사죄와 배상을 요구하며 하나부사를 전권위원으로 하여 군함과 병력을 조선에 파견했다. 6월 29일 제물포에 도착한 하나부사는 7월 7일 고종을 알현한 자리에서 7개항(이후 1개 항이 추가됨)의 요구사항을 제출하고 3일 내로 회답할 것을 통고했다.

6월 18일 주일공사 리수창[黎庶昌]의 통지를 통해 군란 소식을 접한 청 또한 재빠르게 군대를 파견했다. 7월 7일 남양만 마산포에 도착한 청군은 서울로 들어와 13일 대원군을 전격 납치하여 톈진으로 호송했다. 이로써 재집권한 달여 만에 대원군 정권은 붕괴되었다. 이어서 청군은 궁궐 안팎과 사대문을 수비하던 조선 군인들을 몰아내고 서울 시내의 치안을 장악했다.

대원군 정권이 붕괴되자 교착 상태에 놓여 있던 조·일 교섭이 재개되어 7월 17일 제물포조약이 체결되었다. 이로써 조선은 막대한 손해배상금을 일본에게 지불하고, 공사관 호위의 명분으로 일본군의 서울 주둔이 허용되었다. 동시에 2개 조의 수호조규 속약이 체결되어, 부산·원산·인천 각 항의 간행이정間行里程이 확대되고 일본인 외교관과 그 수행원 및 가족의 내지여행권이 인정되었다. 또 1년 후 양화진을 개시開市하기로 하여 일본의 경제적 침투는 더욱 확대되었다.

한편 임오군란을 계기로 청의 대조선 정책은 커다란 변화를 맞이했다. 이는 1882년 8월 20일 조·청 사이에 체결된 「조청상민수륙무역장정」에서 상징적으로 드러난다. 이미 1881년부터 조선과 청 사이에는 양국 간의 관계를 개정하기 위한 논의가 진행되어 왔는데, 이때 조선은 청에 대한 사대사행의 폐지를 요구했다. 양국 간 관계를 국제법질서로 전환시킴으로써 수평적인 국가 간 관계로 정립하고자 한 것이다. 그러나 군란 이후 다시 열린 협상에서 조선 측의 요구는 대부분 거절된다. 대신 청국의 강압과 권유에 따라 오히려 종래의 형식적 종주권을 명문화하고 청국 상인의 특권을 보장하는 내용의 장정이 체결되었다. 청은 기존의 양국 간 관계를 지렛대로 삼아 조선과 청의 전통적 관계를 국제법상의 종속관계로 전환하고자 했다. 조선의 내치·외교에 대해 적극적으로 개입·간섭하고자 한 것이다. 나아가 청은 대규모 병력을 조선에 주둔시킨 상태에서 1882년 11월 마젠창[馬建常]과 독일인 묄렌도르프Paul George von Möllendorf를 정치·외교 고문으로 파견하여 조선에 대한 압력과 내정간섭을 강화했다.

개화시책의 재개

임오군란 진압 후 개화시책이 다시 추진되었다. 이 무렵 정부 요직은 대부분 민씨척족세력이 장악하고, 일부 개화파 세력이 이에 참여하는 형태였다. 이들 집권세력은 임오군란 이전의 정책방향을 기본적으로 유지하면서 개혁사업을 전개했는데, 이는 상당 부분 청국의 권고와 요구에 따라 진행되었다.

조선정부는 먼저 관제 개혁에 착수하여, 1882년 11월 통리아문과 통리내무아문을 설치한 뒤 12월에는 각각 통리교섭통상사무아문(외아문)과 통리군국사무아문(내아문)으로 명칭을 바꾸었다. 이로써 정부조직은 의정부·육조와 내아문·외아문의 이원적 체제로 편성·운영되었다. 외아문은 외교·통상 문제를 담당하고, 내아문은 국정 전반의 주요 사안을 의결·집행하며 의정부를 능가하는 최고의 권력기구로 기능했다. 초기 내아문은 김병시·김윤식·어윤중·박정양·민종묵 등 친청파와 개화세력의 주도로 운영되다가, 1883년 8월 6사로 개편된 후에는 민태호·민영익·민응식 등 민씨척족과 윤태준·이조연·한규직 등 친민계親閔系 인사들이 대거 등용되어 그 운영권을 장악했다.

다음으로 조선정부는 군란 이후 흐트러진 군제를 바로잡기 위해 군제개편을 시도했다. 이 또한 청군의 주도하에 이루어져, 군병 1,000명으로 이루어진 친군영親軍營을 창설하고 이를 각각 좌·우영으로 나누어 청국식으로 훈련시켰다. 이후 전·후영이 설치되면서 1884년 7월에는 친군 4영체제로 편제되었고, 8월 29일 기존의 군영이 해체되면서 군제는 친군 4영으로 일원화되었다. 이처럼 중앙의 군제정비는 청의 영향 아래 진행되었고, 군권은 친청적인 민씨 세력에 의해 장악되었다.

4. 갑신정변

개화당의 결집과 정치세력화

임오군란 이후 개화세력 내에서는 향후 갑신정변을 주도한 김옥균·박영효·홍영식·서광범 등 급진파가 대두하기 시작했다. 이들은 스스로 '개화당' 혹은 '독립당'이라 칭하면서 당시 친청노선을 걷고 있던 집권세력 및 동도서기론자들을 '수구당'·'사대당'이라 부르며 자신들과 차별화했다.

이들이 본격적으로 하나의 세력으로 결집한 계기는 임오군란 문제를 협의하기 위해 1882년 8월 일본으로 파견된 수신사행이었던 것으로 보인다. 당시 수신사에는 정사 박영효, 부사 김만식, 종사 서광범, 그리고 고문으로 김옥균·민영익이 참가했으며, 이후 정변에 참여하게 된 유혁로·박제경·변수 등이 수행했다. 이들은 약 4개월간 동경에 머물면서 군주의 문명화를 통한 개혁정책의 추진, 개혁세력의 정치적 기반 확대를 위한 정부 내의 부분적 개편, 그리고 이를 지원하고 선전하기 위한 신문 발간 사업 등을 구상했다.

임오군란 이후 김옥균·박영효 등은 국왕을 사적으로 면접할 수 있는 별입시別入侍의 특권을 이용하여 신군 양성을 비롯해 일본으로의 유학생 파견, 최초의 근대적 신문인 『한성순보』 발간, 우정국郵政局 창설, 서울의 근대적 도시행정 추진 등 자신들의 개혁구상을 추진해갔다. 하지만 이들 개화당 인사들이 주도한 정책은 집권세력이었던 친청파들의 경계와 방해로 번번이 좌절되었다.

이 무렵 개화당 세력은 고수해야 할 동도와 수용해야 할 서기에 대해 당시의 동도서기론자들보다 탄력적이고 급진적이었다. 동도서기론자들이 청을 모델로 하여 점진적·개량적 변화를 추구하면서 상당히 제한적이고 선별적으로 서양문명의 이기利器를 받아들이려 했다면, 개화당 세력들은 일본을 모델로 급진적이고 전면적인 개혁을 추구하면서 서구 문명에 대해 좀 더 개방적인 태도를 보여주었다. 게다가 동도서기론자들이 조공사행의 폐지를 주장하면서도 여전히 중국과의 전통적인 사대관계를 유지하면서 청과의 협조를 중시했다면, 개화당 세력들은 정치적 주권을 가진 대등한 국가들로 구성된 국제질서라는 만국공법질서를 전면적으로 수용하여 청으로부터의 완전한 독립을 추구했다.

이처럼 양자는 청에 대한 인식과 개혁의 방향과 속도 등에서 차이를 가지고 있었다. 하지만 이들은 개항 이후 줄곧 위정척사론에 맞서 상호 협력관계를 유지하며 개화정책을 추진해왔다. 그런데 임오군란 이후 조선에 대한 청의 정치적 간섭이 강화되자 청에 대한 입장 차이가 부각되며 대립·갈등이 고조되었다. 김옥균·박영효·서광범 등은 조선에 대한 청의 간섭이 강화되고 청군이 주둔하는 조건에서 청으로부터의 독립을 당면한 정치적 목표로 설정했다. 반면 김윤식·어윤중 등 동도서기론자들은 청의 보호 하에서 청의 양무운동을 모델로 한 점진적 개혁을 추진한 것이다.

특히 개화당은 청국식 군제개편에 맞서 고종의 지원 아래 일본식 신식 군대 양성을 추진하면서 민씨척족세력과 첨예하게 대립했고, 정부의 극심한 재정난을 구제하기 위한 재정 문제의 해법을 놓고 갈등해왔다. 당시 정부 재정

해설

개화파·개화사상에 대한 논란

1956년 북한 학자 리나영의 갑신정변에 대한 연구에서 처음으로 '개화사상'이라는 말이 사용되었다. 이후 개항 이후 구체제의 개혁과 부국강병을 추구하며 서구(일본) 문명을 수용하려 한 주체와 노선을 '개화파', '개화사상'이라는 분석 개념으로 설명하는 방식이 일반화되었다. 그리하여 임오군란 이후 이들을 크게 두 계열로 나누어 온건·개량·양무·시무 개화파와 급진·변법 개화파로 분류하기도 하고, 개화사상을 좁게 규정하는 입장에서는 동도서기론을 개화사상과는 다른 사상으로 이해하기도 했다. 이 외에도 개화사상과 실학사상과의 연속 및 단절, 개화사상의 형성시기와 개화파의 분화 등에 대한 이해는 학자에 따라 다양한 인식의 편차를 보이고 있다. 나아가 이러한 인식의 혼란은 상당 부분 '개화사상'이라는 개념의 모호함에서 비롯된 것이므로 개화사상이라는 개념보다 '동도서기론', '문명개화론'과 같이 보다 분명한 개념을 사용해야 한다는 견해도 제기되었다. 그렇지만 조선에서 전면적인 서구화를 추구했던 문명개화론은 1890년대 이후 본격적으로 제시되어 널리 확산되기 시작한다.

은 친정 이후의 실정과 문호개방 및 부국강병정책으로 인해 회복이 어려울 정도의 타격을 입고 있었다. 이러한 재정문제를 해결하기 위해 당시 민씨척족세력은 묄렌도르프의 건의에 따라 악화인 당오전當五錢을 발행하려 했고, 김옥균은 일본으로부터의 차관을 도입하고자 했다.

갑신정변의 발발

1883년 6월 김옥균은 일본으로 건너가 차관 도입을 교섭했다. 이는 임오군란 이후 조선에 대한 소극적 정책으로 전환한 일본 정부의 방침으로 실패했고, 그에 따라 김옥균의 정치적 입지는 크게 위축되었다. 게다가 청과 민씨 척족세력 등 당시 집권세력의 견제로 개화당 인사들은 정치적으로 소외되고 있었다. 이러한 상황에서 그들은 획기적인 국면 전환을 모색하게 된다. 마침 베트남 문제를 둘러싸고 청과 프랑스 사이에 전쟁이 발발하자 청은 조선에 주둔시킨 청군 1,500명을 철군시켰다. 또 청이 프랑스에 연패하자 일본은 개화당 인사들에게 지원을 약속하는 등 조선 문제에 적극성을 보였다. 1884년 9월 12일 본국에서 서울로 돌아온 일본공사 다케조에 신이치로[竹添進一郎]는 이전과 달리 개화당에 호의적으로 접근했다. 이에 김옥균 등은 조선에 와 있던 일본군의 힘을 빌려 정변을 일으킬 계획을 세웠고 다케조에도 이에 동의했다.

1884년 10월 17일 저녁 9시경, 우정국에서 열린 개국 축하연이 거의 끝나갈 무렵 별궁 옆 초가의 방화로부터 정변은 시작되었다. "불이야" 하는 소리가 들리면서 우정국 연회장은 소란스러워졌다. 이때 제일 먼저 밖으로 나갔던 민영익이 칼을 맞고 되돌아오면서 연회장은 아수라장이 되었다. 연회장에 있던 김옥균은 박영효·서광범과 함께 일본 공사관에 들러 일본 공사 다케조에의 태도를 다시금 확인한 후 고종이 있는 창덕궁으로 향했다.

김옥균은 고종에게 우정국의 변란을 알리고 경우궁으로 피신하여 일본군의 호위를 받을 것을 제안했다. 이에 고종은 경우궁으로 거처를 옮겼고, 일본공사는 군대를 이끌고 와서 호위를 담당했다. 이어 개화당 일파는 자정이 지나 고종을 알현하기 위해 경우궁으로 찾아온 전영사 한규직, 좌영사 이조연, 윤태준, 민영목, 조영하 등을 차례로 살해하였다. 당시 권력의 핵심 실세들을 처단한 것이다.

정권을 잡은 정변 주도세력은 먼저 신정부 수립을 위해 대대적인 인사를 단행했고, 이는 정변 다음날인 10월 18일 조보를 통해 전달되었다. 신정부의 각료로는 영의정 이재원, 좌의정 홍영식, 전후영사 겸 좌포장 박영효, 좌우영사 및 우포장 서광범, 좌찬성 겸 우참찬 이재면, 이조판서 신기선, 예조판서 김윤식, 병조판서 이재완, 형조판서 윤웅렬, 공조판서 홍순형, 호조참판 김옥균, 병조참판 겸 정령관 서재필, 도승지 박영교 등이 임명되었다. 이러한 인사는 정변 주도세력이 의정권뿐 아니라 군사치안권·재정권을 장악하고, 대원군 계열의 종친 및 왕실 외척과의 연대를 도모한 것으로서, 의정부세력과 범개화세력을 동반세력으로 설정했음을 보여준다. 당시 민씨척족 중심의 권력구조에서 소외된 자들을 끌어들여 민씨척족에 반대하는 세력을 규합하고자 한 것이다.

한편 이러한 와중에 왕비는 창덕궁으로 돌아갈 것을 여러 차례 요청했다. 김옥균은 방어 상의 문제를 들어 이를 묵살했다. 하지만 고종의 거듭된 요구에 일본 공사 다케조에가 일방적으로 이를 수용했고, 고종은 18일 오후 5시경 창덕궁으로 거처를 옮겼다. 거처를 옮긴 개화당 세력은 청군에 대한 경계태세에 돌입한 후 19일 오전 10시경 개혁구상을 담은 정령을 작성하여 반포했다. 그런데 이날 오후 2시 30분경 청군이 창덕궁을 공격해왔고, 소수의 일본군으로는 창덕궁 방어가 어렵다고 판단한 일본 공사는 일본군을 철병하려 했다. 이러한 상황에서 정변 주도세력도 어쩔 수 없이 철수를 결정했다. 이로써 갑신정변은 3일 만에 실패로 끝났다.

이날 고종을 호위하고 창덕궁을 나간 홍영식·박영교 등은 청군과 조선군에 의해 살해당했다. 김옥균 등은 다케조에를 따라 일본공사관으로 후퇴한 후, 다음날 일본 공사 일행과 함께 인천으로 도주했다. 이어 23일 김옥균·박영효·서광범·서재필·유혁로·변수·이규완·정난교·신응희 등 9명은 다케조에와 함께 일본 선박 천세환을 타고 일본으로 망명했다.

정령 14개조와 개혁 구상

정변 주도세력의 개혁구상은 그들이 발표한 정령을 통해 살펴볼 수 있다. 서재필의 회고에 따르면 당시 약 80여 개 조의 정령이 공포되었다고 하지만, 김옥균의 수기인 『갑신일록』에는 14개 조항만이 실려 있다. 이를 토대로 개화당의 개혁구상을 살펴보면 다음과 같다.

첫째, 대원군의 귀국과 청에 대한 조공폐지를 주장하여 청의 종주권을 부정하고 조선의 독립을 제창하였다. 이를 통해 대원군 계열과 반청·반민反閔 세력의 정치적 규합을 꾀하고 민중의 지지를 유도하고자 했다.

둘째, 정치개혁으로는 우선 의정부와 육조 외의 불필요한 관직은 모두 혁파하여 정부조직을 의정부와 육조로 일원화하고자 했다. 그동안 의정부·육조, 내·외아문이라는 이원적 체제로 운영되어온 조직과 기구들을 효율적으로 정비하고자 한 것이다. 다음으로 국가 권력구조는 의정부 대신과 참찬이 의정부를 장악하고, 의정소 회의를 통해 독점적으로 운영하는 방안을 구상했다. 이때 의정소 회의는 입법·사법·행정의 전권을 창출하는 회의체로서 정변 주도세력이 비상대권을 부여받아 국가권력을 주도적으로 행사할 수 있는 의결기구의 성격을 지녔다. 나아가 정변 주도세력은 의정부 중심의 정치체제를 통해 왕권을 제한하고 왕실의 정치개입을 차단하고자 했다. 내시부와 규장각 혁파는 이러한 측면에서 이해된다. 반면 독립국가의 상징적 존재로서 국왕의 위상은 높이려 했다. 이는 왕권을 제한하고 왕을 상징적 존재로 한정하려 한 입헌군주제에서의 권력 운영과 상통하며, 향후 입헌군주제로 나아가는 발판이 될 수 있는 구상이라고 할 수 있다.

셋째, 경제개혁으로는 재정확보에 중점을 두면서 조세체계의 전면적 개

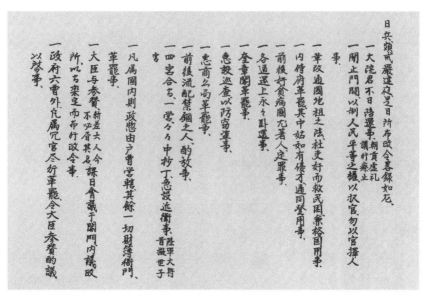

갑신정변 때 제시된 14개조의 개혁 정령

혁을 의도했다. 모든 국가재정을 호조로 일원화하고 다른 재정 관련 기관들의 혁파를 주장하여, 왕실 재정을 국가재정으로 흡수·관할하려 했다. 이는 권력 운영 구상과도 맞물린 것으로서 매우 획기적인 조치였다. 나아가 근대적 예산제도를 도입하고, 장차 화폐개혁과 은행 설립도 염두에 두었다. 그 외 지조법地租法의 개혁과 환곡에서 와환臥還을 주장하여 국가재정과 민생을 해결하려 했다. 또 혜상공국을 혁파하여 민간이 주도하는 상회사商會社 체제를 통해 국가적 부를 축적하려 했다. 하지만 이러한 경제개혁조치들은 주로 국가경영의 측면에서 제기된 재정문제를 우선적으로 해결하는 데 중점을 두어, 민생을 위한 개혁 조치로는 미흡한 것이었다. 또 재정문제 해결에 필수적인 관세에 대한 언급이 없다는 점은 재정개혁 구상의 취약성을 보여준다.

넷째, 사회개혁론과 관련된 조항으로는 문벌폐지와 인민평등권 주장이 주목된다. 문벌폐지 주장은 민씨 척족과 권력 실세들을 타파하려는 정치적 목적이 중심이었다. 신분제 폐지를 고려한 인민평등권 주장은 당시로서는 혁명적인 주장으로 높이 평가할 수 있다.

갑신정변의 좌절과 영향

개화당은 정변을 통해 청으로부터의 '독립'을 실현함과 동시에 위로부터의 개혁을 실시하여 구체제를 혁신하고 국가체제를 일신하고자 했다. 하지만 정변의 실패는 오히려 정반대의 결과를 초래했다. 대내적으로는 개화파의 입지를 크게 위축시켰을 뿐 아니라 친청세력과 민씨척족의 권력 기반을 공고히 하는 계기가 되었다. 나아가 개화파에 대한 민심 이반은 그동안 축적되어 온 '개화'에 대한 인식을 부정적인 것으로 만들었고, 개화정책의 중단과 국가정책의 보수화로 이어졌다. 또한 대외적으로도 청의 조선에 대한 종주권이 더욱 강화되었다. 정변 이후 청은 1885년 위안스카이[袁世凱]를 사실상 조선정부의 감독관으로 파견했다. 조선에 부임한 위안스카이는 병권을 장악했을 뿐만 아니라 '통상사무전권위원'이란 이름으로 조선에 대한 내정간섭을 보다 강화했다.

한편 일본은 조선에서 실추된 이미지를 만회하기 위해 강경책을 취하였다. 이노우에 가오루[井上馨]가 군대를 이끌고 서울에 들어와 조약체결을 요구하여 1884년 11월 24일 한성조약이 체결되었다. 그 결과 조선정부가 정변의 모든 책임을 지고 일본에 사과와 피해 보상 등의 의무를 지게 되었고, 일본은 이를 구실로 조선에 대한 침략을 한층 강화해갔다. 청과는 톈진조약을 체결하여 조선을 둘러싼 청·일간의 외교적 문제를 해결했다. 이 조약에서는 청·일 양군의 조선에서의 동시 철병과 향후 청·일 양국이 조선에 파병할 때에는 사전에 서로 통보할 것을 규정했다. 이는 1894년 동학농민전쟁 당시 일본이 조선에 파병하는 구실로 작용한다.

강재언 저·정창렬 역, 1981, 『한국의 개화사상』, 비봉출판사

김용구, 2004, 『임오군란과 갑신정변』, 도서출판원 ·

김종학, 2017, 『개화당의 기원과 비밀외교』, 일조각

박은숙, 2005, 『갑신정변 연구』, 역사비평사

손형부, 1997, 『박규수의 개화사상연구』, 일조각

신용하, 2000, 『초기개화사상과 갑신정변 연구』, 지식산업사

연세대학교 국학연구원 편, 2004, 『서구문화의 수용과 근대개혁』, 태학사

이광린, 1997, 『개화당 연구』, 일조각

이완재, 1998, 『한국근대 초기개화사상의 연구』, 한양대학교 출판부

제3장

동학농민전쟁

세계사의 흐름 : 제국주의 침략과 아래로부터의 대응

16~18세기 동아시아는 집약적 벼농사가 확산되면서 세계에서 가장 높은 토지생산성과 인구밀도를 가지게 되었다. 동시에 가족의 노동력으로 농사를 짓고 생계를 유지하는 소농사회가 자리 잡았다. 이러한 소농경영은 자연재해나 가족구성원의 인구 순환주기로 인해 파산에 직면하는 불안정성을 지녔고, 이를 최소화하기 위해 친족제도 및 그와 결부된 공유재산과 재분배경제가 발달했다. 하지만 농민 내부에 계급분화가 일어나고 재분배경제가 쇠퇴하여 생존 위기에 내몰리면 여러 형태의 농민항쟁이 발발했다. 특히 18~19세기 베트남의 서산당西山黨(1771~1801) 봉기, 청의 백련교도 봉기(1796~1805), 조선의 평안도 민중항쟁(1811)이나 임술농민항쟁(1862)과 같이 대규모의 농민봉기가 발발했다. 에도시대 일본의 경우에는 비슷한 움직임이 있었지만, 대규모 항쟁으로 발전하기 전 대부분 진압되어 분산적이고 일시적인 소동에 그쳤다.

한편 19세기 중엽 이후, 개항을 계기로 세계자본주의체제에 편입되어 사회경제적 변화와 정치·군사적 외압에 맞닥뜨린 동아시아에서는 아래로부터의 다양한 대응이 전개되었다. 특히 중국과 조선에서는 개항 이전 상당한 규모와 지휘계통을 갖추어 기존의 국가권력과 전투를 벌였던 전통을 이어, 태평천국운동과 동학농민전쟁과 같은 아래로부터의 혁명적 성격의 농민항쟁이 발발하였다.

중국에서는 제1차 아편전쟁 이후 홍수취안[洪秀全]이 이끄는 배상제교拜上帝教 회원들이 1851년 광시성[廣西省] 금전촌金田村에서 봉기하여 태평천국을 선언했다. 이들은 토지균분을 내걸고 모두가 평등한 지상천국을 건설한다는 기치 아래 급속히 세력을 확대하여 중국의 중남부 여러 성을 석권하고, 1853년에는 난징[南京]을 점령하고 수도로 삼았다. 당시 빈민, 농민 등 피지배층의 열망을 반영한 태평천국의 구호는 상당한 호응을 얻어 1856년 중반 무렵까지 양쯔강 유역을 확보하는 등의 성과를 거두었다. 하지만 이후 지도층의 격심한 내분 속에 쩡궈판[曾國藩]·리훙장[李鴻章] 등의 비정규적 지방군과 외국인 용병부대[常勝軍]에 의해 1864년 난징이 함락되면서 태평천국은 붕괴되었다.

태평천국운동은 19세기 전반 이래 중국이 안고 있는 문제, 즉 중앙과 지방의 행정 이완 및 부패, 농민 생활수준의 하락, 지주의 토지집적에 따른 소작농과 자작농의 몰락 등에서 비롯되었다. 특히 그 진원지인 광시성은 이러한 일반적 현상과 더불어 지리적 특성으로부터 종족적·사회적·경제적으로 더욱 복잡했고, 치안 유지에서도 심각한 문제를 안고 있었다. 게다가 난징조약 후 상하이[上海]가 개항되자 전통적 대외무역항이었던 광저우[廣州]가 상대적 불황에 빠져 상당수의 실업자가 발생했고, 해산된 지방군이 향촌사회에 방치되면서 사회불안 요소가 배가되었다. 이러한 상황에서 다른 지역에서 광둥성으로 이주해 온 한족[客家]을 중심으로 인근 빈농과 파산 농민, 실직한 노동자, 일부 지식인들이 배상제회拜上帝會라는 종교결사를 매개로 태평천국운동을 일으킨 것이다.

조선에서는 1884년 '개화당' 일파에 의해 위로부터의 개혁이 시도되었지만, 청의 무력간섭으로 분쇄되었다. 그 결과 개혁이 좌절되면서 조선 후기 이래 누적된 사회적 모순은 더욱 격화되었다. 그러자 10년이 지난 1894년, 임계점에 다다른 농민들이 동학을 매개로 전면적인 무장항쟁에 나섰다. 제3장에서는 개항 이후 아래로부터의 대응이라고 할 수 있는 이러한 농민봉기의 원인과 과정, 결과를 살펴본다.

1. 19세기 사회경제적 변화와 농민항쟁

삼정문란

19세기에 접어들어 조선은 국가·사회적으로 위기에 빠져들었다. 대다수 농민층이 경제적으로 몰락하는 하향 분해가 진행되는 한편 부세체제의 문란과 자의적인 수탈로 농민들의 처지는 피폐해져 갔다. 조선후기 농업 생산력과 상품화폐경제가 발달하면서 일부 지주와 부농은 토지소유를 확대했지만 대다수 농민들은 영세화되어갔다. 게다가 18세기 후반 확립된 부세징수제도인 삼정三政의 문란으로 농민들은 극심한 수탈에 시달렸다.

삼정은 18·19세기 조선에서 가장 중요한 재정 수입원이었던 전정田政·군정軍政·환정還政을 아울러 이르는 말이다. 조선 전기의 조용조租庸調 체제로 상징되는 부세제도는 16세기 이래의 사회적·경제적 변동에 기인하여 크게 변화했고, 그 결과 18세기 중엽 이래 삼정체제가 부세제도로서 확립되었다.

전정은 토지 결수結數를 기준으로 수취하는 전세로서, 임진왜란 이후 점차 증가하여 각종 부과세와 수수료가 첨가되었다. 군정은 원래 군적軍籍에 의거하여 번상병을 차출하고 그에게 보保를 정급定給해 주는 병무 행정이었지만, 점차 군포軍布의 부과·징수를 행하는 수취 행정으로 변하여 각종 협잡이 뒤따랐다. 환정은 환곡還穀이라고도 하며, 춘궁기에 농민에게 식량과 종자를 빌려주었다가 추수 후에 회수하는 구빈救貧 행정이었지만 점차 관청고리대로 변하여 삼정 가운데 폐해가 가장 심각했다.

삼정은 지주제, 신분제, 군현제와 현물경제체제를 근간으로 하여, 거두어들일 세금의 총액을 각각의 군현에 정해주는 총액제로 운영되었다. 이를 통해 국가는 토지와 인민을 일일이 파악하지 않고, 토지와 세금부담자의 증감에 상관없이 조세를 공동부담하게 함으로써 세금 수취의 안정을 도모했다. 중앙정부는 수세업무를 군현의 수령과 향촌지배세력에게 전적으로 위임했고, 이는 농민들에 대한 무제한적이고 자의적인 수탈을 가능하게 했다. 더욱이 조세부담은 양반이나 부유층보다 일반 평민들에게 집중되었다. 부농이나 서민지주들이 신분상승 등의 방법으로 조세부담에서 면제되면 이들의 몫까지 나머지 평민이나 하층민들이 짊어져야 했기 때문이다. 이러한 삼정 운영의 문란은 19세기 초·중엽에 일어난 민란의 주요 원인이 되었다. 1862년 임술민란 후 조정에서는 삼정의 폐단을 시정하기 위해 삼정이정청三政釐整廳을 설치하여 삼정개혁안을 마련하기도 했다. 하지만 이는 부분적인 개선책에 머물렀고, 그것마저도 곧 중단되어 큰 실효를 보지 못했다.

농민항쟁의 고양

19세기 사회경제적 위기가 심화되자 농민들의 저항이 점차 조직화되기 시작했다. 가혹한 조세수탈을 피해 마을에서 유리流離·도망하거나, 탐학한 관리 및 지주들에 대한 규탄 또는 체제비판적 내용을 담은 와언訛言·괘서掛書 사건이 잇달았다. 18세기의 농민 저항이 주로 개인적 혹은 개별적인 형태였다면, 19세기에는 소지所志를 작성하여 군현이나 감영에 민원을 호소하는 정소呈訴 운동과 같이 보다 적극적인 양상을 드러냈다. 특히 파괴행위를 수반하며 이서배와 수령을 직접 징치懲治하고 읍폐민막邑弊民瘼을 바로잡고자 한 '민란'이 끊임없이 일어났다. 그리하여 1862년에는 삼남지방의 70여 개 군현에서 민란이 동시다발적으로 폭발했는데, 대원군 집권기에는 다소 진정되었던 민란이 개항 이후 다시 고양되어갔다.

19세기 후반에는 처음부터 무장봉기를 목적으로 하는 병란兵亂도 자주 일어났다. 1869년 광양란光陽亂과 1871년 이필제의 난을 비롯하여, 정감록류의 도참비기圖讖祕記 사상에 근거하여 여러 변란이 일어났다. 또 명화적明火賊이

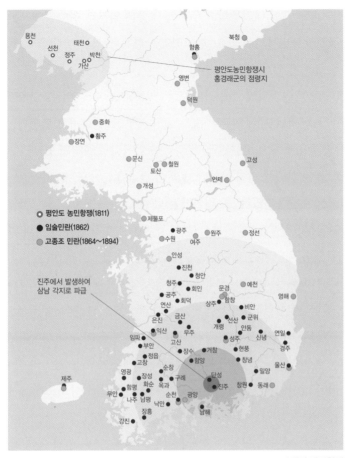

용천
선천　태천　북청
　정주　함흥
가산　박천
영변
평안도농민항쟁시
홍경래군의 점령지
덕원
중화
장연　황주
문산　철원　고성
토산　　인제
개성
● 평안도 농민항쟁(1811)
● 임술민란(1862)
● 고종조 민란(1864~1894)
제물포
광주　원주　정선
수원　여주
진주에서 발생하여
삼남 각지로 파급
안성
진천　청안
청주　회인　문경　예천
공주　회덕　함창　영해
연산　　상주　비안
금산　　선산　군위
은진　개령　안동　연일
임파　익산　무주　성주　신녕
부안　고산　　현풍　경주
정읍　장수　거창　　울산
고창　순창　함양　창녕　밀양
영광　장성　　달성　　동래
함평　화순　옥과　구례　진주　창원
무안　남평　순천　광양　남해
나주　낙안
강진　장흥
제주

19세기 민중항쟁

경향 각지에 출몰하여 부호의 집을 털거나 관아를 습격하는 등의 사건도 빈발했다. 1894년의 농민전쟁은 이와 같이 끊임없이 지속되어 온 여러 갈래의 농민저항이 하나로 결집되어 분출한 것이었다.

개항 이후의 사회경제적 변화

개항 이후 자본주의 세계체제로 편입된 조선경제는 대외무역의 발전과 더불어 시장이 발달하고 산업구조가 변하면서 반半식민지적 경제구조로 재편되어갔다. 개항 이후 대외무역의 주된 상대국은 일본과 청이었다. 중국이 거대한 상품시장으로서의 역할을 하고 있었기 때문에 서구 열강에게 조선의 시장 가치는 높지 않았다.

1890~1894년까지의 수출입 전체는 일본과의 무역 비중이 압도적으로 높았지만, 수입액의 경우 일본이 60%, 청이 40%로 경합하고 있었다. 일본과는 수출 및 수입액이 비슷했지만, 청과는 수입액이 수출액의 10배 이상에 달하여 항상 적자 상태를 면치 못했다. 조선이 청과 일본으로부터 수입한 주요 상품은 영국산 면제품이었다. 또 일본에는 다량의 쌀과 콩, 소가죽 등의 원자재를 수출한 반면, 청에는 인삼·해삼·종이 외에는 수출할 품목이 거의 없었다.

대외무역이 확산되자 개항장을 거점으로 수출입무역에 종사하며 내외국인을 상대로 매매를 주선하는 새로운 유통조직으로서 개항장 객주가 출현했다. 그런데 1882년 외국상인들에게 서울이 개방되고, 1884년부터는 내륙 통상까지 허용되자 외국 상인이 직접 내륙 지방으로 들어와 거래하는 것이 가능해졌다. 이처럼 외국 상인의 활동 범위가 확대되어 조선 상인의 상권을 침해하는 일이 잦아지자 객주와 서울 및 내륙의 상인들은 상회소商會所 등을 설립하는 등 자구책을 강구했다.

또한 개항을 계기로 대일 수출 곡물이 증가하자, 조선 후기 이래로 진전되어 온 곡물의 상품화가 더욱 촉진되고 지주 경영이 강화되었다. 특히 1890년부터 쌀이 높은 가격으로 일본에 대량 수출되면서 농촌사회에 상품화폐경제가 빠르게 자리 잡았고, 농민들도 대외무역의 영향 아래 놓이게 되었다. 곡물 수출이 증가하고 미곡가격이 상승하자 지주들은 토지를 집적하여 경영을 확대하고 지대地代를 인상하는 등 지주경영을 강화했다. 반면 다수의 농민들은 토지를 잃고 소작농 또는 농업노동자가 되거나 농촌을 떠나게 되었다.

한편 왕실의 외척세력인 특정 가문이 권력을 독점하는 이른바 '세도정치'라는 기형적 정치형태는 국가기강의 해이와 매관·매직의 성행, 지방 수령들의 가렴주구와 부정부패를 더욱 조장했다. 나아가 지방관청에 의한 중간수탈이 강화되면서 오래전부터 만성적 위기에 시달리고 있던 국가재정은 더욱 악화되었다. 게다가 개항 이후 국가재정은 거의 파산상태에 이르렀다. 민씨척족세력을 비롯한 집권세력의 부정부패와 연이은 자연재해에 따른 경제적 위기, 왕실 경비의 급증과 개항 후 추진된 개화정책으로 재정수요가 폭발적으로 늘어났기 때문이다. 정부는 화폐를 발행하는 한편 더 많은 조세를 부과함으로써 부족한 국가재정을 채우려 했다. 하지만 이는 악화惡貨 유통에 따른 악성 인플레이션과 백성들에 대한 과중한 세금부담으로 이어졌다.

2. 동학의 창도와 확산

동학의 창도와 교단의 형성

최제우崔濟愚는 1824년 경주의 빈한한 선비 집안에서 서자와 다를 바 없는 재가녀의 아들로 태어났다. 어려서 그는 정통 유학을 수학했지만, 출생 배경과 불우한 환경으로부터 실의와 방황의 나날을 보냈다. 이어 스무살에는 장삿길에 나서 10여 년 동안 전국을 유랑하며 피폐한 민들의 삶과 세태, 혼란과 무질서로 점철된 조선의 현실을 목도했다. 이 과정에서 그는 광제창생廣濟蒼生에 뜻을 두고 여러 술법 등을 두루 편람했지만 뜻을 이루지 못하고 30대에 접어들어 고향인 경주의 용담으로 돌아왔다. 이후 처가가 있는 울산으로 거처를 옮긴 최제우는 1855년 어느 노승으로부터 '을묘천서乙卯天書'라는 책을 전해 받은 것을 계기로 본격적인 구도의 길에 들어섰다. 그러던 중 1860년 4월 5일 '천주天主'와

동학의 창시자 최제우

대면하는 신비한 종교체험을 계기로 동학을 창도했다.

최제우는 1년여에 걸친 수련과 탐구, 검증을 거친 후 1861년 6월에 이르러 본격적인 포교에 나섰다. 포교활동은 당시 널리 유행하던 콜레라와 같은 전염병을 치료하는 의료행위로부터 시작되었으며, '유무상자有無相資'라는 상호부조의 공동체 정신으로 사람들을 규합하여 견고한 종교 교단을 형성해갔다. 이후 동학은 급속히 전파되어 1862년 말경에는 경주·영덕·영해·대구·청도·안동·단양·영양·고성·울산 등지에 접소接所를 설치하고 그곳의 책임자로 접주接主를 두었다(이른바 接主制의 실시). 동학의 교세가 급속히 확산되자 중앙정부는 동학을 불온시하여 1863년 최제우를 체포한 후, 이듬해 3월 10일 '좌도혹민左道惑民(邪教로 백성들을 미혹한다)'의 죄목으로 대구에서 그를 처형했다.

동학 교세의 확장

최제우 처형 후 동학은 불법화되어 본격적으로 관의 탄압을 받았지만, 제2대 교주 최시형을 중심으로 비밀리에 포교를 지속하면서 교세를 확장해갔

다. 특히 최시형이 동학교단의 지도체제를 정비한 1870년대 중반 이후 동학은 비약적으로 발전했다. 1880년대 초 동학의 기본경전인 『동경대전』과 『용담유사』가 간행되었고, 1880년대 중엽에는 직제職制로서 육임제六任制가 마련되는 등 동학은 종교 교단으로서의 내실과 조직을 갖추어갔다. 최시형이 보은에 거처를 마련한 1885년을 전후하여 충청도에서 동학 교세는 크게 증가했고, 1890년대에 이르면 전라도에까지 급격히 확대되었다.

동학의 지도체제를 정비한 2대 교주 최시형 1898년 처형 전의 모습.

이와 같이 1880년대 교세가 급격히 확산되어 종래의 접 아래 다수의 새 접이 늘어나자 이를 통솔하는 문제가 제기되었다. 이에 동학교문은 접과 접을 통괄하는 교단조직으로서 포包를 설치했다. 포는 일종의 교구제와 같은 것으로서, 대체로 여러 접주 중 덕망과 통솔력이 있는 접주가 대접주 또는 도접주都接主의 이름으로 포주包主를 겸하면서 예하의 여러 접주를 통솔하였다.

3. 교조신원운동과 척왜양운동

교조신원운동과 공주·삼례집회

동학 교세가 급격히 신장되자 조정과 지방 수령들은 사학邪學을 금한다는 명분 아래 동학교도의 재산을 수탈하거나 체포·구금하는 등 탄압을 강화했다. 동학교도들은 피신·도망하거나 돈을 주고 풀려나는 등 소극적인 방법으로 교문을 지켜나갔지만 1884년부터 동학교도들에 대한 박해는 한층 가혹해졌다. 특히 1892년 충청감사 조병식이 내린 동학금령은 더욱 혹독했다. 따라서 교단 지도부는 교조신원운동敎祖伸寃運動이라는 합법적인 청원운동을 통해 동학의 공인과 포교의 자유를 인정받고자 했다.

1892년 10월 서인주·서병학 등은 충청도 감영이 있는 공주에서 동학교도들을 모아 집회를 열고, 충청감사 조병식에게 「각도동학유생의송단자各道東學儒生議送單子」라는 청원서를 제출했다. 「의송」에서 이들은 동학이 이단이 아님을 밝히는 한편 서학의 만연과 일본 상인들의 부당행위를 우려하고, 옥에 갇힌 동학교도들의 석방과 교조 최제우의 신원을 조정에 계달啓達해 줄 것을 요구했다. 이에 조병식은 10월 22일 내린 답변서에서 '동학은 어디까지나 이단일 뿐이고, 이를 금하고 금하지 않는 것은 오직 조정의 처분에 달린 것이다'라고 하여 공주집회의 요구사항을 모두 거절했다. 다만 24일 동학교도에 대한 부당한 탄압을 금지하는 지령문을 각 읍에 내려보냈다. 그동안 지방관

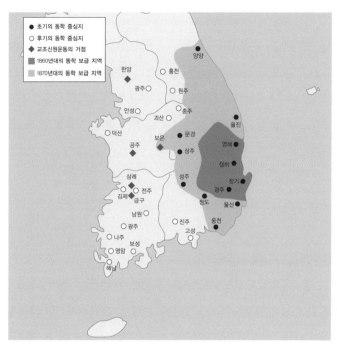

● 초기의 동학 중심지
○ 후기의 동학 중심지
◆ 교조신원운동의 거점
■ 1860년대의 동학 보급 지역
■ 1870년대의 동학 보급 지역

동학의 교세확장과 교조신원운동 거점

의 침학과 토색에 시달려온 동학 교단은 이를 일정한 성과로 받아들였다.

이러한 성과에 고무된 교단 지도부는 11월 2일 전라감영이 소재한 전주 근교의 삼례에서도 집회를 열고 충청도에서와 비슷한 내용의 「의송」을 전라 감사 이경직에게 보냈다. 전라감사 또한 11일 각 읍에 동학도에 대한 관속배의 토색을 일절 금하라는 지령을 내렸다. 이에 교단 지도부는 다음날 「통문通文」을 발하여 집회의 해산을 지시했다. 하지만 이러한 해산 명령에도 불구하고 상당수의 교도들은 해산하지 않았다. 교단 지도부는 19일 재차 통문을 내어 해산을 종용했지만 일부 동학도는 21일까지도 해산하지 않았다. 이는 동학교도들 사이에 교단 지도부와 노선을 달리하는 흐름이 태동하고 있음을 보여준다.

복합상소와 '척왜양' 방문 게시

동학의 공인 및 교조신원은 지방관의 권한이 아니라는 충청·전라감사의 답변에 동학교도 사이에서는 중앙정부에 직접 호소해야 한다는 의론이 일어났다. 교단 지도부는 중앙정부를 상대로 한 교조신원운동으로서 복합상소伏閣上疏를 준비했다. 그리하여 1893년 2월 11일부터 13일까지 40여 명의 동학교도가 경복궁 광화문 앞에 엎드려 동학의 공인과 교조 최제우의 신원을 호소했다. 하지만 광화문 복합상소는 정부의 강력한 탄압만을 불러와 실패하고 말았다.

한편 복합상소 직후인 2월 14일부터 3월 2일에 이르기까지, 외국인이 경영하는 학교와 선교사의 집, 외국 공·영사관 및 동·남대문 등 서울의 주요 장소에 왜양倭洋을 배척하는 익명의 괘서가 내걸렸다. 관련 사료의 부족으로 이를 주도한 세력이 누구였는지 단정하기는 어렵지만 동학교도가 관련되었을 가능성이 높다. 게다가 복합상소가 열리던 시점을 전후하여 호남의 동학교도들이 전라감사에게 다시 소장을 제출했는데, 소장에는 일본의 침략에 대한 위기의식과 경계, 나아가 강력한 척왜양 의지를 드러냈다. 이러한 사실들은 이 무렵 동학 내부에 교조신원운동만이 아닌 '척왜양'이라는 정치적 구호를 내건 세력이 대두하고 있었음을 보여준다.

'척왜양 창의'와 보은·금구집회

복합상소 실패 후 충격과 위기의식 속에 대응책을 모색하던 교단 지도부는 1893년 3월 11일 충청도 보은 장내리에서 교조신원을 위한 집회를 열었다. 이 '보은집회'는 약 2만여 명의 교도가 참여하여 4월 3일경까지 지속되었다. 이때 뒤에서 언급하는 금구집회세력과 연결된 것으로 보이는 일부 동학도들이 '교조신원' 외에도 '척왜양'과 '보국안민'을 '창의倡義'의 이유로 내걸었다. 그리고 선무사宣撫使 어윤중이 4월 1일 보은군수 이중익 등을 대동하고 찾아와 국왕의 윤음綸音을 읽고 퇴산을 명하였다. 게다가 당시 유일한 신식 조선군이라 할 수 있는 경군京軍이 파견되었다는 소문이 돌았다. 이에 일부 교도가 교조신원 이상의 주장을 내거는 등 급진화 경향을 보이는 것을 우려한 최시형·서병학·손병희 등 교단 지도부는 교도들에게 해산명령을 내리고 장내리를 빠져나갔다. 이로써 보은집회는 아무런 성과를 거두지 못한 채 해산되었다.

한편 보은집회가 열리던 시기 전라도 금구 원평에서도 대략 1만여 명으로 추정되는 동학교도들이 집회를 열고 있었다. 이 금구집회 세력은 '척왜양'과 '보국안민'을 본격적으로 내세웠다. 이 집회를 주도한 전봉준·손화중·서장옥·황하일 등 전라도 지역의 동학 지도자들은 교단 지도부보다 좀 더 정치지향적이었다. 이들은 보은집회의 교도들과 합세한 후 제물포로 북상하여 직접 '척왜양'을 실현하겠다는 계획을 세울 정도로 무력 사용도 불사하는 강경노선을 취하고 있었다. 하지만 독자적으로 실력 행사를 감행할 정도로 충분히 조직화되지 못한 상황에서 보은집회가 해산하자 금구집회 또한 해산할 수밖에 없었다. 이들은 훗날 동학 내에서 충청도를 중심으로 한 최시형의 '북접'과 구별되는 '남접'이라는 분파를 형성하여 농민전쟁을 주도해나간다.

4. 제1차 봉기와 집강소

고부봉기

동학농민전쟁은 전라도 고부에서 일어난 농민봉기가 발단이 되었다. 고부봉기는 고부군수 조병갑의 탐학에 격분하여 1894년 1월 10일 새벽, 말목장터에 모인 오백 내지 천여 명의 고부농민들이 전봉준의 지도 아래 고부관아를 점령하면서 시작되었다. 이들은 맨 먼저 조병갑을 잡아 징치하려 했으나 이를 눈치챈 조병갑이 재빨리 도망쳐 실패하였다. 농민들은 무기고를 부수어 무기를 압수함과 동시에 옥을 열어 억울한 죄수를 석방하고 서리들을 끌어내 악정을 조사했다. 또 불법 약탈한 수세미水稅米를 농민들에게 반환하고, 민원民怨의 대상이 된 만석보萬石洑를 파괴했다.

그런데 고부봉기는 봉기민들이 조병갑을 축출한 뒤에도 3월 초까지 약 두달간 해산하지 않았다는 점에서 여타의 민란과는 다른 양상을 보였다. 전봉준 등 당시 지도부는 동학조직을 이용하여 고부봉기를 농민전쟁으로 확대·발전시키려 했던 것이다. 2월 중순 전봉준은 전라도 각 읍의 동학교도들에게 격문을 보내 고부봉기를 전라도 차원의 봉기로 확산시키고자 했다. 하지만 인근 고을의 호응이나 연계가 이루어지지 않아 이는 실현되지 못했다.

2월 25일에는 백산白山으로 진을 옮긴 후, 전봉준은 봉기농민들에게 "함열咸悅의 조창漕倉으로 가서 전운영轉運營을 격파하고 전운사轉運使 조필영을 징치할 것"을 촉구했다. 하지만 봉기민은 "민요民擾가 월경越境을 하면 반란의 칭을 받는다"는 이유로 이에 응하지 않고 해산하려 했다. 당시 상당수 농민들은 일반적인 민란의 양상을 벗어난 '반란'에는 동의하지 않았던 것이다. 이러한 상황 전개는 전국적인 차원의 농민전쟁을 일으킬만한 충분한 준비와 협의가 미처 이루어지지 못한 상황에서 고부봉기가 발발했음을 보여준다. 결국 고부 군수로 부임한 박원명이 온건 무마책으로 농민들을 회유하자 3월 3일 무렵 고부 농민들은 해산하고 말았다.

무장기포와 전주화의

고부 봉기가 해산되자 전봉준은 손화중이 대접주로 있는 무장茂長으로 잠행하여, 전라도의 동학지도자들과 본격적으로 농민전쟁을 준비했다. 3월 16일부터 농민군이 무장으로 집결하기 시작했고, 3월 20일에는 전봉준·손화중·김개남 세 사람 명의로 포고문을 발표했다. 농민전쟁이 시작된 것이다. 3월 23일 고부를 점령한 농민군은 25일 백산으로 진영을 옮겨 각지에서 모여든 농민군을 확대 개편했다. 이곳에서 농민군 지도부는 '호남창의대장소湖南倡義大將所'를 설치한 후, '4대명의'와 '4개약속', '농민군 12개조 기율'을 발표했다. 무장기포茂長起包 당시 4천여 명이었던 농민군은 8천여 명으로 늘어나, 전봉준을 총대장으로 하여 3월 25일 전주성을 향해 출발했다.

3월 28일 태인현을 점령하고 4월 1일 금구현 원평까지 진출하여 전주감영의 동향을 살피던 농민군은 감영군이 금구로 온다는 정보를 접하고는 태인으로 옮긴 후 다시 부안을 지나 고부로 향했다. 4월 7일 새벽 농민군은 뒤쫓아 온 감영군을 황토현에서 격파한 후 곧장 전주성을 향하지 않고 정읍(4.7)→흥덕·고창(4.8)→무장(4.9)→영광(4.12)→함평(4.16) 등 전라도 서남부지역을 차례로 점령했다. 이는 농민군 토벌을 위해 전주로 파견된 경군과의 정면대결을 피하기 위한 것으로 추정된다. 남하 과정에서 농민군은 더욱 확대되었고, 4월 23일 장성 황룡촌 전투에서 홍계훈洪啓薰이 이끄는 경군을 대파한 후 빠

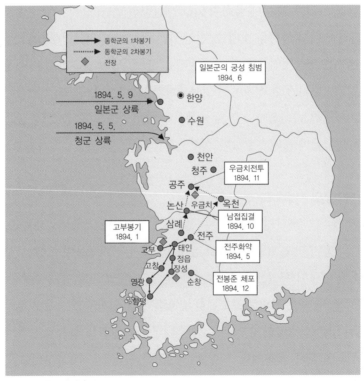

제12차 동학농민전쟁도

르게 북상하여 27일에는 손쉽게 전주성을 점령했다.

농민군이 전주성을 점령한 다음날 경군은 전주 남쪽의 완산完山에 진을 치고 농민군을 공격하기 시작했다. 이후 경군과 공방전을 벌이던 농민군은 5월 8일 홍계훈으로부터 농민군이 제시한 폐정개혁 요구를 국왕에게 보고하여 실시하겠다는 약속을 받고 자진 해산했다. 정부 측과 농민군 사이에 이른바 '전주화의全州和議'가 이루어진 것이다. 정부로서는 일본군이 출동한다는 정보를 입수한 상황에서, 조속히 농민군을 해산시킴으로써 청·일 양국의 충돌을 막아 주권 침해의 위험을 방지해야 할 필요가 있었다. 농민군 또한 전주성에서 몇 차례 전투에 패배하여 내부동요가 일어나고 있었고, 청·일의 군사개입이라는 국가적 위기상황에서 정부 측이 폐정개혁안을 수락하자 '화의'를 받아들였다.

집강소 설치와 폐정개혁 활동

전주화의 후 농민군은 전주성에서 철수했다. 하지만 무장을 풀지 않고 각기 자신들의 근거지로 돌아가 세력을 유지하면서 이후의 사태 전개를 주시하고 있었다. 그리고 5월 18·19일 순변사巡邊使 이원회와 초토사招討使 홍계훈이 서울로 돌아가자 전라도에는 농민군을 해산시킬 만한 군사력이 없었다. 이러한 상황에서 정부가 폐정개혁을 실시하지 않자, 5월 중순 이후 일부 지역의 농민군은 스스로의 힘으로 폐정을 개혁하려 하였다. 5월 하순에는 농민군이 각 고을의 통치에 직접 나서면서, 대도소大都所·도소都所 등으로 불린 농민 자치기구가 등장했다. 이는 기존의 행정기구와 병립했는데 도소 측의 지배력이 우세했다. 이 시기 도소의 폐정개혁은 주로 억울한 일을 해결하는 것이 중심이었다.

도소의 설치와 활동은 농민군의 힘을 비약적으로 증강시키고 종래의 신분제 질서를 붕괴시켜갔다. 새로 부임한 전라감사 김학진은 농민군과의 타협 국면을 유지하려는 자세를 취하였고, 농민군이 주도하는 현실 질서를 인정할 수밖에 없었다.

한편 6월 21일 일본군이 경복궁을 점령하자, 김학진의 제안으로 7월 6일 전주에서 전봉준과 김학진 사이에 회담이 열렸다. 두 사람은 관민상화官民相和의 원칙 아래 공식적으로 '집강소'를 설치하기로 합의했다. 이로써 한 고을에 한 명의 접주(=집강)를 뽑아 수령과 협력하여 폐정을 개혁하는 집강소執綱所가 전라도 각 고을에 설치되었다. 농민군 세력은 더욱 강화되었으며 폐정개혁 사업 또한 더욱 본격화되었다. 물론 집강소 설치와 폐정개혁 활동이 모든 고을에서 순조롭게 진행된 것은 아니었다. 나주·운봉·순창의 경우 집강소 설치를 거부하는 수성군守城軍과 농민군 사이에 전투가 벌어지기도 했고, 경상도 예천과 같이 동학농민군을 토벌하기 위해 보수집강소가 설치된 경우도 있었다.

5. 제2차 봉기와 농민군의 패배

무르익는 재봉기

농민군이 전주성에서 물러나와 폐정개혁에 힘쓸 무렵 정국은 급변하고 있었다. 6월 21일 일본군의 경복궁 점령은 외국군대의 기습에 의한 전례 없는 변란이었다. 그 결과 국내 정치지형은 송두리째 바뀌어 개화파 정권이 들어서고 일련의 급격한 개혁조치가 시행되었다. 6월 23일에는 청일전쟁이 발발하여 양측은 8월 17일 평양에서 일대 회전을 벌였다. 이 전투에서 승리한 일본은 조선에 대한 내정간섭을 강화하면서 보호국화 정책을 추진함과 동시에 이에 반대해 나설 농민군 진압을 서둘렀다.

전주화의 후 각지에 할거하며 독자적으로 활동하던 동학농민군의 하부조직에서는 이러한 정국변화를 주시하면서 무장을 강화하는 등 일본군과의 일전을 준비하고 있었다. 또 6월 말 이후 흥선대원군은 전봉준 등 농민군 지도부에게 여러 차례 밀사를 보내 농민군의 봉기를 촉구했다. 하지만 6월 중순경에 이미 추수 후 재봉기의 뜻을 밝혔던 전봉준은 이러한 대원군의 뜻을 따르지 않고 폐정개혁에 힘쓰면서 일본의 동향 및 개화파 정권의 움직임을 지켜보고 있었다. 이러한 와중에 8월 25일 김개남이 남원에서 대규모 대회를 열고 기포를 결의했다. 전봉준과 손화중은 준비 부족을 이유로 만류했지만 소용이 없었다. 게다가 8월 말 즈음 북접 농민군은 지방 양반과 유생들이 조직한 민보군民堡軍 및 일본군에 맞서 전투를 시작하고 있었다.

제2차 봉기

9월 초 전봉준은 대원군이 보낸 밀사와 긴밀히 접촉하면서 청일전쟁과 중앙정국의 추이, 그리고 일본군의 침략의도와 농민군 진압계획에 대한 정확한 정보를 제공받았다. 재봉기를 결심한 전봉준은 9월 10일경 전주 북쪽 삼례에 대도소大都所를 설치하고 봉기 준비를 본격화했다. 재봉기에서는 폐정개혁을 내세웠던 1차 봉기와 달리 항일의병의 기치를 전면에 내세웠다. 나아가 개화파 세력이 일본과 결탁했다는 이유로 처음으로 반개화파反開化派 노선을 천명했다. 일본의 침략의도가 점차 노골화되자 전봉준을 비롯한 농민군의 주된 관심이 폐정개혁에서 반외세, 즉 '척왜'로 집중된 것이다.

삼례에 대도소를 설치하고 약 1개월간의 준비를 거쳐 전봉준이 이끄는 4천여 명의 농민군은 10월 초 삼례를 출발, 12일 은진을 지나 논산에 도착했다. 이미 관군과 일본군의 무력진압이 본격적으로 시작된 뒤였다. 전봉준은 논산에 10여 일 머물면서 수만 명의 농민군을 확보한 뒤 공주를 공격했다. 공주는 서울로 통하는 길목이자 정치·군사전략상 중요한 위치였다. 24일의 첫 전투를 시작으로 11월 10일까지 약 20여 일에 걸쳐 공주를 둘러싼 양측의 치열한 공방전이 벌어졌다. 결국 11월 8~10일 사이에 농민군은 우금치를 중심으로 사망자가 산처럼 쌓이는 전투를 40~50차례 펼쳤으나, 무기와 화력의 절대적 열세를 극복하지 못하고 패배했다. 이 우금치 전투를 고비로 농민군

압송당하는 전봉준 기존에는 이 사진이 전북 지역을 배경으로, 서울로 압송당하는 전봉준을 촬영한 것으로 알려졌지만 일본 마이니치 신문 1895년 3월 2일자 신문보도에서는 서울의 일본영사관에서 재판을 받기 위해 1895년 2월 28일 법무아문으로 압송되는 장면이라고 설명하고 있다.

은 퇴각의 길을 걸었다. 이후 관군과 일본군에 쫓기던 농민군은 논산, 원평, 태인 등 각지에서 여러 차례 항전하였으나 다시 패하였다.

결국 농민군을 해산하고 순창에 피신해 있던 전봉준은 12월 2일 체포되어 7일 일본군에 인도되었다. 이후 초토영이 있던 나주를 거쳐 서울로 압송되어 재판을 받고 이듬해 3월 30일 손화중·최경선·김덕명과 함께 처형당했다. 이를 전후하여 그 밖의 다른 농민군 지도자들도 대부분 체포되어 처형되었다.

6. 동학농민전쟁의 주체와 지향

농민전쟁의 주체

농민전쟁 참가층은 크게 지도부와 주력군, 보조계층으로 나눌 수 있으며, 이 중 지도부와 주력군을 농민전쟁의 주체라 할 수 있다. 농민전쟁의 지도부는 동학의 접주층과 '충의지사忠義之士'로 지칭되던 지식층이었다. 이들은 대체로 하층양반·서얼층으로서 유학적 소양을 지니고 현실에 불만을 품은 변혁 지향적 지식인들로, 경제적으로는 전봉준과 같이 '빈한한 선비'도 있었지만 중소지주나 부농층에 해당하는 요호부민층도 많았다. 또 평민으로서 요호부민층에 해당하는 이들도 있었다.

이들 지도부 중 '하층양반-요호부민층'은 18세기 이후 향촌사회에서 재지사족在地士族의 향촌지배에 도전하는 신흥세력으로 대두하여 수령과 결부되면서 사족지배를 점차 무너뜨리고 향권을 장악해갔다. 그러나 19세기 중엽 이후 중앙권력과 수령들에 의해 수탈의 표적이 되면서 점차 저항세력으로 등장했다. 또 '빈한한 선비'로서 농민전쟁의 지도부에 참여한 이들은 19세기 이후 현실에 강한 불만을 품고 변란을 도모하거나 여러 '민요'의 지도자가 되기도 했으며, 1894년 농민전쟁에서는 농민과 다름없는 사회경제적 처지에서 그들을 대변하고 지도함으로써 현실을 개혁하려 했다. 그리고 '평민-요호부민층'은 앞서 '하층양반-요호부민층'과 유사한 사회경제적 처지에서 중앙권

> **✔해설**
>
> **요호부민**
>
> 요호부민(饒戶富民)은 조선 후기 새롭게 등장한 사회 세력으로, 요호·부민·요민·요호부민 등으로 불리던 농민층이다. 이들은 일정량의 토지와 농우(農牛)를 소유하면서 고용노동을 이용하기도 했던 중농층 이상의 부농이었다. 신분상으로는 대체로 신분상승을 원하는 평민층 또는 천민층이었다.

력과 수령층의 수탈로부터 벗어나려 했다.

한편 농민군의 주력을 이룬 계층은 사회적으로는 평민·천민층, 경제적으로는 영세농민·농촌노동자·영세상인·영세수공업자층에 해당하는 이들이었다. 이들은 1차 봉기 이후 폭발적으로 농민군에 참여하여 농민군의 하급지도자와 농민군 대중을 이루면서 농민전쟁의 양상을 대단히 급진적인 방향으로 이끌어갔다. 특히 집강소시기에는 적극적인 신분해방운동과 양반·부호 응징운동을 펼쳐나갔다.

농민군의 지향

1894년 농민전쟁 당시 농민군은 격문과 상소문, 폐정개혁안 등을 통해 정치·경제·사회적 차원에서 많은 요구조건을 제시했다. 특히 1차 봉기 때 관리들에게 제출한 농민군의 폐정개혁안은 농민군의 요구와 지향을 보여주는 기초적인 자료이다. 그렇지만 농민군의 지향과 요구는 전쟁이 진행되는 과정에서 그들이 처한 주객관적 상황을 반영하여 변화·발전해갔다. 특히 농민군이 실제 행동을 통해 보여준 요구와 지향은 문자로 기록된 것보다 훨씬 다양한 양상을 보여준다. 따라서 폐정개혁안은 농민군이 당시 시급히 해결해야 할 1차적 과제를 제기한 것으로, 이를 농민군의 최종 목표로 단정할 수는 없다.

경제적 측면에서 농민군은 무엇보다 먼저 삼정을 비롯한 부세운영을 바로잡을 것을 요구했다. 대체로 집권층과 지방관의 제도적 혹은 제도외적인 가렴주구의 중지와 부분적인 수취체제의 개혁을 요구했다. 하지만 수취체제의 여러 폐단에 대한 시정을 요구할 뿐, 조선왕조 조세체제의 전면적 개혁에 대한 요구로까지 나아가지는 못했다.

상업문제에서는 각종 무명잡세 혁파, 보부상 배척, 지방관아에서 쓰는 물자는 시가에 준하여 조달해 줄 것, 외국상인의 내륙에서의 상권 팽창 억제 등을 요구했다. 이는 지배층의 수탈과 외국상인에 의한 상권침해로부터 중소·영세상인의 상권을 지키면서 상업자본의 축적을 도모하는 상인들의 입장을 반영한 것이었다.

한편 토지문제에 대한 당시 농민군의 지향은 분명히 드러나지는 않는다. 아직 농민군이 중앙권력을 장악하지 못한 상황에서, 게다가 농민군 지도부에 요호부민층이 포함되어 있었던 점을 고려하면, 당시 농민군이 토지문제에 대해 일치된 견해를 갖거나 이를 전면적으로 제기하기는 어려웠을 것이다. 하지만 농민군 점령지역에서 관아에 보관되어 있던 양안量案을 불태우거나, 부민富民의 전답문서를 빼앗고자 하는 등의 사례를 통해 볼 때, 농민군은 대체로 '경자유전耕者有田'의 농민적 토지소유를 지향하고 있었다고 생각된다.

사회적 측면에서 농민군은 집강소시기 상층 지도부의 통제를 넘어서서 사회혁명적인 성격으로 발전시켜갔다. 그것은 신분제 폐지와 농민적 자치의 실현으로 요약된다. 신분제 폐지운동은 집강소시기 횡포한 양반·유림에 대한 응징과 천민신분계층의 격렬한 신분해방운동으로 나타났다. 농민적 자치는 양반지배층의 향약·유회儒會 등 기존의 지배기구들을 부정하고, 집강소를 설치하고 이를 통한 폐정개혁 활동으로 표출되었다.

정치적 측면에서 1차 봉기 당시 농민군은 민씨정권의 축출과 대원군의 섭정 복귀를 목표로 했다. 농민군은 자신들의 독자적인 권력구상을 갖지 않은 채, 대원군의 섭정복귀와 그에 의한 개혁정치에 기대를 걸었다. 그러나 2차 봉기 단계에서는 "몇 사람의 명사名士에게 협합協合해서 합의법에 의해 정치를 담당하게 할 생각이었다"는 전봉준의 진술에서 엿볼 수 있듯이, 대원군 개인에 대한 의지보다 비상개혁추진기구의 설치를 구상하고 있었던 것으로 보인다.

한편 1차 봉기 당시 농민군은 외세문제에 대해 대단히 신중하게 대응했다. 그러나 8월 중순 평양전투에서 승리한 일본이 조선에 대한 보호국화정책을 추진하자, 농민군은 이에 저항하여 반일을 전면에 내세웠다. 따라서 2차 봉기는 일본의 제국주의 침략에 대항한 반침략전쟁의 성격을 띠게 되었다.

1894년 동학농민전쟁은 '의거'에서 '사회혁명'으로, 나아가 '반외세·반침략전쟁'으로 발전해간 반체제 반외세 운동이라 할 수 있다. 동학농민전쟁은 조선후기 이래 군현을 중심으로 전개되어온 농민항쟁의 흐름을 전국적인 규모에서 종합하여, 기존 체제의 모순을 척결하고 제국주의 침략에 대항하려한 운동으로 자리매김할 수 있다.

참|고|문|헌

박찬승, 2008, 『근대이행기 민중운동의 사회사』, 경인문화사

배항섭, 2004, 『조선후기 민중운동과 동학농민전쟁의 발발』, 경인문화사

신용하, 1996, 『동학과 갑오농민전쟁연구』, 일조각

유영익, 1998, 『갑오농민봉기와 갑오경장』, 일조각

이영호, 2004, 『동학과 농민전쟁』, 혜안

장영민, 2004, 『동학의 정치사회운동』, 경인문화사

정창렬저작집 간행위원회, 2014, 『갑오농민전쟁』, 도서출판선인

조경달 지음·박맹수 옮김, 2008, 『이단의 민중반란』, 역사비평사

한국역사연구회, 1991~1997, 『1894년 농민전쟁연구』1~5, 역사비평사

제4장

청일전쟁과 갑오개혁

세계사의 흐름 : 유럽의 팽창과 삼국간섭

19세기 유럽에서는 혈통, 언어, 역사를 공유하는 집단인 민족을 단위로 근대국가를 건설하려는 운동이 활발하게 일어났다. 민족을 단위로 근대국가를 형성하는 문제는 그리스 독립(1829년)과 벨기에 독립(1831년) 과정에서 제기되었다. 근대민족국가를 만들려는 흐름은 이탈리아 통일(1861년)과 독일 통일(1871년)을 거치면서 유럽에서 주류적인 흐름이 되었다. 그리고 이러한 흐름은 유럽 세력이 전 세계로 진출하면서 다른 지역에도 영향을 미쳤다.

유럽 세력의 타 지역 진출은 유럽대륙 내부의 갈등에서 비롯되었다. 독일은 1871년에 프랑스와의 전쟁(보불전쟁)에서 승리하고, 프랑스로부터 알자스-로렌 지방을 빼앗았다. 프랑스인들은 이 때문에 독일에 적개심을 가졌다. 독일의 재상인 비스마르크는 프랑스의 복수를 막기 위해 독일-오스트리아-이탈리아를 연결하는 삼국동맹을 결성하고, 프랑스를 외교적으로 고립시켰다. 한편으로 비스마르크는 프랑스의 관심을 독일에 대한 복수에서 해외에서의 식민지 획득으로 돌리려고 했다. 한편, 영국과 러시아는 유럽 이외의 지역 정복에 더욱 박차를 가했고, 중앙아시아에서 영국과 러시아의 충돌이 가열되었다. 유럽에서 열강의 대립은 세계적인 식민지 획득 경쟁으로 이어졌고, 이는 유럽대륙 내부의 갈등을 전 세계로 빠르게 파급시켰다.

특히 1880년대에는 유럽 내부 열강 간의 갈등이 아프리카의 분할로 이어졌다. 유럽세력이 아프리카를 침략한 것은 15~16세기부터 시작되었지만, 말라리아와 과학기술의 한계 때문에 아프리카 내륙으로까지 진출하지는 못하고 있었다. 그러나 19세기 후반에 이르러 전신電信기술의 발달로 정보의 이동이 매우 빨라졌으며, 기관총과 같은 무기의 발달, 말라리아 치료제의 개발 등을 통해 아프리카 내륙으로의 진출이 가능해졌다. 유럽의 정치외교적 상황과 과학기술의 발전이 결합되면서 열강의 세계적인 식민지 팽창이 가속화되었으며, 특히 아프리카 대륙은 가장 직접적인 식민지 획득의 대상 지역이 되었다. 1882년에 영국이 이집트를 군사적으로 점령한 것을 시작으로 아프리카 곳곳에서 영국, 프랑스, 독일 등의 식민지 쟁탈전이 벌어졌다. 아프리카 대륙을 어떻게 분할할 것인지를 결정하기 위해 서양의 주요 국가들이 참여한 베를린 회의가 1884년 11월부터 1885년 2월까지 개최되었다. 베를린 회의를 통해 열강은 아프리카 대륙을 분할하는 원칙을 세웠고, 이에 따라 열강은 아프리카 대륙 곳곳을 점령하고 식민지로 만들었다. 그 결과 20세기 초 아프리카 대륙에 원주민이 세운 독립국가는 단 두 곳(에티오피아, 라이베리아)만 남게 되었다.

유럽의 국제정치는 동아시아에도 깊은 영향을 미쳤는데, 그 대표적인 예가 바로 삼국간섭이다. 삼국간섭은 러시아, 프랑스, 독일의 세 나라가 개입하여 일본이 청일전쟁에서 빼앗은 랴오둥반도를 중국에게 돌려주도록 했던 사건이다.

이 사건은 유럽의 국제정치 속에 그 원인이 있었다. 1871년에 독일과의 전쟁에서 패배한 이후 프랑스는 독일에 대한 복수 및 독일의 군사적 위협으로부터 자국의 안전을 보장받기 위해 러시아에 접근했다. 한편, 러시아는 독일과 오스트리아의 동맹에 맞서 자국의 안전을 지키고, 또 자국의 경제발전을 위한 자본을 공급받기 위해 프랑스와 협력할 필요가 있었다. 그러나 프랑스대혁명 이래 유럽에서 혁명과 공화정의 상징이었던 프랑스와 유럽에서 보수적인 전제군주정의 상징이었던 러시아의 협력은 쉬운 일이 아니었다. 두 나라는 1892년 8월에 군사협정을 맺었지만, 해당 조약의 비준은 상당히 지체되어 1894년 1월에야 이루어졌다. 이렇게 1894년에 러불동맹(러시아-프랑스 동맹)이 성립되자, 유럽의 국제정치는 러불동맹과 삼국동맹의 두 세력으로 양분되었다.

일본이 청일전쟁에서 승리한 후 중국으로부터 랴오둥반도를 빼앗자, 러시아는 자신의 동아시아 진출을 방해할 일본의 랴오둥반도 점유를 막을 필요가 있었다. 그러나 동아시아에 배치된 러시아의 군사력은 적은 편이었으므로, 단독 개입으로는 효과를 보기 어려웠다. 독일은 자신을 동쪽과 서쪽에서 포위한 러불동맹을 느슨하게 만들기 위해 러시아와 우호관계를 만들기를 원했고, 러시아의 관심과 군사력이 독일과 프랑스가 대결하는 무대인 유럽보다는 동아시아로 쏠리기를 원했다. 그래서 독일은 러시아의 간섭을 적극 지지하였다. 프랑스는 러시아와의 동맹을 유지하고, 독일과 러시아의 접근을 막기 위해 러시아의 간섭에 동참했다. 따라서 러시아, 독일, 프랑스의 세 나라가 일본에 대한 간섭(삼국간섭)에 나섰던 것은 유럽 국제정치의 복잡한 이면이 작동한 결과였다. 이처럼 유럽의 국제정치는 유럽 세력의 세계 진출로 인해 전 세계, 동아시아와 한국의 운명에까지 영향을 미치고 있었다.

1. 청일전쟁

청일전쟁의 배경

청일전쟁 직전에 조선에 깊은 관심을 가지고 있던 국가는 청, 일본 그리고 러시아였다. 청은 임오군란과 갑신정변을 거치면서 확고하게 만든 조선에 대한 우위권을 계속 유지하려고 했다. 한편, 러시아는 아직 동아시아 지역에 있는 인구와 군사력이 미약했기 때문에, 자신들의 세력이 동아시아 지역에서 강해질 때까지 조선이 어떠한 강국에게도 점령되지 않고 독립을 유지하기를 원했다. 그래야만 러시아가 나중에 태평양으로 진출할 때 방해받지 않을 것이기 때문이었다. 러시아는 1891년에 러시아의 유럽 영토와 동아시아 영토를 연결하는 시베리아철도 건설을 시작했으며, 그 완공은 1900년대 중반을 기다려야 했다. 그러므로 러시아는 조선에 대한 적극적인 침략정책을 펼 의지가 없었다.

그러나 일본의 조선에 대한 입장은 이와 달랐다. 일본의 총리대신이었던 야마가타 아리토모[山縣有朋]는 이미 1890년에 작성한 글에서 일본이 조선을 확보해야 한다고 주장했다. 일본정부는 제국주의 열강이 되기 위해 자신의 영토 주변에 있으면서, 향후 대륙침략에 유용한 거점기지가 될 조선을 장악하고자 하였다. 이러한 상황에서 러시아가 시베리아철도를 건설하기 시작하자, 일본은 조선에 대한 침략을 서둘렀다. 시베리아철도가 완공되면 러시아가 동아시아에 세력을 뻗게 될 것이며, 그때가 되면 일본이 조선을 장악하는 것이 더욱 어렵게 될 것이기 때문이었다.

이처럼 일본이 조선을 침략할 기회를 엿보던 상황에서 1894년 봄 동학농민전쟁이 일어났다. 4월 말에 동학농민군이 전라도의 중심지인 전주를 점령하자, 조선 정부는 이를 진압하기 위해 청에 원병을 요청했다. 파병요청을 받은 청은 군대를 전라도와 가까운 아산만으로 보내고, 텐진조약에 따라 파병 사실을 일본에 통보했다. 당시 일본은 내각과 의회의 대결이 심각한 상태로 치닫고 있었다. 청 정부는 이러한 혼란 때문에 일본이 조선문제에 개입하기 어려울 것이라고 예측했지만, 일본 내각은 이 사건을 기회로 오히려 의회를 해산시키고, 일본군을 조선에 파병했다. 텐진조약은 파병할 경우 청과 일본이 서로에게 통보해준다는 것이었을 뿐이었기에, 일본정부가 조선정부의 허락 없이 조선에 파병하는 것을 정당화할 수 없었다. 명분이 부족했던 일본정부는 1882년에 체결했던 제물포조약에서 공사관경비를 위해 약간의 병력을 주둔시킬 수 있다는 조항을 악용하여 강제로 조선의 수도에 수천 명의 병력을 들여보냈다.

대규모의 일본군이 수도에 들어온 상황이 되자, 조선정부는 농민군의 요구를 상당 부분 수용하여 전주화약을 체결했다. 농민군은 전주성에서 철수했다. 조선정부는 상황이 진정되었으니 청과 일본은 모두 군대를 철수해달라고 요구했다. 청은 공동철수 제안을 받아들였고, 서양 각국도 공동철수 제안을 지지했다. 그러나 일본정부는 철수제안을 거부하고, 개전 명분을 만들기 위해 청에 조선의 내정을 공동으로 개혁하자고 주장했다. 조선에서 이미 정치적인 우위에 있었던 청이 조선을 청과 일본의 공동관리 대상으로 만드는 일본의 제안을 받아들일 가능성은 거의 없었다. 일본은 이 점을 고려하여 청에 제안했고, 청은 일본의 예상대로 이 제안을 거절했다. 일본은 조선 내정개혁 제안에 대한 청의 거절을 전쟁의 명분으로 삼으려 했다.

일본이 전쟁을 일으키려 하자 영국과 러시아는 전쟁을 막으려고 노력했다. 러시아는 자신들의 세력이 동아시아에서 강해질 때까지 조선의 독립이 유지되기를 원했고, 영국은 러시아가 동아시아에서 세력을 확장하는 것을 청과 일본이 연합해서 막아주길 원했다. 그러나 러시아는 동아시아 지역에 배치한 군사력이 적었기 때문에 개입에 한계가 있었다. 영국은 일본의 협조를 얻어 러시아를 견제하려고 했기 때문에, 일본의 행동을 적극적으로 막기 어려웠다. 한편, 조선정부는 주미 조선공사를 통해 미국이 중재하여 일본군을 철수시켜달라고 요청했지만, 미국은 조선 문제로 일본과의 관계가 악화하는 것을 원하지 않았기 때문에 조선의 요청을 거절했다. 영국, 러시아, 조선은 나름대로 일본의 청일전쟁 개전을 막으려고 했지만, 일본의 확고한 전쟁의지를 꺾을 수는 없었다.

청일전쟁의 과정

일본정부는 서양열강이 청일전쟁에 개입하지 않을 것임을 확인하자, 청일전쟁 개전을 서둘렀다. 일본정부의 전쟁 명분은 조선을 독립국이라고 규정했던 강화도조약을 청이 위반하고 있기에, 조선의 독립을 위해 전쟁을 해야 한다는 것이었다. 일본정부의 원래 계획은 강화도조약을 청과 조선이 모두 위반했으므로, 양국 모두에게 선전포고하려는 것이었다. 그러나 조선의 독립이라는 명분을 내걸고 조선에게 선전포고한다는 것은 모순이었기 때문에, 조선에 대한 선전포고는 초안만 작성하고 실제로 발표하지는 않았다. 그러나 일본의 침략에 반대하는 것은 조선정부도 마찬가지였기 때문에, 일본정부는 청과의 전쟁을 치르면서 동시에 조선과의 전쟁도 치러야 했다. 이에 일본정부는 1894년 6월 21일 밤에 선전포고 없이 경복궁을 기습 점령하여, 고종을 사실상 포로로 만들고 대원군과 김홍집 등을 내세워 친일정권을 수립했다. 조선군은 일본군의 기습공격에 저항했지만, 고종이 일본군의 손아귀에 넘어가자 결국 항복하여 무장해제를 당했다.

일본군의 경복궁 점령은 청일전쟁의 신호탄이 되었다. 일본 해군이 6월 23일에 풍도 앞바다에서 청의 함대를 기습 공격함으로써 본격적으로 청일전

일본군이 경복궁을 점령하는 모습 멀리 보이는 문은 광화문이며, 그 앞에는 조선군이 일본군의 진입을 막고 있다.

쟁이 시작되었다. 일본은 기습공격의 효과를 충분히 얻은 뒤인 7월 1일에 선
전포고를 발표했는데, 그 내용은 조선을 속국이라고 주장하는 청의 부당성을
지적하고, 조선의 독립을 위해 전쟁이 불가피하다는 것이었다. 청일전쟁이
시작되자 일본 육군은 8월 16일에 평양에서 대승을 거두어 청군을 조선에서
밀어냈고, 일본 해군은 8월 18일의 황해해전에서 청의 북양함대를 물리쳤다.
일본군은 9월에는 압록강을 건너 만주로 진격했고, 10월에는 랴오둥반도의
뤼순[旅順]을 점령하고, 곧이어 산둥반도의 웨이하이웨이[威海衛]를 장악했다.

　청일전쟁이 진행되는 동안 일본은 조선정부에 일본과 동맹을 맺도록 압
력을 가했다. 이에 7월 26일에 조선정부는 일본과 동맹조약을 체결했고, 이
조약에 따라 식량 및 군수물자 수송의 노동력을 현지에서 조달하게 되어 전
쟁터가 된 조선 민중은 큰 피해를 입게 되었다. 한편, 일본군의 승리에 고무
된 일본 내각은 1894년 7월에 조선을 보호국화하기로 비밀리에 결정했다.
이때 결정된 조선의 보호국화라는 일본정부의 정책목표는 1905년에 을사조

평양전투 후 의주로를 따라 패주하는 청군을 뒤쫓아 북상하는 일본군　노변에 앉거나 서서 이들 모습을 바
라보는 주민들의 처량한 모습이 인상적이다.(르 몽드 일뤼스트레 1894년)

약이 체결될 때까지 정책목표로서 유지되었다.

청은 계속된 패배 속에서 수도인 베이징까지 위협을 당하는 상황이 되자 전쟁을 끝내기 위한 강화회담을 추진했다. 청은 리홍장을 전권대표로 임명하여 1895년 2월부터 일본의 시모노세키에서 이토 히로부미와 강화회담을 시작했다. 3월 23일에 청일강화조약이 조인되었는데, 그 주요 내용은 1 청의 조선 독립 인정, 2 랴오둥반도와 타이완, 펑후열도의 할양, 3 배상금 2억 냥의 지불, 4 사스, 충칭, 쑤저우, 항저우의 개시·개항, 5 양쯔강 항행권의 부여 등이었다. 특히 중요한 것은 청이 조선에 대한 종주권을 포기하고, 조선의 독립을 인정한 데에 있었다. 협상과정에서 리홍장은 청과 일본 모두 조선의 독립을 인정하자는 내용으로 조약의 내용을 수정하자고 했지만, 일본정부는 이 제안을 거절했다. 이는 일본이 향후 조선을 보호국화 혹은 식민지화할 때, 해당 조항이 일본을 방해할 수 있었기 때문이다. 그러므로 시모노세키 조약에서 청만이 조선의 독립을 인정하게 했던 것은 일본이 조선을 침략하려는 의도를 가지고 있음을 보여주는 것이었다.

이 조약에 의해 청이 조선에 대해 행사해온 종주권이 폐지되었다. 일본은 조선을 정치적, 군사적, 경제적으로 장악했다. 그러나 시모노세키 조약이 체결된 지 6일 뒤에 러시아가 프랑스와 독일을 끌어들여 삼국간섭(3.29)을 시행했다. 이들 삼국은 일본이 랴오둥반도를 가지게 되면 중국의 수도를 위협하고, 조선의 독립을 무력화하여 결국 동아시아의 평화를 해칠 것이라고 보고, 일본이 랴오둥반도를 청에게 되돌려줄 것을 요구했다. 일본은 삼국의 해군력에 대항하기 어렵다는 점을 감안하여 이 요구를 수용했다. 삼국간섭을 계기로 일본은 러시아와의 전쟁을 대비한 군비 확장에 착수했다.

청일전쟁의 역사적 의미

청일전쟁은 조선의 지배를 둘러싸고 청과 일본 두 나라가 벌인 전쟁이었다. 이 전쟁의 결과 동아시아의 전통적인 중국 중심의 지배질서가 무너지고,

일본이 동아시아의 새로운 패자로 등장했다. 청일전쟁의 의미는 다음과 같다. 첫째, 조선은 청으로부터의 전통적인 종속관계에서 벗어남과 동시에 일본의 침략대상이 되었다. 둘째, 일본은 동아시아의 국제질서를 일본 중심으로 재편했다. 셋째, 일본은 서양열강과 같이 청과 불평등조약을 맺어 청에 대한 우위를 확보했다. 넷째, 일본은 아시아에서 유일하게 식민지(타이완)를 소유한 국가가 되었다. 다섯째, 막대한 전쟁비용 사용과 배상금 획득은 일본 자본주의 발달과 대규모 군비확장으로 이어졌다. 여섯째, 제국주의 열강 사이의 청의 이권 분할을 둘러싼 경쟁을 촉발시켰다.

2. 갑오개혁

1차 갑오개혁 (1894.6.21.~1894.11.20)

일본정부는 1894년 5월에 조선에 대한 내정개혁을 공동으로 수행할 것을 청에 제의했으나, 청정부는 이를 거부했다. 그러자 일본정부는 조선정부에 내정개혁안을 전달했다. 조선정부는 일본의 요구를 거절하고 독자적으로 개혁을 실시하기 위해 교정청校正廳을 설치하였다.

일본의 내정개혁 강요와 조선의 자주적 개혁 주장이 맞선 가운데, 일본군이 경복궁을 기습공격하였다. 일본정부는 청일전쟁에서 승리하기 위해

제1차 갑오개혁을 주도한 유길준

조선정부를 일본에 협조적인 정부로 재구성하는 쿠데타를 일으킨 것이었다. 이러한 행위에는 정당성이 요구되었기 때문에, 일본은 조선의 내정개혁과 독립을 명분으로 내세웠다. 이에 일본은 경복궁 점령 직후에 대원군을 섭정으로 하고, 개화파 관료들이 실권을 잡는 형태로 갑오개혁 정권을 수립하였다.

갑오개혁 정권에는 김홍집, 어윤중, 김윤식 등 중견 관료와 유길준, 김가진, 김학우 등 소장 관료 그리고 대원군 계열 일부가 참여했다.

1차 갑오개혁 시기에는 군국기무처軍國機務處가 개혁을 추진하는 핵심기관으로 기능했다. 군국기무처는 입법권을 갖고 있는 초정부적인 기관으로서 의정부에 소속되었다. 군국기무처는 총재 1명, 부총재 1명, 16명에서 20명 미만의 회의원이 참여했으며, 다수결의 원칙에 따라 안건을 처리했다. 군국기무처는 약 5개월간 존속하면서 210건의 개혁 안건을 통과시켰다. 1차 갑오개혁의 진행 과정에서 군국기무처를 의회로 만들려는 시도가 있었지만, 고종의 반대로 무산되었다.

군국기무처를 중심으로 진행된 1차 갑오개혁에서는 광범위한 분야에서 개혁이 진행되었다. 첫째, 중앙정부기구를 크게 개편했다. 궁내부宮內府를 신설하여 의정부와 분리한 다음, 왕실과 관련된 기관들을 궁내부 소속으로 통폐합하여 왕실이 정치에 간여하는 것을 제한했다. 또한, 조선의 전통적인 기관인 6조와 1880년대에 만들어진 여러 기관들을 통폐합하여, 의정부 아래 내무, 외무, 탁지, 법무, 군무, 학무, 농상, 공무아문 등 8개 아문으로 재배치했다. 총리대신이 직접 관할하는 의정부 직속 기구에는 입법기관인 군국기무처, 관리의 감찰을 담당하는 도찰원 등이 있었기 때문에 의정부는 강력한 권력기관이 되었고, 총리대신에게도 상당한 힘이 실릴 수 있었다. 한편, 기존의 관료 임용방식이었던 과거제도는 폐지되었다.

둘째, 사회부문 개혁으로는 중국의 연호 대신 조선의 개국기년을 사용하여 1894년을 개국 503년으로 선언했다. 또한, 죄인의 가족이나 친척에게 형벌을 가하는 연좌법을 폐지했으며, 조혼을 금지하고, 과부의 재혼을 허용했고, 노비제도를 혁파했다. 셋째, 경제부문 개혁으로는 왕실재정과 국가재정을 분리하고, 여러 기관으로 분산되었던 국가재정을 탁지아문으로 일원화했다. 또한, 신식화폐장정을 의결하여 은을 화폐의 기본단위로 삼는 은본위제를 채택했다. 당시에 가장 많이 내는 세금이었던 토지세를 금납화하여 기존

세금제도의 폐단을 개선했다. 그러나 화폐제도 개혁에도 불구하고 본위화인 은화를 발행하지 않고 보조화폐를 남발했으며, 일본 화폐를 대신 사용하도록 허락했다. 이는 경제적 혼란과 일본에 대한 경제적 종속을 낳았다.

2차 갑오개혁 (1894.11.21.~1895.윤5.14)

일본정부는 청일전쟁의 전투에서 승리를 거듭하자, 1894년 9월에 이노우에 가오루[井上馨]를 주조선 일본공사로 임명했다. 이노우에는 일본정부의 요직을 두루 거친 인물로 주조선 일본공사에 임명되었을 당시에 내무대신으로 있던 일본정부의 실권자였다. 이노우에는 조선에 부임한 뒤 조선의 내정에 적극적으로 간섭하기 시작했다. 그의 조선정책은 일본인 고문관의 감독과 차관공여를 통해 조선을 일본에 경제적으로 예속시키는 것을 주된 목적으로 했다.

김홍집

이노우에는 자신의 정략을 성공시키기 위해 갑오개혁 정권을 더욱 강하게 장악하려 했다. 그는 대원군이 동학군 및 청군과 접촉한 사실을 구실로 삼아 대원군을 정계에서 은퇴시켰고, 10월에는 20개조의 내정개혁 강령을 제시했다. 11월에는 독자적인 개혁을 진행해온 군국기무처를 폐지시키고, 갑신정변 이후 망명해있던 박영효, 서광범 등을 영입하였다. 이에 갑오개혁 정권 내부에서는 기존에 갑오개혁을 진행하던 구파(김홍집, 유길준 등)와 갑신정변 세력인 신파(박영효, 서광범 등)가 대립하게 되었다. 군국기무처 폐지 후, 김홍집과 박영효가 함께 내각에 있었던 이 시기에 추진된 개혁을 2차 갑오개혁이라고 한다.

조선정부는 이노우에의 건의를 받아들여 종묘에서 정치의 기본강령인 홍범 14조를 발표했다. 홍범 14조는 청과의 절연, 국왕의 친정, 조세 법정주의 및 예산제도의 수립, 민법과 형법 제정을 통한 백성의 생명과 재산 보호 등을 주요 내용으로 했다. 이는 조선의 자주독립을 선언함과 동시에 근대국가로 나아가기 위한 개혁 원칙을 밝힌 것이었다.

2차 갑오개혁의 주요 내용을 살펴보면, 첫째, 중앙정치기구를 개편하여 군국기무처와 의정부를 폐지하고, 일본의 제도와 유사한 내각관제를 도입했다. 이 과정에서 총리대신의 지위와 권한은 약화되었다. 1차 갑오개혁에서는 총리대신이 군국기무처, 도찰원 등의 기관을 가지고 있었지만, 2차 갑오개혁에서는 이러한 기관이 모두 폐지되었다. 그래서 총리대신은 개혁에 필요한 충분한 권력을 확보할 수 없었고, 이는 김홍집의 구파와 박영효의 신파가 내각 내에서 대립하게 되는 근본적인 원인이 되었다. 한편, 1차 갑오개혁때 만들어졌던 8아문은 내부, 외부 등 7부로 개편되었는데, 이 과정에서 농상아문과 공무아문이 통합되어 농상공부가 되었다.

둘째, 사법제도를 수립하고 중추원제도를 개편했다. 2차 갑오개혁에서는 재판소구성법을 공포하여 사법권 독립을 제도화했다. 1심 재판을 담당하는 지방재판소와 2심 재판을 담당하는 고등재판소, 순회재판소 등을 설치했으며, 기존에 군수 등 지방관이 행사했던 재판권을 재판소에 귀속시켰다. 그러나 아직 충분한 숫자의 법률가와 이들을 고용할 재정이 없었기 때문에 지방관이 판사와 검사를 겸임하였다. 따라서 실질적으로는 사법부의 독립이 실현되지 못했다. 한편, 관직이 없는 관료들의 임시대기소였던 중추원을 개편하여, 내각이 결정한 법률과 의안에 대해 자문하는 기능을 부여했다. 그렇지만 내각의 총리대신이 중추원 의관의 추천권을 가지고 있었으며, 내각이 중추원에게 자문을 요청하지 않거나, 자문이 있어도 무시할 권한이 있었기 때문에 중추원은 제대로 기능할 수 없었다. 내각관제, 사법제도, 중추원 설립을 통해 2차 갑오개혁은 근대국가의 삼권분립을 형식적으로는 구현해냈다. 그러나 실질적으로는 내각이라는 행정부 권력이 사법기관과 입법기관의 위에 있는 체제였다.

셋째, 지방제도를 개편했다. 8도로 광범위한 지역을 묶었던 제도를 폐지하고, 이를 세분화하여 23부제로 개편했다. 또한, 기존에 복잡하게 위계관계가 형성되어 있었던 부-목-군-현의 제도를 폐지하고, 모든 지역을 동일한 군郡으로 변경했다. 각 지방에서 자체적으로 세금을 거두던 제도를 개편하여, 중앙정부인 탁지부 산하에 세금 징수를 관장하는 관세사와 징세사를 두어서 지방에서의 세금 징수를 중앙정부가 직접 관장하려고 했다. 또한, 각 지방의 등급에 맞게 일률적으로 관리의 숫자와 예산이 정해졌고, 중앙정부가 지방 재정을 획일적으로 통제하는 지방재정체계를 마련하였다. 이러한 급격한 개혁은 지방 세력의 반발을 가져오기도 했다.

넷째, 교육제도와 기관을 정비했다. 1895년 2월에 교육에 관한 조칙을 발표하여, 지·덕·체를 함양한 인재를 육성함으로써 국가를 보존하겠다는 취지를 밝히고, 학교를 널리 세우겠다고 성명했다. 이에 교사를 양성하는 사범학교와 초등교육을 담당할 소학교가 설립되었다. 재정과 인력의 부족으로 고등교육기관을 설립하지 못했지만, 일본에 유학생을 대규모로 파견하였다.

명성황후 시해사건과 을미개혁(1895.8.20.~1895.12.28.(=양력 1896년 2월 11일))

1895년 3월에 러시아가 주도하여 일본이 랴오둥반도를 반환하게 하는 삼국간섭이 이루어지자, 일본이 기존에 추진해온 조선에 대한 보호국화 정책도 어려움을 겪었다. 궁내부의 설치가 보여주듯이 갑오개혁 정권은 입헌군주제를 지향하며 왕실을 정치권력에서 배제하고 있었다. 그러나 삼국간섭을 계기로 갑오개혁 정권을 뒷받침하던 일본의 영향력이 약화되자, 왕실 및 반일세력의 움직임이 강화되었다. 고종과 명성황후는 김홍집과 박영효의 갈등을 이용하여 먼저 김홍집을 물러나게 한 뒤에, 박영효에게 역모혐의를 씌웠다. 이에 박영효가 일본으로 망명하게 되면서, 일시적으로 고종이 주도하여 갑오개혁을 조정하는 시기(1895.윤5.15~1895.8.19.)가 찾아왔다. 이노우에는 이러한 흐

을미사변의 현장인 건청궁의 곤녕합坤寧閤

름을 막지 못했다.

그러자 이노우에의 후임으로 외교경험이 전혀 없었던 예비역 육군중장인 미우라 고로[三浦梧樓]가 주조선 일본공사에 임명되었다. 일본정부는 조선에서 의 세력을 만회하기 위해 러시아를 끌어들여 일본을 견제하는 정책을 취하던 명성황후를 제거하고자 했다. 이에 미우라는 한양에 주둔중인 일본군, 경찰, 재조선 일본인들을 동원하여 왕비를 시해했다.(을미사변, 명성황후 시해사건. 1895.8.20.) 일본정부는 이 사건의 책임을 대원군에게 덮어씌우려고 했으나 각국 외교관들은 일본공사관을 방문하여 사건의 전말을 추궁했다. 이에 일본정부는 미우라와 관련자들을 소환하고, 후임공사에 고무라 주타로[小村壽太郞]를 임명했다.

갑오개혁 정권은 시해사건 이후 국호를 '대조선국'으로, 군주를 '대군주'로 개칭하고, 연호를 제정했다. 또 시해사건에 관련된 훈련대를 해산시키고, 한성에 친위대, 지방에 진위대를 신설했다. 그러나 민심은 쉽게 가라앉지 않았다. 시해사건에 일본이 개입한 사실이 드러나자 일본에 대한 국내외의 비난이 고조되었다. 갑오개혁 정권은 이런 상황에서 음력을 양력으로 개정하고, 단발령을 강행하는 등 140여 개의 개혁을 일방적으로 밀어붙였다. 이에 전국 각지에서는 반일-반정부를 표방하는 을미의병이 일어났으며, 유생과 일반 민중이 을미의병에 합류하면서 정국은 파국으로 치달았다. 서울에서도 서양인들과 일부 관료들이 모의하여 고종을 일본의 손아귀에서 구출하여 미국 공사관으로 탈출시키려 시도한 사건인 춘생문사건이 일어났다.(1895.10.11.)

명성황후시해사건 이후 국제적으로는 열강의 비판이 있었고, 국내적으로는 춘생문사건과 을미의병을 비롯한 조선사회의 저항이 거세게 일어났다. 하지만 일본은 여전히 조선에서 주도권을 장악했고, 보호국화 정책을 계속 추진했다. 이처럼 일본이 조선을 영구히 장악하려고 시도하자 가장 민감한 반응을 보인 것은 러시아였다. 러시아는 1891년 이래 시베리아 횡단철도를 건설하고, 궁극적으로는 블라디보스토크가 있는 동해를 통해 태평양으로 진출하려고 했다. 만약 일본이 조선을 장악하게 되면, 러시아는 태평양으로 진출할 수 있는 통로를 잃을 수밖에 없었다.

이에 주조선 러시아공사였던 베베르와 쉬뻬이에르는 고종과 접촉하였다. 고종은 을미의병의 진압을 위해 중앙군이 지방으로 파견되어 경비가 소홀해진 틈을 타서 1896년 2월 11일 새벽에 경복궁을 빠져나와 러시아 공사관으로 거처를 옮기는 일명 아관파천俄館播遷을 단행했다. 아관파천에는 러시아 외교관뿐만 아니라, 다른 서양 국가들의 외교관 및 정동구락부 세력이 큰 역할을 했다. 아관파천으로 인해 김홍집을 비롯한 내각의 대신들은 살해당하거나 일본으로 망명하면서 갑오개혁 정권은 붕괴하고, 갑오개혁은 끝을 맺게 되었다.

갑오개혁의 의미를 살펴보면, 먼저 정치적으로는 왕권에 제한을 가하고 삼권분립을 시도했다. 갑오개혁 정권은 이를 위해 사법부를 설치했으며, 군국기무처를 입법부로 만들려고 시도했다. 또한, 복잡하게 엉킨 행정조직들을

정동구락부

정동구락부(貞洞俱樂部)에서 '정동'은 1890년대에 외국공사관들이 밀집한 지역이었던 서울의 정동을 의미하고, '구락부'는 클럽(club)을 한자어로 번역한 것이었다. 정동구락부는 갑오개혁기에 조선 주재 외교관과 조선의 고위관료들의 사교 및 친목단체로 설립되었다. 외교관 및 선교사 회원들로는 미국공사 실, 프랑스영사 플랑시를 비롯해, 조선정부의 고문으로 초빙된 리젠드르와 다이, 미국인 선교사 언더우드와 아펜젤러 등이 있었다. 조선의 고위 관료들로는 민영한, 박정양, 윤치호, 이상재, 이완용 등이 있었는데, 이들 중 상당수는 외국에 체재한 경험이 있거나, 주미 조선공사관에서 근무한 경험이 있는 이들이었다. 이들은 대체로 친미, 친러적 성향의 인사들이었다. 정동구락부의 관료들은 삼국간섭 이후 일본의 내정간섭에 대항하여 친미·친러 외교활동을 전개하였다.

개혁하고, 국가재정을 통합적으로 관리하려고 했다. 그러나 근대적 입법기관인 의회를 세우지 못했고, 삼권분립의 모양새를 갖추었어도 실질적으로는 개화관료의 독재적인 운영에 머물렀다. 갑오개혁은 입헌군주제를 지향하고는 있었지만, 실제적인 개혁의 내용은 군주권을 제한하는 제한군주제 정도에 머물고 있었다.

갑오개혁은 사회적으로는 모든 사람들을 국민으로 일원화하려고 했으며, 이에 신분제를 폐지하고, 인권을 인정했다. 그러나 다른 한편으로는 법에 의한 권리의 통제를 강조하는 면이 강했다. 경제적으로는 자본주의화를 지향하여, 상업에 대한 국가의 개입을 최소화하려고 했다. 한편, 국가주도의 산업개발도 구상했고, 이를 위해 산업화 전담기구로서 공무아문을 설치하기도 했다. 종합해보면, 갑오개혁은 점진적인 정치혁명과 산업혁명을 통해 근대국민국가로의 개혁을 시도한 것으로서 의미가 크다.

그러나 갑오개혁은 여러 한계를 내포하고 있었다. 갑오개혁의 가장 근본적인 한계는 독자적인 지지기반이 약했다는 점이었다. 갑오개혁 정권은 일본의 군사력에 의존하여 정권을 유지했으며, 개혁이 진행될수록 일본에 종속되는 상황이 되었다. 또한, 너무 개혁에 서두르다 보니 대체재를 만들지 않은 채로 기존의 제도를 무너뜨려 혼란을 불러오기도 했다. 예컨대 갑오개혁 정권은 지방에서 갑오개혁에 대한 불만이 커지자 지방군을 해산시키는 조치를 취했지만, 지방군이 해산된 빈자리에 근대화된 새로운 지방군을 조직할 준비는 갖추지 못한 상태였다. 그래서 한동안 지방군이 공백상태에 있게 되었다. 게다가 갑오개혁은 조선사회를 설득하지 못한 채 개혁에 너무 서둘렀고, 그 결과 갑오개혁 정권이 발표한 개혁 조치들이 지방에서 실질적으로 실행되지 못하는 모습을 보였다. 결국 갑오개혁이 끝난 이후 개혁법령은 남아있었으나, 기존의 질서가 관습적으로 남아서 이중적인 규칙이 공존하는 애매한 상황이 전개되기도 했다.

갑오개혁은 이처럼 한계가 많았지만, 갑오개혁의 개혁조치들은 이후에도 대부분 유지되었다. 이제 조선은 본격적으로 근대화의 길에 들어서게 되었고, 다시는 과거로 되돌아갈 수 없었다. 갑오개혁은 근대국민국가로 전환되는 시작이면서, 동시에 마무리를 짓지 못한 개혁이었다.

참|고|문|헌

김영수, 2014, 『명성황후 최후의 날』, 말글빛냄

김용구, 2002, 『세계외교사』, 서울대학교 출판부

나카츠카 아키라 지음·박맹수 역, 2002, 『1894년 경복궁을 점령하라』, 푸른역사

동북아역사재단 한국외교사편찬위원회 편, 2018, 『한국의 대외관계와 외교사 근대 편』, 동북아역사재단

왕현종, 2003, 『한국 근대국가의 형성과 갑오개혁』, 역사비평사

최문형, 2001, 『명성황후 시해의 진실을 밝힌다』, 지식산업사

최문형, 2001, 『한국을 둘러싼 제국주의 열강의 각축』, 지식산업사

제5장

대한제국과 독립협회

세계사의 흐름 : 식민지 쟁탈경쟁과 중국의 반식민지화

1890년대 후반에도 여전히 서양 열강은 세계 곳곳으로 세력을 뻗쳐가고 있었다. 그러나 이러한 과정이 순조로운 것만은 아니었다. 이탈리아는 아프리카의 에티오피아를 침략했다가 아두아 전투(1896.3.1)에서 크게 패배했다. 이 시기 유럽국가가 비유럽국가에 의해 크게 패배한 보기 드문 전투였던 이 사건으로 인해 이탈리아는 에티오피아의 독립을 승인하게 되었다.

유럽 열강의 식민지 쟁탈경쟁은 열강 사이의 충돌로 이어졌다. 대표적인 충돌은 영국과 프랑스가 충돌한 파쇼다 사건(1898.9)이었다. 이집트를 자신들의 보호국으로 만든 영국은 이집트 통치에 필수적인 나일강 상류를 확보하려고 했고, 프랑스는 아프리카 서쪽의 식민지와 동쪽의 식민지를 연결하려고 했다. 두 나라의 원정대는 나일강 상류지방인 파쇼다에서 충돌했고, 이는 전쟁위기로 이어졌다. 양국의 전쟁위기는 당시 드레퓌스 사건으로 정치적 혼란을 겪었던 프랑스가 후퇴함으로써 해소되었다.

열강의 아프리카 식민지 쟁탈전은 다른 곳에서는 전쟁으로 이어졌다. 17세기 중엽에 네덜란드인들이 남아프리카의 케이프타운 주변에 케이프 식민지Cape Colony를 세웠는데, 영국이 19세기 초에 이 지역을 점령하게 되었다. 그러자 네덜란드인들이 북쪽으로 이주하여 내륙지방에 트란스발 공화국과 오렌지 자유국 등 2개의 국가를 건설했다. 그런데 1880년대에 이 지역에서 대규모 금광과 다이아몬드 광산이 발견되자 영국은 이 지역으로의 진출을 도모했다. 이후 영국과 두 국가는 자주 충돌을 빚다가 마침내 영국이 1899년에 전쟁을 선포하였다. 네덜란드 농민을 의미하는 단어인 '보어Boer'를 따서 보어전쟁이라고 불린 이 전쟁은 3년이나 끌었고, 1902년에야 종식되었다. 보어전쟁 동안 영국은 군사력이 장기간 남아프리카에 묶여 있게 되었고, 외교적으로도 고립에 시달렸다. 이에 영국은 여러 차례 독일에 동맹을 제안하여 고립에서 벗어나고자 했고, 마침내 1902년에 일본과 동맹을 체결하게 되었다.

　　동아시아도 유럽 열강의 식민지 분할경쟁을 벗어나지 못했다. 그 주된 대상지역이 된 곳은 중국이었다. 유럽 열강 중에서 후발주자인 독일은 동아시아에 자신들의 근거지를 확보하고자 했다. 1897년 11월에 독일은 산둥반도의 자오저우만[膠州灣]을 군사력으로 점령했다. 그러자 러시아가 그 뒤를 따라 같은 해 12월에 뤼순[旅順]을 점령했다. 이에 영국은 뤼순 맞은편의 산둥반도의 항구인 웨이하이웨이[威海衛]를 점령했다. 프랑스는 광저우만[廣州灣]의 조차를 요구했다. 1898년에 중국은 이들 지역을 조차해주는 조약을 체결했다. 이와 더불어 열강은 자신들이 조차한 지역 부근을 자신들의 세력권으로 설정했고, 철도부설권 등의 각종 이권을 강탈했다. 중국은 이 과정을 통해 유럽 열강의 반半식민지로 전락했다.

　　중국이 이렇게 열강에게 당했던 이

청일전쟁 후 중국에서 이권다툼에 열을 올리는 열강들에 대한 풍자　영국의 빅토리아 여왕과 교주(膠州, KIAO-TCHÉOU)에 칼을 꽂은 독일의 빌헬름 2세가 서로 노려보고 있다. 그 옆에 여순항을 집어삼킨 러시아의 니콜라이 2세와 프랑스와 일본 등이 중국이라는 파이를 노려보고 있고, 뒤에서는 중국이 놀란 표정을 짓고 있다.(르 프티 주르날, 1898.1.16)

유는 청일전쟁을 거치면서 파괴된 중국해군이 복구되지 않은 상태였고, 일본에게 갚아야 할 배상금을 얻기 위해 열강으로부터 막대한 자금을 빌렸기 때문이다. 이런 상황에서 열강이 금융으로 중국의 목을 조이고, 대규모 해군함대를 파견하여 군사적으로 압박하자 중국은 꼼짝없이 그들의 요구를 들어줄 수밖에 없었다. 중국이 청일전쟁에서 패배하고, 곧이어 열강의 식민지에 가까운 상황으로 전락하자 이러한 상황을 고치기 위해 1898년 4월부터 8월까지 무술변법운동이라 불리는 대대적인 개혁운동이 일어났다. 무술변법운동은 결국 실패로 끝났지만, 국제정세의 위기와 이에 대응하기 위한 개혁운동이라는 시대적 흐름은 이웃 국가인 한국에서는 독립협회 운동으로 나타났다.

한편 미국은 1898년 4월에 스페인과 전쟁에 돌입했다. 신흥 강대국 미국과 저물어가는 강대국 스페인의 전쟁은 미국의 손쉬운 승리로 끝났다. 미국과 스페인의 전쟁 과정에서 스페인의 식민지였던 필리핀에서는 독립운동이 일어나, 독립군이 필리핀의 많은 지역을 장악했다. 그러나 미국은 필리핀을 아시아 진출을 위한 군사기지이자 무역확장을 위한 교두보로 삼기 위해 필리핀을 병합했고, 필리핀의 독립운동을 군사력으로 진압했다. 그러나 미국 국내에서는 미국이 제국주의로 향하는 것에 대해 거센 반발이 있었고, 결국 미국은 필리핀 병합 이후에는 직접적인 식민지를 만드는 정책을 포기하였다. 대신에 미국은 다른 강대국의 세력권에서도 똑같은 경제적 기회를 얻을 수 있는 '문호개방Open Door' 정책을 강하게 주장하게 되었다.

1890년대 후반에 서양 열강은 세계 각지로 진출하고 있었지만, 유럽은 비교적 평온했다. 열강이 유럽 이외의 지역에서 세력을 확장하는 데 관심을 집중하고 있었기 때문이다. 그러나 이 시기가 지나면서 열강이 팽창할 수 있는 지역은 더 이상 남지 않게 되었고, 이는 1914년에 유럽에서 1차 세계대전이 벌어지는 원인으로 작동하게 되었다.

1. 대한제국의 수립

아관파천 이후 국내외 정세의 변동

아관파천으로 러시아 공사관에 피신한 고종은 즉시 갑오개혁 정권의 대신들을 해임하고, 정동구락부 세력을 중심으로 새로운 내각을 구성했다. 이로써 갑오개혁 정권은 붕괴되었다. 또한 고종은 을미의병의 해산을 권유하고, 적체된 각종 세금의 탕감 등을 통해 민심을 수습하고자 했다.

아관파천은 조선을 둘러싼 국제정세의 변화도 불러왔다. 청일전쟁 이후 조선의 보호국화를 추진하던 일본은 크게 위축되었고, 왕을 보호하게 된 러시아의 영향력이 크게 상승했다. 그러나 러시아는 조선에 대한 적극적인 내정간섭이나 영향력 행사는 최대한 자제했다. 이는 조선에 대한 적극적인 개입이 초래할 일본과의 전면적인 충돌과 다른 서양 열강의 견제를 우려했기 때문이다. 러시아는 극동지역에 배치한 군사력과 경제력이 약한 상태였기 때문에 일본과의 충돌을 회피하고, 조선에서 점진적인 세력 확대를 추구했다. 일본은 이미 조선의 왕이 러시아 공사관에 있는 불리한 상황이었기에 러시아와 타협해야만 했다. 이에 러일 두 나라는 타협을 이루게 된다. 첫 번째 타협은 1896년 5월에 조선에 있는 러시아공사 베베르와 일본공사 고무라 사이에 맺어진 베베르-고무라 각서였다. 이 각서를 통해 일본은 조선에서 전면적인 영향력의 후퇴는 막을 수 있었지만, 전반적으로 그 내용은 러시아에 유리한 것이었다.

아관파천으로부터 4개월 후인 1896년 6월에 러시아 황제 니콜라이 2세의 대관식이 열렸다. 이 대관식을 계기로 동북아시아 국제질서를 둘러싼 새로운 합의들이 이루어졌다. 청은 러시아가 삼국간섭을 통해 랴오둥반도를 되찾아준 것을 기뻐했고, 이에 러시아와 비밀동맹을 맺어 일본의 침략을 방어하기로 결정했다. 러청비밀동맹은 일본의 침략을 방어할 지역으로 러시아와 청만이 아니라 조선도 포함했다. 한편, 러시아는 청을 보호해주는 대가로 시베리아 횡단철도의 지선인 동청철도가 만주를 통과할 수 있도록 허락받았다.

일본은 실권자였던 야마가타 아리토모를 대관식에 특사로 파견하여 러시아와 협상에 나섰다. 이때 야마가타는 조선을 대동강과 원산을 잇는 선(39도선)으로 분할하여 북부는 러시아가, 남부는 일본이 갖자고 제안했다. 그러나 러시아는 이미 러청비밀동맹에서 조선의 영토를 보전하기로 합의했기 때문에 이 제안을 거부했다. 이런 상황에서 특사인 야마가타와 러시아 외무대신 로바노프가 의정서를 작성했다. 그

민영환 러시아 니콜라이 황제 대관식에 참여하기 위해 대례복 차림을 하고 있다.

내용의 요지는 러시아와 일본은 조선에 단독으로 간섭하지 않고, 공동으로 간섭한다는 것이었다. 이를 통해 일본은 조선에서 영향력이 축소되는 것을 막을 수 있었고, 러시아는 조선의 독립을 확인하고, 조선에 대한 러시아의 권리가 일본과 동등함을 확인받을 수 있었다. 그러나 이 의정서에서는 왕의 신변보호를 러시아가 하는 것이 인정되었기 때문에 러시아에게 더 유리한 것이었다.

같은 시기에 조선의 특사 민영환도 대관식에 참석하면서 러시아와 협상에 나섰다. 조선정부는 갑오개혁 정권이 일본으로부터 빌렸던 대규모 차관을 갚아야 했고, 근대적인 군대와 경찰을 조직해야 하는 등의 과제가 산적해 있었다. 이러한 과제를 해결하기 위해 조선정부는 러시아 측에 국왕의 신변보호, 친위대 양성, 군사 및 재정고문의 파견, 차관제공 등을 요청했다. 이에 대한 러시아의 대답은 조선에 일정한 원조를 제공한다고 하면서도, 작은 규모의 원조만 하거나 뒤로 미루는 태도를 보였다. 러시아가 이처럼 두루뭉술한 태도를 보인 것은 당시 러시아가 동아시아에서 우선적인 진출대상지로 삼았

던 곳이 만주였기 때문이다. 러시아가 조선의 독립을 지원한 것은 러시아가 점령하려는 만주와 점점 강해지고 있는 일본 사이에 조선이 완충지대로 존재하기를 원했기 때문이다. 러시아는 조선의 독립을 지지하기는 했지만 조선을 적극적으로 지원할 의지는 약했고, 일본과 이미 로바노프-야마가타 의정서를 체결했기 때문에 조선의 요구에 소극적으로 대응했다. 민영환은 1896년 10월에 기대에 훨씬 못 미치는 13명의 군사교관단을 데리고 서울에 도착했고, 이후 이들 러시아 군사교관단에 의해 800여 명의 친위대가 양성되었다.

아관파천은 왕비를 살해하고 조선에 대한 내정간섭을 일삼던 일본의 압력으로부터 벗어나는 비상수단이었다. 아관파천은 일본의 침략과 보호국화 정책을 후퇴시키는 작용을 했다. 그러나 국왕이 외국 공사관에서 보호받는다는 점은 독립국으로서의 국가적 위신을 실추시키는 것이었다. 또한, 아관파천 기간에 서양 열강의 막대한 이권침탈이 진행되어 조선은 경제적으로 큰 피해를 입었다. 국제정세의 측면에서는 아관파천 이후 조선정부는 러시아를 통해 일본을 견제할 수 있게 되면서, 조선을 둘러싸고 러시아와 일본의 세력균형이 이루어지게 되었다. 1896년 2월의 아관파천부터 1904년 2월에 러일전쟁이 발발할 때까지의 약 8년간 조선은 세력균형 속에서 상대적으로 자율성을 누릴 수 있었다. 이러한 상황 속에서 대한제국大韓帝國이 탄생하게 되었다.

황제 즉위와 대한제국 선포

고종은 아관파천 기간에 국왕 중심의 친정체제를 구축하려고 시도했다. 1896년 9월에는 갑오개혁 때 도입한 내각제도를 폐지하고 의정부를 다시 설치했다. 이러한 제도변경에 의해 의정부는 중요 국정을 논의하고 결정하는 기관이 아니라, 국왕의 의도에 따라 주요 현안을 하달받아 형식적인 논의를 거친 후 재가를 신청하는 기관이 되었다. 이처럼 왕권을 강화하는 과정을 거친 이후, 고종은 환궁을 요구하는 각계각층의 여론에 따라 1897년 2월 20일에 경운궁慶運宮(오늘날의 덕수궁)으로 거처를 옮겼다. 러시아 공사관으로 피신한지 약 1년여 만이었다.

고종이 환궁한 이후 고종의 황제 즉위, 즉 칭제稱帝에 대한 논의가 본격화되었다. 이는 군주권을 확립하려는 고종의 의지와 자주독립을 열망하는 사회적 요구가 어우러져 등장한 것이었다. 조선의 주변국인 중국은 대청제국大淸帝國으로써 주권자가 황제였으며, 일본은 대일본제국大日本帝國으로써 주권자는 천황이었다. 그러므로 청에 대한 사대주의를 청산하고, 조선도 주변국과 동등한 지위를 가진 자주독립국임을 표현하기 위해서는 국호와 주권자의 명칭을 동등한 수준으로 바꿔야 한다는 주장이 제기되었다. 고종은 자신의 칭제를 요청하는 상소를 유도했고, 전현직 관료들과 유학자들이 이에 적극적으로 호응했다.

그러나 반대의견도 있었다. 최익현과 유인석 등 보수 유학자들은 군주의 호칭은 해당 국가에서 마음대로 변경할 수 있다는 서양의 국제법에 따라 황제로 즉위하는 것은 잘못된 일이라고 하면서, 주제도 모르는 건방진 행동이라고 비난했다. 보수 유학자들과 반대편에서 서구화를 주장하던 윤치호는 고종의 황제 즉위는 내실이 없고, 재정만을 낭비하는 것이라 보아 비판했다. 그는 국정의 개선과 효율적인 운영이 더 시급하다는 입장이었다. 그러나 칭제를 원하는 여론이 더 강했기 때문에 반대의견은 확산되지 못했다.

고종은 1897년 8월에 연호를 건양建陽에서 광무光武로 변경하고, 황제 즉위식을 위해 하늘에 제사 지내는 공간인 원구단圜丘壇을 건설했다. 이어서 고종은 황제 즉위를 요청하는 상소들을 받아들이는 형식으로 10월 3일에 황제 즉위건을 통과시키고, 10월 12일에 황제즉위식을 거행했다. 이어서 다음 날 조칙을 내려 국호를 '조선'에서 '대한'으로 바꾸어 대한제국의 성립을 선포했다.

2. 독립협회 운동

『독립신문』 발간과 독립협회 창립

갑신정변의 실패 이후 미국에서 망명생활을 하고 있던 서재필은 1895년 12월에 미국시민 자격으로 귀국하였다. 그는 갑오개혁 정권의 협력을 받아 1896년 1월에 신문을 발간할 것을 결정했다. 그러나 이미 일부 일본인들은 일본 정부의 보조금을 받는 신문인 『한성신보』를 1895년부터 발간하고 있었다. 서재필이 추진하는 새로운 신문은 일본이 가진 언론 독점을 해체할 위험이 있었다. 일본은 서재필이 추진하는 신문발간을 격렬히 반대했고, 결국 신문발간 사업은 중단되었다. 그러나 1896년 2월에 아관파천을 통해 일본의 영향력이 약화되고, 아관파천으로 집권한 정동구락부 내각이 신문발간을 지원하였기에 서재필은 한국 최초의 민간신문인 『독립신문』을 1896년 4월에 발간할 수 있게 되었다. 『독립신문』의 발간은 성공적이었고, 1898년에는 『매일신문』, 『제국신문』, 『황성신문』 등의 여러 신문들이 연달아 나오게 되면서

독립신문

민간언론들로 이루어진 언론계가 형성되었다.

한편, 서재필은 『독립신문』을 창간한 지 두 달이 지난 1896년 6월에 중국 사신을 맞이하던 영은문이 철거된 자리에 독립문을 세우고 독립공원을 조성할 것을 제안했다. 그 취지는 조선의 자주와 독립을 국내외에 과시하자는 것이었다. 이에 독립문 건립을 추진하기 위해 서재필은 정동구락부 세력과 함께 정부기관인 외부 건물에서 독립협회 창립총회를 개최했다.(1896.7.2.) 이 총회에서 제정된 '독립협회 규칙'에 따르면 협회는 매주 정기회의를 개최하고, 모든 안건은 위원들의 다수결에 따라 결정하도록 했다. 또한, 독립협회에 보조금을 납부하면 누구나 회원이 될 수 있도록 하여 문호를 개방했다.

창립 초기의 독립협회는 관변단체의 성격이 강했다. 창립총회에서 선출된 간부진으로는 회장 안경수, 위원장 이완용, 고문 서재필 등을 비롯하여 8명의 위원과 10명의 간사원이 선출되었는데, 이들은 대부분 정동구락부 계열의 현직 관료였다. 또한, 왕실에서는 왕세자의 명의로 독립문 건립비 1000원을 독립협회에 주었다. 이후 독립협회는 『독립신문』 등을 통해 협회의 창립 목적을 선전하고, 독립문 건설을 위한 모금활동을 벌였으며, 1896년 말에는 2천여 명의 회원을 거느린 대규모 사회단체로 성장하였다.

독립협회의 계몽운동과 반러운동

독립협회는 독립문 건립이 마무리 단계에 접어들면서 활동이 둔화되었다. 민영환의 수행원으로서 러시아에 갔다가 돌아온 윤치호는 서재필을 만나 독립협회를 강의실, 독서실, 박물관을 갖춘 계몽단체로 변모시킬 것을 제안했다. 이것이 받아들여져서 1897년 8월부터 독립협회는 매주 1회씩 독립관에서 토론회를 개최하였다. 이 토론회는 1898년 12월까지 총 34회 개최되었는데, 독립협회의 토론회는 초기에는 신교육진흥, 산업진흥, 미신타파, 위생, 치안, 노비제 철폐 등과 같은 계몽적 주제를 다루었다. 토론회는 매우 성공적이었고, 토론회가 열릴 때마다 독립협회 회원뿐 아니라 수백 명의 방청객도

서재필   윤치호

참석하여 대성황을 이루었다. 또한 토론 과정에서 회원들의 정치의식과 조직에 대한 귀속감, 연대의식이 고양되었으며, 방청인을 포함한 민중의 계몽과 정치적 각성도 촉진되었다.

독립협회는 이처럼 계몽운동에 중점을 두고 조직을 정비해가다가 1898년 2월에 러시아의 절영도 조차를 반대하는 '구국운동선언상소'를 내었고, 이 때부터 독립협회는 그 성격이 크게 변화하였다. 독립협회의 활동은 계몽운동에서 정치운동으로, 독립협회의 조직은 관변단체에서 정부와 거리를 둔 민간단체로 바뀌었고, 주된 구성원도 기존의 관료층은 대거 퇴진하고, 근대교육을 받은 젊은 층의 참여가 급증하게 되었다.

독립협회의 활동과 조직이 이처럼 급속하게 바뀐 이유는 1897년 가을 이후에 벌어진 국제정세의 변화 때문이었다. 러시아는 만주로의 진출이 청과의 교섭과정에서 실패하고, 한국이 점차 러시아의 영향력에서 벗어나려는 움직임을 보이자 1897년 9월경 한국에 대한 정책을 기존의 소극적인 정책에서 적극적인 진출정책으로 전환했다. 주한 러시아 공사가 온건파 베베르에서 적극적 간섭을 주장해온 강경파인 쉬뻬이에르로 교체되었다. 쉬뻬이에르는 러시아에서 조선으로 파견한 군사교관단의 임용을 요구했다. 또한, 같은 해 10

월에는 한국정부에 압력을 가해 탁지부 고문 영국인 브라운을 해임하고 러시아에서 파견한 알렉세예프를 임명하게 했다. 이어서 러시아의 영향력 아래 놓일 한러은행을 창설하고자 하였다. 나아가 조병식 등 친러적 인물들을 요직에 기용하여 한국정부를 통제하려고 했다. 쉬뻬이에르의 적극적 간섭을 통해 러시아는 한국의 재정권·군사권·인사권에 깊이 간여했다. 이러한 정책들에 이어 1898년 1월에는 절영도(지금의 부산 영도)에 석탄고 기지의 조차를 강력히 요구하였다.

독립협회는 1897년 하반기부터 러시아와 대립각을 세우다가, 1898년에 들어서 한국정부가 러시아의 절영도 조차租借 요구를 승인하려고 하자 반러운동을 공식화하면서 본격적인 정치운동을 전개했다. 1897년 11월부터 이어진 열강의 중국에 대한 침략을 보면서 위기감을 느꼈던 독립협회의 입장에서는 러시아의 요구를 승인하면 다른 열강으로부터 비슷한 요구를 받게 되어 더 큰 위기를 불러올 수도 있었다. 그렇기에 독립협회는 1898년 2월에 앞서 언급한 '구국운동선언상소'를 시작으로 하여 3월 10일에는 종로에서 1만여 명의 시민이 참석한 만민공동회를 개최했다. 대규모 민간시위였던 만민공동회에서는 러시아의 침략정책을 규탄하고 러시아 군사교관단과 재정고문의 철수를 요구했다. 결국 러시아는 절영도 조차 요구를 철회하고 재정고문 및 군사교관단을 철수시켰으며, 뒤이어 한러은행도 철폐했다.

이처럼 러시아가 한국에서 한발 물러선 것은 독립협회가 전개한 반러운동도 계기가 되었지만, 국제정세의 변화도 중요한 원인으로 작동했다. 러시아가 1897년 가을부터 한국에 적극적으로 진출하는 동시에 12월에 랴오둥반도의 뤼순을 점령하자, 다른 열강은 러시아가 만주와 한국을 동시에 침략하는 것이라 판단하여 강력히 반발했다. 영국은 한국의 제물포항에 함대를 입항시키고, 일본도 대한해협(쓰시마해협)에 해군을 배치하는 등 러시아를 견제하려고 했다. 이에 러시아는 영국과 일본이 동맹으로 발전하는 것을 막기 위해 한국에서 상당한 양보를 할 수밖에 없었다. 러시아는 1898년 3월에 군사교관단 및 재정고문을 한국에서 철수하기로 발표한 데 이어, 다음 달인 4월에 로젠-니시 협정을 체결하여 일본이 한국에서 상공업 분야에서 우위를 가진다는 점을 인정했다. 한국을 둘러싼 러일의 세력균형이 유지되고는 있었지만, 1896년에는 러시아가 일본보다 우위에 있었다면, 1898년부터는 일본이 러시아보다 우위에 있는 상황이 전개되었다. 다만 러일 세력균형이라는 전반적인 틀은 러일전쟁이 발발할 때까지 유지되었다.

독립협회의 의회개설운동과 해산

독립협회는 1898년 2월의 반러운동을 시작으로 하여 적극적으로 정치개혁을 위한 운동을 전개했다. 이에 윤치호의 주도 아래 간부진을 개편하고 조직을 재정비하였다. 이 시기 독립협회의 토론회에서는 외교, 국가재정, 의회설립, 열강의 이권침탈 반대, 보수파 비판 등 정치적·사회적 현안들이 토론 주제가 되었다. 또한, 독립협회는 정부 정책 및 관리들에 대한 감시와 비판을 전개하고, 나아가 정책변경 및 관리들의 퇴진을 강제하기 위한 상소 및 시위를 전개했다.

독립협회의 정치개혁운동이 벌어지던 중인 1898년 9월에 김홍륙 독다사건이 발생했다. 김홍륙 독다사건은 러시아의 세력을 등에 업고 권력을 남용하던 김홍륙이 유배되자 앙심을 품고 고종을 시해할 목적으로 고종과 태자가 마시는 커피에 독약을 넣은 사건이었다. 신기선 등의 보수파는 이 사건의 관련자들을 강력하게 처벌해야 한다고 하면서 연좌제를 부활시키려고 했다. 보수파는 이 사건을 계기로 갑오개혁 이전의 제도를 복구하려고 했던 것이다.

독립협회는 이에 반대하여 철야농성을 전개하고, 7명의 보수파 대신의 해임을 요구하였다. 독립협회의 계속된 시위에 밀려 고종은 10월 12일에 박정양과 민영환을 중심으로 하는 개화파 내각을 수립했다. 개화파 내각이 수립되자 독립협회는 의회설립을 본격적으로 추진했다. 독립협회는 기존에 관료들의 임시 대기소로 활용되었던 중추원을 의회로 바꾸려고 했으며, 의관의 절반은 황제가, 절반은 국민을 대표하여 독립협회가 선출하자고 했다. 고종은 황제권을 견제하는 기구인 의회가 아니라 자문기구 정도로만 중추원을 개편하려고 했고, 의석의 배분에 대해서도 독립협회 측과 대립하였다.

의회개설을 둘러싼 갈등은 정치적 갈등으로 이어졌다. 고종과 보수파의 사주를 받은 황국협회가 개화파 내각의 사직을 요구하는 시위를 전개했고, 고종은 보수파 관료인 조병식과 윤용선을 다시 관직에 임명했으며, 10월 20일에는 언론과 집회의 자유를 제한하는 조칙을 내렸다. 그러자 독립협회는 10월 28일에 1만 명 이상의 백성이 참가한 관민공동회官民共同會를 개최하여, 다음날인 29일에 집회에 참가한 개화파 대신들과 함께 '헌의 6조'를 채택했다. '헌의 6조'는 황제의 외교권을 중추원이 견제하고, 황제가 사법권과 내각 임명권을 마음대로 휘두르지 못하도록 하는 내용을 담고 있었다. '헌의 6조'의 내용은 전제적인 황제권을 제약하는 입헌군주제적인 근대국가로의 지향을 담고 있었다.

고종은 황제권을 제한하는 '헌의 6조'를 받아들이지 않으려고 했으나, 독립협회는 또다시 철야농성을 하며 고종을 압박했다. 결국 고종은 독립협회의 요구를 수용하여 '헌의 6조'를 반포하였다. 또한 11월 4일에는 독립협회가 요구했던 중추원 관제를 공포했다. 이에 따라 중추원은 법률과 칙령의 제정·개정·폐지를 의결하며, 의정부에서 시행하는 주요 국가정책에 대한 동의 및 건의, 나아가 인민이 요청한 사안도 의결하도록 했다. 중추원 의관의 반은 황제가 임명하고, 반은 독립협회에서 선출하도록 했다. 이로써 중추원은 실질적으로 의회의 기능을 가지게 되었고, 입헌군주제의 근대국민국가로 가는 길이 열리고 있었다.

독립협회는 중추원 관제가 발표되자 다음날인 11월 5일에 독립관에서 중추원 의관을 선출하기로 결정했다. 그러나 이를 방해하기 위해 보수파는 4일 밤에 개화파 내각의 박정양과 독립협회 회장 윤치호가 고종을 폐위하고 공화정을 만들려고 한다는 벽보를 붙였다. 고종은 이 사건을 이용하여 독립협회를 해산하고, '헌의 6조'에 서명한 개화파 대신들을 해임하였으며, 독립협회 주요 간부들을 체포했다. 곧이어 고종은 보수파 내각을 다시 수립했다.

고종과 보수파의 기습적인 탄압에 맞서 11월 5일부터 수천 명의 시민이 만민공동회를 개최하여 시위를 벌였다. 고종과 보수파는 시위를 해산시키기 위해 황국협회를 시켜 만민공동회를 기습공격했다. 만민공동회는 서울시민들과 함께 이를 물리쳤고, 시위의 규모는 오히려 더 커졌다. 결국 고종은 구속된 독립협회 간부들을 석방하고, 독립협회를 다시 수립하게 했다. 그러나 한편으로 고종은 중추원 관제를 개정하여 중추원 의관의 상당수를 자신을 지지하는 사람들로 임명했으며, 보수파를 다시 대신으로 임명했다. 이에 1898년 12월에 다시 만민공동회가 재개되었다.

이런 와중에 중추원에서는 독립협회파 의관들이 중심이 되어 11명의 대신후보자를 선출하였다. 그런데 그 가운데 대역죄로 일본에 망명한 박영효가 선출되어 논란이 되었다. 급진파는 그를 소환하여 재판한 뒤 죄가 없으면 임용하자고 주장했다. 그러나 이는 고종뿐 아니라 독립협회 온건파들의 반발을 불러왔고, 일반 민중들이 독립협회로부터 멀어지게 하였다.

독립협회 사건으로 구속된 인물들 맨 왼쪽의 인물이 이승만이다. 그는 이후 6년간 옥고를 치렀다.

민중의 독립협회에 대한 지지가 줄어들자 고종은 일본, 러시아 등 열강의 묵인과 동조 아래 독립협회와 만민공동회를 군대와 경찰의 힘으로 탄압했다. 독립협회와 만민공동회는 불법화되었고, 지도자들 역시 체포되었다. 이로써 입헌군주제의 근대국민국가를 건설하고자 했던 독립협회의 정치개혁운동은 좌절되고 말았다.

3. 황제권 강화와 황실 중심의 근대화정책

황제 중심의 권력구조 확립

독립협회가 해산된 이후 고종은 황제권을 더욱 강화해나갔다. 1899년 1월에 고종은 고위급 관료인 칙임관을 제외하고는 상소를 올리지 못하도록 했고, 5월에는 중추원 관제를 개정하여 중추원을 유명무실한 기관으로 만들었다. 나아가 1899년 8월 17일에는 '대한국국제大韓國制'를 반포하여 황제 중심의 권력구조를 제도적으로 확립했다.

'대한국국제'는 근대국가의 헌법에 해당하는 대한제국의 국가기본법이지만, 황제의 권한만 규정하고 국민의 권리에 대한 규정이 없었다는 점에서 근대적 헌법과 차이가 있었다. '대한국국제'에 의해 황제인 고종은 군통수권, 입법권, 행정권, 사법권, 외교권 등 국가의 모든 권력을 가졌다. 반면 국민의 권리는 인정되지 않았고, 복종의무만 규정되었다. 고종은 독립협회를 탄압한 이후 전제군주정 체제로 나라를 이끌려고 했던 것이다.

고종은 '대한국국제'에 이어 정부기구도 황제 중심으로 개편했는데, 이를 잘 보여주는 것이 경찰기구 개편이었다. 고종은 경찰기구인 경무청을 1900년에 경부로 승격시키고 경부대신을 임명했다. 그러나 경부대신의 모반사건이 일어나자 고종은 다시 경무를 내부 소속의 경무청과 궁내부 소속의 경위원으로 분리시켰다. 고종은 정치범을 단속하는 경위원을 자신의 직속기관인

고종황제 어진(국립중앙박물관)

궁내부 소속에 두어 경찰권을 자신이 독점하고자 했다. 고종은 재판제도도 보수화하여, 원래 3심제를 해야 하는 데도 황제가 지목한 사람이나 고위급 관료는 단심제로 하도록 했다. 또한, 참수형을 부활시켰고, 절도와 강도에 대한 형량을 강화했다.

고종의 정부기구 개편에서 가장 중요한 것은 궁내부의 비대화와 재원 집중 현상이었다. 갑오개혁 정권은 왕실과 관련된 기구들을 의정부 중심의 공식정부기구에서 분리하여 궁내부에 몰아넣음으로써 왕실을 국정에서 분리하고, 군주권을 제한하려고 했다. 그러나 고종은 정치의 주도권을 잡기 위해 자신의 직속기구인 궁내부에 많은 권한을 주도록 하였다. 그 결과 궁내부에는 경위원, 통신사, 철도원 등 황실 업무와 관련이 없는 기구들이 대거 설립되었다. 또한, 각종 세금과 이권 등의 재원이 궁내부로 옮겨져서 황실재산을 책임지는 기구인 내장원에서 이를 운영하게 되었다. 그 결과 궁내부는 정부기구의 최고 의사결정기구인 의정부를 능가할 정도의 권한과 업무 영역을 가지게 되었다.

고종은 이처럼 '대한국국제'의 반포 및 정부기구 개편을 통해 권력을 장악했고, 정치적으로는 여러 정치세력들을 조종하여 상호 견제시켰다. 이 과정에서 이용익을 비롯한 측근세력이 권력의 핵심으로 부상했다. 고종의 측근세력은 서자나 중인 등 하위계층 출신으로 황제의 총애를 바탕으로 정권의 전면에 진출하여, 오직 황제의 총애와 권력을 둘러싸고 정쟁에 몰두하는 정치

형태를 보였다. 이러한 정치형태와 궁내부의 강화가 겹쳐지면서, 의정부를 중심으로 한 정부의 공식기구는 형식적이고 무의미해졌으며, 실제 정책의 결정과 집행은 황제와 몇몇 측근인물에 의해 이루어졌다. 그 결과 정책의 결정과 집행과정에서 전문성이나 지속성을 갖추기 어려웠다.

황실 중심의 근대화정책의 추진과 좌절

아관파천 이후부터 러일전쟁이 발발하기 전까지, 황실을 중심으로 근대화정책이 추진되었다. 이는 고종과 그 측근세력이 중심이 되어, 황실재정의 확충을 바탕으로 전개된 근대화 정책으로 농상공부와 같은 정부기구가 아닌 황실 소속의 궁내부와 내장원을 중심으로 전개되었다. 황실 중심의 근대화정책의 이념으로는 '옛 법을 근본으로 하면서 신식을 참고한다'는 '구본신참舊本新參'이 제시되었다. 그러나 실제로는 정치체제에서 군주권을 강화한 것을 제외하면, 갑오개혁기의 새로운 제도를 부정하고 옛 제도로 복귀한 예는 많지 않았다.

고종은 외국 자본의 침투로부터 상권을 지킨다는 명분으로 갑오개혁기에 폐지되었던 특권을 부활하여 특권상인을 육성하고, 각종 산업에 대한 세금징수를 강화했다. 또한, 관료와 황제측근세력을 중심으로 근대적 기업을 설립하고 선진기술을 도입하고자 했다. 화폐금융제도에서도 본위화 제조와 중앙은행 설립을 추진했다. 그러나 이에 필요한 막대한 자금을 구하지 못해 결국 실행되지 못했다. 이 밖에 도량형 제도를 실시하고, 우편망을 확충하는 등의 다양한 근대화 정책이 전개되었다.

궁내부를 중심으로 열강의 광산채굴권 및 철도부설권 침탈에 대응하여 국내철도와 광산의 자체개발이 추진되었다. 1898년에는 전국의 유망한 광산들을 모두 궁내부로 이속시키고, 궁내부 소속의 광무국을 중심으로 광산에 대한 근대적인 경영에 착수했다. 1900년에는 궁내부에 철도원을 신설하고 경의선과 경원선의 부설을 추진하기도 했다. 또한, 산업육성을 담당할 전문인력을 양성하기 위해 각종 기술학교를 설립하였다.

황실 중심의 근대화정책의 또 다른 중요한 개혁사업으로는 양전지계사업이 있었다. 양전지계사업을 통해 전국 토지의 정확한 규모와 위치를 파악하려 했고, 소유권을 확인해주기 위해 지계地契를 발행했다. 이를 통해 토지세를 늘려 개혁에 필요한 자금을 확보하고자 했다. 양전지계사업은 러일전쟁 발발 즈음까지 전국의 2/3에 해당하는 218개 군에서 이루어졌으나, 러일전쟁이 발발한 이후에는 중단되고 말았다.

황실 중심의 근대화정책은 군사력 확충에도 주의를 기울였다. 고종은 1899년에 군대를 지휘하는 황제 직속기관으로 원수부를 황궁 안에 설치했고, 중앙군으로 친위대와 시위대, 지방군으로 진위대를 창설했다. 1900년대 전반기에는 대한제국 예산의 40% 내외를 국방비에 할당할 만큼 의욕적으로 군대를 키웠는데, 그 규모는 1902년 즈음에 중앙군 1만여 명, 지방군 2만여 명이었다. 1903년 3월에는 징병제 실시를 위한 조직을 발표하기도 했다.

이상의 개혁사업을 뒷받침할 국가재정은 항상 부족했다. 정부에 속했던 각종 재원이 황실로 이전되었을뿐만 아니라, 조세의 미납이 증가했기 때문이다. 게다가 황실과 군사비 부문에 재정지출이 집중되어 지방행정과 교육 등 다른 부문의 사업에는 어려움이 가중되었다. 반면 상당한 황실재정이 연회비, 궁궐신축비 등 황실의 사치로 낭비되었다.

결국 황실 중심의 근대화정책은 측근세력 위주 정치의 한계, 근대적 화폐금융제도와 교통운수의 미비, 재정궁핍으로 인한 금융지원의 결여, 열강의 압력 및 방해로 큰 성과를 거두지 못했다. 1904년에 러일전쟁이 발발하자 여러 한계를 안고 있던 황실 중심의 근대화정책은 결국 중단되어 좌절되고 말았다.

러일 세력균형기의 대외정책

1896년의 아관파천부터 1904년에 러일전쟁이 일어날 때까지 한국은 약

8년간 러시아와 일본의 세력균형 속에서 제한적이긴 하지만 일정한 자율성을 가질 수 있었다. 이러한 국제정세 속에서 고종은 대한제국을 선포하고, 기존에 한국을 조공국으로 여겨온 청과 대등한 통상조약체결을 추진했다. 청 내부에서 반대여론이 있어서 지체되기는 했지만, 결국 1899년에 한국과 청국을 대등한 관계로 규정한 한청통상조약이 체결되었다. 이로써 한국은 중국 중심의 중화체제에서 완전히 벗어나서 근대적 국제법질서에 들어갈 수 있게 되었다.

한국정부는 근대적인 국제법질서에 들어감으로써 한국이 독립국임을 인정받고, 외국의 침략을 막으려고 하였다. 이에 고종은 유럽에 상주하는 공사들을 적극적으로 파견했는데, 1901년에는 미국, 러시아, 프랑스, 독일, 영국 등에 공사관을 배치했다. 또한, 국제기구에 적극적으로 가입하였는데, 1900년에 만국우편연합에 가입했고, 1903년에는 제네바 조약에 가입했다. 또 만국평화회의 가입을 추진했다.

러·일은 한국을 둘러싸고 세력균형을 형성하고 있었고, 양국의 갈등은 점점 고조되었다. 1900년의 의화단 사건과 1902년의 영일동맹 그리고 1903년의 용암포 사건을 거치면서 고조되던 양국의 갈등은 1904년 2월의 러일전쟁으로 폭발하게 되었다. 이처럼 양국의 갈등이 점차 고조되어가자 한국정부는 이에 대응하여 독립을 지키고자 노력했다. 러일전쟁 이전에 한국정부 내에서는 크게 중립정책과 삼국제휴론이 제기되었다.

중립정책은 러·일간의 갈등과 전쟁위기를 한국의 독립에 대한 위협으로 보고, 한국을 둘러싼 열강으로부터 한국의 독립과 중립을 보장받으려고 하였다. 그리하여 러일의 갈등으로부터 한국의 안전을 도모하고, 러일이 한국의 독립을 해치지 못하도록 하려는 정책이었다. 반면 삼국제휴론은 서양국가인 러시아의 동아시아 진출을 한국 독립에 가장 큰 장애로 인식하고, 한국, 일본, 청이 함께 연합하여 러시아의 침략을 막고 한국의 독립을 보존하자는 주장이었다. 고종이 주도한 한국정부의 주요 정책으로서 지속적으로 추진된 정책은 중립정책이었다. 삼국제휴론은 러시아의 침략이 강해질 때 일시적으로 주목을 받았으며, 대체로 고종에 의해 권력에서 소외된 의정부의 대신들이 중심이 되어 주장하였다.

한국정부의 중립정책은 러시아와 일본의 침략성, 특히 일본의 침략의도를 간파한 것이었다. 그러나 일본은 한국의 중립화를 계속 반대하였고, 열강의 호응도 크지 않았기 때문에 중립정책은 끝내 실패하고 말았다. 한국정부는 러일전쟁이 벌어지기 직전인 1904년 1월에 전시중립선언을 함으로써 러일전쟁의 회오리에서 벗어나려고 했지만, 일본이 한국의 전시중립선언을 무시하고 인천과 서울을 기습적으로 점령함으로써 전시중립선언 역시 무위로 끝났다.

열강과 국제법은 일본의 침략으로부터 한국을 보호해주지 못했다. 이러한 한계를 극복하고 한국의 독립을 지키기 위해서는 독자적인 군사력으로 국가를 방어해야 했다. 이에 고종은 군사력 확충을 위해 나름의 노력을 기울였다. 그러나 국가를 지키기 위해 국민을 대규모로 동원하는 방법인 징병제를 시행하려면 국민들에 대한 충분한 교육과 국정에 대한 참여권이 보장되어야 했다. 그러나 고종은 독재권력을 유지하기 위해 교육에 충분한 투자를 하지 않았으며, 국민이 정치에 참여하는 통로인 의회제도를 받아들이지 않았다. 따라서 징병제에 대한 주장이 여러 번 제기되고, 징병제 조칙이 발표되었음에도 끝내 징병제는 실시되지 못했다. 결국 한국은 국방력 강화에 실패하고, 외교적으로는 열강과 국제법의 보호도 받지 못했기 때문에 러일전쟁을 계기로 시작된 일본의 본격적인 침략으로부터 국가의 주권을 방어하지 못했다.

김용구, 2002, 『세계외교사』, 서울대학교 출판부

동북아역사재단 한국외교사편찬위원회 편, 2018, 『한국의 대외관계와 외교사 근대
　　　편』, 동북아역사재단

박찬승, 2008, 『근대이행기 민중운동의 사회사』, 경인문화사

박찬승, 2013, 『대한민국은 민주공화국이다』, 돌베개

서영희, 2003, 『대한제국 정치사 연구』, 서울대출판부

서인한, 2000, 『대한제국의 군사제도』, 혜안

신용하, 2006, 『신판 독립협회 연구』, 일조각

왕현종, 2003, 『한국 근대국가의 형성과 갑오개혁』, 역사비평사

주진오, 1995, 「19세기 후반 개화 개혁론의 구조와 전개 -독립협회를 중심으로-」, 연세
　　　대학교 사학과 박사학위논문

최문형, 2001, 『한국을 둘러싼 제국주의 열강의 각축』, 지식산업사

현광호, 2002, 『대한제국의 대외정책』, 신서원

제6장

러일전쟁과 일본의 한국 병합

세계사의 흐름 : 제국주의 세력의 만주와 한반도 침략 경쟁

청일전쟁 이후 일본과 러시아는 만주와 한반도에서 자국의 세력범위를 확장하기 위해 경쟁하였다. 1895년 4월 17일 일본은 시모노세키[下關] 조약을 통해, 만주로 진출하기 위해 한국의 독립을 내세우면서 랴오둥[遼東]반도를 할양받았다. 곧이어 4월 23일 러시아도 일본의 랴오둥반도 점령이 청국의 수도를 위태롭게 하고 한국의 독립을 위협하여 극동의 평화를 어지럽힌다면서 독일과 프랑스와 함께 랴오둥반도 반환을 요구했다.(삼국간섭)

이후 러시아는 1896년 6월 3일에 청국과 비밀동맹조약을 맺고 동청철도 부설권을 획득하여 만주로의 진출에 전기를 마련하였다. 이윽고 1898년 3월 27일에는 뤼순[旅順]과 다롄[大連]을 조차하였고 남만주철도 부설권도 획득했다. 이에 일본은 그해 4월 25일에 러시아와 '로젠Rosen-니시[西] 협정'을 체결하여, 한국 내에서 상공업 상의 우월권을 인정받았다. 그러나 1900년 의화단 사건 이후 러시아가 만주에 군대를 계속 주둔시키자, 일본은 한국을 자국의 독점적 세력범위로 삼는 정책을 취하였다.

1902년 1월 30일 체결된 영일동맹은 이러한 일본의 목표가 관철된 것이었다. 영일동맹은 만주에서 러시아의 행동을 억제하고 자국의 이익을 추구하기 위한 두 제국주의 국가 간의 동맹이다. 이 동맹으로 영국의 지원을 받게

영국과 미국이 일본을 후원하는 모습을 풍자한 그림

된 일본은 한국에서 정치상 그리고 상업상 및 공업상 현격한 이익을 가질 것을 확인함으로써 한국에 대한 독점적 지배를 실현하였다.

영일동맹 이후 만주에서 제국주의 열강 간의 대립은 일본-러시아 관계를 축으로 하여 전개되었다. 러·일의 대립은 특히 만주와 한국에 대한 세력범위를 둘러싸고 전개되었는데, 러시아는 만주에서 러시아의 독점적 지배와 한국에서 일본의 우월한 이익을 주장하였고, 일본은 한국에서 일본의 독점적 지배와 만주에서 러시아의 우월한 이익을 주장하였다. 러시아는 일본이 한국을 독점적으로 지배하는 것을 인정하지 않았고, 일본은 러시아가 만주를 독점적으로 지배하는 것을 인정하지 않았던 것이다. 러시아와 일본의 대립은 결국 타협점을 찾지 못하고 전쟁으로 치닫게 되었다.

러일전쟁은 시종일관 구미 열강과 밀접한 관계 속에서 진행되었다. 일본은 미국과 영국의 지원을 받아야만 전쟁을 수행할 수 있었다. 영국은 아프가니스탄과 이란 지배를 둘러싸고 러시아와 대립하고 있었기 때문에 일본과 동맹을 맺는 이점이 있었다. 미국은 러시아가 만주를 점령하는 데 반대했기에 일본을 경제적으로 지원하였다. 러시아는 프랑스와 동맹을 맺고 있었고 독일도 배후에서 러시아를 지원하였다. 이런 까닭으로 러일전쟁은 세계 '제0차' 대전으로도 불린다.

만주에서 세력을 확장하려는 열강은 기회마다 한국의 독립을 간섭하고 침해하였다. 마침내 만주에서 일본의 승리가 굳어짐에 따라 일본에 의해 한국 식민지화는 촉진되었다. 열강은 예외 없이 이를 동조하거나 묵인하였다. 한국의 식민지화 과정은 제국주의 열강이 함께 빚어낸 침략적 공조의 결과였다.

1. 러일전쟁과 일본군의 한반도 주둔

의화단 사건과 러·일의 대립

청일전쟁에서 중국의 패배는 동아시아 국제정세를 크게 바꾸어 놓았다. 청일전쟁의 결과로 랴오둥반도가 일본의 수중에 들어가는 것에 위기를 느낀 러시아는 삼국간섭을 주동하여 랴오둥반도를 반환시켰다. 이후 러시아는 만주를 손에 넣으려는 본격적인 작업에 착수하여, 1896년 6월 동청철도 부설권을 획득하였고, 1898년 3월에는 랴오둥반도의 뤼순과 다롄 일대를 조차했다. 이보다 먼저 3월 초에는 독일이 자오저우만[膠州灣]을 조차한 상태였다.

청일전쟁 후 열강의 중국침략은 중국 내에서 배외운동을 불러일으켰다. 산둥성[山東省]을 중심으로 의화단이 기독교 보급과 외국 세력 침투를 배격하는 슬로건을 내걸었다. 중국분할에 반대하는 의화단의 폭동은 만주로 확대되었다. 영국을 비롯한 열강은 연합군을 편성하여 1900년 의화단과 전쟁을 선포하고 전투를 개시하였다. 그리고 이듬해 베이징 의정서가 조인되면서 이 전쟁은 끝이 났다.

일본은 이 전쟁을 통하여 군사력의 우수성을 인정받고 열강에게 '극동의 헌병'임을 보여주었다. 일본에 이어 다수의 군대를 파견한 러시아는 동청철도를 보호한다는 구실로 대군을 파견하여 만주를 점령했다. 러시아는 의화단 사건이 진압된 후에도 만주에서 철병을 하지 않아서 일본과의 대립을 깊게 했다. 이는 결과적으로 러일전쟁이 일어나는 배경이 되었다.

만한교환과 영일동맹

일본은 러시아의 만주 침략에 대한 대책으로 만한滿韓교환론과 영일英日동맹론을 구상하고 있었다. 전자는 일본이 한국에서 우월권을 확보하고, 그 대가로 러시아에게 만주 경영의 자유를 인정한다는 것으로, 이토 히로부미[伊藤博文], 이노우에 가오루[井上馨]가 주장했다. 후자는 러시아 세력을 만주에서 구축하기 위해 일본과 이해를 같이 하는 영국과 협력해야 한다는 것으로, 야마가타 아리토모[山縣有朋], 가쓰라 타로[桂太郎] 수상 등이 주장했다.

일본에서는 가쓰라의 주도로, 영국을 활용한다는 방침을 세웠지만 영국이 신흥국 일본과 동맹을 맺으려고 할지는 의문이었다. 영일동맹의 구체적 구상은 독일에서 나왔다. 독일은 영·일을 제휴시켜 러시아를 견제하게 함으로써, 러시아 세력을 유럽에서 동아시아로 돌려 숙적 프랑스를 고립시키려 했다. 가쓰라 내각이 성립하자 친영파의 주도로 대영 동맹교섭이 시작되었다. 그러나 이토 히로부미와 이노우에 가오루는 만한 문제 해결이 우선 필요하다고 생각하여 러시아 측과 교섭에 들어갔다. 결국 일본정부는 원로회의를 개최하여 영국과 동맹을 맺을 것을 결정했다. 영국은 1902년 1월 30일 일본과 제1차 영일동맹을 맺고 한국을 일본의 특수 이익지역으로 인정했다. 중요한 점은 이 동맹으로 한국에서 일본의 지위가 결정적으로 강화되었다는 것이다. 이로써 한국이 러시아에 귀속될 가능성은 사실상 배제되었다.

전쟁의 경과와 한반도

영일동맹의 성립은 러시아에 대한 일본의 태도를 강경하게 만들었다. 러시아 측에서도 점차 강경파가 세력을 얻었기 때문에 1903년에 예정된 제2차 만주 철병은 실행되지 않았다. 러시아는 한국에 대한 침략도 적극 시도하여 1903년 5월 용암포에 포대를 건설하고 7월에는 이를 조차했다.

일본은 1903년 4월 대러 방침을 의논한 회의에서 러시아가 만주에서 철병하지 않는 것에 항의하고, 만주에서 러시아의 우월권을 인정해주는 대신에 러시아에게 한국에서 일본의 우월권을 승인시키기로 하였다. 그러나 이에 대한 러시아의 대응은 냉담했고, 일본에서는 개전론을 주장하는 민간 조직이 만들어지기 시작했다. 이어 1904년 1월에는 전비를 외채로 충당한다는 전망이 세워지자 개전을 결정했다. 2월 6일 일본은 러시아와의 국교단절을 선언하고 8일 밤부터 인천항과 뤼순항의 러시아 군함을 기습했고, 이틀 후에야 정식으로 선전포고를 하였다.

러시아와 국교를 단절한 즉
시 일본군은 한국에 상륙하여
황해도와 평안도를 거쳐 압록강
을 향해 북진하였다. 2월 23일
에는 「한일의정서」를 강박하여
일본군이 한국에 주둔할 수 있
도록 명문화하였고, 4월 3일에
는 경성에 한국주차군사령부를
설치했다. 전쟁이 끝났어도 3만
명의 2개 사단 규모의 일본군을
주둔시켰다. 또한 1905년 1월
28일 일본정부는 독도를 '주인

친절한 제국주의여! 미국 민주당계 일간지 『브루클린 이글(Brooklyn Eagle)』(1904.2.17)지에 실린 러일전쟁 풍자화. 한국을 발판으로 삼아 만주로 진군하는 일본군을 풍자하고 있다.

없는 땅'이라며 일본에 편입하기로 결정하고, 2월 22일 시마네[島根] 현縣 고시 제40호로 이 사실을 고시했다. 일본은 러일전쟁을 이용하여 한반도를 남북으로 관통하는 철도도 부설하였다. 1901년에 기공한 경부선이 1905년 1월에 완성되었고, 「한일의정서」 조인 직후 군용철도로 착공한 경의선도 1906년 4월 완전히 개통되었다.

전쟁은 일본에게 유리하게 전개되었다. 일본군은 1904년 9월 랴오양[遼陽]을 점령한 데 이어 이듬해 1월에 뤼순도 점령하였으며, 3월에는 펑톈[奉天] 전투에서 승리했다. 그러나 러시아 측이 전력을 회복하면서 일본은 더 이상 전쟁을 수행하기 어려워지자, 1905년 5월 동해해전의 승리를 계기로 루스벨트Theodore Roosevelt 대통령에게 강화 알선을 의뢰했다. 일본은 사할린 북부 절반을 러시아에게 반환하고 배상금을 요구하지 않는다고 양보하여 강화가 성립되었다.

강화회의는 8월 미국의 포츠머스Portsmouth에서 개최되었는데, 주요 내용은 러시아가 일본이 한국에서 정치·군사·경제적으로 우월한 것을 인정하고, 뤼순·다롄 조차권을 일본에게 양도한다는 것이었다. 이 조약으로 일본은 러시아의 랴오둥반도 조차권을 계승하여 오랜 숙원이던 대륙침략의 확고한 기반을 획득했다. 또한 열강들이 관여하여 체결한 조약이었기에 사실상 일본의 한국 보호권이 국제적으로 승인되었다.

2. 일본의 한국 보호국화와 열강의 지원

한일의정서 강요

1904년에 접어들어 러·일 개전이 촉박해지자 한국정부는 전시 국외 중립을 선언하여 위기를 타개하고자 했다. 그러나 일본은 이를 무시하고 한국을 전쟁에 끌어들이고 한반도에 군대를 파견함으로써 오랫동안의 침략목표를 달성했다.

일본은 이러한 무력점령을 바탕으로 정치적 지배기반 구축에 착수하여, 1904년 2월 23일 외부대신 이지용李址鎔과 하야시 곤스케[林權助] 공사 사이에 한일의정서를 체결했다. 이를 통해 한국정부를 일본의 통제 아래 두고 내정을 간섭할 권리를 확보했다. 일본은 표면적으로는 동아시아 평화와 한국의 독립 보전 등을 내세웠으나 주된 관심은 정치·군사적 침략의 확고한 발판을 마련하는 데 있었다. 의정서의 내용은 다음과 같다. ① 한국정부는 시정 개선에 관한 일본의 충고를 받아들인다. ② 일본정부는 한국 황실의 안전을 도모한다. ③ 일본은 한국의 독립과 영토보전을 도모한다. ④ 대한제국의 황실안녕과 영토보전에 위험이 있을 경우 일본정부는 필요한 조치를 취한다. 또한 일본정부는 전략상 필요한 지점을 사용할 수 있다. ⑤ 대한제국정부와 일본정부는 상호승인을 거치지 않고 제3국과 협약을 체결할 수 없다. 이 조약은 2월 27일에야 관보에 공포되었다. 이로써 일본은 한국에 대해 부당한 정치·군사적 간섭과 지배를 위한 일정한 근거를 갖게 되었다.

이어서 1904년 5월 31일 일본 내각은 전날 원로회의에서 결정한 「대한시설강령對韓施設綱領」을 채택하였다. 이는 한국에 대한 보호국화의 구체적 방안을 결정한 것인데, 일본군의 본격적 주둔, 외교와 재정에 대한 감독, 철도 부설과 교통기관 및 통신기관의 장악, 농업·임업·광업·어업 부분에서의 척식 등에 관한 방침을 규정하였다.

제1차 한일협약

러일전쟁이 만주로 확대되는 가운데 일본은 「대한시설강령」을 실행하기 위해 제1차 한일협약을 강요했다. 일본인 재정고문을 초빙하고, 일본정부가 추천하는 외교고문의 고용을 요구했다. 1904년 8월 22일 외부대신 서리 윤치호와 특명전권공사 하야시 곤스케가 서명 조인했으나, 이것은 비준서 교환을 수반하지 않은 협정이었다.

이 협약으로 한국정부는 일본정부가 요구하는 재정고문과 외교고문을 고용해야만 했다. 일본은 외교권의 실질적 장악뿐만 아니라, 재정 장악을 통한 한국 내정의 식민지적 편성을 꾀하기 시작했다. 대장성 주세국장 메가타 다네타로[目賀田種太郎]가 재정고문에 임명되고 외교고문으로 미국인 스티븐스Durham W. Stevens가 임명되었다. 고문의 역할은 단순한 자문 역에 그치지 않고, 한국정부의 재정과 외교에 관한 업무 일체를 실질적으로 관장할 수 있는 권한을 가졌다. 더욱이 고문 채용은 다른 부서에도 자진해서 초빙할 수 있도록 하여, 이른바 일본의 고문정치가 한국 내정의 대부분을 지배했다. 나중에 스티븐스는 일본특사로 미국을 방문하던 중 1908년 3월 23일 샌프란시스코에서 대동보국회의 장인환張仁煥과 공립협회의 전명운田明雲에 의해 사살된다.

태프트·가쓰라 비밀협약, 제2차 영일동맹

일본은 1905년 4월 8일 각의에서 한국에 대한 보호권을 확립하기로 결정했다. 그러나 이를 위해서는 관계 열강의 양해가 필요했다. 의화단 사건 이후 러시아의 만주 점령에 반발하고 있던 미국은 일본이 러시아에 대해 견제 역할을 해 줄 것이라 기대하면서 일본의 한국 지배를 용인하려 했다. 그러나 일본이 타이완을 발판으로 남하하여 필리핀을 지배하지 않을까 우려했다. 이에 일본 수상 가쓰라는 미국이 일본의 한국 지배를 인정한다면 일본은 미국의 필리핀 지배를 인정한다는 의사를 표명했다. 그리하여 7월 29일 가쓰라와 미국 육군장관 태프트William H. Taft 사이에 비밀협약이 맺어졌다.

미국의 루스벨트 대통령은 중국의 문호개방을 위해 러·일 두 나라의 세력 균형을 중시했기 때문에, 일본의 한국에 대한 지배권 요구와 랴오둥반도 조차권 요구 그리고 남만주 세력권 요구에 대해 찬성하는 입장이었다. 이로써 일본은 미국에게 실질적으로 한국에 대한 보호권 확립을 위한 조약 체결을 보장받았다.

일본은 동맹국 영국에 대해서도 한국의 보호국화를 확실히 보장받기 위해, 제1차 영일동맹을 개정하여 일부 항목을 변경시키려고 했다. 제2차 영일동맹은 1905년 8월 12일 체결되었는데, 일본은 제3조에서 한국에 대한 '지도 감리 및 보호의 조치를 위하는 권리'의 승인을 얻었다. 영국이 일본의 한국보호권을 인정한 것이다.

을사조약(제2차 한일협약)의 강제

일본 정부는 열강의 양해로 한국에 대해 보호조약을 체결하는 데 문제가 없다고 인식하였다. 1905년 10월 27일 각의를 열어 보호권 확립을 위한 실행 계획을 결정하고, 조약 체결 시기를 11월 초순으로 잡고 서울에 파견할 최고 책임자로 추밀원 의장 이토 히로부미를 선정했다. 만약 한국 측이 강하게 반발하면 무력을 사용해서라도 체결을 강행하고, 불가피한 경우에는 일방적인 선언 방식으로라도 관철시킬 방침이었다.

이토는 고종에게 일본 천황의 친서를 전달하고 보호조약 초안을 제시하여 수락을 요구했다. 고종은 일단 승낙을 거부했다. 그러자 이토는 11월 17일 일본군으로 궁궐을 포위한 다음 대신들을 소집하여 즉석에서 호명해 가며 가부를 묻는 방식으로 동의를 강요했다. 반대의 뜻을 표했던 참정대신 한규설韓圭卨이 감금당한 가운데, 탁지부 대신 민영기閔泳綺와 법부대신 이하영李夏榮도 반대의 뜻을 밝혔다. 그러나 이미 일본에 매수당한 학부대신 이완용李完用을 비롯하여 외부대신 박제순朴齊純, 내부대신 이지용, 군부대신 이근택李根澤, 농상공부대신 권중현權重顯은 동의했다. 이에 이토는 8명의 대신 가운데 5명이 찬성했으므로 보호조약이 통과되었다고 선포하고, 이튿날 고종의 윤허도 받지 않고 외부에서 인장을 강탈하여 날인하였다. 이처럼 을사조약은 무력적인 강제와 협박으로, 국가 최고 주권자의 승인·서명·국새날인을 받지 않고 체결된 불법조약이다.

을사조약 소식이 전해지자 전·현직 관리들이 조약에 반대하면서 조약 체결에 참여한 대신을 처단하라는 상소를 올리기 시작했다. 이 내용이 『황성신문』, 『제국신문』 등을 통해 전국적으로 알려지면서, 잇따라 상소문이 전국 각지에서 쇄도하였다. 결국 상소한 내용이 받아들이지 않자 시종무관장 민영환閔泳煥, 전 의정부대신 조병세趙秉世가 자결했고, 이에 영향을 받아 자결하는 자들도 잇따랐다.

3. 통감부 설치와 내외정의 장악

통감부 설치와 친일내각 조직

을사조약을 강박한 일본은 1905년 12월 20일 칙령 제267호 「통감부 및 이사청理事廳 관제」를 공포하고 통감정치를 실시하였다. 한성에 통감부를 설치하고 통감을 두었는데, 통감은 천황에게 직속하고 내각 총리대신을 거쳐 상주하여 재가를 받아서 한국의 외교관계를 통할하였다. 또한 한국주차 군사령관에 대한 명령권을 갖고 통감부령을 발하여 범법자를 처벌할 수 있었으며, 나아가 한국의 내정에도 간섭할 수 있었다.

개항장 및 필요한 지방에는 통감부의 지휘를 받는 이사청을 두었다. 이사청은 이사관을 비롯해 행정, 사법, 경찰관을 두었는데, 통감부의 지방기구와 같은 역할을 수행하였다. 이사관은 통감과 마찬가지로 군대사용권·사법권을 가지는 동시에 지방관청에 대한 사무 처리의 위임권까지 가져 한국의 지방내정에 직접 간여하였다.

통감부는 1906년 2월 1일 문을 열었다. 이토 히로부미의 부임에 앞서, 먼저 한성에 있던 하세가와 요시미치[長谷川好道] 주차군사령관을 임시 통감으로 하여, 총무부·농상공부·경무부를 비롯한 3부 16과의 중앙부서와 12개 이사청으로 업무를 개시했다. 3월 2일 이토가 부임해 오면서 본격적으로 가동되었다. 11월에 이르러 이사청은 지청을 포함해서 모두 24개소로 늘어남으로써 통감부의 지방 지배가 더욱 확고히 되었다. 중앙부서로는 1907년 3월에 외무부가 추가되었다.

이토는 1906년 7월 7일 이른바 「궁금령宮禁令」을 통해서 고종과 외부의 연계를 통제하기 시작하여 고종이 반일운동과 관계를 맺지 못하도록 하였다. 이듬해 5월 22일에는 이완용파와 일진회를 이용하여 이완용 내각을 새로 조직하였다. 의정부를 내각으로 고치고 내각이 국정의 책임을 지도록 했는데, 이것은 황제 권한의 축소를 목적으로 한 것이다. 이토는 이완용 친일내각을 만들어 반일운동에 대응하는 동시에 한국 정계의 재편을 노리면서 한국 병합을 준비했다.

재정 장악과 토지 침탈

제1차 한일협약으로 한국정부의 재정고문이 된 메가타 다네타로는 먼저

'화폐정리사업'에 착수하였다. 기존의 전환국을 폐지하는 동시에 상평통보와 백동화를 대신해서 일본 제일은행 경성지점에서 발행한 은행권을 본위 화폐로 유통시켰다. 그 결과 한국인 상인과 자본가의 화폐재산은 3분의 1로 줄어들었고, 일본 제일은행 경성지점은 한국의 국고가 되어 중앙은행과 같은 역할을 하였다. 1905년에 시작하여 1909년에 끝난 '화폐정리사업'으로 한국의 화폐 금융체계는 일본 경제에 완전히 예속되었다.

통감부는 통치 비용을 차관과 세수입을 통해서 충당하였다. 1906년 3월 일본으로부터 1천만 엔의 차관을 받도록 하였고, 이후에도 계속 증가한 외채는 통감부가 한국의 행정 전반을 장악하는 데 이용되었다. 세수입 증가를 위해서 1906년 9월 세무관을 신설하여 지방관 대신에 징세업무를 관장하게 하였다. 같은 해 11월에는 호구조사를 실시하여 세금을 거둘 수 있는 호수를 두 배로 늘렸다. 토지세를 늘리고자 1907년부터 토지에 대한 기초조사 작업도 추진하였다. 이밖에도 가옥세, 연초세, 주세 등 각종 명목의 세금을 설정하여 조세를 증수하여 갔다. 1907년 12월에는 전국에 재무서와 재무 감독국을 설치하여 내국세와 재무를 담당케 하여 한국 재정을 완전히 장악하였다.

또한 궁내부에 속해있던 많은 세목을 탁지부로 돌려 황실 재정을 대폭 축소하였다. 1907년 고종이 강제로 퇴위 당한 이후, 황실 재정은 본격적으로 해체되었다. 역둔토 도조 수입과 홍삼 전매사업 등 황실 소속의 각종 수입과 권리를 국고 또는 정부로 이관하거나 폐지하였고, 마침내 1908년 6월에는 황실 재산을 국유화했다.

일본은 러일전쟁 시기부터 한국의 토지를 강제로 침탈하였다. 전쟁을 도발하면서 철도부지와 군용지 확보를 명목으로 한국 정부 소유의 국유지와 역둔토를 빼앗았다. 더구나 영토의 4분의 1이나 되는 황무지에 대한 개간권을 양도하라고 요구하였다. 하지만 황무지 개간권 요구는 보안회의 거국적인 반대운동으로 철회되었다. 1906년에는 종래 외국인의 토지 소유가 금지되어 있었던 대한제국 정부의 방침을 철회시키고 일본인의 토지소유를 합법화하는 법률을 제정하였다. 1908년에는 동양척식주식회사를 설립하여 일본인 이주를 장려하고 싼값에 토지를 사들이거나 국유지를 불하받았다. 이를 이용하여 일본인 지주들은 전국 각지에 대규모의 농장을 설치하기 시작하였다.

헤이그 특사 사건과 정미7조약(제3차 한일협약)

고종은 을사조약이 부당하게 강제적으로 체결되었음을 외국에 알리려고 노력했다. 그 일환으로 1907년 6월 만국평화회의가 열리고 있는 네덜란드의 헤이그Hague에 이상설李相卨, 이준李儁, 이위종李瑋鐘을 파견했다.

이들의 목적은 회의에서 정식 발언을 통해 을사조약의 부도덕성을 호소하고, 그 무효를 각국으로부터 승인받는 데 있었다. 그러나 포츠머스조약으로 일본의 한국 지배를 인정한 러시아와 미국·영국은 고종이 파견한 대표와의 면담조차 거절했다.

헤이그 특사사건의 경과는 일본정부와 이토에게 전해졌다. 일본은 이 기회에 황제 폐위를 단행하기 위해 고종을 몰아붙였다. 이토는 본국 정부에 보낸 전보에서, 한국이 특사를 파견한 것은 조약을 위반한 것이기 때문에 일본은 한국에 선전포고할 권리가 있다고 주장했다. 일본정부는 이 기회에 한국의 내정 전권을 장악하기로 결정했다.

일본정부가 강경 방침을 전달하기 위해 외무대신 하야시 다다스[林董]를 한국에 파견하였다. 이런 가운데 이토는 고종을 퇴위시키고 조약개정을 강요하여 보호권을 강화하려고 했다. 이토와 친일내각의 강요와 강박 속에서 7월 18일 고종은 국사를 황태자에게 대리시킨다는 조칙을 발표하였지만, 끝내 7월 20일

1907년 6월 24일, 헤이그에 도착한 세 명의 특사.
왼쪽부터 이준·이상설·이위종.

황제 양위식을 거행하게 되었다. 고종이 퇴위하자 민중은 강력하게 저항하여 일본인 경관과 충돌하고 일진회 기관지를 발행하던 국민신문사를 습격했다. 이런 가운데 이토는 이완용 등에게 전문 7조로 된 새로운 한일협약을 강박하여 7월 24일 이른바 정미7조약이 체결되었다.

일본은 시정개선에 관한 통감의 지도권이라는 명목으로 한국의 내정에 대한 간여를 공식화했다. 또한 일본인을 직접 한국 관리로 임명할 수 있는 권한을 확보하여 직접 행정 실무까지 장악할 수 있는 기틀을 마련했다. 중요한 것은 이토와 이완용 사이에 교환된 이면 각서였다. 여기에는 대한제국의 군대 해산과 정부의 각부 차관에 일본인 관리를 임명한다는 차관정치 구상, 그리고 경찰권과 사법권의 이양이라는 중요한 사항들이 포함되어 있었다. 정미7조약은 실질적인 병합의 달성이었다고 말할 수 있다.

군대 해산과 경찰권·사법권의 장악

정미7조약이 체결되자 이완용내각은 7월 27일에 언론 통제를 위한 「신문지법」을 공포하고, 7월 29일에는 집회결사를 금지하는 「보안법」을 발표했다. 8월 1일에는 이면 각서의 방침대로 대한제국 군대의 해산을 추진했다. 식민지화를 목표로 하는 통감정치 과정에서 한국군의 해체는 반드시 해결해야 할 과제였다. 한성의 시위대로부터 시작하여 일부 지방의 진위대까지, 1달여에 걸쳐 진행된 군대 해산과정에는 일본이 우려했던 대로 격렬한 저항이 뒤따랐다. 그러나 최신병기로 무장한 일본군에 의해 대한제국 군대는 결국 해체당하고 말았다.

이토는 통감정치의 목표를 이루기 위해 경찰력을 강화했다. 일본 고문경찰을 해마다 많이 늘렸고, 일본공사관과 영사관 경찰들도 통감부 소속으로 하여 그 수를 급속히 확대하였다. 고문경찰과 통감부 경찰은 1907년 10월에는 모두 한국정부에 임용되어 통합되었다. 또한 통감부는 일본 헌병대원의 수도 대대적으로 늘렸다. 1910년 6월에는 행정 경찰권도 일본에 위탁케 함

1907년 8월 1일, 한국군대 해산령에 분노한 시위연대 1대대와 2연대 1대대 병력이 봉기하여, 부대가 있던 서소문 사이에 포진하여 일본군과 일대 접전을 벌였다. 이 봉기는 이후 전국으로 퍼져나간 의병운동의 뿌리가 되었다.(르 프티 주르날 1907.8.4)

으로써 한국의 경찰사무는 완전히 일본의 수중에 들어갔다.

이토는 1906년 12월 일본의 판검사, 재판소서기 출신들을 한국의 법무보좌관과 법무보좌관보에 임명하였다. 1907년 7월에는 사법 문서의 접수와 발송 시에는 모두 법무보좌관의 직인을 받도록 하였다. 정미7조약을 통해서는 법령 제정 시에 통감의 승인을 거치도록 하고, 통감이 추천하는 일본인을 한국의 사법 관리로 임명할 수 있도록 하였다. 그 결과 1908년 새로 임용된 법관의 구성을 보면, 일본인은 판사 74명, 검사 32명, 재판소 서기장 4명, 번역관 4명, 서기 90명, 번역관보 9명이 임용된 반면에 한국인은 판사 36명, 검사 9명, 서기 4명이 임용된 데 불과하였다. 마침내 통감부는 1909년 7월 12일 「한국사법 및 감옥 사무 위탁에 관한 각서」(일명 기유각서)를 강요하여 한국의 법부와 재판소를 모두 폐쇄하고 통감부 사법청을 신설하여 그 밑에 각급 재판소를 설치하였다. 한국정부의 사법과 감옥에 관한 모든 권능까지 직접 장악한 것이다.

4. 일본의 병합조약 강요

일진회의 합방청원운동

정미7조약과 군대해산은 이토의 생각과 달리 반일저항운동을 고양시키는 단서가 됐다. 군대해산 이후 하루에도 여러 차례 전투를 치를 정도로 의병 투쟁은 치열했다. 그 가운데 호남의병의 강력한 저항은 병합을 서두르려는 일제의 발목을 붙잡았다. 일본에서도 이토의 한국통치 정책에 대해서는 비판의 목소리가 높아지고 이윽고 사임을 요구하게 되었다. 이토는 1909년 6월 14일 통감을 사임하고 추밀원 의장으로 옮겼다. 사임의 최대 이유는 3년 반에 걸친 '보호정치'가 소기의 목적을 달성하지 못하고, 오히려 의병전쟁이 격화되었기 때문이다.

이토가 통감을 사임한 후 한국 정계에서는 이완용파와 일진회의 대립이 첨예화하였다. 동시에 대한협회와 서북학회가 일진회와 제휴하여 이완용내각 타도운동을 시작하여 혼미를 더해 갔다. 반일적 성향을 유지해온 대한협회와 서북학회가 친일단체 일진회와 제휴를 모색한 주된 이유는 이완용내각을 타도하고 정권을 잡기 위해서였다.

그런데 1909년 10월 26일 이토가 하얼빈역에서 안중근 의사에게 사살당한 사건이 일어났다. 이를 계기로 상황이 급변하고, 위의 3파 제휴가 이완용과 대한협회 고문 오가키 다케오[大垣丈夫]의 방해로 무산되자 일진회는 12월 4일 돌연 순종, 이완용 총리대신, 나아가 통감에게 합방상소문과 합방청원서를 제출했다. 일진회의 합방청원운동은 전적으로 송병준宋秉畯·이용구李容九의 정치적 야심에서 나온 것이었다. 일진회의 합방청원운동에 대해서는 반대운동이 거세게 일어났다. 전날까지 일진회와 제휴를 모색했던 대한협회를 비롯한 여러 단체가 반대운동을 전개하면서 일진회는 고립되었다. 그렇지만 일진회의 제의와 관계없이 일본의 한국병합 방침은 이미 확정되어 있었다.

병합조약의 강요

이토는 사임을 앞두고 1909년 4월 10일 총리대신 가쓰라와 외무대신 고무라를 함께 만나서 병합 단행에 동의하였다. 6월 14일 이토가 사임하자, 일본정부는 빠르게 병합을 진행시켜 나갔다. 7월 6일 내각 회의에서 「한국병합에 관한 방침」과 「대한對韓 시설 대강」을 통과시키고 천황의 재가를 받았다. 여기에는 병합 실행을 위한 치안유지뿐 아니라 식민통치를 위한 준비, 일본-한국-만주를 잇는 철도 연결까지 구상함으로써 한국을 교두보로 삼아 대륙으로 침략할 의도를 분명히 하였다.

일본이 한국을 병합하기 위해서는 열강의 승인이 필요하였다. 이미 일본은 1908년 11월에 미국으로부터 한국 병합에 대한 승인을 확인한 상태였다. 1910년에 들어서는 4월에 러시아가 한국병합을 승인한다고 의사를 밝혔고, 5월에는 영국도 역시 이를 승인하였다.

그러자 1910년 5월 30일 일본은 통감을 소네 아라스케[曾禰荒助]에서 육군대신 데라우치 마사다케[寺內正毅]로 교체하였다. 소네와 데라우치는 모두 조

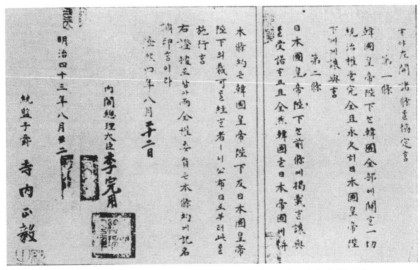

한일병합조약 조인서 원본　1910년 8월 22일, 총리대신 이완용과 데라우치 통감이 서명하였다.

슈[長州] 군벌 계통으로 러일전쟁 이후 한국은 조슈군벌의 전리품과 같은 처지가 되어 있었다.

이어서 6월 3일 일본 각의에서는 '병합 후의 한국에 대한 시정방침'을 결정했다. 여기에는 일본의 한국통치권을 헌법에 의한 규정이 아니라 천황의 대권에 의한다고 되어 있다. 한국은 천황 대권에 근거하여 식민지 통치를 위임받은 총독이 독자적으로 법률에 상당하는 명령을 내리는 것이 가능한 지역으로 되었다.

데라우치는 6월말부터 7월초까지 병합준비위원회를 운영하여 병합에 동반되는 조치들을 검토했다. 7월 8일의 일본 각의에서는 병합준비위원회의 결론과 함께 병합조약안·조직안·선언문 등을 승인했다. 7월 23일에 한국으로 부임한 데라우치는 곧바로 일본군 수비대 병력을 용산에 집결시켜 경비를 강화했다. 정치적 집회나 연설회를 금하고 이를 어기는 경우 가차 없이 검속·투옥하였다. 그런 후 8월 16일 총리대신 이완용을 통감관저로 불러 병합을 목적으로 강압과 회유를 통한 협상을 개시했다.

마침내 8월 22일 한성의 주요 지역에 약 2,600명의 무장한 일본군과 헌병대가 배치된 가운데 공포분위기 속의 어전회의가 창덕궁에서 열렸다. 어전회의는 이완용이 순종으로부터 전권위임장을 받아내는 자리에 불과했다. 이완용은 곧바로 통감관저로 갔고, 이완용과 데라우치 사이에 '한국병합에 관한 조약'이 조인되었다. 대한제국의 주권과 영토와 국민을 완전히 일본에 넘겨주는 대가로 얻은 것은, 대한제국의 황실과 일부 친일파에게 주어진 작위와 은사금이 전부였다. 일본에 의한 한국 강제 병합은 각종 조칙과 법령의 준비기간을 거쳐 8월 29일 발표되었다.

강만길, 1994, 『고쳐 쓴 한국근대사』, 창비

강창석, 1994, 『조선 통감부 연구』, 국학자료원

국사편찬위원회, 2003, 『한국사 42 : 대한제국』, 탐구당

국사편찬위원회, 2003, 『한국사 44 : 갑오개혁 이후의 사회·경제적 변동』, 탐구당

심혜정 외, 2009, 『통감부 설치와 한국 식민지화』, 독립기념관 한국독립운동사연구소

아사히신문 취재반 지음·백영서·김항 옮김, 2008, 『동아시아를 만든 열가지 사건』, 창비

와다 하루키 지음·이웅현 옮김, 2019, 『러일전쟁 기원과 개전』(1)·(2), 한길사

윤대원, 2011, 『데라우치 마사다케 통감의 강제 병합 공작과 '한국병합'의 불법성』, 소
　　　명출판

이태진, 2016, 『일본의 한국병합 강제 연구 : 조약 강제와 저항의 역사』, 지식산업사

정창렬저작집 간행위원회 편, 2014, 『정창렬 저작집 III : 민족 문제와 역사 인식』, 선인

최문형, 2004, 『(국제관계로 본) 러일전쟁과 일본의 한국병합』, 지식산업사

제7장

국권회복운동에서 입헌정체 신국가 건설운동으로

세계사의 흐름 : 사회진화론과 입헌정체론의 동아시아 확산

러일전쟁 이후 한국을 비롯하여 중국, 베트남, 인도 등 아시아에서는 근대 민족주의 운동이 일어났다. 중국의 경우 지식인들은, 이미 1900년 의화단 사건 이후부터 무력혁명으로 청조를 무너뜨리는 것이 나라를 구하는 길이라고 생각했다. 이들은 1905년 8월 도쿄에서 중국동맹회中國同盟會를 발족하고 중국 각지에서 간헐적으로 군사행동을 시도했다. 혁명파는 1911년 10월 10일에 우창武昌 봉기에 이어 마침내 1912년 1월 1일 난징[南京]에서 임시정부를 수립하고 쑨원[孫文]을 임시 대총통으로 선출하여 국호를 중화민국中華民國으로 정했다. 아시아에서 최초의 공화제 국가가 탄생한 것이다.

한국의 경우에는 러일전쟁 이후 일제 침략에 정면으로 대항하는 의병전쟁이 먼저 발생하였다. 의병전쟁의 이념은 전통문화에 근거하였지만 점차 민족의식이 각성된 반제국주의적 항일 이념으로 변하였다. 그리하여 머지않아 의병전쟁 세력은 민족 독립운동의 단서를 열고 독립군의 기초가 되었다.

같은 시기에 지식인들 사이에서는 자강自强운동론이 대두하였다. 자강운동론의 이론적 기둥은 사회진화론이었다. 사회진화론은 19세기 후반 서구사회에서 성립하였는데, 산업혁명을 완수한 부르주아계급의 입장이 반영되어 강자의 약자 지배를 합리화하는 이론이었다. 사회진화론이 처음 소개된 것은

1880년대 유길준俞吉濬의 「경쟁론」에서였고, 1890년대 후반에 『독립신문』과 『황성신문』을 통해서 적극적으로 수용되었다. 1900년대 중반에 이르러서는 철저하게 사회진화론에 입각한 량치차오[梁啓超]의 『음빙실문집飮氷室文集』이 들어와 지식인들 사이에 널리 읽히면서 완전히 대중화되었다. 사회진화론은 이 시기 크게 늘어난 일본유학생들을 통해서도 본격적으로 수입되었다.

자강운동론자들은 사회진화론의 '우승열패'나 '생존경쟁'이 진화의 원동력이라는 주장을 의심 없이 받아들였다. 우리의 경쟁력이 다른 민족을 이기지 못하면 자연도태를 당하는 것이 당연하다고 보았다. 따라서 경쟁에서 살아남을 수 있는 유일한 길은 스스로의 실력을 갖추는 것 즉 자강운동밖에 없다고 생각했다.

또한 러일전쟁에서 일본이 승리하자 한국과 중국, 대만의 지식인들은 입헌정치 체제의 필요성을 적극적으로 주장했다. 일본과 같은 소국이 대국 러시아를 제압한 것은 입헌군주제 덕분이라며 입헌체제가 전제체제에 대해 승리했다고 보았다. 중국의 관리와 신사층은 국가의 정체를 입헌국으로 개혁하려는 운동을 벌이기 시작했다. 1906년에는 청조 정부도 입헌을 준비하겠다고 선포했으나, 입헌 추진의 속도와 의도에서 한계를 보이면서 결국 공화혁명을 맞이하여 무너졌다.

을사조약 이후 한국에서도 입헌정체 국가론이 대세를 이루면서 불가침의 천부인권 사상도 계속 확산되었다. 대한제국이 유신하려면 헌법을 발포하고 국회를 설립해야 한다는 주장이 제기되었다. 공화정체에 관한 내용도 출판물을 통해 자주 소개되었고, 이윽고 대한제국과 전혀 다른 새로운 국가 건설을 주장하며 공화제 국가 수립을 지향하는 단체들이 나타났다.

1. 자강 운동

자강 운동의 대두

1905년 보호국으로 전락한 대한제국은 독립을 꾀할 수 있는 동력을 사실상 잃어버렸다. 정부 자체가 친일적인 각료들로 채워졌기 때문이다. 식민지화의 위기가 고조되자, 재야에서는 다양한 국권회복운동을 전개하였다. 국권회복운동의 방향은 크게 무장투쟁 노선의 의병전쟁과 실력양성운동 노선의 자강운동 두 개의 흐름으로 나타났다.

자강운동은 '교육과 실업을 진흥시킴으로써 경제적 문화적 실력을 양성하고, 나아가 부국강병을 달성하여 장차 국권회복의 토대를 마련하려는 운동'이었다. 한마디로 요약하면 '선실력양성 후독립론'인 것이다.

자강론자들이 실력양성을 위해 가장 강조한 것은 교육과 실업의 진흥이었다. 교육의 진흥을 위해 의무교육의 실시, 실업교육의 강조, 상무교육의 실시, 국가사상의 고취 등을 주장했다. 실업진흥을 위해서는 농법개량, 종자개량, 기계사용 등 농업의 혁신과 상공업진흥을 위한 제도개선, 실업교육, 과학·기술 연구, 회사설립 등을 강조했다.

자강론자들이 제시한 또 하나의 주요 과제는 잘못된 습성과 폐습의 타파였다. 고루함, 수구성, 모험심과 진취성의 결여, 당파성, 나태성, 의뢰성, 애국사상의 결핍 등이 잘못된 습성으로 지적되었고, 반상班常차별의 계급제도, 조혼 등의 혼인제도가 대표적인 폐습으로 거론되었다. 이런 지적은 이 시기 일본인들이 주장한 한국민족 열등성론과 유사한 내용이었다. 당시 한국의 지식인들에게 사회진화론과 함께 식민주의 이론이 내면화된 모습이라고 할 수 있다.

자강운동론의 사상적 배경은 당시 유행한 개화자강론과 사회진화론이었다. 독립협회는 자강만이 독립을 지킬 수 있는 길이며, 그 자강은 개화를 통해 이루어질 수 있다고 역설했다. 『황성신문』도 '동서고금의 참작절충'이라는 이념에 입각해 개화와 자강을 주장하며 교육과 산업의 진흥을 내세웠다.

『황성신문』 계열의 개화자강론에는 장지연, 박은식, 류근 등 개명 유교지식인들이 중심이었다. 일찍이 사회진화론을 수용한 해외유학생 출신들도 자강운동의 형성에 커다란 역할을 했다. 유길준, 서재필, 윤치호, 안창호 등이 여기에 해당한다. 특히 일본 유학생들의 활동이 두드러졌는데, 학회와 유학생 단체를 조직해 자강운동론을 개진하고 실행했다. 이러한 배경 속에서 한국의 '보호국화'라는 정치적 위기 상황이 결부되면서 자강운동은 국권회복운동의 강력한 흐름으로 대두했다

자강운동 단체

러일전쟁 이후 한국에 대한 일본의 정치적·경제적 침략이 노골화되자, 한국인들은 각종 정치·사회단체를 조직해 저항했다. 1904년 7월 일본의 황무지 개간 점유권 요구에 '보안회'를 결성해 그 요구를 철회시켰다. 일본이 친일세력을 후원해 1904년 8월에 '일진회'를 조직하자, 독립협회 출신자들과 반일적인 보부상들이 제휴해 같은 해 12월에 '공진회'를 결성했다. 공진회는 정부의 해산명령으로 이듬해 1월에 해산되었는데, 1905년 5월에 일부 공진회 인사들과 개신유학자들이 모여서 입헌군주제 실시를 목표로 '헌정연구회'를 창립했다.

통감정치가 실시되면서 전국적 규모의 자강운동 단체들이 등장했다. 대표적인 단체는 대한자강회·대한협회와 신민회였다. 대한자강회는 윤효정 등 헌정연구회 계열 인사들과 장지연, 류근 등 『황성신문』 계열 인사들이 참여해 1906년 4월 결성되었다. 대한자강회는 한국이 '자강지술自强之術'을 강구하지 않아 보호국으로 전락했다고 인식하고, 국권회복을 위해 교육진작과 식산흥업을 주장하며 대중계몽운동 등을 전개했다. 대한자강회는 기관지 『대한자강회월보』를 간행하고, 국내외 33개의 지회와 1,500명 이상의 회원이 있었다. 고종 양위 반대 시위를 주도해 1907년 8월 강제 해산되었다.

대한협회는 1907년 11월 구 대한자강회 회원들과 권동진, 오세창 등 천

도교 일파가 연합한 형태로 구성되었다. 대한협
회는 기관지 『대한협회회보』를 발간하고, 전국에
60개 이상의 지회와 수천 명의 회원을 확보했다.
그러나 대한협회는 1908년 이후 점차 친일화되
어 일진회와 제휴하려는 움직임까지 보였다. 대
한협회는 1910년 한국 병합 후 해체되었다.

신민회 시절의 안창호

　신민회는 1907년 4월에 안창호의 제안으로
양기탁·이동휘·전덕기·이동녕·이갑·유동열 등
7인이 창립위원으로 하여 조직된 비밀결사였다.
주요 참여세력은 양기탁·신채호·장도빈 등 『대한매일신보』 계열, 전덕기·이
준·이동녕 등 상동청년학원 세력, 이동휘·이갑·유동열 등 전직 무관출신, 이
승훈·안태국 등 실업가 집단, 안창호·이강 등 공립협회 집단 등이었다.

　신민회는 실력양성을 위해 백성들을 새롭게 만들어야 한다는 신민新民, 신
민은 자기 스스로의 힘으로 해야 한다는 자신自新을 내세웠다. 국권회복을 위
해 교육운동·계몽운동·식산흥업운동 등을 전개했다. 신민회 인사들에 의해
설립된 대표적인 학교는 평양의 대성학교였다. 대성학교는 교육의 목표를 민
족운동의 간부양성과 국민교육의 사범양성에 두고, 지식개발뿐만 아니라 애
국주의와 건전한 인격의 양성을 강조했다. 『대한매일신보』를 기관지로 활용
하고, 출판 사업을 위해 태극서관을 설립했다. 국민계몽을 위해서 계몽강연
활동과 서적·잡지를 발간했으며, 수양단체를 내세운 청년학우회를 통해 청년
운동을 전개했다.

　또한 신민회는 국외에 독립군 기지 건설을 구상했다. 이 구상에 따라
1910년 이동녕·이회영 등은 펑톈성 유하현으로 이주하여 신한민촌을 건설
하고 신흥강습소(신흥무관학교)를 창설했다. 신민회의 독립군기지 창건계획은
부분적인 성공에 그치고 말았지만, 이후 만주지역에서의 무장투쟁의 기초가
되었다.

신민회는 비밀결사였기 때문에 정확한 회원 규모는 확인할 수 없으나, 대체로 800여 명으로 추정된다. 일제는 1911년 데라우치 총독 암살 음모를 조작하여 서북지역 기독교인과 신민회 관계자를 구속해 105인을 재판에 회부했다. 이른바 '105인사건'으로 결정적 타격을 입은 신민회는 1911년 9월 사실상 해산되었다.

학회 설립과 교육·언론·출판 운동

자강운동이 활발히 전개되면서 1906년 이후 다양한 학회들이 설립되었다. 1904년 8월 교육계몽학회인 국민교육회가 창립되었으나 활발한 활동을 보여주진 못했다. 1906년 10월 평안도·황해도 출신 인사들은 서우학회西友學會를, 함경도 출신 인사들은 한북흥학회漢北興學會를 설립했고, 두 학회는 1908년 1월 서북학회로 통합했다. 1908년에는 호남학회, 관동학회, 교남학회 등이 조직되었다. 유학생들도 태극학회나 낙동친목회 등의 단체를 결성했다. 지역별로 조직된 학회와 유학생단체는 기관지를 발행하고, 학교 설립과 계몽운동을 주도했다. 일제는 1908년 8월 「학회령」을 공포하여 학회의 활동에 제약을 가했다.

을사조약 이후 자강운동이 본격적으로 전개되면서 사립학교가 폭발적으로 늘어났다. 이 시기에 오산학교·대성학교·휘문의숙·양정의숙·진성학교·보창학교·양산학교·서북협성학교 등이 개인, 자강단체 또는 학회 주도로 설립되었다. 1910년 8월 학부소관의 학교수는 모두 2,237개 였으며, 이 가운데 사립학교가 2,082개로 다수를 차지했다.

이들 학교는 대체로 초등보통교육을 목표로 하였다. 여성교육이 강조되면서 기독교 교단이나 민간에 의해 사립여학교도 다수 설립되었다. 학교 설립이 증가하면서 국민사범학교, 서우사범야학교, 서북협성학교 등 교사양성을 위한 사범교육이 실시되었다. 지역적으로는 평안도 지역에서 사립학교 설립이 가장 활발했다. 교육 내용은 민족의식의 고취와 국권회복에 강조점을

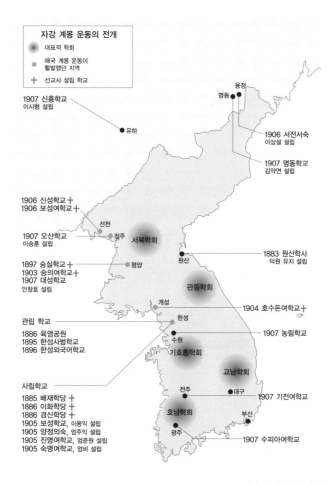

자강계몽운동의 전개

두었고, 실력양성을 위한 근대학문의 소개도 집중적으로 이루어졌다. 학교가 늘어나면서 개인 및 자강단체, 학회를 중심으로 각종 교과서가 편찬되기도 하였다.

사립학교에서 민족교육을 통해 국권회복의식을 고양시키자, 일제는 사립학교를 규제하기 위해 1908년 8월 「사립학교령」을 공포하여 사립학교의 설립과 교과서의 사용, 교사 자격에 제한을 가하고, 사립학교에 거액의 기본금 확보를 요구했다. 그 결과 많은 수의 사립학교가 이후에 폐교하거나 공립으로 전환할 수밖에 없었다. 일본에게 병합을 당한 후 1914년 사립학교의 수는 1,300여 개로 줄어들었다.

『독립신문』 창간(1896년) 이후 민간신문이 급속히 성장했다. 『제국신문』, 『황성신문』, 『대한매일신보』 등이 대표적인 민간신문이었다. 을사조약 이후 이들 신문은 자강론의 입장에서 국권회복을 위한 국민계몽에 힘썼다. 을사조약의 부당성을 지적하며 『황성신문』이 「시일야방성대곡」이라는 논설을 게재한 것은 잘 알려진 사실이다. 이 신문들의 계몽운동 노선은 '선실력양성 후독립론'에 기울어져 있었지만, 『대한매일신보』 계열의 인사들은 '선독립'을 주장하며 일제에 대하여 비타협적인 태도를 견지했다. 미주와 노령 등 해외 한인사회에서도 각종 신문이 발간되어 계몽과 국권회복운동에 기여했다.

이 시기에는 단체·학회의 기관지를 비롯한 다양한 잡지가 발간되었다. 『대한자강월보』, 『대한협회월보』, 『서우』, 『호남학보』, 『서북학회월보』, 『기호흥학회월보』, 『태극학보』 등 단체와 학회의 기관지는 교육과 신산흥업 등의 국민계몽을 주된 목적으로 했다. 근대학문을 소개하는 서적이나 애국심을 고취하는 역사책·위인전 등 국민계몽을 목적으로 한 각종 출판물도 쏟아져 나왔다. 일본유학생들도 유학생 단체를 조직하여 『친목회회보』, 『대한흥학보』, 『태극학보』 등의 잡지를 펴냈다.

활발한 언론·출판운동에 대하여, 일제는 1907년 7월 「신문지법」을 제정하고 이듬해 4월에는 이를 개정하여 규제를 강화했다. 1909년 2월에는 「출판법」이 제정되어 출판에 대한 사전검열이 시작되었다.

식산흥업 운동과 국채보상 운동

자강론자들은 식산흥업을 위해 실업교육, 근대적 회사설립, 경제연구단체 및 실업장려단체 조직 등을 도모했다. 대한협회는 본회와 지회에 실업부를 설치하고 식산흥업을 장려했으며, 서북학회는 농림학교, 농사시범장 등을 설립해 실업장려운동을 전개했다. 신민회는 상무동사商務同事, 평양자기회사 등 공장과 회사를 직접 설립해 민족자본을 일으키려 하였다. 이 밖에도 경제연구회, 제국실업회 등의 단체가 식산흥업운동을 전개했다.

국채보상운동은 1907년 1월 대구의 김광제·서상돈 등이 일본의 차관을 국민들의 모금으로 보상하자는 취지에서 국채보상기성회를 조직하면서 시작되었다. 제1차 한일협약 이후 일본으로부터의 차관도입은 지속적으로 늘어나, 1907년 초에 차관 원금만 1,300만원에 이르렀다. 대한제국으로서는 상환하기 힘든 거액의 외채였기에 서상돈 등은 2천만 동포가 3개월 간 금연하여 그 대금으로 국채를 보상할 것을 제의했다.

이것이 신문을 통해 알려지면서 국채보상운동은 전국으로 확대되었다. 2월에 운동을 총괄하는 기구로 국채보상기성회가 설립되고 뒤이어 전국에 국채보상단체가 설립되었다. 모금방법은 금연뿐만 아니라 담배판매금지, 의연 등으로 확대되었고, 고종과 전·현직 관료들 또한 금연을 선언하고 이 운동에 동참했으며 해외 한인들의 참여도 이어졌다.

국채보상운동이 모든 계층의 호응을 받아 성공적으로 진행되자, 일제는

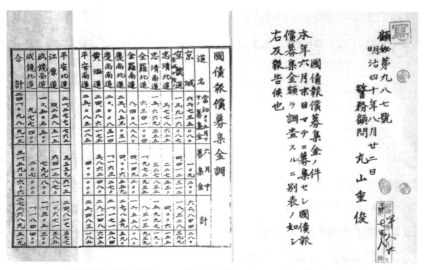

국채 보상 모집금 조사　1907년 8월, 일제가 조사·보고한 국채 보상금의 모집 금액표이다.

1907년 말부터 갖가지 명목으로 운동을 방해했다. 일제는 운동을 주도한 『대한매일신보』 발행인 베델에 대하여 추방공작을 진행하고, 양기탁을 국채보상금 횡령혐의로 구속하기도 했다. 일제의 탄압으로 국채보상운동은 1907년 말부터 위축되었다. 이후 국채보상운동 지도부는 1909년 국채보상처리회를 조직해 모금액을 교육사업에 투자하기로 결의했으나, 병합으로 이 계획은 무산되었고, 최종 모금액 약 15만 원도 경무총감부로 귀속되고 말았다.

2. 항일 의병전쟁

평민의병장의 출현

1904년 러일전쟁이 발발하면서 의병들이 다시 봉기했다. 1905년 11월 을사조약 후 의병전쟁은 더욱 확대되었다. 의병전쟁의 주요 지역은 강원·경기·충청·경북·전라도 등 산간지역으로, 을미의병(1895년)에 비해 전투지역이 더욱 넓어졌다.

이 시기 의병전쟁을 주도한 인물들은 대체로 양반 유생들이었다. 1905년 8월 원주의 원용팔, 단양의 정운경이 봉기를 시작했고, 황해도·평안도 지역의 이진룡·조맹선·전덕원, 강원도의 박장호 등이 뒤를 이었다. 이들은 유인석 문하의 유생들로서 을미의병에도 참여했다. 을사조약 이후 영천의 정용기, 홍주의 민종식, 태인의 최익현, 담양의 고광순 등이 새롭게 의병전쟁에 합류했다. 을미의병에 비해 이 시기 대규모 의병부대의 경우에는 전직관료들이 참여하는 사례가 많았다.

이 시기 의병전쟁에서는 을미의병에 비해 농민층의 참여가 늘어났다. 1904~1905년 초기단계에서부터 농민층을 주축으로 한 '농민의병'이 다수 출현했다. 그 대표적인 사례가 신돌석 의병부대다. 영남지역을 중심으로 활약한 신돌석은 평민출신 의병장으로 '태백산 호랑이'라고 불리며 산악지대를

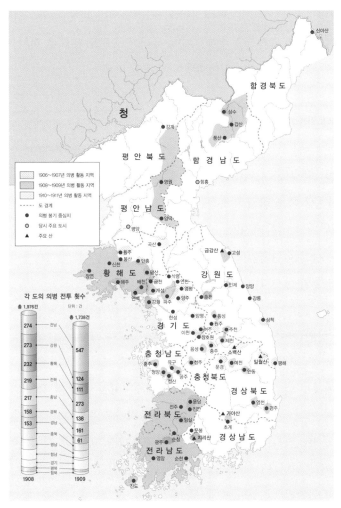

각 도의 의병 전투 횟수

총 1,976건

274	경남
273	강원
232	황해
219	전북
217	충남
158	경북
153	경남
	충북
	평남
	함남
	경기
	평북
	함북

1908

총 1,738건

단위 : 건

547	
124	
111	
273	
138	
161	
61	

1909

범례:
1906~1907년 의병 활동 지역
1908~1909년 의병 활동 지역
1910~1911년 의병 활동 지역
도 경계
의병 봉기 중심지
당시 주요 도시
주요 산

의병봉기 중심지와 연차별 의병활동지역

기반으로 유격전을 펼쳤다.

을사의병의 목표는 국권의 회복이어서, 을미의병이 척사론적 입장이나 성리학적 명분론을 기반으로 했던 것에 비해 한층 강화된 국가의식을 보여주었다. 또한 을사의병은 을미의병의 한계로 지적되는 지역성, 학통성, 혈연성 등의 한계를 어느 정도 극복했다. 평민의병장의 출현이나 농민층 참여의 증가 등 의병 참여 신분층도 확대되었다. 의병전쟁이 확대되면서 의병부대는 더욱 정예화하고 유격전을 수행하기에 유리한 소규모 부대로 점차 재편되었다. 이러한 양상은 1907년 정미의병 단계에서 더욱 두드러졌다.

의병전쟁의 전국적 확산

1907년 7월 고종이 강제 퇴위하고 정미7조약과 함께 군대해산이 결정되었다. 8월 1일 서울 시위대에 해산명령이 내려지자, 이에 저항하여 시위대 1연대 1대대장 육군 참령 박승환은 자결했고 시위대 병사들은 시가전을 전개했다. 시위대의 해산에 이어 지방진위대의 해산이 시작되었다. 시위대의 항거소식은 지방 진위대에도 전해져, 강원도 원주진위대의 궐기를 시작으로 강화진위대 등의 봉기가 이어졌다. 군대해산에 저항한 군인들은 의병부대에 합류했다.

해산 군인들이 의병에 합류하면서 의병전쟁은 새로운 단계로 나아갔다. 1907년까지 의병들의 활동지역은 한반도 전역으로 확산되었고, 간도·연해주 지역에서도 의병활동이 전개되었다. 1907년 8월 초 강원·충북·경북 등지의 의병이 먼저 봉기했다. 1907년 8월 중부지역을 휩쓴 의병전쟁은 12월경에 이르러 전라남북도와 경상남도 일대로 확산되었고, 점차 북상하여 이듬해 3·4월경에는 평안북도와 함경도 일대에까지 미쳤다. 1907년 가을에서 이듬해 봄까지 의병전쟁은 최고조에 달했다.

의병부대의 규모와 활동지역이 늘어나면서 의병부대 간의 연계와 통합의 필요성이 높아졌다. 1907년 11월경 이은찬·이구채·이인영·허위 등은 13도 창의대진소를 결성하고, 각도 의병장들에게 격문을 띄워 경기도 양주로 집결할 것을 호소했다. 또한 서울 주재 각국 영사관에 통문을 보내 의병을 국제법상의 전쟁단체로 인정해줄 것을 요구하고, 해외 동포들에게 보내는 격문을 통해 의병전쟁의 정당성과 서울 진격을 선언했다. 13도 창의부대는 서울을 향해 진격했고, 1908년 정월 허위의 선봉대 300명이 동대문 밖 30리 지점까지 진격했으나, 일본군의 공격으로 후퇴했다. 서울탈환작전 실패 후 각 부대는 각자의 근거지로 돌아가 독자적인 활동을 전개했다.

1907년 이후 의병전쟁의 중심지는 전남·강원·전북·황해·충남·충북·경북·경남 등지였다. 1908년에는 강원도 의병이 가장 강력했고, 1909년에는 전남 의병이 가장 강성했다.

1907년 이후의 의병은 을사의병에 비해 창의이념, 참여세력, 규모와 전술 등 여러 면에서 보다 진전된 내용을 보였다. 창의이념에서는 국권회복의식이 크게 강조되었다. 의병전쟁이 당시 국권회복운동의 큰 흐름을 형성하고는 있었으나, 새로운 시대를 여는 정치이념을 제시하지는 못했다. 의병전쟁이 진행될수록 참여세력이 늘어나 해산군인을 비롯한 빈농과 행상 등 평민출신 의병장들이 증가했다. 홍범도·안규홍·차도선·김수민 등이 그들이다. 해산군인들의 합류로 무기와 전술, 군기, 군사훈련 등 전투능력도 향상되었다. 후기로 갈수록 의병부대는 소부대로 되어 효과적인 유격전술을 구사할 수 있었다.

일본군의 의병 진압

의병전쟁이 장기전에 돌입하자, 1909년 7월 한국을 병합하기로 결정한 일제는 의병전쟁을 종식시키기 위해 대대적인 진압작전을 전개했다. 일제는

일본군의 '남한폭도대토벌작전'에 끝까지 항거하다 체포된 호남의병장들(1909)

1909년 9월부터 10월까지 '남한폭도대토벌작전'이라는 이름으로 호남 의병들을 철저하게 진압했다. '남한폭도대토벌작전'은 전남 전체를 육로와 해상으로 완전히 포위하여 동쪽과 북쪽에서 서남쪽으로 '그물질하듯 빗질하듯' 좁혀 들어가 의병을 섬멸하는 작전이었다. 약 2개월에 걸친 이 작전에서 100여 명의 의병장과 4천여 명의 의병들이 체포되거나 피살되었다. 이어 강원도와 황해도 지역의 의병이 진압되면서 의병전쟁은 사실상 막을 내렸다. 의병들의 저항이 무력화되자 일제는 1910년 8월 한국을 강제 병합했다.

1910년 이후 의병들은 황해·경기·강원·함경도의 산악지대를 중심으로 명맥을 이어갔으나, 1915년 즈음에 국내 의병세력은 거의 소멸했다. 국내에 근거지를 상실한 의병 세력은 연해주나 간도로 망명해 무장투쟁을 이어갔다.

3. 근대 한국민족주의의 등장

한말 '민족주의'의 등장

한국에서 근대민족주의의 등장과 수용은 1900년대 이후로 보인다. 그 이전 독립협회 단계에서 '동포'라는 용어가 한국인들의 동질성을 확인하는 용어로 사용되었다. '민족'이란 용어는 1906년 무렵부터 『황성신문』, 『대한매일신보』 등의 언론을 통해 쓰이기 시작했는데, 국권상실의 위기 속에서 국권을 회복하기 위한 새로운 주체로서 '민족'의 형성을 기도한 것이었다.

이 과정에서 제시된 민족주의는 '하나의 근대국가를 세우는 주의'로서보다는 '외세의 침략을 막아내고 독립을 유지하는 주의'의 성격이 더 강했다. 따라서 민족주의는 국권회복의 강력한 무기로 등장하여 널리 보급되었다. 또한 이 시기의 민족주의는 적자생존, 우승열패의 사회진화론과도 밀접한 관련을 가졌다. 이러한 생각이 국권회복을 위한 실력양성론으로 나타났다. 이런 점에서 한말의 민족주의는 '자강론적 민족주의'였다.

이 시기 지식인들은 문화적 측면에서 한국민족의 결집을 꾀했다. 즉 언어·역사·종교적 측면에서 민족의 동질성을 확인하고 고유성을 보존하고자 했다. 주시경의 한글연구, 신채호의 역사연구, 나철의 대종교 창건이 그 대표적인 예이다. 이들 지식인들은 민족의 고유성을 보전한 국어·국문·국사·국교 등을 '국수國粹', '국혼國魂'이라고 불렀으며, 국수·국혼의 보존이 국권을 회복하는 무기가 될 수 있을 것이라고 생각했다. 이런 이유로 한말의 민족주의는 문화민족주의의 성격을 강하게 띠기 시작했다.

한국어·한국사 연구

이 시기 국어·국문에 대한 연구도 활발히 전개되었다. 당시의 국어·국문연구는 민족의 보전을 위해 민족의 언어·문자를 발전시켜야 한다는 어문 민족주의적 인식을 바탕으로 하고 있었다. 국권회복의 과제를 쉬운 우리글을 통해 널리 알려야 한다는 계몽운동의 일환이기도 했다. 이런 이유에서 언문일치는 가장 시급한 문제였다. 갑오개혁에서 공문서 사용을 국한문 혼용으로 한다는 것이 결정된 이래로 국한문 및 국문 교과서와 신문이 보급되면서 점차 국문 상용으로 언문일치가 이루어졌다.

한글의 체계와 맞춤법에 대한 관심도 증대했다. 1907년 7월에 국문연구소가 개설되고, 이듬해 8월에 국어연구학회가 설립되었다. 연구자로는 지석영·이봉운·주시경·이능화·유길준 등의 연구가 두드러졌다. 이중 가장 대표적인 인물인 주시경은 『대한국어문법』, 『국어문전음학』, 『국어문법』, 『말의 소리』 등의 저서를 통해 국어음운연구와 문법체계에 수준 높은 독창적인 이론을 전개했다.

갑오개혁 이후 관립 및 민간학교가 늘어나면서 주요 과목의 하나로 역사교육이 진행되었다. 국권 상실의 위기 속에서 애국심을 고취하기 위해 한국사, 외국사, 영웅전기 등의 개설서가 널리 보급되었다. 역사연구에서는 외세의 침략에 저항하는 사상체계로 민족주의를 내세우며 국수와 국혼 등 민족정

신채호(위), 박은식(아래)

신을 강조하는 민족주의 사학이 등장했다.

『이태리건국삼걸전』, 『성웅이순신』, 『을지문덕』 등 영웅전기를 통해 민족의식 고취에 힘쓰던 신채호는 1908년 『대한매일신보』에 「독사신론讀史新論」을 연재하며 역사연구를 본격화했다. 「독사신론」은 민족을 역사의 주체로 설정해 한국 민족주의 역사학의 효시로 평가받고 있다. 신채호는 단군을 한국사 서술의 출발점으로 설정하고, 한국고대사의 흐름을 부여와 고구려, 발해 등 부여족을 중심으로 파악했다. 박은식은 국가를 구성하는 두 요소를 '혼'과 '백'으로 보고, 국가를 유지하기 위해서는 국교·국학·국어·국사와 같은 '혼'이 '백'보다 중요하다고 생각했다. 그에게 역사를 쓰는 목적은 바로 민족의 정신, 곧 '혼'을 보존하는 것이었다.

민족종교의 탄생

민족종교는 이 시기 민족주의의 또 다른 상징이었다. 1909년 1월 나철·오기호 등은 단군을 국조로 삼는 단군교를 창건하고, 1910년에 대종교라고 개칭했다. 대종교는 한국의 민족종교로 정립되었지만, 항일투쟁을 위한 강력한 결사조직이기도 했다. 나철 등은 한국이 병합되면서 국내 활동이 어려워지자 1914년 대종교의 총본사를 만주로 이전해 포교활동과 항일투쟁을 계속했다. 그러나 대종교는 1915년 조선총독부에 의해 유사종교로 지정되었으며, 나철은 이에 항의하여 자결했다.

동학은 1905년 천도교로 개칭되었다. 1905년 천도교 탄생을 선언한 손병희는 이듬해 『천도교대헌天道敎大憲』을 공포하여 동학을 근대적 체제를 갖춘 종교로 정비했다. 또한 정교분리를 내세워 천도교 세력 내의 일진회원들을 제거하고 민족운동에 동참했다. 손병희는 인재양성을 위해 보성학교 등을 운용하며 동덕여학교를 설립하는 등 교육운동을 펼치고, 1906년『만세보』를 창간하여 계몽운동에 적극 참여했다. 이런 노력에 힘입어 천도교는 근대적 교단조직 및 민족종교로 변모하는 데 성공할 수 있었다. 그러나 천도교 또한 1915년 조선총독부에 의해 유사종교로 지정되었다.

4. 입헌정체 신국가 건설운동

입헌정체 대세론

러일전쟁 이후 대한제국의 국권이 날로 위기에 처하자, 지식인들은 그 원인이 전제정치에 있다고 보았다. 전제정치 하에서는 인권의 확립도, 국가의 부강도, 국권회복도 모두 불가능하다고 보았다. 반면에 '입헌立憲'은 '문명부강'을 가져오며, '문명부강'은 '입헌'의 부산물로 이해하고, 입헌정체를 세우는 것이 무엇보다도 시급한 과제라고 생각했다.

그리하여 1905년 5월 24일에 이준, 윤효정 등이 입헌 정치제도의 실시를 목표로 삼고 헌정연구회를 결성하였다. 헌정연구회는 취지서를 통해서 지금 천하의 대세는 '입헌'인데 "군민입약君民立約한 헌법을 입헌"이라고 한다면서 이를 '문명의 결실'로 보았다. 이어서 "나라는 백성으로 이루어지고, 임금은 백성이 있어 세워진 것이니, 임금의 치국은 백성과 더불어 입약한 헌법이 없으면 안 될 것이요, 오로지 강제해서 얻을 수 없는 것이다. 때문에 입헌의 정치를 하는 나라치고 흥하지 않는 나라가 없고, 전제 정치를 하는 나라치고 쇠하지 않은 나라가 없음은 일본·영국·청국·러시아를 보아도 알 수 있다."고 하였다. 따라서 군민이 함께 입약하는 "헌법을 예비하는 것은 사람으로서 마땅히 지켜야 할 도리"라면서 이것이 바로 헌정연구회를 설립하는 이유라고 하였다.

헌정연구회는 1905년 7월 『헌정요의憲政要義』라는 작은 책을 출판하면서, 일부는 『황성신문』에도 연재하였다. 이 중 「군주의 주권」에서는 국가는 중민의 합성체이므로 주권은 중민의 합성력이라고 정의하였다. 주권의 소재에 대해서는 민주국에서는 의회가, 입헌군주국에서는 군주와 의회가 그리고 전제군주국에서는 군주가 주권을 지닌다고 설명했다. 헌정연구회가 이상으로 생각하는 국가는 군주와 의회가 주권을 나누어 갖는 입헌군주국이고, 이 시기 대다수의 논자들도 입헌군주제를 선호하고 있었다. 헌정연구회는 회의와 강연, 책자 발간 등을 통해 헌정 실시의 필요성을 선전하는 활동을 벌이다가 을사조약 사태를 맞이하였다.

이후에도 윤효정은 1906년 11월 『대한자강회월보』 5호에 실린 「전제국민은 애국사상이 없다」라는 글에서, 헌정을 채용하는 것은 이미 세계의 대세이고 문명의 정신이라면서, 이를 따르는 나라는 번영·융성하고, 이를 거스르는 나라는 쇠퇴·멸망할 것이라고 주장했다. 김성희는 1908년 4월 『대한협회회보』 제1호의 「정당의 사업은 국민의 책임」이란 글에서, 대한제국은 이제 유신을 하려 한다면 '헌법을 발포'하고 '국회를 설립'해야 한다고 주장했다. 제2호의 같은 글에서는, 입헌정체는 국가의 근본이며 정당은 입헌정체의 기초라고 말하면서, 입헌정체를 세우기 위해서는 먼저 정당을 건설해야 한다고 주장했다.

이처럼 자강론자들은 입헌정체를 '세계의 대세'이자 '문명의 결실'이라거나 '문명의 정신'으로 보았으며 '국가의 근본'이라고 생각했다.

천부인권 사상의 확산

통감정치의 지배 하에서 입헌군주제 운동이나 정당정치 운동은 모두 좌절할 수밖에 없었다. 그럼에도 천부인권의 기본권에 대한 인식은 신문이나 잡지 그리고 여러 서적들을 통하여 점차 확산되어 갔다.

일찍이 『황성신문』은 1898년 논설을 통해서 인민의 자유권에 대해 이렇게 말했다. "무릇 자유권이라는 것은 하늘이 고르게 주시고 사람들이 모두 똑같이 가지고 있는 바라. 남의 권리를 빼앗는 자는 하늘을 거역함이요, 그 권리를 남에게 양도한 자는 하늘을 잊어버림이니 실로 근신하고 두려워할 바로다." 같은 해 『독립신문』도 인민의 생명과 재산, 신체의 자유가 중요함을 강조하였다.

『대한매일신보』도 1905년 10월 사설에서 "한국 인민의 성질을 보니, 구래의 습관으로 의뢰심이 매우 깊고 자립사상이 전무하다. 이는 천리의 본원을 알지 못하여 하늘이 준 권리가 자기에게 있음을 깨닫지 못한 것이다. 하늘이 일시동인하여 생명과 자유의 권리를 세계 인민에게 각각 모두 부여하시니 이는 스스로 버릴 것이 아니요, 타인이 또한 빼앗지 못할 것이거늘, 타인에게 이 권리를 빼앗김은 곧 자기가 포기한 때문이라"고 말했다. 이른바 '을사보호조약'의 강제 체결을 눈앞에 둔 상황에서 '생명과 자유의 권리'를 강조하였던 것이다.

을사조약 이후에도 인간 기본권에 관한 내용이 잡지에 자주 소개되었다. 대한자강회 평의원인 설태희는 1907년 2월 『대한자강회월보』 제8호의 「법률상 인人의 권의權義」에서 "천부의 권리가 있은들, 이를 향유할 수 없다면 어찌 권리라 말하겠는가"라면서, "고로 법률이 있은 연후에야 비로소 그 권리를 향유할 수 있으니"라고 하여, 반드시 법률로써 천부의 자유와 권리를 보장해야 한다는 점을 분명히 했다.

한광호는 1907년 9월 『서우』 제10호의 「외국인의 공권 및 공법상의 의무」에서, 공권은 개인이 국가에 대하여 갖는 권리라면서, 여기에는 참정권, 인권(즉 자유권), 국가의 행위를 청구할 권리 등이 포함된다고 하였다. 참정권으로 선거권과 피선거권, 공직 참여권 등이 있고, 인권으로는 신체의 자유권, 여행 및 거주의 자유권, 소유권 및 거주지의 불가침권, 양심·종교·언론·저작·집회·결사의 자유, 교육 및 취학의 자유, 영업 또는 직업의 자유 등이 있다고 설명하였다.

이와 같이 당시 지식인들은 개인의 권리를 소개하면서 모든 인간은 천부의 자유과 권리를 가지고 있다는 이른바 '기본권 사상'을 강조하고 있었다. 이로써 민주주의의 기초를 이루는 천부인권의 기본권 사상은 점차 지식인과 대중 사이에 확산되었다.

신민회·공립협회의 공화제 지향

이 시기 자강운동단체나 학회는 자신들의 기관지를 통해서 공화제에 관한 소개도 활발히 하였다. 설태희는 1907년 3월 『대한자강회월보』 제9호에서 정체政體를 공화·입헌·전제의 세 가지로 나누고 '공화'는 '입헌'보다 우월하고 '입헌'은 '전제'보다 우월하다고 하여 '공화'를 가장 진보한 정체로 간주했다. '전제'에 대해서는 군주 1명이 마음대로 부리는 무법의 나라라고 비판했다. 원영의는 1908년 6월 『대한협회회보』 제3호에서 정체에는 군주정체와 공화정체가 있고, 공화정체에는 다시 귀족공화제와 민주공화제가 있는데, 이들 가운데 민주공화제가 가장 앞선 제도라고 보았다. 선우순도 1909년 1월부터 『서북학회월보』 제8·9·11·13호를 통해서 몽테스키외의 3정체설(공화제, 군주제, 전제)과 트라이치케H. von Treitschke의 3정체설(신권제, 군주제, 공화제)을 소개했는데, 공화제 안에 다시 귀족공화제와 민주공화제의 2종이 있다고 했다. 이처럼 공화제는 가장 진보한 입헌정체로 여겨졌고, '민주공화제'라는 용어도 점차 널리 알려졌다.

당시 공화제를 지향한 대표적인 단체는 신민회와 공립협회였다. 특히 1907년 4월에 결성된 신민회는 창립취지가 '신국가 건설'이었다. 「대한신민회 취지서」를 보면 "대개 우리 한인은 내외를 막론하고 통일연합으로 그 길을 정하고, 독립자유로 그 목적을 세워야 한다. 이것이 신민회가 원하는 바이고, 신민회가 생각하는 바이다. 간단히 말해서, 오직 신정신을 일깨워서 신단체를 조직한 후에 신국가를 건설할 뿐이다."라고 했다. 또 「대한신민회 통용장정」에서는 "본회의 목적은 우리 대한의 부패한 사상과 습관을 혁신하여 국민을 유신케 하며, 쇠퇴한 교육과 산업을 개량하여 사업을 유신케 하고, 유신한 국민이 통일 연합하여 유신한 자유문명국을 성립케 한다.”고 하였다.

신민회는 ‘신국가’나 ‘자유문명국’이 어떤 정체의 나라인지에 대해서는 명시적으로 언급하지 않았다. 그렇지만 신민회를 창설한 안창호의 연설 내용이나 신민회의 기관지 역할을 한 『대한매일신보』의 논설을 보면, 신민회가 과연 어떤 정체의 국가를 지향했는지를 가늠할 수 있다.

안창호는 서북학생들 앞에서 “국가는 1인의 소유가 아니오, 우리 어깨 위에 ‘대한’ 두 자를 각기 짊어졌다.”고 말했다(「연설」, 『서우』 7호, 1907.06.01). 즉 국가는 국왕 1인의 소유라는 구시대의 사상을 버리고 자신들이 각기 국가의 주인임을 자각해야 한다고 주장한 것이다. 또한 『대한매일신보』도 1910년 2~3월에 실린 「20세기 신국민」이라는 논설에서 ‘국민=주인’론을 펼쳤다. 서양에서는 이미 “전제 봉건의 옛 체제가 사라지고, 입헌공화의 복음이 두루 퍼져 국가는 인민의 낙원이 되며, 인민은 국가의 주인이 되어” 백성을 이롭게 하여 평등자유의 정신이 뜻을 이루었다고 하였다.

또한 위 논설에서는 시종일관 ‘국민적 국가’를 강조했다. 예를 들어 “국민적 국가가 아닌 나라(입헌국이 아니오, 1, 2인이 전제하는 나라)와 세계 대세를 거스르는 나라는 반드시 망한다.”고 단언하였다. 그러면서 “국민동포가 단지 20세기 신국민의 이상, 기력을 떨쳐서 국민적 국가의 기초를 공고히 하여 실력을 기르며 세계 대세의 풍조에 잘 응하여 문명을 확대”하면 동아시아의 강국이 될 수 있을 것이라고 강조했다. ‘국민적 국가’란 결국 ‘국민국가’를 가리키는 것이므로 이글은 ‘공화제’의 국민국가를 염두에 두고 쓴 것이라고 볼 수 있다.

국민국가론과 ‘국민=주인’론은 미주 한인사회에서 조직한 공립협회에 의해서 더 적극적으로 제기되었다. 공립협회는 기관지 『공립신보』를 통해서 “국가 일에 몸을 바쳐 국가의 독립과 자유를 회복하고 인민이 국가의 주인이 되어 헌법을 정하고 대의정체를 실행한 연후에야 가히 참 국민이 될 터이니, 오늘 우리가 목적할 바는 국민주의”(『공립신보』, 1908.12.09)라고 했다. 『공립신

『신한민보』의 1910년 7월 6일자 논설

보』는 비록 '공화제'를 명시적으로 언급하지는 않았지만 여러 글에서 국민국
가론과 국민주권론을 내세우고 있었다. 이로 보아 공립협회는 공화제 국민국
가 건설을 지향하였다고 말할 수 있다.

1910년 5월 공립협회와 대동보국회가 대한인국민회로 통합되었다. 기관
지로는 『공립신보』를 개칭하여 『신한민보』를 발간했다. 일본에 의한 대한제
국 병탄이 거의 확실시되자, 『신한민보』는 7월 6일자 논설에서 "우리는 어디
까지나 대한국민이니 대한국가가 아니면 의무를 행함이 불가한지라. 일인이
예비함과 같이 융희황제가 동경에 가서 작록을 받게 되면 우리는 우리의 임
금으로 인정할 수 없은즉, (중략) 우리는 인민의 정신을 대표하여 우리의 복리
를 도모할 만한 정부를 세울지니"라고 했다. 대한인국민회는 새로운 정부를
세워야한다고 공언하기 시작한 것이다.

1910년 8월 29일 대한제국이 일본에 병탄되자 드디어 『신한민보』는 9월

21일자 논설 「구한국이 사라짐을 통곡하며, 신한국 건설을 축원한다」에서 임시정부 설립을 주장했다. "대한국 신민은 정신을 차리라. 정신을 차리면 살 것이요, 정신을 차리지 못하면 아주 여망이 없어질 것"이라면서, "우리는 마땅히 마음을 합하여 대한 민족의 단체를 공고히 하여, 우리 손으로 자치하는 법률을 제정하며, 공법에 상당하는 가정부假政府를 설시設施함이 목하의 급선무라."고 했다. 대한제국이 망한 이후 임시정부 설립을 주장한 것은 이 글이 처음이었다.

이처럼 비록 공화제를 명시적으로 주장하지는 않았지만 1907년 이후 일부 지식인들은 국민국가론과 '국민=주인'론을 통해서 공화제에 대한 지향을 드러내고 있었다. 비록 망국이 목전에 닥쳤을 때이지만, 마침내 일부 지식인들은 공화제 국가의 수립을 구상하고 있었던 것으로 보인다.

참|고|문|헌

국사편찬위원회, 2003, 『한국사 43 : 국권회복운동』, 탐구당

국사편찬위원회, 2003, 『한국사 45 : 신문화운동 I』, 탐구당

김도형, 1994, 『대한제국기의 정치사상연구』, 지식산업사

박민영, 2009, 『한말중기의병』, 독립기념관 한국독립운동사연구소

박찬승, 2013, 『대한민국은 민주공화국이다 ―헌법 제1조 성립의 역사』, 돌베개

박찬승, 2016, 『민족·민족주의』, 소화』, 역사비평사

오영섭, 2009, 『한말 순국·의열투쟁』, 독립기념관 한국독립운동사연구소

유영렬, 2009, 『애국계몽운동 I ―정치사회운동』, 독립기념관 한국독립운동사연구소

최기영, 2009, 『애국계몽운동 II ―문화운동』, 독립기념관 한국독립운동사연구소

홍순권, 1994, 『한말 호남지역 의병운동사 연구』, 서울대학교출판부

홍영기, 2009, 『한말 후기의병』, 독립기념관 한국독립운동사연구소

일본제국주의의 지배와 민족해방운동

2부

제8장

1910~20년대 일제의 식민지배정책

세계사의 흐름 : 식민정책의 두 논리, 동화와 차별

서구의 충격이라는 대외위기를 맞았던 일본은 메이지유신을 통해 근대 국가를 수립한 이래로 군사적 대외팽창을 통해서 반세기만에 제국주의 열강의 일원으로 자리잡았다. 이 과정에서 일본은 식민지를 점차 확대해 나갔다. 1875년에는 쿠릴열도에 대한 영유권을 확보했고, 1879년에는 류큐[琉球]제도를 병합했다. 청일전쟁에서 승리한 후 1895년에 대만을 식민지로 만들었고 1905년 러일전쟁 이후에는 사할린 북위 50도 이남 지역을 확보하고 랴오둥반도에 대한 조차권까지 획득하였다. 1910년에는 드디어 대륙침략을 위한 발판으로 조선을 지배하기에 이르렀다.

뒤늦게 식민지 쟁탈전에 뛰어든 일제의 조선 지배정책은 서양 열강의 식민정책을 모방하면서 만들어졌다. 일제 식민지기 대표적인 식민정책학자인 야나이하라 다다오[矢內原忠雄]는 1926년에 펴낸 저서에서, 서구의 식민정책을 종속주의, 자주주의(늑자치주의), 동화주의 등 3종으로 구분하고 당시 일본정부의 조선통치책을 '동화주의'라고 규정하였다. 야나이하라에 따르면, 종속주의는 원주민의 이익을 고려하지 않고 식민국이 오로지 자신의 이익만을 위하여 식민지의 자원과 인력을 일방적으로 약탈하는 정책이다. 식민지 정책을 결정하는 데 있어서 원주민을 전혀 참여시키지 않고 착취하는 이러한 종속주의는 16~18세기 유럽국가들이 해외 식민지에 행한 것으로, 원주민의 절멸이나 반항으로 귀결된다.

이에 반해서 자주주의와 동화주의는 원주민의 정치적 참여를 제한적으로나마 인정하는 정책이다. 동화주의는 식민지를 식민국의 일부로 취급하면서 언젠가는 식민국이 될 수 있다는 인식 하에서 원주자 사회의 법제, 언어, 관습, 종교 등을 간섭·부정하고 그 대신에 모국의 '문명적' 법과 제도를 시행하고 잡혼을 장려하는 정책이다. 이 경우 식민지에 의회를 설치하지 아니하고 식민국의 여러 국가기관이 직접 통치한다. 그러나 동화주의는 필연적으로 원주민들의 사회생활을 압박하여 불만, 반항, 반란을 불러일으킬 수밖에 없다는 것이 야나이하라의 주장이다.

자주주의(자치주의)는 원주민의 역사적 특수성을 인정하고 그들의 풍속, 관습, 규범, 문화, 종교 등을 가능한 한 활용한다는 입장에서 식민통치책을 수립하자는 주의이다. 따라서 원주민들이 참여하는 의회를 구성하고 그 의회가 자주적으로 식민지에 적합한 각종 법과 제도를 제정하여야 한다고 주장한다. 야나이하라는 자주정책만이 식민모국과 식민지 간에 호혜적인 관계를 형성할 수 있다고 생각하였다. 다만, 자주정책은 결코 식민지의 독립을 예상하는 것은 아니다.

서양의 식민통치와 비교할 때 두드러지는 일제 식민통치의 특징은 조선 주민의 정치적 의사를 원천적으로 배제하고 총독 개인에게 지나치게 많은 권력을 집중시킨 점에 있다. 그리고 식민지 행정기구 내에 조선총독의 무단적, 독재적, 폭력적 통치를 견제하거나 제어할 수 있는 수단이 전혀 없기 때문에 조선인들의 이해는 언제나 뒷전에 밀릴 수밖에 없었다. 물론, 서양 제국주의 국가들의 참정제도가 형식적이고 허울에 불과하기는 하였으나 참정제도 자체를 만들지 않은 일본의 통치제도는 매우 억압적인 사례에 속한다.

1. 1910년대 식민지배 체제의 정비와 무단통치

조선총독부의 설치와 총독의 독재 통치

제국주의 일본(이하 '일제'라 통칭)은 1910년 8월 29일에 대한제국의 황제와 일부 관료를 강박하여 대한제국의 통치권을 일본 정부에게 이양하는 것을 내용으로 하는 이른바 '한국병합에 관한 조약'을 선포하였다. 이 조약에 의해서 대한제국은 주권을 강탈당하였고, 국제적으로도 일본의 영토로 편입되었다.

일본정부는 한국을 관할하는 통치기관으로 조선총독부를 설치하고 조선총독의 권한과 법적 지위를 확립하였다. 「조선총독부관제」에서는 총독의 조선 관할권과 위임의 범위 내에서 육·해군의 통솔권이 인정되었다. 구체적으로는 첫째, 조선총독은 총독은 조선을 관할하며, 친임으로 하고 육·해군 대장으로 충원한다. 둘째, 총독은 천황에 직예直隸하며 위임된 범위 내에서 육·해군을 통솔하고, 조선 방비를 관해 관장한다. 셋째, 총독은 제반의 정무를 통할하고 내각총리대신을 거쳐 상주上奏하여 재가를 받는다. 넷째, 총독은 소속된 부서의 관리를 통독統督하고 주임문관의 진퇴에 관해 내각총리대신을 경

경복궁 내에 새로 건설한 조선총독부 청사(1926년 1월 준공)

유하여 상주하고, 판임문관 이하의 진퇴에 관해서는 전행專行한다. 이에 따라서 조선총독은 천황에게 정치적 책임을 질 뿐, 각성 대신의 감독이나 지시를 받지 않았다. 조선총독은 각성대신과 직무상 대등한 지위를 얻었다.

이와 함께 조선총독은 행정관료였으나 입법권[制令]과 사법권까지 행사함으로써 조선에 관해서는 독재적 권한을 행사하였다. 일반적으로 한국병합에 의해서 대한제국이 소멸되고 일본영토로 편입되었으면 명치헌법상의 국가기관(내각, 제국의회, 대심원)이 관할 사무에 대해서 각각 권한을 행사하여야 했으나 일제는 법률 31호를 제정하여, 일본의 국가기관(제국의회)이 식민지 조선에 직접 통치하는 것이 아니라 조선총독으로 하여금 광범위한 권한을 위임하였던 것이다. 이 법률은 첫째, 일본본국의 행정권 및 입법권이 조선지역에는 그대로 행사되지 않고 조선총독에 의해서 각 권한이 행사된다는 것을 분명히 하였다. 조선총독의 제령은 조선지역을 지배하는 최고의 입법명령으로서의 의미가 있었고 조선에 관한 중요한 통치행위는 조선총독의 명령, 즉 제령으로 실행되었다. 따라서 제령이 제정되고 최종 승인되는 과정은 곧 식민지 통치 정책이 수립되고 실행되는 과정과 동일한 의미가 있었다. 이로써, 조선총독은 위임된 입법권을 통하여 행정, 사법 등의 전 영역에서 통치행위를 관철시키거나 영향력을 행사할 수 있게 되었다.

조선에 어떤 종류의 법을 시행할 것인지는 총독의 의향에 달려 있었다. 이로써 조선은 일본본국과 법의 형식과 내용을 달리하는 이법역異法域이 되었으며 '원칙상' 일본본국의 법률은 시행되지 않았다. 따라서 서양의 식민통치와 비교할 때 두드러지는 일제 식민통치의 특징은 조선 주민의 정치적 참여를 원천적으로 배제하고 총독 개인에게 지나치게 많은 권력을 집중시킨 점에 있다. 그리고 식민지 행정기구 내에 조선총독의 무단적, 독재적, 폭력적 통치를 견제하거나 제어할 수 있는 수단이 전혀 없기 때문에 조선인들의 이해는 언제나 뒷전에 밀릴 수 밖에 없었다. 물론, 서양 제국주의 국가들의 참정제도가 형식적이고 허울에 불과하기는 하였으나 참정제도 자체를 만들지 않은 일본의 통치제도는 매우 억압적인 사례에 속한다.

　일제가 식민지 지배기구로서 조선총독부를 설치한 것은 특별한 의미가 있었다. 일제가 조선을 식민지가 아니라 일개 지방으로서 편입하고자 했다면 일본헌법과 법률의 조선시행을 명시하는 것이 일반적인 것이라고 말할 수 있다. 그러나 일본헌법과 법률을 직접 조선에 시행하게 되면 법적으로는 조선인과 일본인을 동등하게 취급하게 되기 때문에 그와 같은 조치는 취할 수가 없었다. 따라서 조선이 일본의 영토라고 주장하면서도 일본인이 향유하는 일본헌법 및 법률상의 권리와 의무를 배제하는 방식으로 조선을 통치할 것을 계획하였다.

　적어도 조선 내에서는 총독의 권력을 견제할 수 있는 제도적 장치는 없었으며, 총독은 일본천황에게만 책임을 질뿐이었다. 원래, 근대 일본은 입법권·사법권·행정권이 형식상으로 분립되어 있었으나 식민지 조선에서는 이 같은 3권 분립의 원칙이 전혀 지켜지지 않았던 것이다.

식민지 조선인의 법적 지위와 차별의 제도화

　일제는 조선인에게 일본인으로의 동화를 강요하면서도 일본 헌법과 법률에서 규정한 중요한 권리와 의무에 관한 사항은 조선인들에게 시행하지 않는 모순적 행태를 보였다. 「조선민사령」(1912)과 「조선형사령」(1912)을 제정하여 조선인에게도 일본의 민법과 형법 등 일본 법령을 일부 적용하였음에도 불구하고 중요한 입법사항은 조선총독이 별도로 제정하도록 하거나 입법 자체를 하지 않음으로써 일부 사항에 관해서 조선인들은 법적으로 무권리 상태에 놓이게 되었다. 예컨대, 중의원선거법, 호적법, 국적법, 병역법 등은 조선인과 조선지역에 적용하지 않았다.

　조선을 강제로 병합한 직후에 일제는 조선인에게 일본국적을 부여하였음에도 불구하고 일본 국적법을 시행하지 않았는데, 이는 조선인이 일본국적을 버리고 외국국적을 취득할 수 있는 수단을 원천적으로 없앤 것이었음을 의미

식민지 시기 조선인과 일본인 법적 구별

식민지 조선인과 일본인은 어떻게 구별할 수 있었을까. 조선인과 일본인 사이에서 태어난 자식은 일본인이었을까 조선인이었을까. 일제는 조선을 식민지로 강제로 편입한 이후에 조선 인을 일본신민이라고 천명하였다. 이때의 일본신민은 일본국적을 보유하였다는 것을 의미하 였으며 외국에서 조선인은 일본국적민으로의 처우를 받았다.

그러나 일본제국 내에서는 일본인과 식민지인들은 법적으로 차이가 있었다. 즉, 일본인은 일본호적 보유자, 조선인은 조선호적 보유자, 대만인은 대만호적 보유자로 규정하고 다른 호 적을 보유하지 못하도록 하였다. 따라서 식민지 시기 조선인과 일본인을 구별하는 법적인 근 거는 어느 지역의 호적을 보유하고 있는가 하는 점이다. 일제는 조선인은 일반적으로 일본호 적을 취득할 수 없도록 하였고 일본인도 조선이나 대만의 호적을 취득할 수 없도록 하는 전적 (轉籍) 금지 정책을 일관되게 추진하였다.

다만, 1920년대부터 조선인 여성이 일본인 남성과 결혼하게 되면 조선인 여성은 일본남편 의 호적에 편입되어 법적으로 일본인이 될 수 있었고, 일본인 여자가 조선인 남자와 결혼하여 조선인 남편의 호적에 등재되면 법적으로 조선인으로 취급받았다. 또한 조선인과 일본인의 사 이에서 자식이 태어나는 경우에는 父의 호적에 따라서 결정된다. 즉 父가 조선인인 경우에는 조선호적에 편입되어 조선인으로 규정되고, 父가 일본인인 경우에는 일본호적에 편입되어 일 본인으로 규정되었다. 하지만 매우 극소수의 사례에 불과했다.

한다. 일본인은 국적법에 따라서 일정한 요건을 갖추면 일본 국적을 포기하 고 외국 국적을 취득할 수 있었으나 조선인은 이 같은 행위가 원천적으로 불 가능하였다. 그렇다고 해서 일본인도 아니었다. 당시 조선인, 대만인, 일본인 은 모두 일본 국적을 보유하였으나 일본의 국내법상에서는 별개의 존재였다. 즉 조선인은 조선호적을 취득한 자, 일본인은 일본호적을 취득한 자로 규정 되었으며 조선인은 일본호적을 취득할 수 없도록 하였다. 그 반대의 경우도 엄격히 금지되었다.

일제는 조선인에게 '일시동인—視同仁'을 표방하였으면서도 법적인 측면에 서는 차별관계를 유지하였던 것이다. 일제는 조선에 거주하는 조선인과 일본 인에게는 참정권을 허용하지 않았으며 근대적 기본권이라고 할 수 있는 언 론, 출판, 집회, 결사의 자유도 크게 제한하였다. 또한 조선인이 법적으로 일

조선총독부 중추원

조선총독부 중추원은 1910년 한국병합 직후인 10월 1일 「조선총독부중추원관제」에 의해 설치되었다. 원래 중추원은 대한제국 시기에 있던 기구였는데 일제가 중추원을 폐지하지 않고 식민지 통치기구의 하나로 설치한 이유는 한국병합 과정에서 적극 협력한 친일 관료들에게 정치적으로 시혜를 베풀기 위해서였다. 중추원은 조선총독의 자문기구로서 의장 1명, 부의장 1명은 고문 15명, 찬의 20명, 부찬의 35명의 적극적 친일분자로 구성하였으나 실제로는 권한이 거의 없는 유명무실한 기구에 불과하였다.

1919년 3·1운동이 발생하자 사이토 총독은 분할통치·문화정책의 일환으로 중추원을 식민지통치의 선전·홍보 기구로서 활용하기 위해 고문을 5명으로, 찬의·부찬의를 참의(參議) 65명으로, 서기관·통역관을 전임 각 1명으로, 부의장·고문·참의 임기를 3년으로 하는 등 관제를 개정했다. 1920년대부터는 식민통치에 관하여 필요한 사항을 중추원에 자문하여 조선의 통치에 활용하기도 하였다. 다른 한편으로 1910년대 중반부터 중추원은 구관제도조사 및 조선사편찬 등의 업무를 수행하여 식민통치를 위한 기초자료를 만드는 데에 중요한 역할을 하였다.

본인으로 전환될 수 있던 호적의 자유로운 이전을 엄격히 제한함으로써 민족적 차별정책을 그대로 유지하였다. 일제는 조선인에 대한 법적 차별을 근본적으로는 개선하지 아니하면서 동화라는 명목으로 일본적인 소양과 문화, 정신을 배울 것만을 강요하였던 것이다.

무단통치 : 인권의 억압, 자유권의 박탈

식민지 조선에서는 조선인들은 자유권을 행사할 수 있는 제도적 길이 막혀 있었다. 조선총독은 강력한 독재권에 기초하여 조선인에게는 가혹한 무단적, 폭력적 통치를 시행하였다. 그 대표적인 사례가 민간인을 상대로 한 헌병경찰제도이다. 1910년대에 실시된 헌병경찰제도는 전 세계에서도 그 유례를 찾아보기 어려운 제도로서, 군인 신분인 헌병으로 하여금 일반 경찰행정까지 담당하도록 하고, 경찰 고위직을 헌병 장교들이 겸하게 하는 제도였다. 일본 본국의 경우에는 헌병과 보통경찰을 분리하여 운용하였으나, 조선의 경우에는 무력 통치를 위해 헌병이 일반 경찰업무까지도 수행하고 있었다. 헌병경찰은 의병의 토벌, 독립운동가의 색출과 검거, 첩보 수집 등은 물론, 민사쟁송조정권 등의 권한도 지녔고 일본어의 보급, 농사개량, 징세, 산림 및 위생 감독 등의 행정업무에도 광범위하게 관여하였다. 일제는 일부 사항에 관해서는 헌병경찰에게 사법재판을 거치지 않고 조선인에게 벌금, 태형, 구류 등의 사법적 처벌도 가할 수 있도록 하였다. 1910년대 조선총독부의 통치행태는 그야말로 무단적 행태를 보였다.

무단통치는 반인권적 법령에 의해 뒷받침되었다. 첫째는 「범죄즉결령(1910.12.6.)」의 제정이었다. 범죄즉결령은 경찰서장 또는 헌병 분대장이 정식 재판을 거치지 아니하고 처벌할 수 있도록 한 법령이었다. 또 하나는 「조선태형령(1912.3.18.)」이었다. 태형은 죄수를 형틀에 묶고 회초리로 볼기를 때리는 형벌이었다. 태형령에 따르면, 3개월 이하의 징역 또는 구류에 처해야 할 사정에 따라서 태형으로 대신할 수 있었다. 이 법령들에 의해서 조선인들은 근대적 사법제도에 따라서 공정한 재판을 받을 수 있는 권리와 인격적 대우를 받을 수 있는 권리를 원천적으로 박탈당하였다.

위 법령이 조선인 모두에게 적용되는 억압적인 조치였다면, 정치단체의 강제 해산과 언론 탄압은 조선인들의 사상의 자유를 빼앗는 것이었다. 1910년 8월 25일 아카시 경무총장은 일진회, 대한협회, 서북학회 등 대표적인 정치단체 간부를 소집해서 1주일 이내에 모두 해산할 것을 강요했다. 이후에도 어떤 종류의 정치단체도 설립을 허용하지 않았다. 그리고 조선인이 발간하는 신문은 모두 폐간하거나 강제로 매수하여 없애는 방식으로 소멸시켰다. 이에 따라서 조선인이 발간하는 신문은 모두 사라졌고 조선총독부의 기관지 역할을 하는 『매일신보』만이 정책 선전의 도구로 활용되었다.

2. 1920년대 문화통치로의 전환과 친일세력 육성정책

조선총독부의 무단적 통치행태는 일본 내부의 변화와 조선인들의 적극적인 저항에 의하여 개편되었다. 일본 본국에서는 하라 다카시[原敬]가 수상이 되면서 내지연장주의를 강화하고자 종전의 무단적 통치에 변화를 시도하였다. 이 같은 상황에서 1919년 3·1운동이 전국적으로 발생하자 일제는 통치정책의 전환을 모색하게 되었다. 무단통치로 표현되던 강압적인 통치방식에서 벗어나 외형상으로는 부드러운 이른바 '문화통치'로 지배방식을 전환하였던 것이다.

우선, 1919년에 「조선총독부관제」를 개정하여 조선총독이 가지고 있던 군사권을 해제하고 총독의 임용자격 제한도 철폐하여 문관출신도 총독으로 임용될 수 있도록 하였다. 이에 따라서 총독의 군사권은 직접 통솔권에서 조선군 사령관에게 병력사용을 청구할 수 있는 것으로 변경되었고 조선 주둔 일본군에 대한 통솔권한은 군사령관이 행사하도록 바꾸었다. 그러나 문관 출신도 총독에 임용될 수 있도록 관제를 개정한 것은 사실상 유명무실하였다. 왜냐하면 새 총독으로 부임한 사이토 마코토[齋藤 實]는 해군대장 출신이었고 그 이후의 역대 총독은 모두 육군 대장이었기 때문이다.

일제는 헌병경찰제도가 조선인을 감시·통제하는데 효과적인 수단이 되지 못할 뿐만 아니라 조선인의 광범위한 저항을 불러일으킨 점을 고려하여 보통경찰제도로 전환했다. 그리고 각 지방의 경찰권을 도지사에게 이양하는 등 관련 제도를 개편하였으며, 종래 조선인이 임명되던 순사보의 계급을 폐지하고 조선인과 일본인이 모두 순사로 임용될 수 있도록

3대·6대 총독 사이토(1919~1927, 1929~1931)

하는 등 회유정책을 실시하였다. 그리고 일반관리 및 교원들의 금테 제복과 대검 착용제를 폐지함으로써 겉으로는 유화적인 통치를 행하였다. 그러나 다른 한편으로는 보통경찰이 헌병경찰이 수행한 역할 이상의 업무를 수행할 수 있도록 인원을 확충하였다. 즉 1918년에 경찰비가 800만원에서 1920년에는 2,394만원으로 약 3배가 되었으며, 경찰 관서의 수도 1919년의 736개소에서 1920년 2,746개소로 급증하였고, 경찰관의 수도 1919년 6,387명에서 1920년에는 20,134명으로 3.6배가 되었다.

이와 함께 1925년에는 「치안유지법」을 조선에 시행하여 특히 사회주의 계열의 독립운동가들을 혹독하게 탄압하였다. 치안유지법은 1925년 4월 12일 공포되어 동년 5월 12일 시행되었으며, 칙령에 의해 일본, 조선, 타이완, 사할린에서 시행되었다. 그 제1조에서 국체의 변혁 또는 사유재산제도의 부인을 목적으로 하는 결사의 조직 및 가입 그리고 목적 수행을 위한 행위자를 처벌했다. 그리고 일제는 치안유지법의 실시를 위해 사상탄압을 전문으로 하는 고등계경찰과 사상검사를 배치하고, 일본보다 조선에서는 법률의 적용과 조문의 해석을 가혹하게 하여 위반자들을 엄벌하는 효과를 극대화하고자 했다. 1920년대 이 법률의 첫 적용을 받은 것은 조선공산당이었다. 1930년대 초, 군사정권의 탄압으로 일본공산당원들이 우익(국가사회주의)으로 전향하는 등 일본 내 좌파 운동이 거의 궤멸당한 후로는 신흥 종교의 단속에 이용되기도 했으며, 1940년대에 들어오면서는 한국의 민족독립운동에 대한 탄압에 악용되었다.

특히, 1925년 제정되었을 때는 최고 10년 이하의 징역 또는 금고의 처벌이던 조항이, 1928년 개정되면서 최고 사형까지 가능하도록 크게 강화되었다. 또 태평양 전쟁 직전인 1941년 3월 10일, 그때까지 7조에 불과했던 법률 조항이 전면적으로 개정되면서 전 65조의 새로운 치안유지법으로 개정되어 동년 5월 15일부터 시행되었다. 이에 의해 처벌은 더욱 강해졌으며 더불어 '예방구금제도'도 도입되었다.

일제시기 도민 자치기관이었던 경북도 평의회의 회의 모습 갓을 쓰고 흰옷 입은 조선
인들과 양복을 입고 짧은 수염을 기른 일본인들이 선명하게 구분된다. 일본인들은
조선인 유지들을 평의회에 참여시켰지만 그 역할은 들러리에 불과했다.

일제는 조선총독부관제 뿐만 아니라 지방제도도 개편함으로써 지방민들
의 불만을 줄이고 지방 지배에 활용하려고 하였다. 일제는 3·1운동이 일어난
중요한 원인이 조선인들에게 정치 참여의 기회를 전혀 주지 않았던 것에도
있다고 파악하고 1920년에 지방제도를 개정하여 자문기관으로서 부협의회,
면협의회, 도평의회 등을 설치하고 그 회원을 임명 또는 선거로 선출하도록
하였다.

그러나 선거는 모든 지역에서 실시된 것이 아니라 12부府와 24면(지정면)
으로 제한된 것이었다. 부는 일본인의 집단거주지였던 도시지역으로서 종전
에는 전원 일본인 유력자로 임명하던 것을 선출제로 바꾼 것이었다. 그리고
24개 지정면의 경우에는 선출제로 하였으나, 나머지 일반 농촌지역이었던
2,520여개의 보통면에서는 임명제를 실시하여 협의회원을 충원하였다. 그리
고 도 평의회 회원의 경우에는 회원의 2/3를 부·면협의회원이 뽑은 후보자
중에서 도지사가 임명하고 나머지 1/3도 역시 도지사가 임명하도록 하는 것
에 불과했다.

협의회원을 선거제로 뽑은 경우도 의원의 선거자격을 25세 이상의 남자로서 같은 지역에서 1년 이상 거주한 자, 부세나 면의 부과금 5원 이상 납부한 자로 제한하여 일본인과 조선인 지주 및 자산가와 부유한 상인만이 선거권을 가질 수 있었다. 1920년 당시 부·면의 유자격자가 일본인이 7,650명, 조선인이 6,346명이었던 것에서 극히 소수의 조선인만이 참여할 수 있었음을 알 수 있다. 또 이러한 협의회는 도지사, 부윤, 군수, 면장이 의장을 맡았으므로 관료적인 색채가 짙었으며, 그 권한에도 한계가 뚜렷했다.

일제는 1930년 자문기관이던 도평의회, 부협의회를 의결기관인 도회, 부회로 개편하는 지방제도 개편을 단행했다. 또 일부 면을 읍으로 바꾸어 의결기관인 읍회를 두었다. 총독부는 이를 지방자치제의 실시라고 선전했다. 그러나 부회와 읍회의 조선인 유권자 수는 여전히 적었으며, 도회·부회·읍회의 권한에는 한계가 뚜렷했다. 의장인 도지사, 부윤, 읍장이 그 의결내용을 받아들이지 않을 수도 있었기 때문이다. 결국 1920·30년대의 지방제도 개편은 지방자치제의 실시보다는 조선인 유산자와 유식불평분자의 일부를 의원(회원)으로 포섭하고 회유하여 민족분열을 가속화하기 위한 것이었다.

3. 조선총독부의 경제정책

1910년대 경제정책의 수립과 토지조사사업

일제의 지배정책 수립에서 가장 중요한 것이 통치비용을 어떻게 조달하는가 하는 문제였다. 일제는 통치비용을 조선 내부에서 해결하기 위하여 조선총독부특별회계제도를 운용하였다. 조선통치의 비용을 조달하는 조선총독부의 세입은 조세수입, 전매수입, 관업·관유재산 수입, 일본국고금 등으로 구성되어 있었다. 조세는 각종 명목의 세금을 징수하는 것이고 전매 및 관업·관유재산 수입은 조선총독부가 수익활동을 통해서 자금을 조달하는 것이

토지조사사업 토지조사사업을 위한 측량용 기구를
지게에 싣고 출발하는 한국인 옆에, 일본인 기술자들이 서서 사진을 찍고 있는 모습.

다. 일본국고보조금은 조선 내부에서 조달하지 못한 경비를 일본정부가 보충
해주는 금액인데, 시간이 갈수록 그 비중은 줄어들어 1920년대에는 5~10%,
1934년 이후에는 5% 이하가 되었다. 조세의 구성을 비율 순으로 보면, 1920
년을 기준으로 하여, 지세(32.6%), 관세(28.0%), 연초세(18.0%), 주세(10.8%)의 순
으로 나타났다.

일제가 조선을 통치하면서 착수한 주요한 경제정책은 토지조사사업이었
다. 토지조사사업은 1910년부터 1918년까지 시행되었는데 토지의 면적과
형태, 위치, 경계를 조사하고 해당 토지의 소유권자를 확인하고 토지의 가격
을 조사하는 것이었다. 토지조사사업의 결과로서 전국의 모든 토지의 토지대
장, 지적도, 등기부가 작성되었다. 토지소유에 대하여 국가가 공증하는 제도
가 확립되자 토지도 하나의 상품으로서 거래될 수 있는 제도적 기반이 마련
되었으며 특히 일본인들의 토지소유도 안정적으로 보장받을 수 있게 되었다.

이 사업을 통하여 일제는 토지소유권자를 근대적 법률로써 공증하고 공
증 자료(토지대장, 등기부)를 토대로 하여 지세부과의 기준으로 삼으려고 하였

조선토지조사사업과 종중재산 분쟁

조선토지조사사업은 근대적 측량기술을 동원하여 토지의 경계와 면적 등을 정확히 측정하고 해당 토지의 소유권자를 확정하는 사업이었다. 이 사업에 의하여 토지의 고유번호인 지번(地番)이 부여되고 지적도가 제작되었으며 토지대장과 등기부까지 만들어졌다. 이 같은 공증장부에 의하여 토지의 지형, 지목(地目), 면적, 지번, 소유자 등이 확정되었다. 조선부동산등기령은 토지조사사업에 의해서 확인된 소유권자를 국가가 공증하고 제3자에 대하여 대항권을 설정할 수 있도록 관련 제도를 정비한 것이었다.

조선토지조사사업과 조선부동산등기령을 계기로 사적 토지의 소유에 관한 제도는 정비되었으나 종중재산과 같은 조선의 특유한 소유관계는 어떻게 할 것인가 하는 문제가 남아 있었다. 예컨대, 종중재산의 소유자를 누구로 표기(등기)하고 종중재산의 매매는 누구에 의해서 수행될 수 있는가 등에 관한 사항이 미비하였다. 조선시대에는 종중재산의 소유주체를 개인이 아니라 종중으로 파악하여 개인이 함부로 전부 또는 일부를 처분하지 못하였으나, 조선총독부는 종중재산을 개인이 단독으로 등기하거나 종중재산의 지분을 쪼갤 수 있는 공유 형식으로 등기하도록 하여 종중재산의 처분을 둘러싸고 많은 분쟁이 발생하였다.

다. 토지조사사업의 시행 과정에서 일제는 종전의 공적 장부에 등록되지 않았던 많은 토지를 새롭게 찾아내었으며, 이는 과세원課稅源의 증가를 의미하였다. 그 결과 과세지는 10년 사이에 52%나 증가하고 지세수입도 1911년에 624만원에서 1919년에는 1,115만원으로 약 2배로 늘어났다. 조선총독부는 토지거래의 활성화와 그에 따른 통치비용 확보를 위하여 지세제도와 토지제도를 우선적으로 정비한 것이다.

한편, 조선총독부는 토지소유자의 권리를 확인 증빙하는 데에는 적극적이었으나, 기업활동에 대해서는 매우 소극적인 자세를 취하였다. 식민지 초기 조선총독부의 기업정책을 가장 잘 보여주는 것이 1910년에 제정된 「조선회사령」이다. 조선회사령은 일본의 상법에서 보장하는 회사의 자유설립주의와 정면으로 배치되는 것이었다. 일본 상법은 회사 설립 후의 사업경영에서 공공의 질서, 선량한 풍속에 위반되지 않는 한 공권력이 개입하는 일이 없었음에도 불구하고, 조선회사령은 지점의 설치, 사업목적 및 명칭이나 자본금의 액수, 사원의 교체 등에서 모두 총독의 허가를 받도록 하였다. 뿐만 아니라 경영의 실제도 감독할 수 있고 언제라도 회사의 해산명령, 지점의 폐쇄명령 등을 발할 수 있도록 규정하였다.

조선총독부가 「조선회사령」을 제정한 것은 일본 자본이 조선의 값싼 노동력을 노리고 조선으로 과도하게 진출하는 것을 막고, 아울러 조선인 자본가가 성장하는 것을 막기 위한 이중의 목적에서였다. 조선회사령은 조선에서의 일본인과 조선인 자본가의 기업활동을 크게 제한하였다. 1차 세계대전을 통해 일본 자본이 어느 정도 축적되어 여유가 생기자 조선총독부는 조선회사령을 다소 완화하여 일본 자본의 조선 진출의 숨통을 트기 시작했다. 하지만 1911년 152개였던 조선의 회사 수는 1919년에 이르러서도 369개로 늘어난 데 불과하였다.

일제는 또 통감부시기 이후 조선의 임야에 대한 약탈을 꾸준히 추진하였다. 1908년 「삼림법」을 공포하여 삼림소유자가 직접 소유 삼림을 신고하도록 하였는데, 신고된 면적은 전체 1,600만 정보의 13.8%에 불과한 220만 정보에 그쳤다. 1910년 통감부는 전국에 걸친 임적林籍조사사업을 실시하였는데, 그 결과 국유와 사유 구분이 삼림법의 신고 결과와는 달리 국유림 830만 정보, 사유림 755만 정보라는 개략적인 통계를 얻게 되었다. 1911년 총독부는 「조선삼림령」을 공포하여 무주공산에 대한 한국인의 입회권을 전면 부정하고, 강제로 창출한 국유림 및 그 산물의 양여와 매각을 법제화하였다. 이어서 총독부는 국유림구분조사를 실시하여 국유림과 사유림의 경계를 명확히 하였는데, 그 결과 118만 정보가 국유림으로 편입되어 국유림은 949만 정보가 된 반면, 민유림은 630만 정보가 되었다. 총독부는 조선삼림령에 규정한 조림대부제도를 활용하여 동척과 스미토모[住友]합자회사, 미쓰이[三井]합명회사 등에 삼림을 대부 내지는 양여하여 이들 재벌이 조선 삼림의 대지주로 등장하게 되었다. 총독부는 또 1917년 조선임야조사사업에 착수하였는데, 이는 국유림 대부 과정에서 발생한 소유권 분쟁을 불식하고, 새로운 등기제도를 도입하여 지번제를 창설하기 위한 것이었다. 그 결과 국유림은 955만 정보, 민유림은 661만 정보로 최종 확정되었다.

동양척식주식회사와 농민이주사업

동양척식주식회사(이하 '동척'으로 약칭)는 1908년 농업 경영과 이민 사업 등 식민지 경영을 목적으로 한국과 일본 양국의 공동 출자로 설립된 반관반민半官半民의 국책회사國策會社이다. 설립 당시 동척의 주요 업무는 ① 농사 경영, ② 토지 매매 및 임차, ③ 토지 경영 및 관리, ④ 이주민의 모집 및 분배, ⑤ 척식拓殖에 필요한 자금 공급 등으로 규정되어 있었다. 즉, 동척은 한국으로 일본인을 이주시켜 농사를 짓게 함으로써 식민 지배 기반을 확보하기 위해 만들어진 회사였던 것이다. 동척은 1910년 이주 규칙을 제정하고 1911~1927년간 17차례에 걸쳐 계획을 실행하였다.

초기 이민은 두 종류의 형태로 시행되었다. 하나는 동척 사유지 2정보町步 정도를 할당받아 시가에 따라 연리 6%로 25년간 상환하여 토지 소유권을 양도받는 갑종 이민(자작농)이다. 다른 하나는 동척 사유지를 빌려서 경작하고 소작료를 납부하는 을종 이민(소작농)이다. 이 방식은 5회까지만 적용되었는데, 자작농(4446호)을 선택한 이민이 소작농(39호)에 비해 압도적으로 많았다. 이후 1910년에 제정된 「이주규칙」은 자작 이민에 지주적 요소를 추가한 '지주형' 이민으로 전환되었다. 이 방식에 따르면 일본인 농업 이주민은 지주로서 조선인 소작농민에게 그 부담을 전가할 수 있었다.

동척은 1910년대에만 24~40만 명, 최종적으로는 조선인 인구의 약 1/5에 해당하는 300만 명을 이주시키겠다는 거대한 계획을 세웠다. 그러나 실제로 이주한 일본인은 약 4,000호, 약 1만 명이라는 초라한 실적을 낳았다. 그 이유는 우선 이주민을 수용할 토지가 부족하였고, 일본 농민도 이주에 적극적이지 않았기 때문이었다. 이미 농지가 과포화 상태인 상황에서 일본인들의 대량 이주는 조선인 농민의 저항을 초래하기도 하였다.

동양척식주식회사 경성지점 동척은 1908년 12월 일제에 의해 식민지 경제수탈의 본거지로 설립되었다. 사진 속 건물은 1910년 이후 건립된 것으로 을지로 2가 현 하나금융 본점 자리에 있었다.

1910년 병합이 이루어진 직후, 일본정부는 일본인들, 특히 농민들의 한국 이민을 적극적으로 권장했다. 이에 따라 1910년대 일본인 이민이 급증하였으며, 재조선 일본인의 수는 1910년 17만 명에서 1919년 34만 명으로 급증했다. 1919년 당시 동척은 78,520정보의 토지를 소유하여 조선 최대의 지주로서 군림하고 있었으며, 이를 농민들에게 소작을 주는 형태로 경영하고 있었다.

1910년대에는 동척만이 아니라, 일본의 재벌, 농업회사 등이 조선에 대거 몰려와서 농지의 집적에 앞장서고 있었다. 예를 들어 미쓰비시계열의 동산농장은 수원, 인천, 전주, 나주(영산포) 등지에서 대규모 토지를 집적하고 농장을 경영하고 있었다. 불이흥업주식회사도 전북 익산에, 조선흥업주식회사는 황해도 황주에 대규모 농장을 개설하였으며, 그밖에도 여러 회사와 개인들이 전북, 전남, 경남, 황해 등지에 농장을 개설하였다. 당시 총독부는 개인적으로 이민 오는 일본인들에게 농공은행, 금융조합을 통해 자금을 대부하였으며, 이 자금으로 일본인들은 미곡 매집, 토지 매수, 고리대 등을 통해 부를 축적해갔으며, 이들 가운데 일부는 중소지주로까지 성장하였다. 당시 조선의 농민들 가운데에는 일본인들에게 고리대로 자금을 빌렸다가 갚지 못해 토지를 빼앗기는 경우가 많았다.

일본자본과 일본인 개인들에 의한 토지집적과 농장개설은 결국 조선 농민들의 토지 상실과 소작농으로의 몰락을 가져왔다. 농가호수 비율의 변화를 보면 1914년에 지주가 1.8%, 소작농이 35.2%, 자작농이 22.0%, 자소작농이 41.0%였는데, 1919년에 지주가 3.4%, 소작농이 37.0%, 자작농이 19.7%, 자소작농이 39.3%로 바뀌었다. 즉 지주와 소작농이 늘어나고, 자작농과 자소작농이 감소한 것이다. 그리고 농가 1호당 경지면적은 1910년의 1.63정보에서 1920년 1.42정보로 감소했다. 영세농이 그만큼 더 늘어난 것이다. 농지를 잃은 농민들은 화전민으로 전락하거나 해외로 유망의 길을 떠나게 되었다. 1916년 화전민의 수는 24만 5천 명에 달하였으며, 1910년에서 1920년 사이에 만주로 이주해 간 사람은 227,970명에 달하였으며, 1910년대 후반 노동을 위해 일본으로 건너가 머무른 이들도 매년 1만 명 가까이 되었다.

1920년대 산미증식계획의 수립과 시행

1910년대에 토지관련 제도를 정비한 일제는 1920년대에 산미증식계획이라는 농업정책을 추진하였다. 이 계획은 1918년에 일본 본국의 쌀값이 폭등하여 이른바 '쌀소동'이 일어나자 일본의 식량 및 미가문제를 해결하기 위하여 입안된 것이었다. 당시 일본에서는 매년 70만명의 인구가 늘어나 식량이 크게 부족하였고, 이를 외국으로부터의 쌀 수입을 통해 해결할 수밖에 없었다. 이에 일본정부는 특히 조선에서 쌀 생산을 크게 늘려 이를 일본으로 이입하는 것이 상책이라 보고, 조선에서의 쌀 증산을 위한 산미증식계획을 수립하였던 것이다.

산미증식계획은 모두 3차 계획으로 구성되었다. 제1차 계획은 1920년에서 1934년까지 수립되었으나 1926년에 중단되었고, 제2차 계획은 1926년

군산항 전경이 인쇄된 사진엽서　당시 군산은 조선의 미곡을 일본으로 수출하는 최대 거점이었다. 호남평야에서 생산한 쌀이 대거 군산을 통해 빠져나갔다.

부터 1938년까지로 수립하였으나 또 다시 1934년에 중단되었다. 제3차 계획은 1937년 중일전쟁 발발로 인한 식량확보를 위하여 1940년에 다시 10년 계획으로 추진되었고, 일제 패망 직전인 1944년에는 단기 1개년 계획으로 추진되어 사실상 일제 패전 직전까지 조선 쌀의 생산량을 늘려 일본으로 이출하는 사업이 진행되었다.

산미증식계획은 토지개량사업과 농사개량사업의 두 방향으로 전개되었다. 토지개량사업은 관개개선, 지목전환, 개간 간척 등 생산기반을 개선하는 것이었다. 이 중에서 일제가 많은 자본을 투하하여 주력했던 것은 관개개선을 위한 수리조합사업이었다. 농사개량사업은 일본식 개량농법을 보급하는 것이었다. 개량농법 보급은 토지개량을 전제로 품종개량과 비료사용의 증가를 통해 단위 면적당 수확량을 증대시키려는 것이었다.

<표 1> 시기별 미곡 생산량 및 이출량

	연평균 생산량	연평균 이출량	이출 비율
1915~1919	1,312만석	220만석	16.7
1920~1924	1,456	357	24.5
1925~1929	1,624	481	29.6
1930~1934	2,015	788	39.1
1935~1939	2,129	982	46.1

출처 : 역사교육연대회의, 2009, 『뉴라이트 위험한 교과서, 바로읽기』, 서해문집

<표 2> 시기별 1인당 미곡소비량의 변화추세

	국내소비량	인구평균	1인당 쌀 소비량
1920~1924	1,099	1,766	0.62
1925~1929	1,143	1,915	0.60
1930~1934	1,224	2,060	0.59
1935~1939	1,147	2,234	0.51

출처 : 역사교육연대회의, 2009, 『뉴라이트 위험한 교과서, 바로읽기』, 서해문집

〈표 1〉에서 보는 바와 같이 이 사업에 의하여 일본으로의 쌀의 이출은 절대적인 액수뿐만 아니라, 조선에서의 생산량 가운데 차지하는 비율도 지속적으로 증가하였다. 〈표 2〉에서 보는 것처럼 조선에서의 인구도 점차 증가하고 있었기 때문에 조선에서의 1인당 쌀 소비량은 지속적으로 감소할 수밖에 없었다. 그리고 조선에서의 식량의 부족분은 만주산 좁쌀의 수입을 통하여 보충되었다.

산미증식계획 수행과정에서 추진했던 우량품종 보급과 화학비료의 사용 증가는 농민들에게 비용 부담을 안겨주었다. 또 수리조합의 결성은 농민들로 하여금 조합비의 납부를 의무화하였는데, 이 또한 농민들에게는 커다란 부담이 되어 수리조합반대투쟁이 거세게 일어나기도 하였다.

산미증식계획은 대규모의 안정적인 시장과 쌀값의 지속적인 인상이라는 호경기를 맞이한 일본인과 조선인 지주층의 성장을 가져왔다. 특히 일본인 농업회사들은 축적된 자본을 계속하여 토지에 투자하여 대규모 농장들을 건설하였고, 조선인 지주들 가운데에서도 전에 볼 수 없었던 만석군 지주들이 등장하였다. 일본인과 조선인 지주들은 고율 소작료와 고리대를 통해 농민들을 수탈하면서, 이를 통해 대지주로 성장하고 있었던 것이다. 농민들은 소작료를 낮추려는 운동을 전개하였지만, 지주들은 잦은 소작권 이동을 통해 농민들을 압박하였다. 그리고 총독부 경찰은 소작인들의 농민운동을 탄압하여 지주들의 고율 소작료 수탈을 뒷받침하였다. 총독부가 지주들을 적극 보호하고 농민들을 탄압한 것은 고율소작료를 통해 일본으로 실어갈 쌀이 쉽게 시장으로 나올 수 있었기 때문이었다.

산미증식계획을 통해 토지는 점차 지주층의 손에 집적되어 들어갔고, 농민들은 점차 땅을 잃고 몰락했다. 또 고리대·공과금 등을 감당하지 못하는 농민들은 갈수록 몰락하여 봄이면 식량이 떨어지는 춘궁농가는 날이 갈수록 늘어났다. 결국 몰락한 농민들은 산 속으로 들어가 화전민이 되거나, 만주로 농업이민을 떠나거나 일본으로 건너가 노동자가 되는 길을 찾을 수밖에 없었다.

4. 일제의 사회·문화 정책

교육정책

식민지 교육은 일제 식민지 통치의 근본을 이루고 있던 동화정책을 실현하기 위한 좋은 수단이었다. 조선총독부는 각종 규제 법령을 제정하여 민족교육을 약화시키고 식민지 통치의 정당화를 위한 이데올로기 주입과 식민지 통치에 필요한 인간의 양성을 꾀하였다. 우선, 「사립학교규칙(1911)」은 식민지화되기 이전에 발표된 「사립학교령(1908)」을 강화한 법적 조치로서, 당시

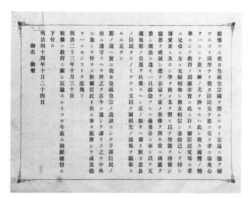

천황중심의 국가주의 교육의 핵심인 교육칙어(1911)

민족운동을 전개했던 민족주의계 사립학교와 종교계 사립학교를 규제하는 내용을 담았다. 이 규칙의 적용대상에는 조선인을 교육하는 모든 사립학교, 즉 사립보통학교, 사립고등보통학교, 사립여자고등보통학교, 사립실업학교, 사립전문학교가 포함되었다. 주요 내용은 ① 학교의 설립, 폐쇄, 학교장·교원의 임용 등을 총독부의 허가사항으로 하는 것, ② 수업연한, 교과서, 교육과정 및 매주수업시간수, 학생정원, 학년, 학기, 입학자에 관한 업무를 총독부의 허가사항으로 하는 것, ③ 교과서는 총독

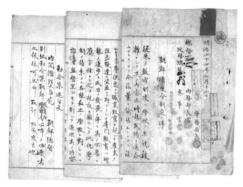

1911년 7월 12일에 발표된 제1차 조선교육령 초안본

부의 편찬에 의한 것 또는 검정을 거친 것으로 규정한 것, ④ 법령을 위반했을 경우, 학교의 폐쇄, 학교장·교원의 해고를 명할 수 있도록 한 것 등이었다. 이것은 일반계 사립학교를 주요 규제대상으로 한 것으로 아직 종교계 사립학교에 대한 규제는 들어 있지 않았으나, 1915년 1차 개정규칙에 의해 사립학교에 대한 제재가 보다 강화되었고, 종교계 사립학교의 종교교육은 현실적으로 불가능하게 되었다. 1차 개정안의 주요내용으로는 원래의 사립학교규칙과 마찬가지로 학교의 설립, 교육과정, 교과용도서, 교원의 자격 등에 관한 것이었으나 세부사항에서 규제하는 정도가 더욱 강화되었다. 사립학교에 「사립학교규칙」이 적용됨에 따라, 조선이 식민지화되었던 1910년 당시 1,973개교

에 이르던 사립학교는 1912년 1,362개교, 1916년 1,045개교, 1921년 635개교 등으로 급격하게 감소되었다.

총독부 교육정책의 근간을 이루는 제1차 「조선교육령」은 충량한 국민 육성을 목표로 1911년 8월 제정되었다. 제1차 조선교육령은 그 목적을 「교육에 관한 칙어」의 취지에 의거하여 충량忠良한 국민을 육성하는 것으로 했다. 한국을 식민지로 만든 직후에 총독부는 한국인의 민족주의를 억압하고 일본에 동조하도록 하기 위해 무단정치를 실시했는데, 충량한 국민을 양성하는 교육이란 이러한 의도에 맞는 인간을 길러내려는 것이었다. 이를 위해 구체적으로는 일본어 보급을 위한 보통교육을 실시하고, 일본의 경제적 요구에 부응하는 저급한 기술을 가진 노동자를 양성하는 실업교육을 강조했다

보통학교와 고등보통학교는 모두 4년제로 되어 있었다. 이 법령의 적용대상은 한반도 안에 있는 조선인에 한정되었고, 일본인소학교(6년제)와는 달리 조선인 보통학교는 4년에 불과한 것 등 차별적인 내용을 담고 있었다. 이와 함께 학교의 설립과 폐지에 관한 사항은 조선총독의 허가를 받도록 하고 있어서, 이전에 설립되었던 민족주의적인 사립학교를 탄압하는 근거가 되기도 했다. 더 나아가 1918년에는 「서당규칙」을 제정하여 서당의 개설은 도지사의 인가를 받도록 하고 교과서도 총독부에서 편찬한 것으로 가르치도록 하는 등 통제를 강화하였다. 그리하여 한말 애국계몽기에 융성했던 사립학교 교육과 전통적인 민족교육기관인 서당교육은 급격히 쇠퇴하게 되었다.

한편, 조선총독부는 1922년 2월에 조선교육령을 개정한 이른바 제2차 「조선교육령」을 발표했다. 제2차 교육령에서는 3개면에 보통학교 1개교를 세운다는 원칙을 내세워 교육의 기회를 확대하는 것처럼 보였으나 이 정도로는 조선인들의 교육열을 충족시킬 수 없었다. 제2차 교육령에서는 보통학교의 수업연한을 6년으로 연장하고, 고등보통학교는 5년으로 여자고등보통학교는 4년으로 연장했다. 사범교육은 이전에 고등보통학교와 여자고등보통학교에서 실시되었던 것을 사범학교를 독립시켜 운영하도록 했고, 수업연한도

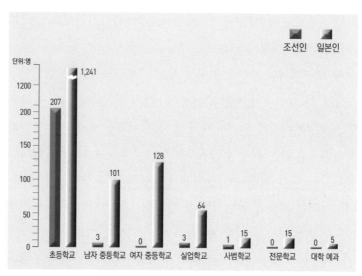

단위:명

조선인　일본인

1,241

207

3

0

128

101

3

64

1　15

0　15

0　5

1200

200

150

100

50

0

초등학교　남자 중등학교　여자 중등학교　실업학교　사범학교　전문학교　대학 예과

인구 1만 명당 취학 학생수(1925)

1년에서 남자의 경우는 6년, 여자의 경우는 5년으로 연장했다. 대학에 관한 규정이 새로 마련되어 1926년에 경성제국대학이 설립되었으나, 조선인이 진학하는 비율은 상당히 낮았다. 또한 조선어, 조선의 역사 및 지리시간을 대폭 줄이고 그 대신에 일본어와 일본의 역사 및 지리시간을 늘렸다. 조선인들에게는 실업교육이 강조되었고, 전문교육의 기회가 넓어지지 않았다.

일제의 교육정책은 식민지 통치에 저항없이 순응하는 조선인을 만들겠다는 동화의 의지를 그대로 담고 있는 것이었으며, 그 내용은 수준이 낮은 교육을 통하여 조선인을 2등 국민으로 만들겠다는 것을 의미하였다. 제2차 교육령은 제1차 교육령에 비해 다소 나아졌지만, 일본어교육과 실업교육을 중심으로 충량한 제국신민을 양성한다는 식민지 우민화 교육정책의 기본 방침에는 변화가 없었다.

사회·문화정책

일제는 통감부시기 조선에 근대적 문물제도를 도입한다고 선전했음에도 불구하고 실제로는 보안법, 신문지법, 출판법 등을 강화 반포하여 언론, 출판, 집회, 결사 등 기본권을 부정하였다. 이를 근거로 하여 일제는 병합과 함께 민족적인 학회와 단체는 물론 일진회·대한협회 등 친일단체까지도 해산시켰다. 또한 민족적인 색채를 띤 『대한매일신보』 등 조선인의 모든 신문과 출판물을 강제로 폐간하고 대신에 『경성일보』, 『매일신보』 등 총독부의 기관지 역할을 하는 소수 출판물만을 발행하여 총독부의 정책을 미화하는 데 활용하였다. 개인의 인권과 언론의 자유라는 측면에서 1910년대는 암흑의 시대였다고 할 수 있다.

1920년대 '문화통치'기에는 1910년대에 원천적으로 금지되고 있던 언론, 집회, 출판의 자유를 일부 허용했다. 여기에서의 허용이란 식민지 통치질서와 공안을 방해하지 않는 한도 내를 의미하는 것이었다. 이 때 발간된 대표적인 신문, 잡지로는 『동아일보』, 『조선일보』, 『개벽』, 『조선지광』, 『신생활』 등이 있었으며, 이들 신문·잡지는 「신문지법」, 「출판법」과 엄격한 검열제도 하에서 압수·정간 등을 수없이 당하였고, 언론인이 인신 구속되는 경우도 많았다. 한편 청년단체, 농민노동단체, 종교단체 등이 우후죽순격으로 창립되어 1922년에는 약 7,000여개의 사회단체가 등장하였다. 하지만 이들 단체의 집회에는 경찰이 항상 임석하여 감시하였으며, 집회 자체가 허용되지 않는 경우도 많았다. 또 1925년에는 사회주의운동을 탄압하기 위해 일본에서 제정한 「치안유지법」을 조선에까지 확대 적용하였다.

더 나아가 일제는 1910년대에는 일진회까지 해산시킬 만큼 무시했던 사회단체를 다시 적극적으로 육성하여 식민통치에 활용하고자 하였다. 일제는 한국병합 과정에서도 일본 유학생, 관료, 개화한 조선인의 일부를 협박 매수하여 친일파로 만들고 이들을 적절히 이용한 바가 있다. 1920년에 사이토 총독에게 보고된 〈조선민족운동에 대한 대책〉 문건에는 조선총독부가 친일세력을 어떻게 육성하려고 하였는지 잘 나타나 있다. 여기에서는 "친일분자를 귀족·양반·유생·부호·실업가·교육자·종교가 등에 침투시켜 그 계급과 사정

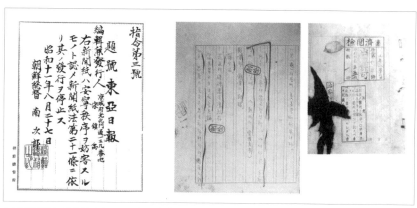

㈜『동아일보』정간명령서　1936년 손기정 선수의 '일장기 말소사건'으로『동아일보』는 약 10개월 간 정간 조치를 당했다. (우) 식민지 당국에 의해 검열·삭제된 오장환의 원고 일부　모든 단행본과 잡지는 사전에 원고검열을 받게 되어 있었다.

에 따라 각종 친일단체를 조직할 것"이라고 하였다. 이에 따라 조선경제회, 대정친목회, 국민협회(민원식), 동광회, 대동사문회大同斯文會, 조선불교중앙교무원, 유교진흥회, 시천교, 청림교, 상무단商務團(보부상) 등이 조직되었다. 이와 함께 조선인 귀족, 관료, 교사, 유생 등을 일본시찰단으로 보내서 친일관념을 부식시켰다. 농민운동을 약화시키기 위해 조선소작인상조회를 만들기도 하였다. 일제는 한국병합 당시 일부 왕족과 정치인에 한정되었던 친일세력을 지주계급, 지식인층으로 크게 확대해 식민통치의 기반을 확고히 하려고 한 것이다.

　이와 함께 일제는 식민지 통치를 정당화할 목적으로 조선의 문화와 역사를 적극적으로 조사하고 연구하였다. 조선총독부는 조선사편수회를 설치하여 조선사를 편찬하기 위한 자료를 광범위하게 수집하였다. 일제는 3·1운동에서 나타난 조선인들의 강고한 민족정신에 놀라 이를 말살하기 위하여 조선사편수회, 청구학회와 경성제국대학을 중심으로 조선사를 왜곡하는 작업에 착수하였다. 그 결과 이른바 식민사관을 만들어냈으며, 그 대표적인 논리가 '타율성론'과 '정체성론'이었다. 1920년대 중반부터 일제는 식민사관에 입각하여 조선사를 왜곡하는 작업을 본격화하였으며 『조선사강좌』, 『조선사』 등을 편찬하였다. 일제는 식민사학을 조선인들의 열등의식, 패배감, 좌절감 등을 조장하는 데 적극 활용하였다.

참고문헌

김동명, 2005, 『지배와 저항, 그리고 협력』, 경인문화사

김운태, 1998, 『일본 제국주의의 한국통치』, 박영사

신용하, 2001, 『일제 강점기 한국민족사』, 서울대 출판부

이승일, 2008, 『조선총독부 법제 정책』, 역사비평사

역사교육연대회의, 2009, 『뉴라이트 위험한 교과서 바로 읽기』, 서해문집

최석영, 1997, 『일제의 동화이데올로기의 창출』, 서경문화사

제9장

1930년대 이후 일제의 침략전쟁과 인력·물자수탈

세계사의 흐름 : 대공황과 파시즘의 유행

제1차 세계대전 이후 미국은 경제 호황을 이어갔다. 그러나 생산 과잉, 투기, 소비 시장 축소 등의 이유로 1929년에 미국 주식시장이 붕괴하며 대공황이 발생했다. 주식 시장의 급락과 경기 침체로 인해 대규모 해고와 실직이 발생했고, 농산물 가격도 급락하여 미국 전체 경제가 동요했다. 미국은 대공황 대응책으로 채무가 있는 유럽 여러 국가에게 채무 상환을 촉구했다. 제1차 세계대전의 피해를 복구하고 있던 유럽 각국은 연쇄적으로 경제 위기에 빠져, 대공황은 세계 각국으로 확산되었다.

미국은 종래의 무제한적 경제 방임주의를 수정해 정부가 경제에 적극적으로 개입한다는 방침을 세웠다. 국가 중심의 경제 부흥 정책인 뉴딜정책이었다. 영국과 프랑스는 자국의 식민지 시장과 경제 블록을 형성하며 경제 위기를 돌파하려 했다. 반면 국내 시장이 취약하고 타국에 비해 넓은 식민지를 갖지 못했던 독일, 일본, 이탈리아 등은 심각한 경제 위기에 직면했다.

독일, 일본, 이탈리아는 정치체제의 전환을 통해 경제 위기를 돌파하고자 했다. 민족과 국가의 존립을 위해 개인의 모든 활동을 통제하는 '전체주의'로의 전환이었다. 이탈리아에서는 이미 1922년 무솔리니의 국가 파시스트당이 주도해 세계 최초의 파시즘 국가가 탄생했다. 파시스트당은 1920년대부터

1930년대까지 강력한 국가중심체제를 형성했고, 국내의 언론 검열, 사회주의자 무차별 검거 등 사회 통제를 강화했다. 한편 국외로 시선을 돌려 에티오피아를 침공하고, 알바니아를 병합했다. 독일에서는 1933년 히틀러의 나치당이 권력을 장악했다. 나치당은 일당 체제 하에 친위대와 비밀경찰을 기반으로 강력한 독재 권력을 창출했다. 강한 민족 공동체를 구축해야 사회를 구할 수 있다며, 유대인을 배척하고, 우생학과 유전학의 논리로 장애인 등에게 단종斷種을 실시했다. 또한 1938년에는 오스트리아를 합병하고, 이듬해 폴란드를 침략해 제2차 세계대전을 일으켰다. 일본 역시 제1차 세계대전 이후의 불경기와 1929년의 대공황으로 인해 국내의 혼란이 가중되자, 관동군이 중심이 되어 1931년 '만주사변'을 일으켰다. 이후 만주를 점령해 괴뢰국 '만주국'을 수립하고, 일본제국을 총동원해 전쟁을 준비해 나갔다. 결국 1937년 중일전쟁을 일으켜 전면적 대륙 침략을 시작했다.

독일은 1939년 폴란드를 점령하고, 이어서 덴마크, 노르웨이, 네덜란드를, 1940년 프랑스를 침략했다. 이탈리아, 일본과 동맹을 맺고 추축국을 결성한 독일은 1941년 소련을 침공해 전선을 보다 확대했다. 아시아에서는 일본이 1941년 진주만의 미국 함대를 공격해 태평양전쟁을 일으켰다. 일본은 이어서 동남아시아와 중앙태평양 지역으로 진군하며 침략전쟁을 이어갔다.

이들 추축국에 대항해 영국, 프랑스, 미국, 소련, 중국 등이 연합국을 결성했다. 연합국은 1942년 미드웨이 해전에서 일본을 이겼다. 이후 북아프리카와 소련의 스탈린그라드에서도 독일과 이탈리아군대를 꺾고, 이어서 독일을 침공하며 전쟁의 주도권을 탈환해 나갔다. 아시아에서도 연합군이 일본 군대를 압박해 나가 동남아시아에서 일본의 점령지를 탈환하고, 이어서 일본 본토까지 공습을 감행했다. 결국 1945년 5월 독일은 연합군에 무조건 항복을 표명했다. 같은 해 8월 연합군이 일본 히로시마와 나가사키에 핵폭탄을 투하하며 일본 역시 항복을 선언해, 제2차 세계대전은 종결되었다.

1. 일본의 침략전쟁과 총동원체제의 구축

대륙 침략과 사회 통제

일제는 1930년대에 접어들면서 식민지 지배 정책을 크게 전환했다. 그 주요 원인은 세계대공황의 발생이었다. 대공황 하에서 일본 본토의 생산 관련 지수는 크게 악화했다. 1929~1931년 사이 공장 생산액은 33%, 수출입 총액은 45%나 감소했으며, 1929년 한 해에만 300만 명의 노동자가 실직했으며, 실질 임금은 10% 이상 감소했다. 경제 위기는 국가 통치의 위기로 이어질 수 있었다.

일제는 이 위기를 주변국 침략을 통해 타개했다. 1931년에는 만주를 점령하여 괴뢰 '만주국'을 건설했다. 1937년에는 중일전쟁을 일으켰고, 1941년에는 미국 하와이까지 공습하여 아시아태평양 전역으로 전선을 확대했다. 이처럼 침략 전쟁을 거듭하는 가운데, 일제는 조선의 전략적 위상에 주목했다. 물자와 인력을 안정적으로 보급하는 병참기지로서 조선의 중요성이 더 커진 것이다.

일제는 우선 조선 통치를 안정시키고자 했다. 먼저 1930년대 초반부터 군대와 경찰 기구를 증강해 항일 운동을 사전에 차단하고자 노력했다. 1933년부터는 사상전환정책을 실시해, 반일운동에 참여해 옥에 갇힌 사상범들을 대상으로 반일 의식을 포기하고 일본제국에 찬동하도록 강제했다. 이를 위해 치안유지법을 개정하는 한편, 1936년 「조선사상범 보호관찰령」, 1941년 「조선사상범 예방구금령」 등을 제정·개정하였다. 특히 경성, 함흥, 평양, 신의주, 대구, 광주 등 전국 주요 7개 도시에 '사상범보호관찰소'를 설치하였다. 사상범들이 반일사상을 버렸다는 것을 출옥 이후에도 일상적으로 증명하고, 여기에 불응할 경우는 형 집행기간 종료 이후에도 그를 구금하거나 제재할 수 있었다. 이러한 탄압 속에서 1930~1935년 사이 사상범으로 검거된 자는 약 2만 명에 달하였으며, 1930년 한 해에만 2,300여 건의 각종 집회가 금지되거나 제한·해산되었다. 나아가 일제에 대한 저항 운동이 많았던 만주 지역에는 민생단과 협화회 등의 관제조직을 세우고, 항일운동가와 조선인·중국인 사이에 갈등을 유발하는 공작을 추진하였다.

중일전쟁 이후 사회통제는 보다 심화되었다. 일제는 전시동원과 전쟁협력을 위한 관제단체를 조직하였다. 조선총독부를 정점으로 하는 통치 권력을 말단의 개개인에게까지 적용하기 위해서였다. 일제는 1938년에 '내선일체' 등의 구호를 내걸고 국민정신총동원조선연맹을 설립하였으며, 1940년에는 이를 확대·개편해 국민총력조선연맹을 설립했다. 이후 조선 사회는 이들 단체의 강한 통제와 억압 속에 일본의 침략전쟁을 위한 도구로 재편되어갔다.

군수공업화와 병참기지화

1931년 '만주사변' 이후 일본의 대륙 침략이 본격화되며, 만주와 가까운 조선 북부에서는 공업화가 급격히 추진되었다. 이는 당초 세계대공황으로 인한 불황 속에서 탈출구를 모색했던 일본 본토 대자본이 조선 진출을 확장하며 시작되었다. 이들 기업은 공업 개발에 필요한 광물이나 수력 전력 자원의 확보, 공장 부지 마련, 노동력 이용 등에서 일본 본토에 비해서 규제가 적었던 조선의 식민지적 상황을 활용했다. 이러한 상황 속에서 미쓰이[三井]·미쓰비시[三菱] 등의 기존 재벌뿐만 아니라, 일본질소日本窒素와 같은 신흥재벌이 진출하는 경향이 뚜렷했다. 특히 일본질소는 부전강·장진강·압록강 등 막대한 수력 전력 개발권을 차례로 차지한 후 이를 바탕으로 중화학공업을 추진할 수 있었다. 이러한 과정 속에 기존에 정미소, 간장공장, 고무신공장 등 경공업을 중심으로 했던 조선의 공업구조는 1930년대 후반 이후에는 화학, 기계, 금속공장과 같은 중화학공업 중심으로 전환되었다.

1937년 중일전쟁의 발발은 이러한 공업구조의 전환을 더욱 가속화했다. 일제가 조선을 대륙 침략을 위한 병참기지로 정하고 조선의 광물과 전력 등의 자원을 활용해 군수 생산을 강화해 나갔기 때문이었다. 1930년 공업 생산액 가운데 중화학공업이 25%, 경공업이 75%의 비중을 차지했다. 그러나 1940년에는 중화학공업이 51%, 경공업이 49%로 그 비율이 역전되었다. 또한 농업 생산액 대비 공업 생산액의 비율 역시 크게 변화했다. 농업 생산액에 대한 공업 생산액의 비율은 1931년 39.1%에 그쳤지만, 1940년에는 80.1%, 1941년에는 89.7% 수준으로 급격하게 성장해 갔다.

이처럼 1930년대 이후 조선의 공업 구조는 고도화되었다. 그럼에도 이는 조선인의 경제 수준을 향상시키는 개발이 아니었다. 공업화 계획은 일본 본토에서 진출한 대자본 중심으로 추진되었으며, 조선인의 요구나 이해관계는 배제되었다. 또한 공업화가 전쟁에 편승하여 진행되었기 때문에, 공업 자원 및 공업용 인프라 개발 역시 군수공업시설에 편중되었다. 대공장은 자기 완결적으로 산업을 구성해서, 조선인이 중심이 되었던 중소공장들과 산업적으로 연관성이 없었다. 즉, 일본 본토에서 진출한 대기업 중심의 군수공업화에 편중되었기에, 조선인의 이해관계나 조선인의 산업적 발전을 추동하지 못했다.

나아가 1941년 아시아태평양전쟁 발발 이후 일본의 전황이 악화하자, 조선 경제는 실질적인 마이너스 성장으로 빠져들었다. 물자 부족으로 인해 일제는 평화산업용 공장은 폐업시키거나 군수공업용 공장으로 합동시켰다. 이 과정에서 공장 시설이나 금속은 회수해서 거점 군수공장에 집중시켰다. 또한

함경남도 흥남의 일본질소비료(주) 공장 전경(일본질소비료주식회사, 『일본질소비료사업대관』, 1937)

일본 본토와 조선에 공습 위험이 닥치자, 공장과 도시를 소개疏開하면서 다수의 공업시설과 인프라를 파괴시켰다. 이에 따라 아시아태평양전쟁기에 조선 내 공장의 평균 생산액 증가율은 약 -20%수준으로 격감했다. 일제는 자금이나 물적 자원의 투입이 불가능한 상황 속에서 대규모의 조선인을 강제 동원하여 이러한 생산성 하락에 대응하고자 했다.

농촌진흥운동과 농촌 통제

1920년대 일본으로 이출된 쌀이 많았고, 1929년 세계대공황까지 겹쳐, 1930년대 초 일본 본토에서는 쌀값 폭락이 일어났다. 이에 따라 일본 본토에서는 조선으로부터 미곡 이입을 통제할 것을 주장하는 요구가 늘어났다. 조선총독부는 1934년 기존의 산미증식계획을 중단하고, 일본으로의 쌀이출도 금지했다. 일본 미곡 시장을 보호하기 위해 조선 농업정책을 전환한 것이었다. 이로 인해 기존에 쌀 중심의 미곡 단작 농업으로 구조화되어 있었던 조선의 농가들은 심각한 피해를 받았다. 일례로 1926년 현미 1석당 33원이던 쌀값은 1930년에는 24원, 1931년에는 약 15원으로까지 폭락을 보였다. 이 과정 속에서 1930년대 초 소작농과 중소지주의 몰락이 가속화되었다.

일제는 경제적 위기 속에 농촌 정세가 불안정해지자, 1932년부터 '농촌진흥운동'을 실시했다. 이 운동은 몰락해가는 농촌경제를 농민의 '자력갱생'을 통해 타개하는 것을 목표로 했다. 또한 사회주의 운동이 농촌에서 세력을 넓히지 못하도록 통제하는 것을 중요시했다. 총독부는 각 면面 단위에서 1개 이상의 '갱생지도부락'을 정하고, 이 부락에서 식량 확보와 현금 수지 개선, 부채 정리와 같은 경제적 성과를 내도록 장려했다. 이들 지도부락에게는 약간의 보조금을 지급하였으며, 각 부락별로 '중견인물'을 선정해 이들을 중심으로 농촌사회를 통제하도록 유도하였다. 이처럼 당초 이 운동은 농촌사회의 물질적 안정을 목표로 했다. 하지만 실질적으로 자금은 충분히 지원하지 않았다. 총독부는 이를 대신해 '심전心田개발'이라는 이름으로 정신 수양에 초점을 두고 운동을 추진했다. 총독부는 1937년 중일전쟁 발발 이후에도 이 운동을 계속 이어가다, 1940년 이를 종료하고 '국민총력운동'으로 전환했다. 두 운동의 명칭은 다르지만, 조선총독부 – 각 도道 – 각 군郡·읍邑·면面 단위로 관제 조직을 만들고, 이를 통해 일제의 방침을 말단 부락까지 관철시키는 동일한 구조를 갖추고 있었다. 즉, 일제의 농촌 통제정책은 이미 1930년대 이후 자리잡기 시작해 전시하에서 보다 강화되었다.

한편, 조선총독부는 1930년대 이후 농촌에서 소작쟁의 등 농민의 저항운동이 확대되는 것을 방지하기 위해 '자작농지설정사업'을 추진하였다. 1932년부터 시작된 이 사업은 조선총독부와 금융조합 등이 농민에게 자작 농지 구입 자금을 대부해 주고, 이를 통해 자작농을 육성하는 것을 목표로 하였다. 그러나 계속되는 땅값 상승, 조세·공과 부담의 증가, 구입 자금의 불충분 등의 이유로 충분한 성과를 거두지 못했다.

더불어 소작인들의 저항을 우려해, 1933년에는 「조선소작조정령」을, 1934년에는 「조선농지령」을 제정하였다. 이는 소작인이 수확 감소시 소작료 감면을 요구할 수 있는 권리를 설정하고, 마름이 소작료를 중간에서 수탈하는 것을 단속하는 한편, 소작 기간을 3년 이상으로 규정해 소작농의 권리를 보장하는 방식을 취했다. 그러나 소작쟁의의 핵심문제인 고율소작료에 대한 제한이 없어, 소작농의 처지는 개선되지 못했다.

1930년대 이러한 총독부의 농촌정책은 결과적으로 새로운 농촌 문제를 낳았다. 부채로 인한 농촌 하층민의 붕괴였다. 총독부는 금융조합을 통해 부채를 정리하고 자작 농지를 설정한다는 명분을 내세워 농민에게 자금을 대부했다. 그러나 그 혜택을 입은 것은 일부 중산층에 불과했다. 농산물 가격의 폭락과 거듭된 자연 재해 속에서 많은 농민들은 일용노동자나 화전민으로 전락할 수밖에 없었다. 또한 많은 이들이 1930년대 이후 극심한 경제난 속에서 일자리를 찾아 농촌을 떠나 만주나 일본 등지로 향했다.

2. 황민화정책

내선일체론과 창씨개명

1936년 조선총독으로 취임한 미나미 지로[南次郎]는 조선인을 천황의 충량한 신민으로 만들기 위해 '황국신민화정책'을 펼쳐 갔다. '내선일체론'은 이 정책을 뒷받침하는 토대를 이루었다. 내선일체[内鮮一體]란 일본인(=내지인)과 조선인은 불가분의 일체이며, 조선인은 일본인과 함께 '황국신민'으로서 일본의 전쟁에 참여해야 한다는 의미를 가졌다. 이처럼 황민화정책과 내선일체론은 민족차별을 은폐한 채 일본의 침략 전쟁에 조선인을 동원하기 위한 사상전략이었다.

일제는 이러한 사상을 조선인에게 선전하기 위해 '신사[神祠]'를 더욱 중시해 나갔다. 충남 부여가 고대부터 일본과 조선의 관련성을 보여준다며, 이곳에 대규모의 신사 건설을 추진했다. 또한 각 면面마다 신사를 하나씩 세워서 사상을 강화한다며, 산간벽지까지도 신사를 건설해 나갔다. 이를 바탕으로

경성에 위치한 조선신궁 전경

학교·직장·마을 등 정례적으로 신사를 방문해 참배하도록 했다. 일상 생활 속에서도 일본 황궁을 향해 절하는 '궁성 요배'를 실시하는 한편, '황국신민서사'를 암송하도록 강제했다.

내선일체 홍보 엽서
(국사편찬위원회 우리역사넷)

1939년에는 「조선민사령」을 개정해 '창씨개명創氏改名'을 실시하였다. 창씨개명은 조선인 고유의 '조선식 성'을 없애 '일본식 씨'를 새로 만들고, 일본식으로 이름을 고치도록 하는 정책이었다. 조선총독부는 기존의 조선인 이름이 중국식이라며, 이를 버리고 일본식 이름을 가져서 내선일체를 완성해야 한다고 선전했다. 표면적으로는 일본인과 조선인의 이름에서의 차별을 없애는 조치로 보였지만, 실제는 그렇지 않았다. 창씨개명은 당초 조선인을 군대에 동원할 경우를 가정해 군대에서 군인을 일본식으로 통일해서 호명하기 위한 사전 조치로 추진되었다. 또한 이름에서 '차이'를 없애도 실질적 '차별'은 없애지 않았다. 창씨개명 이후에도 조선인은 일본인과 호적이 구분되었고, 조선인이 본적지를 일본 본국으로 옮겨 호적을 변경하는 것 역시 인정되지 않았다.

황민화교육과 조선학 탄압

교육을 통한 황민화정책 역시 강조되었다. 일제는 1938년 제3차 「조선교육령」, 1941년 제4차 「조선교육령」을 발포하고 황민화 교육을 전개해 나갔다. 제3차 조선교육령은 육군특별지원병제도의 창설을 앞두고 조선인을 일본의 병력으로 활용하기 위해 추진되었다. 이 교육령을 통해 일제는 기존에 구분했던 일본인과 조선인 학교제도를 하나로 통일해, 일본인과 조선인의 공학을 실시하고, 학교 명칭 역시 일본인 학교명(중학교, 소학교)으로 통일했다. 또한 종래 필수과목이었던 조선어와 조선역사 과목은 선택과목으로 변경했으며 그 수업시수를 감축했다. 이를 대신해 일본식 도덕을 주입하는 수신과 공민 교과의 수업을 늘리고, 군사 교련 수업을 강화했다.

제4차 조선교육령은 학생을 군인이나 노동자로 동원하기 위해 추진되었다. 수업 연한을 단축하고, 재학 중에도 '근로봉사'라는 명목으로 각종 공사장이나 공장 등으로 학생을 노동자로 동원하는 것을 일상화했다. 또한 조선어 교과를 폐지하고, 학교에서 교수 용어는 물론이고 일상 용어까지도 모두 일본어만 사용하도록 강제했다. 나아가 1946년부터는 조선인을 군대와 노동자로 보다 원활하게 사용하기 위해 '의무교육'을 실시하겠다고 발표했다. 그러나 의무교육 제도는 1945년 일제가 패전하여 결국 실현되지 못했다.

이외에도 학문적으로 관학자를 동원해 식민주의 역사학을 연구하고 보급했다. 또한 전쟁 말기에는 한글 연구 단체인 조선어학회를 강제해산하고 관계자를 투옥해 한글 연구를 탄압하였다.

언론탄압과 친일 선전

침략 전쟁이 장기화될 수록 전쟁을 싫어하고 일본에 반대하는 여론이 자라났다. 이에 일제는 언론·집회·결사에 대한 탄압을 강화해 이러한 여론이 확대되지 않도록 방비했다. 이를 위해 조선총독부는 1937년에 『조선중앙일보』를, 1940년에 『동아일보』와 『조선일보』를 폐간시켰다. 또 모든 집회와 결사는 허가제로 변경하여 반일 또는 반전 운동의 가능성을 봉쇄시키고자 했다.

또한 일본을 찬양하고 전쟁을 미화하는 여론을 강력히 육성하고자 했다. 조선총독부는 조선인에게 영향력이 있는 지식인·언론인·종교인 등을 선전에 활용하였다. 조선문인회, 조선언론보국회, 임전보국단 등 많은 선전단체를 조직하고, 여러 명망가, 소설가, 음악인, 연극인 등을 이들 단체에 소속시켰다. 일제는 이들 단체에 소속된 여러 지식인들이 유력 잡지나 방송을 통해,

나아가 농촌이나 공장을 직접 방문해서 친일 여론을 조성하도록 했다. 이를 통해 일본의 전쟁은 침략전쟁이 아니라 아시아 해방을 위한 성스러운 전쟁이며, 조선인은 이 전쟁에 참여해서 기존의 빈곤과 차별에서 탈출할 수 있다고 선전하며 협력을 유도했다.

3. 물자와 인력의 수탈

농산물 공출과 군수 물자 동원

중일전쟁 이후 전쟁 수행을 위한 군량미의 확보와 조선 내외의 식량 문제 해결이 급선무가 되었다. 이에 따라 식량공급지로서 조선의 중요성은 다시금 강조되었다. 또한 전쟁이 장기화되고, 1939년 이후 큰 가뭄이 들면서 쌀 생산이 감소했기 때문에, 식량 증산의 필요성은 더욱 강조되었다. 식량증산을 위해 조선총독부는 1940년 '조선증미계획'을, 1942년 '조선증미개정계획'을 발표했다. 이를 통해 경종법을 개선하고, 적극적인 개간·간척을 통해 경지를 확장하도록 강제했다. 그러나 이러한 노력에도 불구하고 전쟁을 위한 물자와 노동력이 절대적으로 부족했기 때문에 식량 수급의 불균형은 계속되었다.

일제는 이에 식량의 유통과 소비 통제를 강화했다. 조선총독부는 1939년 「조선미곡배급조정령」을 공포하여 쌀값을 국가 관리로 전환했다. 미곡의 매상과 배급 역시 국가가 독점했다. 1943년에는 「조선식량관리령」을 발포해 이러한 식량의 국가관리체제를 강화했다. 한편, 식량의 소비 관리도 보다 엄격히 해, 1940년에는 「임시 미곡배급규칙」을 발포해 같은 해 5월부터 도시 지역을 중심으로 식량 배급을 시작했다. 이로써 미곡과 설탕, 소금, 주류, 통조림 등의 통제 배급이 개시되었다.

식량의 생산지였던 농촌에서는 공출을 통한 통제가 이어졌다. 총독부는 1943년부터 '자가보유미제도'를 시행하고, 자가소비량을 제외하고는 미곡

'공출보국'이라 쓴 전시하 미곡 및 금속 공출홍보 도자기
(서울역사박물관 서울역사아카이브)

을 공출하는 것을 원칙으로
했다. 또한 공출 강화를 위해
1943년에는 '공출사전할당
제'를, 1944년에는 쌀의 '농
업생산책임제'를 시행하였다.
이러한 제도 하에서 폭력적
인 공출이 이어졌다. 공출 할
당량 자체가 생산량보다 훨씬
많았기 때문에 농민들은 내핍
을 넘어 기아에 처할 수밖에

없었다. 또한 공출 미곡을 매상할 때에도 그 대금을 모두 지불하지 않고 일정
액의 공제와 강제저축을 강요해 농가의 빈곤을 강화시켰다. 더불어 식량 이
외에도 축산물이나 누에, 면화 등의 의류용 농산물도 공출하였다. 일제는 식
량을 공출하는 대신, 만주에서 비료로 수입된 콩깻묵을 죽으로 만들어 식용
으로 배급하였다. 그러나 만주에서 수입해 오는 과정에서 썩어버려 이미 먹
을 수 없는 상황이 빈번히 발생했다.

한편 전쟁용 군수 물자의 안정적 확보를 위한 공업 부문 통제도 대폭 강화
되었다. 일제는 1937년 「중요산업통제법」을 조선에 적용해 일본제국 내 주
요 군수 물자의 유통을 전면적으로 통제하였다. 또한 1940년 이후 「중요산
업통제령」, 「조선공업통제령」 등을 차례로 발포하여, 산업의 생산·배급·소비
를 통제했다. 한편 가격의 조정을 위해 1939년 「가격통제령」, 1940년 「조선
물자통제요강」 등을 발포해, 가격을 행정력을 통해 통제했다. 자금과 관련해
서는 1937년 「임시자금조정법」을 제정하고, 1939년부터는 조선식산은행을
통해 산업자금공급에 대한 조정 등을 실시해 핵심 군수공업으로 자금을 집중
시켰다. 1942년부터는 「기업정비령」을 실시해 초중점 공업에 물자와 자금을
몰아주며 군수산업에 파격적으로 자원을 집중시켜 갔다.

강제동원과 일본군'위안부'

일제는 물자 뿐만 아니라 사람 역시 '인적 자원'으로 간주해 전쟁에 총동원하였다. 1938년 「육군특별지원병령」, 1943년 「해군특별지원병령」을 제정하여 1938년부터 1943년 사이에만 2만 3,700여 명의 조선인을 군인으로 동원했다. 또한 1943년에는 「육군특별지원병 임시채용규칙」을 바탕으로, 전문학교 이상에 재학한 조선인 엘리트들을 전쟁에 학도병으로 투입시켰다. 나아가 1944년부터는 전 조선인을 대상으로 하는 '징병제'를 실시하여 1945년 패전까지 약 21만 명을 군인으로 징집했다. 이외에도 1942년 발표한 「군속모집요강」을 통해 각 전쟁터에서 군사 관련 노동에 종사할 군속軍屬을 동원하였다. 이들 군속은 인도네시아, 필리핀, 태국 등 일본의 점령지에 파견되어 비행장이나 철도 건설 노동에 혹사되거나, 포로수용소의 감시 요원으로 활용되었다.

일반 공장 등의 노동력 동원은 보다 대규모로 추진되었다. 일제는 1939년부터 본격적으로 강제동원정책을 시행하여, 한반도는 물론, 일본 본토와 만주, 남양南洋 등에 있는 공장·광산·항만 등으로 조선인을 동원했다. 이를 위해 1939년 「국민징용령」, 1940년 「조선직업소개령」, 「국민근로보국협력령」, 1944년 「긴급학도근로동원방책요강」 및 「학도동원비상조치요강」 등을 제정하였다. 동원 방법은 크게 3가지로, 1939년부터는 '모집'을, 1942년부터는 '관 알선'을, 1944년부터는 '징용'을 주로 활용했다. 모집을 통한 동원은 일본 기업의 모집 담당자가 조선총독부가 할당한 지역으로 가서 노동자를 구인한 것을 의미했다. 이 방식은 당초에는 동원이 순조로웠지만 갈수록 모집 비율이 격감해 문제가 되었다. 이는 큰 돈을 벌 수 있다는 감언이설에 속아서, 또는 경찰이나 면 직원의 위압을 이기지 못한 채 모집에 응모해서 동원되었던 사람들이 혹사에 가까운 환경을 경험했다는 게 점차 알려지면서 모집을 기피하는 사람이 늘어났기 때문이었다. 일제는 여기에 대응해 1942년부터는 '관 알선'을 시작했다. 관 알선은 노동자의 구인을 기업이 아닌 조선총독부가

해방 이후 일본 후쿠오카항구에서 조선 귀국을 기다리는 전라북도 여자근로정신대의 모습
(국사편찬위원회 우리역사넷)

만든 관제단체인 '조선노무회'가 대신해서 담당하는 방식이었다. 이때 총독부는 행정력을 이용해 말단 부락까지 노동자 수를 할당하고, 각 마을이 할당받은 수 만큼의 노동자를 송출하도록 했다. 1944년부터는 더 강력한 동원 방식인 '징용'을 실시했다. 총독부에서 징용영장을 교부한 후 영장을 받은 사람들을 동원하는 방식이었다. 기존에 동원된 노동자의 도망과 이탈이 속출했기 때문에, 징용에는 동원 기피에 대한 처벌규정을 명시해 그 강제력을 강화했다.

이러한 과정을 거치며 1939년 이후 일제는 한반도 국내로는 연인원 약 600만 명 이상을, 일본 본토 및 점령지역으로는 약 139만 명 이상을 노무 동원한 것으로 추정된다. 강제로 동원된 노동자들은 일본제국 각지의 광산, 발전소, 철도, 도로, 군수공장, 비행장 등에서 살인적 강도의 노동과 민족차별에 따른 학대로 고통받았다.

일제는 여성의 노동과 성 역시 전쟁에 동원했다. 먼저, 군대와 공장으로

중국 윈난성 쑹산 고지의 한 마을에 있던 일본군'위안부'(국사편찬위원회 우리역사넷)

해설

일본군'위안부' 용어

　일본군'위안부' 문제는 피해의 참혹함과 성범죄에 대한 편견 등으로 인해 오랜 시간 거론되지 않다가, 1990년대 이후에야 사회적으로 거론되기 시작했다. 당시는 일반 사회 운동계는 물론 학계에서도 일제 말 전시 동원에 대한 인식과 연구가 충분하지 못했다. 그로 인해 일본군 '위안부'를 '정신대'로 지칭하는 경우가 일반적이었다. 정신대(挺身隊)란 '일본 국가를 위해 몸을 바치는 부대'라는 의미로, '근로보국대', '근로보국단', '근로정신대'라는 용어 등으로 일제시기에 사용되었다. 이는 일제 말 남녀 노동자를 동원하여 조직한 '근로 부대'를 의미하는 포괄적인 말이었기 때문에, 성적 동원을 의미하는 '위안부'와는 의미상 다소 차이가 있었다. 이후 이러한 개념상의 차이가 밝혀지며, '정신대'라는 용어가 아닌 '위안부'라는 용어가 자리 잡았다.

　한편, '위안부'라는 용어 외에 '전시 성노예'라는 용어도 사용되고 있다. '전시 성노예'는 전쟁 속에서 반복·조직적으로 벌어지는 성폭행 범죄를 지칭하는 용어이다. 그렇기에 역사적 사건인 일본군'위안부' 문제를 전 세계의 전시 성폭력 문제와 연결시켜 그 의미를 확장시키는 의미가 있었다. 그럼에도 불구하고, 피해자들이 '성노예'라는 표현에 큰 반감을 표현해 왔기 때문에, 이 용어를 자제하는 흐름도 있다. 현재 일반적으로 사용되는 '위안부'라는 용어 역시 원래 '위안을 주는 여성'이라는 의미에서 일본군이 사용했기 때문에 그 의미 자체에는 많은 한계가 있다. 하지만 일본군의 전쟁범죄를 반영하는 역사성을 보여주고, 이를 통해 일본군과 일본 정부의 사죄와 반성을 촉구하는 측면에서 의미가 있다. 이러한 상황 속에서 현재는 일본군'위안부'와 일본군'성노예'라는 두 용어가 혼용되고 있다.

많은 남성을 동원하면서 노동자가 부족해진 일터에 여성을 투입시켰다. 총독부는 1941년 「여자광부갱내취업허가제」, 1941년 「국민근로보국협력령」, 1943년 「생산증강노무강화대책요강」, 1944년 「여자정신근로령」 등을 통해, 12세 이상 40세 미만의 여성들을 농장·광산·공사장 등에 동원하였다. 한편, 1937년부터는 많은 조선인 여성을 일본군'위안부'로 동원하였다. 당초 '위안부' 제도는 1931년 일본군이 상하이사변 이후 상하이 등지에 군 위안소를 설치한 것에서 시작되었다. 일제는 1937년 중일전쟁 이후 이를 본격적으로 확대했다. 일본군은 '위안부'의 모집, 위안소의 설치와 운영, 그 관리·감독의 전 과정을 주도했다. 업자들은 관과 군의 지원을 받으면서 취업사기, 인신매매, 협박, 폭력 등의 방식으로 '위안부'를 모집했다. 이에 따라 10대부터 40대까지의 빈곤 여성들이 중국, 만주, 동남아, 남양군도 등 각지의 일본군 점령지에 설치된 위안소로 동원되어 참혹한 성적 착취를 당하였다. '위안소'에는 조선·일본여성 뿐만 아니라, 점령지에서 거주하던 중국, 동남아시아, 네덜란드 여성도 동원되었다.

전쟁 후 자바섬에서 군 위안소를 경영하던 일본군 장교 7명과 군속 4명은 강제매춘에 부녀자를 연행한 죄와 매춘강요죄로 네덜란드 군사법정에서 징역형을 선고받았다. 군위안소 경영이 전쟁범죄로 간주된 것이다. 그러나 이러한 재판이 이루어진 곳은 매우 드물었다.

참고문헌

김민철, 2012, 『기로에 선 촌락: 식민권력과 농촌사회』, 혜안

김인호, 1998, 『태평양전쟁기 조선공업연구』, 신서원

미야다 세즈코 저·이형랑 역, 1997, 『조선민중과 황민화정책』, 일조각

미즈노 나오키 저·정선태 역, 2008, 『창씨개명: 일본의 조선지배와 이름의 정치학』, 산처럼

변은진, 2013, 『파시즘적 근대체험과 조선민중의 현실인식』, 선인

변은진·이용창·박한용, 2023, 『일제강점기 친일세력 연구』, 동북아역사재단

요시미 요시하키 저·이규태 역, 1998, 『일본군 군대위안부』, 소화

이송순, 2021, 『일제말 전시 총동원과 물자 통제』, 동북아역사재단

전명혁·조형열·김영진, 2022, 『일제강점기 국내 민족주의·사회주의운동 탄압사』, 동북
　　아역사재단

정진성, 2004, 『일본군 성노예제: 일본군위안부문제의 실상과 그 해결을 위한 운동』,
　　서울대 출판부

최유리, 1997, 『일제말기 식민지 지배정책 연구』, 국학자료원

허광무·정혜경·김미정, 2021, 『일제의 전시 조선인 노동력 동원』, 동북아역사재단

허수열, 2005, 『개발 없는 개발』, 은행나무

제10장

3·1운동과 대한민국임시정부

세계사의 흐름: 제1차 세계대전의 종전과
파리강화회의의 민족자결주의

1910년대는 세계정치사에 커다란 변화가 일어난 시대였다. 먼저 중국에서 1911년 신해혁명이 일어나 청국이 무너지고 공화제국가인 중화민국이 출범했다. 1917년에는 러시아에서 레닌을 중심으로 볼셰비키혁명이 일어나 사회주의 국가가 수립되었다. 1918년에는 독일 제정이 무너지고 1919년 바이마르공화국이 성립되었다.

이러한 가운데 1914년 제1차 세계대전이 발발해 1918년 말 종식되면서 세계정세에 큰 변화가 예고되었다. 특히 1차 대전의 발발로 구미 국가들의 관심이 유럽에 쏠린 것을 틈타, 일본은 제국주의적 욕구를 충족시키려 했다. 이 시기에 아시아 국제정치의 주도권은 미일 양국으로 넘어가 양국 간의 대립이 표면화되기 시작했다. 1차 대전은 유럽이 주무대였기 때문에 아시아 국가들이 참전해야 할 이유는 별로 없는 전쟁이었다. 그런데도 일본과 중국은 독일에 선전포고하고 참전했다. 일본의 참전 구실은 영일동맹의 의무에 따른다는 것이었다. 하지만 일본의 실제 목적은 중국에 있는 독일의 권익을 인수해 중국 본토에까지 세력 범위를 확장해서 아시아의 패자가 되려는 데 있었다. 1915년 일본이 중국에 「21개조 요구」를 관철한 것이 전형적인 예이다. 이러한 일본의 행동은 미일 관계를 긴장시켰다. 중국의 참전은 일본의 의도를 경계한 데서 행해진 것이다. 미국은 중국을 지원해 일본을 견제하려 했다. 미국은 1917년 중국을 연합국의 일원으로 참전시키고 1919년 파리강화회의에서 중국을 전폭 지지했다.

한국의 독립운동가들은 세계정세의 변화를 예의주시하면서 독립운동의 새로운 방향을 모색했다. 신규식·박은식 등 옛 신민회 동지들로서 국외에서 독립운동을 전개하고 있던 이들은 1917년 「대동단결선언」을 발표했는데, 여기서 대한제국은 망국과 함께 이미 주권을 국민에게 넘겼다는 점을 분명히 했다. 이제 새로이 세워질 나라는 '제국'이 아닌 '민국'이 되어야 한다고 국민주권론을 공론화한 것이다.

그런가 하면 러시아혁명은 사회주의 사상을 전 세계로 파급시키면서 식민지와 반半식민지의 피압박민족에게도 많은 영향을 주었다. 1918년 러시아의 하바롭스크에서 이동휘를 중심으로 결성된 사회주의 정당인 '한인사회당'은 러시아혁명의 영향을 받았다. 또 국내외 한인 학생들도 러시아혁명의 영향으로 계급해방과 민족해방의 상관관계에 대해 고민하기 시작했다.

한편 1918년 1월 1차 대전의 종전이 가까워지던 중 미국의 윌슨 대통령은 새로운 전후 질서의 원칙이자 평화교섭 조건으로 이른바 「14개조」를 제안했다. 그중에는 비밀외교의 폐지, 해양의 자유, 경제장벽의 철폐, 군비 축소, 민족자결주의, 국제연맹의 창설 등이 포함되었다. 이 가운데 '민족자결주의'는 식민지와 반식민지의 약소민족들을 크게 고무시켰다. 그러나 이 주장은 1차 대전 패전국의 식민지에만 적용되는 원칙이었다. 게다가 영국·프랑스·일본 등 승전국들은 윌슨의 14개조 원칙에 반대하고 나섰다. 결국 파리강화회의에서 민족자결주의는 패전국 독일의 영토이던 발칸반도와 동유럽지역에만 적용되고, 독일의 식민지는 위임통치 방식으로 승전국들이 다시 지배하게 된다. 하지만 1918년 말에서 1919년 초까지는 아직 이와 같은 결론이 나기 전이었기에 많은 약소민족은 민족자결주의에 희망을 걸었고, 한국의 지식인들도 민족자결주의에 깊은 관심을 가졌다. 그러면서 한민족이 먼저 이를 바탕으로 대규모 봉기를 감행해 세계를 놀라게 했으니 그것이 바로 3·1운동이었다.

1. 1910년대 국내외 민족운동

의병운동 계열의 비밀결사운동

1910년대 국내에서는 주로 비밀결사를 통한 민족운동이 전개되었다. 의병 계열 비밀결사로는 대한독립의군부, 풍기광복단, 민단조합, 대한광복회 등이 있었다.

대표적으로 '대한독립의군부'는 1912년 한말 의병장 임병찬에 의해 전라남북도에서 조직되었다. 임병찬은 고종의 밀명을 받고 대한독립의군부를 조직했다. 대한독립의군부는 복벽주의를 표방했으며, 의병전쟁을 하고 일제에 국권 반환 요구서를 보낼 계획이었다. 그러나 대한독립의군부는 1914년 군자금을 모금하던 김창식 등이 체포되면서 조직이 드러났다. 임병찬은 거문도에 유배되어 1916년에 병으로 서거했다.

'풍기광복단'은 1913년 경북 풍기에 거주하던 채기중의 주도로 10여 명이 조직한 비밀결사였다. 채기중은 양반 유생으로 직접 의병에는 참여한 적이 없었으나, 전국의 의병 출신 인물들을 단원으로 '혁명기관'을 조직해 무력투쟁을 통해 독립을 달성하겠다는 목표를 세웠다. 실제로 채기중은 홍주 의병에 참여했던 양제안, 이강년 의병부대에 참여했던 강순필·정진화 등을 영입했다. 풍기광복단은 만주의 독립군 양성을 후원할 군자금도 마련했다.

'민단조합'은 1915년 경북 문경에서 국권회복을 목표로 결성되었다. 민단조합을 주도한 이들은 의병대장 이강년 휘하의 이동하 등이었다. 민단조합에 참여한 이들 대부분은 의병 출신이었으며, 경북 예천·문경·상주 일대의 양반 출신들이 많았다. 민단조합은 대한독립의군부, 풍기광복단 등과도 깊은 관련을 맺고, 군자금 모금을 통해 만주의 독립운동 기지 건설을 지원하려 한 것으로 보인다. 그런데 1916년 이동하 등이 검거되어 1918년 재판에 회부되었다.

'대한광복회'는 1915년 풍기광복단과 대구의 '조선국권회복단' 인사가 함께 결성했다. 박상진은 대한독립의군부와 조선국권회복단에도 참여했다가 채기중과 손잡고 대한광복회를 결성했다. 대한광복회는 충청도와 황해도로 조직을 넓혔다. 여기에는 의병 계열 인사가 주축이 되고 자강운동 계열 인사도 일부 참여했다. 대한광복회는 군자금 모집, 독립군 양성, 친일 부호 처단 등을 목표로 활동하다가, 1918년 박상진 등이 체포되면서 조직의 전모가 드러나고 말았다. 대한광복회는 비밀리에 풍기에 '혁명기관'을 설립하고 전국 의병 참여자들을 모아 대사를 도모한다는 계획을 세우고 있었다. 혁명기관이라고 한 것을 보면, 신해혁명의 영향을 받아 공화주의국가를 지향한 것으로 보인다. 박상진 등은 체포된 뒤 경찰의 신문에서 대한광복회의 목적이 "국권을 회복해 공화정을 실현하는 데 있다"고 말했다. 대한광복회는 1910년 국내 비밀결사 가운데 가장 조직이 크고 활동도 활발했다.

자강운동 계열의 비밀결사운동

한편 자강운동 계열 비밀결사로는 신민회, 달성친목회, 조선국권회복단 등이 있었다.

1910년 12월 일제 경찰은 안중근의 사촌인 안명근이 서간도 무관학교 설립을 위한 자금을 모집하다 체포된 사건을 계기로, 황해도 안악지방을 중심으로 민족운동가 160여 명을 검거하고 그중 김구 등 18명을 내란 미수와 모살 미수 등의 혐의로 기소했다. 이것이 이른바 '안악 사건'이다.

이어서 1911년 1월에는 독립군 기지 건설을 추진했다는 이유로 양기탁 등 16명을 체포했다. 경찰은 이 사건을 '데라우치[寺內正毅] 총독 암살 미수 사건'이라고 이름 붙이고, 관서지방 전체에서 검거선풍을 일으켜 유동열·윤치호·이승훈·이동휘 등 민족운동가 600여 명을 체포했다. 이 가운데 1심에서

105인이 유죄 판결을 받았다. 그러나 2심에서는 99인이 무죄 판결을 받고 모두 풀려났다. 이것이 이른바 '105인 사건'이다.

이는 경찰이 평소 경계해 온 서북지방의 반일 인사와 신민회, 이 지역에 확산된 반일 기독교 세력을 한꺼번에 제거하기 위해 날조한 사건이었다. 경찰은 허위자백을 토대로 '데라우치 총독 암살 미수 사건'을 꾸몄다. 1910년 8월부터 서울 신민회 본부의 지휘 아래 5차에 걸쳐 '총독 모살 계획'이 서북지방 기독교도들을 중심으로 추진되었다고 했으나 이는 모두 꾸며낸 이야기였다.

'신민회'는 안창호가 1907년 귀국한 뒤 서울에서 양기탁·유동열 등과 상의하고 서북지방 순회강연 시 이승훈과 논의해 비밀리에 창립한 것으로 보인다. 신민회의 지방 조직은 평북과 평남에 주로 만들어졌다.

신민회는 주로 교육과 실업 진흥 등 실력양성을 통해 국권을 회복한다는 목표로 결성되었다. 내적으로는 공화주의를 지향하고 국권회복운동을 목표로 한 비밀결사였다. 표면상으로는 청년들의 인격 수양을 표방하는 '청년학우회'를 조직해 활동했다. 신민회는 교육운동, 계몽강연, 언론 및 출판운동, 산업진흥운동, 독립군 기지 창건운동 등을 전개했다. 교육운동은 주로 학교 설립운동으로, 정주의 오산학교, 평양의 대성학교를 비롯해 서북지방과 중부지방에 학교 수십 개를 설립했다. 회원들은 각지에서 계몽강연을 통해 애국주의, 민족의식, 민권사상, 구습타파의식 등을 고취하는 데에도 힘썼다. 또 『대한매일신보』를 사실상의 기관지로 활용했으며, 평양·서울·대구에 각각 태극서관을 두고 출판물을 보급했다. 산업진흥운동으로는 자기제조주식회사, 협성동사, 상무동사, 조선실업회사 등의 회사를 세웠다.

그러나 신민회의 활동은 1909년 안중근의 이토 히로부미[伊藤博文] 사살 사건을 전후해 벽에 부딪쳤다. 일제의 감시를 받고 있던 안창호·신채호 등은 더이상 국내에서 활동하기 어렵다고 판단하고 1910년 이후 미국과 러시아령 연해주, 서북간도 등지로 망명했다. 또 이회영·이시영 6형제와 이상룡 등 회원은 서간도로 이주해 독립군 기지 건설사업에 착수했다. 그러나 신민회 조직은 1911년 일제가 조작한 '105인 사건'을 계기로 와해하고 만다.

'달성친목회'는 1908년 조직된 친목을 표방한 계몽운동단체였다. 1910년 국권 상실 후 겨우 명맥을 이어오다가, 1913년 서상일 등이 조직을 정비·강화하면서 비밀결사의 성격을 띠게 된 것으로 보인다. 대구경찰서는 달성친목회가 조선 청년을 규합해 배일사상을 고취하고 있다고 보고 1915년 강제로 해산시켰다.

1915년 달성친목회의 서상일 등은 국내에서 세력을 확장하고 해외의 독립운동 세력과 연계해 독립을 쟁취한다는 목표로 '조선국권회복단'을 결성했다. 조선국권회복단은 1919년 조직이 드러날 때까지 다양한 활동을 전개했다. 이들은 군자금을 모집해 1919년 4월 초 상하이임시정부에 1만 5,000원의 자금을 송금했다. 또 경상도 유림들이 중심이 된 독립청원운동과도 깊은 관련이 있었다. 그러나 독립청원서가 일제 경찰에게 탐지되어 연루된 28명 중 13명이 체포되었다.

서북간도의 자치운동과 민족운동

흔히 말하는 '간도'는 북간도(백두산의 동북쪽, 두만강 대안)와 서간도(백두산의 서남쪽, 압록강 대안)로 나뉜다. 그중 가장 큰 규모의 한인 사회가 형성된 북간도는 옌지·허룽·왕칭·훈춘 등 4개 현이 중심이었다. 서간도에는 지안·퉁화·류허·관뎬 등의 현이 있었다.

1911년 신해혁명으로 중화민국이 세워지고 쑨원(孫文)이 이끌던 난징임시정부가 '연성자치제聯省自治制'를 내세우자, 북간도 한인들은 민족자치운동을 시작했다. 북간도의 한인 지도자들은 '간민墾民교육회'를 '간민자치회'로 발전시켜 중국정부의 보호 아래 자치를 시행해 간도를 항일운동의 기지로 만들고자 했다. 중국정부의 요구에 따라 명칭은 '자치'라는 표현을 빼고 '간민회'로 정했으며, 1913년 지린성으로부터 설립 승인을 받았다. 회장은 명동학교 교장이던 김약연이 맡았으며, 쥐쯔제[局子街]에 총회를 두고 허룽현과 왕칭현 등에 분회를 두었다.

간민회는 한인에 대한 행정관리를 중국 지방정부와 협의하고, 세금 징수 등의 행정업무를 대신하기도 했다. 간민회는 일본의 통제에서 벗어나려는 목적에서 중국 국적을 얻는 입적운동을 전개하기도 했다. 그리고 문맹퇴치와 사숙私塾개량, 식산흥업 등 신문화운동을 벌이며 재만한인의 생활을 보호하고 민족의식을 고취했다. 연해주에서 조직된 권업회 등과 협력을 추진하기도 했다.

그런데 중국정부는 1914년 3월 위안스카이[袁世凱]가 연성자치기관의 철폐를 명령하자, 이를 근거로 간민회를 해산시켰다. 그러나 간민회는 해산 이후에도 조직을 일정하게 유지했고, 이는 1919년 3·1운동 이후 북간도에서 만들어진 '대한국민회'의 기반이 되었다.

그리고 북간도의 한인 자제들에게 교육을 통해 독립사상을 고취할 목적으로, 1908년 김약연 등은 지린성 룽징시 명동촌明東村에 명동학교를 세웠다. 명동학교의 교육은 기독교교육과 민족교육을 결합한 것이었다. 명동학교는 1910년 중등교육과정을 설치하고 역사학자 황의돈, 한글학자 장지영 등을 교사로 초빙했다. 1911년에는 여학부女學部도 설치했다. 명동학교에는 북간도에서뿐만 아니라 연해주와 국내 회령 등지에서도 학생들이 모여들었다. 명동학교는 1925년 폐교할 때까지 졸업생 1,000여 명을 배출했다.

특히 명동학교는 수많은 항일독립운동가를 배출했다. 1919년 3월 13일 룽징에서 대한독립선언대회를 주도한 '충렬대'는 명동학교와 허룽현의 정동학교 학생들을 중심으로 구성되었다. 대한국민회의 주요 인물들도 대부분 명동학교 출신이었다. 이처럼 명동학교가 북간도 민족운동가 양성의 요람으로 자리 잡자, 1920년 청산리전투에서 패배한 일본군은 간도참변 당시 명동학교에 불을 질렀다. 이 때문에 명동학교는 학교 운영이 여의찮게 된다.

한편 신민회는 1910년 봄 만주에 독립운동 기지를 건설하기로 하고, 이에 따라 이회영·이동녕 등이 만주로 가서 독립운동 기지로 적합한 곳을 물색했다. 그 결과 서간도가 가장 유력한 곳으로 꼽혔다. 1910년 말부터 1911년 초에 걸쳐 이회영 6형제와 이상룡·이동녕 등 각 도의 대표 인사 100여 명은 가산을 처분하고 가족과 함께 서간도 싼위안바오[三源堡]로 이주해 독립운동 기지 건설에 착수했다.

1911년에는 랴오닝성 류허현 싼위안바오 구산쯔[孤山子]에서 이주민 300여 명이 대회를 열어 '경학사'를 조직하기로 하고, 사장에 이상룡, 내무부장에 이회영 등을 선임했다. 경학사는 이주민들의 자치기구로서 농업과 교육에 중점을 두었다. 특히 구국 인재를 양성하기 위해 '신흥강습소'를 설립해 민족교육과 군사교육을 시작했다. 신흥강습소의 초대 교장은 이동녕이 맡았다.

서간도로 이주해 오는 한인들은 계속 늘어났다. 이에 싼위안바오에서 남쪽으로 90리 정도 떨어진 통화현 하니허[哈泥河]에 1912년 '부민단'이 조직되었다. 부민단은 "부여의 옛 땅에 부여 유민이 부흥결사를 세운다"는 뜻이었다. 초대 총장은 허혁이었다가, 곧 이상룡으로 교체되었다. 부민단은 재만한인의 자활, 복리 증진, 교육, 독립운동 기지 건설 등을 주된 목적으로 했다.

부민단은 싼위안바오에 있던 신흥강습소를 하니허로 옮겨 '신흥학교'로 이름을 바꾸고, 이석영의 재정 후원을 받아 새 교사를 건축했다. 초대 교장은 여준, 교감은 윤이섭이 맡았다가, 나중에 교장 이세용, 교감 이상룡으로 바뀌었다. 중학교 수준의 4년제 본과 외에 6개월 또는 3개월 과정의 속성 별과를 두어 젊은 인재들을 교육했다. 비록 무관학교라는 이름은 아직 붙지 않았으나, 교과 내용은 군사교육에 역점을 두고 있었다.

러시아 연해주의 민족해방운동

1910년대 러시아의 한인 인구는 10~20만 명 정도로 추산된다. 이 시기에 주요 한인촌이 형성된 지역은 블라디보스토크, 하바롭스크, 니콜리스크 등지였다. 연해주의 한인 사회는 도시와 농촌을 막론하고 자치기구를 만들어

한인들의 상부상조와 지위 향상을 꾀했다.

1910년 8월 초 연해주의 한인들은 외신을 통해 일본이 곧 한국을 병합할 것이라는 뉴스를 들었다. 이에 그들은 8월 23일 블라디보스토크 한민학교에서 한인대회를 열어 '성명회'를 조직했다. 그 목적은 "대한의 국민된 사람은 대한의 광복을 죽기로 맹세하고 성취한다"는 것이었다. 성명회의 이름은 "적의 죄상을 성토하고, 우리의 억울함을 밝힌다[聲彼之罪, 明我之寃]"는 말에서 따왔다. 성명회는 일본 정부에 국제 공약의 배신행위를 맹렬히 비판하는 공한을 보내고, 각국 정부에는 병합 무효를 선언하는 전문과 「성명회 선언서」를 보내기로 결의했다.

그러나 성명회는 그해 9월 11일 사실상 해산되고 말았다. 일본이 러시아에 강력히 항의하면서 성명회 주요 인물인 유인석·이상설·이범윤 등의 체포·인도를 요구했기 때문이다. 이에 러시아정부는 유인석·이상설 등 성명회와 십삼도의군의 주요 인물 체포에 나섰다. 이로 인해 이범윤 등이 체포되어 이르쿠츠크로 유배당했지만, 유인석·홍범도 등은 피신해 화를 면했다. 이로써 십삼도의군과 성명회의 활동은 끝나고 말았다.

연해주의 한인들은 독립운동단체 대신 한인 사회의 자치단체를 만들어 이를 중심으로 역량을 결집하고자 했다. 그것이 바로 '권업회'였다. 권업회는 1911년 블라디보스토크 신한촌에서 설립되었다. 권업회 회장에는 최재형, 부회장에는 홍범도가 선임되었다. 권업회는 러시아당국의 승인을 얻고, 의사부를 구성해 의장에 이상설을 선출했다. 권업회는 표면상으로는 연해주 한인 사회의 실업을 권장한다는 목표를 내세웠지만, 이면에서는 한 걸음 더 나아가 조선의 독립을 도모한다는 목표를 갖고 있었다.

권업회 지회가 설치된 곳은 니콜리스크, 하바롭스크, 니콜라옙스크, 흑룡강, 이만 등의 대도시와 얀치혜[煙秋] 등 농촌지역이었다. 1914년 당시 본회 회장은 최재형이었으며, 권업회 세력은 크게 확장되어 회원이 8,500여 명에 달했다.

권업회는 1912년 4월부터 『권업신문』을 발행했다. 이는 미주의 대한인국민회 중앙총회가 발행한 『신한민보』, 대한인국민회 하와이 지방총회에서 발행한 『신한국보』와 더불어 해외 한인들이 발행하던 3대 신문의 하나가 되었다. 이 신문은 1914년 9월 발행금지를 당하기까지 126호가 발행되었다.

한편 권업회는 1914년 비밀리에 '대한광복군정부' 수립을 추진했다. 대한광복군정부의 정도령正都領에는 이상설이 선임되었다(뒤에는 이동휘). 대한광복군정부는 연해주와 서북간도에 3개 군구軍區를 설치할 계획을 세웠으나 이는 권업회가 해체되며 무산되고 말았다.

미주의 민족해방운동

'국민회'는 1910년 2월 대동보국회를 통합해 1910년 5월 '대한인국민회'로 개칭하면서 스스로 해외 한인의 최고기관임을 선포했다. 그리고 수청水靑·시베리아·만주 등 세 지역에 지역별 지방총회가 설립되었다. 또 멕시코의 유카탄지역에도 지방회가 설립되었다.

대한인국민회는 1911년 6월부터 해외의 모든 한인에게 국민의무금 제도를 시행했고, 박용만에게 대한인국민회 헌장을 기초하도록 했다. 대한인국민회는 신해혁명에 자극받아 1912년 중앙총회 대의원대회를 개최했다. 이 회의에서 만주와 시베리아 등 원동 지역의 총회들을 정식 인준했다. 이로써 대한인국민회는 미주 한인만이 아니라 해외 한인의 최고기관으로 자리 잡게 되었다.

대한인국민회는 1913년 「대한인국민회 헌장」을 개정·반포했다. 이 헌장을 보면, 대한인국민회는 "조국의 독립을 광복하게 함"에 그 궁극적인 목적을 두었다. 또 중앙총회는 지방총회에서 선출한 대표원과 중앙총회의 임원으로 조직했으며, 대표원회는 지방총회에서 선출한 대표원 각 3인으로 조직했다. 당시 지방총회는 북미, 하와이, 만주, 시베리아 등지에 있었다. 이 헌장은 중앙총회의 위치를 북미 샌프란시스코에 두되, 때와 형세를 보아 이전할 수 있게 했다. 대한인국민회는 미국 정부와 교섭해 자치기관으로서 허가받았다.

대한인국민회는 독립전쟁을 위한 독립군 양성에도 큰 관심이 있었다. 대한인국민회는 1909년 연해주 지역의 독립군 기지 건설 자금을 마련하기 위해 '태동실업주식회사'를 세우고 주식을 모집했다. 어느 정도 자금이 모이자 1910년 중국과 러시아의 국경 지역인 싱카이호[興凱湖] 부근의 미산부[蜜山府] 봉밀산[蜂蜜山]에서 중국인들로부터 토지를 구입하고 민가를 건축했다. 그리하여 봉밀산 지역에 약 500호에 달하는 한인 마을이 형성되었다. 그러나 중국 관리가 한인들이 구매한 토지는 국유지라고 밝혀 한인들은 그 지역에서 쫓겨나게 되었다. 이로써 이 지역에 독립군 기지를 건설하려던 계획은 무산되었다.

한편 박용만은 1914년 하와이 오아후에서 '대조선국민군단'과 사관학교를 창설했다. 대조선국민군단은 하와이 군사령부로부터 인가받아 군사훈련을 실시할 수 있었다. 참여 인원은 100~300여 명에 이르렀다. 그러나 1915년 일본은 박용만의 이러한 활동에 대해 미 국무장관에게 강력히 항의했다. 이에 따라 국민군단의 운영 허가는 취소되었고, 대조선국민군단은 1917년 해산했다.

2. 3·1운동의 전개와 의의

3·1운동의 추진과정

3·1운동은 기본적으로 한민족이 일제의 한국병합 곧 식민지화에 대해 원천적으로 거부하고 일제의 식민지 조선 지배정책에 대해 전면적으로 저항한 운동이었다. 1919년, 일제가 조선을 식민지화한 지 10년이 다 되어 가는 시점에 전 민족적인 봉기를 감행한 것이다.

3·1운동은 먼저 국외에서 움직임이 시작되었다. 1918년 1월 미국 윌슨 대통령이 민족자결주의 원칙을 제창한 이후, 그해 11월 미국 대통령 특사 크

레인이 중국 상하이를 방문했다. 이때 여운형은 그를 만나 한국의 독립운동을 지원해 달라고 요청했다. 크레인은 파리강화회의에 한국인 대표를 파견할 것을 권유하고, 국내외에서 한인들이 독립을 바라는 의사표시를 하는 것이 도움이 될 것이라고 조언했다.

여운형·장덕수·선우혁 등은 즉시 이를 실행하기로 결의하고, 같은 달 운동 조직으로 '신한청년당'을 만들었다. 여운형은 1919년 1월 톈진에 있던 김규식을 상하이로 초빙해 파리강화회의에 대표로 가도록 권유했다. 장덕수는 일본으로 건너가 유학생들과 접촉해 2·8독립선언을 준비하도록 했다. 이에 따라 1919년 2월 8일 도쿄 조선기독교청년회관에서 학생들 200여 명이 모여 조선청년독립단의 이름으로 독립선언서를 발표했다. 선우혁은 1919년 2월 조선에 들어와 선천·정주 등지에서 기독교계의 이승훈 등과 접촉하고 국내에서 독립운동을 일으킬 것을 당부했다. 여운형은 또 직접 러시아령 니콜리스크에 가서 전러시아조선인대회에 참석하고, 이어 블라디보스토크에 가서 김규식이 파리강화회의에 갈 것이라는 소식을 전했다.

한편 국내에서도 운동이 준비되고 있었다. 천도교 지도자인 손병희·권동진·오세창·최린 등은 1918년 말부터 여러 차례 모여 1차 대전 종전에 따른 독립운동 혹은 자치운동에 대해 논의하다가, 1919년 1월 중순경 만세시위운동의 형태로 독립운동을 일으키기로 합의했다. 천도교 지도자들이 이처럼 합의하게 된 데에는 일본 유학생 송계백이 도쿄 유학생들이 2·8독립선언을 준비하고 있다는 소식을 최린 등에게 전한 것이 계기가 되었다. 천도교계는 만세시위운동을 결정하면서 대중화·일원화·비폭력의 3대 원칙을 정했다.

기독교계도 운동을 준비하고 있었다. 평양의 기독교계는 선우혁을 통해 상하이의 소식을 듣고 1919년 2월 중 교회 신자들과 기독교계 학생들을 동원해 만세시위운동을 벌이기로 결정했다. 그런데 천도교 측이 2월 7일경 평양에 사람을 보내 이승훈을 서울로 불렀다. 이승훈은 서울에 와서 천도교계 지도자들을 만나 운동을 일원화하는 문제에 대해 협의했다.

1919년 2·8독립선언을 주도한 재일한인 유학생(독립기념관)

1919년 파리강화회의에 파견된 임시정부 대표단(독립기념관)

도쿄의 2·8독립선언 소식에 자극받은 서울의 학생들도 별도로 운동을 준비했다. 김원벽·강기덕 등 전문학교 학생들이 중심이 되어 3월 5일 시위를 갖기로 계획했다.

2월 24일 천도교와 기독교계는 마침내 연합에 합의하고, 학생들에게도 함께 운동을 전개하자고 요청했으며, 불교계도 끌어들였다. 하지만 유림과의 연합은 끝내 성사되지 못했다. 곽종석 등 유림은 나중에 파리강화회의에 참가한 각국 대표에게 한국의 독립을 요구하는 파리장서를 따로 보낸다.

천도교와 기독교계의 운동 지도부는 운동을 ① 독립선언, ② 일본·미국·파리강화회의에 독립청원, ③ 만세시위의 세 가지 방향으로 전개하기로 합의했다. 이 가운데 가장 중요한 것은 독립선언이었다. 운동 지도부는 독립선언에 서명할 33인을 선정하는 한편, 독립선언문 작성을 최남선에게 맡겼다. 독립선언서는 조국의 자주독립을 선언하는 내용과 자유민주 정신, 인류 공영의 평화 정신을 담았다. 선언문의 인쇄는 천도교 측이 맡았으며, 인쇄가 완료된 선언문은 전국 주요 도시의 기독교와 천도교 조직에 전달되었다.

2월 28일 손병희의 집에서 서명자들의 모임이 있었다. 서명자들은 학생들에게는 3월 1일 탑골공원으로 모이도록 했으나, 이날 밤 모임에서 태화관에서 독립선언식을 하기로 계획을 바꾸었다. 탑골공원에서 독립선언식을 가지면 학생들과 대중이 흥분해 폭동으로 격화하지 않을까 우려했기 때문이다.

독립선언과 국내 만세시위운동

국내 만세시위운동은 크게 3단계로 나누어 볼 수 있다. 1단계는 3월 상순 발발 단계이다. 3월 1일 오후 2시 서울 종로 태화관에서는 '민족대표' 33인 가운데 29인이 참석해 독립선언식을 했다. 같은 시각 탑골공원에 모인 학생들은 따로 독립선언식을 열었다. 선언식을 마친 뒤 29인의 대표는 바로 경찰에 연행되었고, 학생들은 서울 시가지에서 만세시위를 전개했다. 민족대표로 서명한 이들은 모두 종교인들로 독립선언식을 하는 데 그치고, 대중을 시위

민족대표 33인이 서명한 기미독립선언서(한국학중앙연구원)

현장에서 지도하는 데까지 나아가지는 못했다. 그러나 이들은 독립만세시위 운동을 촉발하는 큰 역할을 했다.

동시에 서울 외에도 평양·진남포·안주·의주·선천·원산 등 주요 도시에서 독립선언과 만세시위가 전개되었다. 이들 지방도시의 시위 주도자들은 기독교·천도교 조직을 통해 서울과 사전에 연락을 주고받고 선언문도 이미 전달받은 상태였다. 3월 상순의 만세시위는 특히 북부지방, 부청·군청 소재지, 교통이 편리한 지역에서 주로 발생했다.

2단계는 3월 중순 확산 단계이다. 만세운동은 청년·학생·교사 등 지식인, 도시노동자 및 상인층에 의해 전국 소도시로 확산되었다. 이 시기에는 중남부지방, 면 단위 이하의 농촌지역, 심지어 산간벽촌에 이르기까지 독립만세의 함성이 울려 퍼졌다. 참여 계층의 폭도 넓어졌다. 학생, 교사, 청년, 종교지도자뿐만 아니라 노동자, 중소 상공인, 양반 유생, 하급 관공리 등도 운동에 참여했다.

운동 양상도 달라져 계층 간, 종교단체 간 연대가 활발히 이루어졌으며, 시위 자체의 조직화·지속화 현상이 두드러졌다. 또 지역에 따라 각종 비밀결사, 결사대가 조직되어 시위를 준비하고 이끌어 갔다. 그런 가운데 소규모 지

3·1운동 당시 덕수궁 앞의 시위 군중(1919.3.1, 국사편찬위원회)

역 단위의 고립성·분산성을 극복하고 생활권을 중심으로 지역별 연대투쟁을 모색하기도 했다.

　3단계는 3월 하순부터 4월 상순까지 민중의 진출 단계이다. 다수의 민중이 시위에 적극 참여하면서 시위는 다소 과격화되었다. 일제의 통계에 의하면, 3월 상순에는 총 183회의 시위 가운데 22%가 폭력성을 띠었지만, 4월 상순에는 총 292회의 시위 가운데 47%가 폭력성을 띠는 양상을 보였다고 한다. 물론 이때 이른바 '폭력성'이란 일본 경찰의 가혹한 탄압에 대한 정당방위의 성격을 띤 경우가 많았고, 처음부터 공세적인 시위는 그리 많지 않았다.

　3월 22일 서울에서는 노동자와 청년·학생들이 준비한 '노동자대회'가 열려 많은 노동자가 시위를 전개했다. 이 시위는 이후 서울 시가지 시위의 기폭제가 되어 23일 이후 매일 밤 시내 곳곳에서 게릴라식 시위가 벌어졌다. 26~27일에는 전차 종업원, 경성철도 노동자, 남만주철도주식회사 경성관리국 노동자들이 파업에 돌입했다. 서울의 시위는 이후 인근 지역인 고양·시

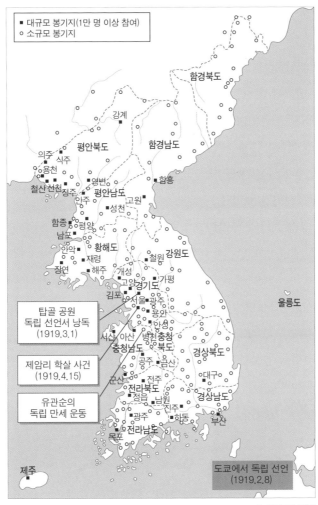

3·1운동의 전개

흥·부천·수원·김포 등의 시위에 불을 지폈다.

　황해도 수안에서는 시위대가 헌병대의 접수에 나섰고, 함남 의주 옥상면
에서는 시위대가 면사무소와 헌병주재소를 접수하려 했다. 경북 안동 임동면
에서는 돌멩이·몽둥이·농기구 등으로 무장한 시위대가 관청과 일본인 상점
을 습격했다. 수원·안성·영덕·합천 등지에서도 비슷한 양상이 나타났다. 만

세시위는 점차 수그러들었지만 5월 말까지 전국에서 계속되었다.

국외 만세시위운동의 전개

국내뿐 아니라 국외에서도 만세시위가 활발하게 전개되었다. 서간도에서는 3월 12일 기독교도를 중심으로 수백 명이 류허현 싼위안바오와 퉁화현 금두화락金斗伙洛에서 만세시위를 했다. 북간도에서는 3월 13일 한인 1만여 명이 룽징 북쪽의 서전瑞甸평야에 모여 독립선언과 만세시위를 했다. 훈춘에서도 20일 만세시위가 있었다.

러시아령 연해주의 블라디보스토크 신한촌에서도 3월 17일 한인들이 독립선언서를 발표하고 만세행진을 했다. 미주지역에서도 3월 15일 대한인국민회 중앙총회가 북미, 하와이, 멕시코 거류 동포 전체대표자회의를 열어 독립을 다짐하는 12개 항의 결의안을 채택하고 포고문을 발표했다. 재미교포들은 서재필의 주선으로 4월 14~16일 필라델피아에 집결해 한인자유대회를 열고 독립선언식과 시가행진을 했다.

미국 필라델피아 동포들의 만세운동(1919.4, 독립기념관)

일제의 탄압

만세시위운동이 일어나자 일제는 3월 1일 첫날부터 강력한 진압에 나섰다. 조선총독 하세가와 요시미치[長谷川好道]는 즉각 "추호의 가차도 없이 엄중 처단한다"고 발표하고 발포 명령을 내렸다. 육군성은 7일 조선군사령관에게 "불상사를 속히 진압하고 거사를 미리 방지하는 수단을 유감없이 발휘하라"고 지시했다. 비폭력적인 만세시위를 무력으로 진압한다는 방침을 세운 것이다. 당시 조선에 주둔하고 있던 일본군은 2개 사단, 2만 3,000여 명에 달했는데, 일제는 이 병력으로는 진압이 어렵다고 판단하고 4월에 본토에서 헌병과 보병 부대를 증파했다.

3월 중순 이후 시간이 흐를수록 시위 도중 군경의 발포로 인한 사망자가 많이 늘어났다. 4월 15일 수원 제암리에서는 주민 30여 명이 일제의 보복 만행으로 살해되는 '제암리 학살사건'이 일어났다.

일제의 가혹한 탄압으로 조선 사람들이 얼마나 희생되었는지는 일제 측 자료도 각각 달라 정확히 알 수 없다. 일제 측 자료 중 하나는 1919년 3월 이

제암리 학살사건으로 폐허가 된 민가(1919.4, 독립기념관)

후 1년간 피살자를 350~630명, 부상자는 800~1,900명으로 기록하고 있다. 또 투옥된 이들은 총 8,000~9,000명으로 기록했다. 그러나 실제 피해는 이보다 컸을 것으로 보인다.

〈표〉에 의하면 3·1운동으로 투옥된 이들은 8,511명이었다. 그 가운데 가장 많은 수를 차지한 것은 농민으로 전체의 58.4%였다. 그 다음이 교사와 학생, 상인들이었다. 한편 감옥의 수용시설이 모자라 시위의 단순가담자들은 즉결심판을 거쳐 태형에 처한 경우가 많았다. 만세시위를 준비한 민족대표들은 재판에서 보안법, 출판법 위반 등으로 징역 1~3년을 언도받았다.

〈표〉 3·1운동 입감자의 계층별 구성

직업	농민	노동자	지식인, 청년, 학생				상공업자				무직자	합계
			교사, 학생	종교인	기타 공무자 유업자	계	상업종 사자	기타 자영 업자	공업종 사자	계		
입감 자 수 (%)	4,969 (58.4)	328 (3.9)	1,226 (14.4)	267 (3.1)	283 (3.3)	1,776 (20.8)	718 (8.4)	173 (2.0)	283 (3.3)	1,174 (13.8)	264 (3.1)	8,511 (100)

출처 : 近藤劍一, 1964, 『萬歲騷擾事件』 1, 223~227쪽

3·1운동의 역사적 의의

3·1운동은 거족적으로 참여한 독립운동으로, 한국 독립운동사에서 가장 큰 의미를 지니는 사건이다. 한국인 대부분이 대동단결해 독립을 외친 일은 3·1운동 외에는 없었다. 3·1운동은 한국인들이 신분, 계층, 지역을 넘어 하나가 되어 일으켰다. 3·1운동에서 가장 중요한 것은 한국의 독립과 한국인이 자주민임을 선언한 것이다.

3·1운동은 한민족의 주체적 독립 쟁취에 강한 자신감을 부여했고, 독립운동이 본격화되는 결정적 계기를 마련했으며, 이후 해방의 그날까지 독립운동을 지속시킨 원동력이 되었다. 세계인들에게는 한민족의 자주독립 의지와 역량을 알리는 절호의 기회가 되었다. 이 운동으로 2차 대전 이후 한국의 독립

은 자명한 사실이 될 수 있었다.

3·1운동은 대외적으로는 항일운동이자, 대내적으로는 공화주의운동으로서의 의미도 있었다. 3·1운동의 과정에서 여러 공화주의 임시정부 안들이 나왔고, 그 기반 위에서 대한민국임시정부가 탄생할 수 있었다.

3·1운동은 무장독립운동도 유발했다. 국경 일대에 독립군이 조직되어 1919년 가을부터 활발히 운동을 전개한 것은 3·1운동의 결과라 할 것이다.

3·1운동은 이후 대중운동을 고양해 노동자와 농민층이 근대적인 주체로 거듭나게 했다. 이는 민족운동과 사회운동의 주체가 크게 확대된 것을 의미한다. 또 일제의 식민통치를 '무단통치'에서 '문화정치'로 전환했다. 이로써 국내 민족운동과 사회운동의 활동영역이 다소 넓어질 수 있었다.

국제적으로는 중국의 5·4운동에 영향을 주었다. 또 인도·베트남·필리핀 등 아시아 각국의 반제민족운동에도 자극을 주었다.

3. 대한민국임시정부의 수립과 활동

각처의 임시정부 수립

3·1운동이 전개되는 동안 국내외 각지에서 임시정부 수립 움직임이 시작되었다. 이는 독립만세운동뿐만 아니라 임시정부 수립으로도 한국인들의 독립 의지를 과시하기 위한 것이었다. 또 이후 독립운동을 진두지휘할 사령탑을 만들기 위한 것이기도 했다.

먼저 국외 러시아령에서 임시정부에 해당하는 '대한국민의회'가 조직되었다. 1918년 6월 구성된 러시아지역 동포사회단체 '전로한족회 중앙총회'가 1919년 대한국민의회로 개칭한 것이다. 대한국민의회는 그해 3월 17일 대한국민의회 의장 문창범 등 명의로 독립선언서를 발표해 그 성립을 선포했다. 이로써 대한국민의회는 3·1운동 이후 선포된 최초의 임시정부 성격의 기관이 되었다. 대한국민의회는 대통령에 손병희, 부통령에 박영효, 국무총리에 이승만, 내무총장에 안창호, 군무총장에 이동휘 등을 지명했다. 대한국민의회는 소비에트 방식의 의회제도를 채택했기 때문에 입법 기능뿐만 아니라 행정·사법 기능까지 겸했다.

상하이에서도 임시정부 수립운동이 진행되었다. 1919년 3월 외교활동을 펼치기에 유리한 상하이의 프랑스 조계 내에 현순 등이 독립임시사무소를 개설했다. 그리고 4월 11일 우선 각 지방대표로 의회를 구성하기로 하고 그 이름을 '대한민국임시의정원'이라 정했다. 임시의정원은 초대 의장 이동녕, 부의장 손정도를 각각 선출했다. 같은 날 회의에서 '대한민국'이라는 국호와 '민국'이라는 연호도 제정했다. 이승만을 국무총리로 선출한 임시의정원은 이어서 내무총장 안창호, 외무총장 김규식, 재무총장 최재형, 군무총장 이동휘, 법무총장 이시영, 교통총장 문창범 등을 선출해 국무원을 구성했다. 이날 「대한민국임시헌장」도 선포했으며, 정체와 국체는 민주공화제로 했다. 임시헌장의 이념은 안으로는 민주주의와 공화주의 그리고 평등과 자유였고, 밖으로는 인류 문화와 평화에 대한 공헌이었다. 임시정부가 본격 가동된 것은 5월 안창호가 미국에서 상하이로 와 국무총리대리 겸 내무총장에 취임해 임시정부를 이끌어 가면서부터였다.

국내에서는 1919년 4월 9일 「조선민국임시정부」안이 담긴 전단이 서울에 뿌려졌다. 여기서는 천도교의 최고 책임자 손병희를 정도령으로, 미국에 있던 이승만을 부도령으로 지명했다. 이 전단은 천도교 계통에서 만든 전단으로 추측된다. 또 17일경에는 평북 철산·선천·의주 등지에 「신한민국정부선언서」라는 전단이 뿌려졌다. 여기에는 집정관 이동휘, 국무총리 이승만 등의 명단이 실려 있었다.

국내에서 임시정부 수립 문제를 구체적으로 추진한 세력은 국민대회파였다. 3월 중순 이규갑·홍면희(홍진)·한남수·김사국 등은 국민대회를 조직해 임시정부를 수립하기로 합의했다. 홍면희는 상하이로 연락차 출발했고, 4월 23일 서울 서린동 봉춘관에서 13도 대표 24인이 모여 국민대회를 개최하기로 했다. 하지만 이날 대회는 열리지 못했고, 학생들이 시내에서 기를 흔들고 전단을 뿌리며 시위하는 데 그쳤다. 이 전단에 나오는 정부안이 「한성정부」안이다. 여기서는 임시정부의 각원으로 집정관총재 이승만, 국무총리총재 이동휘 등을 선정했다. 한성정부안에서 이승만이 집정관총재로 선임된 것은 이 안을 만든 이들이 기호 지방 기독교인이던 것과 관련 있어 보인다.

그 밖에 임시대한공화정부안, 대한민간정부안, 고려임시정부안 등이 국내에서 발표되었으나 모두 전단 속의 정부에 그쳤다. 하지만 이런 정부안들이 모두 공화제를 지향하고 있던 점은 주목할 만하다.

상하이임시정부와 대한국민의회의 통합

상하이임시정부와 러시아령의 대한국민의회의 통합 논의는 대한국민의회 측이 먼저 제기했다. 대한국민의회는 1919년 4월 29일 블라디보스토크 신한촌에서 회의를 열어 상하이임시정부를 '가승인'하기로 하고, 일본군이 시베리아를 떠난 뒤 상하이임시정부를 러시아령으로 이전한다는 방침을 결정했다. 대한국민의회 측은 이런 뜻을 전하기 위해 원세훈을 교섭특사로 상하이에 파견했다. 5월 7일 상하이에 도착한 원세훈은 통합 논의를 시작했다.

상하이임시정부의 우선적인 과제도 각처의 임시정부를 통합하는 일이었다. 상하이임시정부 측에서는 5월 25일 안창호가 상하이에 도착한 이후 통합 문제가 논의되기 시작했다. 마침내 7월 11일 상하이임시정부는 임시의정원 및 대한국민의회를 합병해 의회를 조직할 것과 임시정부의 위치를 상하이로 할 것을 결의했다. 대한국민의회의 실력자 이동휘는 대한국민의회를 설득해 8월 30일 해산을 결정했다. 이로써 대한국민의회와 상하이 임시의정원의 통합이 성사되었다.

정부 명칭은 '대한민국임시정부'로 하기로 하고, 기존의 상하이임시정부를 개조하는 형식을 취했다. 대통령 이승만 이하 각원으로는 국무총리 이동

상하이 대한민국임시정부 청사
(1919.10월경, 경기도박물관)

상하이시기 대한민국임시정부 국무원들
(1919.10.11, 독립기념관)

대한민국임시헌법

임시의정원은 9월 6일 헌법 검토를 마무리 짓고 최종 확정된 안을 7일 국무원에 넘겼다. 국무원은 11일 「대한민국임시헌법」을 공포했다. 그 가운데 가장 중요한 제1장 「강령」 부분은 다음과 같다.

제1조 대한민국은 대한 인민으로 조직함.

제2조 대한민국의 주권은 대한 인민 전체에 있음.

제3조 대한민국의 강토는 구한국 제국의 판도로 함.

제4조 대한민국의 인민은 일체 평등함.

제5조 대한민국의 입법권은 의정원이, 행정권은 국무원이, 사법권은 법원이 행사함.

제6조 대한민국의 주권 행사는 헌법 범위 내에서 임시대통령에게 맡김.

제7조 대한민국은 구황실을 우대함.

휘, 내무총장 이동녕, 외무총장 박용만, 군무총장 노백린, 재무총장 이시영, 법무총장 신규식, 학무총장 김규식, 교통총장 문창범, 노동국총판 안창호 등이 임명되었다.

임시정부는 9월 11일 민주공화제의 「대한민국임시헌법」을 공포했다. 헌법은 삼권분립을 표방했으며, 정부 형태는 대통령중심제와 내각책임제를 절충했다. 임시의정원은 출신 지역별로 선임된 의원으로 구성되었다. 임시의정원은 행정부보다 우위에 있었다. 대통령 이승만은 워싱턴에서 업무를 계속했고, 국무총리 이동휘는 9월 18일 상하이에 도착했으며 11월 3일 내각 취임식이 있었다.

대한민국임시정부의 초기 활동

대한민국임시정부(이하 '임정')의 존립과 활동을 위해 우선 해결해야 할 문제는 재정이었다. 임정은 안정적인 재정 운용을 위해 대내적으로 인구세와 애국금을 모금하고, 대외적으로 외국에 독립공채를 발행하기로 했다. 이에 임정은 1919년 11월 29일 「독립공채조례」를 제정·공포해 1920년 4월부터 시행했다. 독립공채는 임시의정원의 결의에 따라 모집하고, 명칭은 '대한민국원년 독립공채'로 했다. 이후 임정은 공채 발행을 구미위원부에 위탁하게 된다. 이로부터 임정과 구미위원부 사이에 재정 문제를 둘러싼 갈등이 계속되었다.

한편 임정은 국내외 지역에 영향력을 행사하고 독립운동 자금을 모으기 위해 각지에 교통국을 설치하고 연통제를 실시했다. 임정은 국내외 동포를 상대로 독립운동을 선전하고 각지의 독립운동단체나 개인들과 연락을 주고받으며 독립자금을 모금하기 위해 교통부 산하에 교통국을 설치했다. 이에 따라 1919년 5월 교통부 안동지부를 영국 국적 아일랜드인 조지 쇼우George L. Show가 경영하는 안동현의 이륭양행 2층에 설치했다. 1922년 4월까지 강변8군, 함남, 평양·황해도·경성 교통사무국 등을 개설했다. 부산의 백산상회도 교통국으로 이용했다.

또한 임정은 국내외 동포를 대상으로 연통제와 거류민단제를 실시했다. 연통제는 일종의 지방자치제에 해당하는 것으로, 그 조직은 '내무부-독판부(도)-총감부(부·군)-사감부(면)'로 이루어졌다. 연통제의 중요 사무는 정부가 발행하는 법령과 공문의 전파, 독립만세운동 진행에 관련한 상황 보고, 장래 독립전쟁에 대비한 군인·군속·군수품 징발 및 수송, 구국재정단원 모집, 애국금과 인구세 수합, 공채 판매 등이었다. 임정은 1921년 11월까지 국내 11개 도에 독판부, 1부 45개 군에 총감부를 설치했는데, 평안도·황해도·함경도에 집중되었다. 임정은 1919년 12월 연통제를 개정해, 국외 거류민들에게는 연통제가 아닌 거류민단제를 실시하기로 했다. 거류민단은 상하이, 톈진, 만주(서로군정서, 북로군정서가 대신), 미주(대한인국민회가 대신) 등지에 설치되었다.

임정이 초기에 역점을 둔 것은 외교활동이었다. 임정은 각처에 외교위원부를 설치했는데, 미국에서는 구미위원부가 외교활동을 전개했다. 이승만은 1919년 8월 25일 워싱턴에 구미위원부를 설립했으며, 9월에 통합임시정부에서 자신이 대통령으로 선출되자 이를 공식화시켰다. 서재필이 이끌던 필라델피아의 '한국통신부', 김규식이 주재하고 있던 프랑스의 '파리위원부'도 구미위원부의 관할에 들어갔다. 1921년 11월 워싱턴에서 연합국의 군축문제를 다루는 태평양회의가 열리자, 이승만 등이 한국 문제도 다루어 달라고 요구하는 청원서를 제출했으나 묵살되었다.

임정은 소련과의 외교도 중시하지 않을 수 없었다. 특히 이동휘가 통합임정의 국무총리를 맡아 상하이에 도착한 뒤 소련과의 관계에 관심이 증대되었다. 1922년 모스크바에서 극동인민대표대회가 열렸다. 이는 코민테른(국제공산당) 측이 서구 열강의 태평양회의에 맞서 "약소민족은 단결하라"라는 표어를 내걸고 극동 여러 나라의 공산주의운동과 민족해방운동을 지원하기 위해 개최한 것이었다. 여기에 김규식·여운형 등 한국의 독립운동가들이 대거 참석했다.

또한 임정은 군사활동으로 국무원 산하에 군무부를 설치했다. 임정은 군사 간부를 양성하기 위한 육군무관학교도 세웠다. 1919년부터 이듬해에 걸쳐 북간도와 서간도에서 조직된 군사단체는 모두 46개에 달했다. 이 가운데 대한국민회, 북로군정서, 서로군정서, 대한청년단연합회, 광복군총영, 대한독립군, 한족회, 대한독립단, 보합단 등은 임정 계열이거나 임정 지지를 표방한 단체들이었다. 광복군총영은 임정 직속기관으로 독립전쟁을 펼치고 있었다.

그리고 임정은 교육·문화활동으로 정부의 존재를 널리 알리고 독립운동 진영을 지도하기 위해 『독립신문』을 발간했다. 1919년 8월에 창간된 이 신문은 당초 한 주에 3회씩 발간되었으나 뒤에는 재정난으로 두 달에 한 번 발행되기도 했다. 그리고 결국 1925년 11월 발행이 중단되었다. 임정은 또 1919년 7월부터 두 달간의 작업을 거쳐 『한일관계사료집』을 편찬했다. 임정이 이처럼 급히 사료집을 편찬한 것은 이를 막 출범한 국제연맹에 제출해 일제 침략의 부당함을 밝히고 자주독립 요구가 정당함을 강조하며 3·1운동의 상황을 국제사회에 정확히 알리기 위해서였다. 임정은 사료집 편찬을 위해 임시사료편찬회를 조직했다.

대한민국임시정부의 침체와 극복 노력

임시정부는 초기에 비교적 활발한 활동을 펼쳤으나, 이내 침체기에 들어갔다. 외교활동이 이렇다 할 성과를 거두지 못하고, 국내로 연결되는 연통제와 교통국이 일제 경찰에 의해 발각되어 자금 조달이 어렵게 되었기 때문이다. 또한 이승만이 국제연맹에 한국의 위임통치를 청원한 문제로 임시정부 비판 세력이 베이징을 중심으로 대두했다. 1920년 말 상하이에 왔던 임시대통령 이승만은 반년 만에 미국으로 돌아갔다.

당시 임정 안팎의 독립운동 지도자들 사이에서는 독립운동의 방략을 둘러싸고 갈등이 있었다. 이승만은 태평양회의를 계기로 미국 정부를 상대로 한 외교활동에 주력하고 있었지만 별다른 성과를 보이지 못했다. 임정 내부의 이동휘파, 만주의 독립군단체 지도자들, 베이징의 반이승만파 등은 외교활동보다는 독립전쟁이 필요하다고 주장했다. 안창호는 외교나 독립전쟁도 중요하지만 장기적으로 실력을 양성할 필요가 있다고 보고 있었다.

임시정부에는 여러 정파가 모여 있었다. 당시 임시정부 안팎에는 미국파(이승만·현순), 기호파(이동녕·이시영·신익희·윤기섭·조소앙), 서북파(안창호·선우혁·차

리석·김구·이광수·안공근), 베이징파(박용만·신숙·신채호), 고려공산당 상하이파(이동휘·윤해·한형권·김립), 고려공산당 이르쿠츠크파(원세훈·여운형·김만겸·박헌영), 의열단계(김원봉) 등이 있었다.

여러 정파가 서로 견제하는 가운데, 국무총리 이동휘는 1921년 1월 임시정부 개혁을 둘러싸고 이승만과 충돌한 뒤 국무총리직을 사임했다. 1920년 9월 베이징의 신채호·박용만·신숙 등은 베이징군사통일촉성회를 구성하고, 1921년 4월에는 베이징에서 군사통일주비회籌備會를 개최해 이승만의 위임통치 건을 들어 임시정부 및 임시의정원의 해산을 요구했다. 이 단체는 아울러 새로운 독립운동 지도기관을 세우기 위한 '국민대표대회' 소집을 요구했다.

국민대표대회와 민족유일당운동

1922년 5월 국민대표대회주비위원회가 구성되었다. 이는 베이징파와 이르쿠츠크파가 주도했으며 안창호도 회의 개최에 동의했다. 서북파는 분열해 김구와 이시영은 이에 반대하며 한국노병회를 조직했다.

1923년 1월 지역대표와 단체대표로 인정된 130여 명이 상하이에 모여 국민대표대회를 개최했다. 의장에 김동삼, 부의장에 윤해와 안창호가 선출되었다. 이 회의는 독립운동사상 최대 규모의 회의로 4개월 정도 계속되었다.

회의 참석자들은 창조파와 개조파로 나뉘었다. 창조파는 임시정부를 해산하고 신정부를 세우자고 주장했고, 개조파는 임시정부를 개혁하자고 주장했다. 창조파의 입장에 선 이들은 베이징파, 고려공산당 이르쿠츠크파였으며, 개조파의 입장에 선 이들은 안창호파, 고려공산당 상하이파였다. 두 파가 팽팽히 맞서다가 1923년 5월 의장 김동삼이 만주로 돌아가고 개조파가 대회에서 탈퇴하면서 회의는 결렬되었다.

결국 창조파 80여 명만 남아 새 정부를 만들기로 결의하고 6월에 해산했다. 창조파는 8월 말 새 정부를 두고자 러시아의 블라디보스토크로 갔다. 그러나 1924년 2월 소련정부가 이들의 국외 퇴거를 요구해 새 정부 수립은 무위로 돌아갔다.

한편 그해 9월 임시의정원은 대통령 이승만이 임지를 떠나 미주에 너무 오래 머무르고 있으므로 국무총리 이동녕에게 대통령직을 대리하도록 명했다. 이에 이승만은 크게 반발해 임정에 보내던 하와이 동포들의 독립자금을 대신 이승만의 구미위원부에 내도록 했다. 임시의정원은 12월 박은식을 국무총리 겸 대통령대리로 추대했다. 이에 이승만은 임시의정원의 이러한 조치를 인정할 수 없다고 반발했다. 임시의정원은 결국 1925년 3월 이승만을 탄핵·면직시키고, 박은식을 대통령으로 선출했다. 박은식은 개헌해 대통령제를 일종의 내각책임제라 할 국무령제로 바꾸고, 그해 8월 사임했으며 11월 서거했다. 이후 임정은 이상룡·양기탁·이동녕·안창호 등을 국무령으로 추대했으나 내각 구성에 실패했다.

결국 1926년 7월 홍진이 국무령에 취임해 겨우 내각을 구성했다. 국민대표대회가 실패로 돌아간 뒤 홍진은 '대혁명당'의 조직을 천명하고, 안창호와 함께 민족유일당 결성운동에 뛰어들었다. 민족유일당운동은 좌우를 가리지 않고 독립운동의 모든 세력을 통일해 하나의 정당을 조직하자는 것이었다. 민족유일당운동은 1920년대 초부터 코민테른이 조선에서는 계급해방운동보다 민족해방운동이 먼저 필요하다는 입장을 취한 것으로부터 영향을 받았으며, 1924년 중국 국민당과 공산당이 국공합작을 성공시킨 것으로부터도 큰 영향을 받았다.

안창호는 베이징의 원세훈과 협의해 1926년 10월 대독립당 조직인 베이징촉성회를 결성했다. 1927년에는 상하이·광둥·우한·난징에서도 유일당촉성회가 결성되었다. 5개 지역 촉성회 대표는 그해 11월 상하이에서 한국독립당 관내촉성회 연합회를 개최했으며 유일독립당주비회를 결성하기로 했다.

그러나 1928년 들어 유일독립당주비회의 추진은 정체 상태에 놓였다. 또 1927년 7월 중국 국민당과 공산당의 제1차 국공합작이 깨졌으며, 코민테른은 1928년 「12월 테제」를 통해 사회주의자들에게 부르주아민족주의자들과의 결별을 요구했다. 그 영향으로 상하이의 엠엘ML파(재중국한인청년동맹)는 민족유일당 대신 대중적 협동전선이 필요하다고 주장하고 나섰다. 결국 1929년 10월 이들의 주도로 한국유일독립당 상하이촉성회는 해체되었다. 이후 중국 관내에서 민족유일당운동은 중단되고 말았다.

한편 국무령에 취임한 김구는 다시 개헌에 착수해 1927년 「대한민국임시약헌」을 공포해 국무위원제를 채택하고 국무령제는 폐지했다. 즉 국무위원 가운데 한 사람을 주석으로 선출하되, 주석은 대통령이나 국무령과 같이 특별한 권한을 갖지 않고 다만 회의를 주재하는 권한만 갖게 했다. 이로써 임정은 단일지도체제에서 집단지도체제로 바뀐 셈이었다.

___

참|고|문|헌

강영심·김도훈·정혜경, 2008, 『1910년대 국외항일운동Ⅱ : 중국·미주·일본』, 독립기념관 한국독립운동사연구소

권대웅, 2008, 『1910년대 국내독립운동』, 독립기념관 한국독립운동사연구소

김병기·반병률, 2009, 『국외 3·1운동』, 독립기념관 한국독립운동사연구소

김용구, 2006, 『세계외교사』, 서울대학교출판문화원

김정인·이정은, 2009, 『국내 3·1운동Ⅰ : 중부·북부』, 독립기념관 한국독립운동사연구소

김진호·박이준·박철규, 2009, 『국내 3·1운동Ⅱ : 남부』, 독립기념관 한국독립운동사연구소

김희곤, 2008, 『대한민국임시정부Ⅰ : 상해시기』, 독립기념관 한국독립운동사연구소

김희곤, 2015, 『임시정부 시기의 대한민국 연구』, 지식산업사

박찬승, 2014, 『한국독립운동사 : 해방과 건국을 향한 투쟁』, 역사비평사

박찬승, 2019, 『1919 : 대한민국의 첫 번째 봄』, 다산북스

성황용, 2001, 『근대동양외교사』, 명지사

윤대원, 2006, 『상해시기 대한민국임시정부 연구』, 서울대학교출판부

윤병석, 2009,『1910년대 국외항일운동 I : 만주·러시아』, 독립기념관 한국독립운동사
　　　연구소

이윤상, 2009,『3·1운동의 배경과 독립선언』, 독립기념관 한국독립운동사연구소

한국사연구회, 2019,『3·1운동의 역사적 의의와 지역적 전개』, 경인문화사

한시준 외, 2022,『대한민국의 뿌리 대한민국 임시정부』, 국립대한민국임시정부기념관

제11장

1920년대 국내와 만주지역의 민족해방운동

세계사의 흐름 : 워싱턴체제와 일본의 팽창정책

1920년대에는 영미 양국 간의 지도권이 교체되어, 미국이 최대의 아시아·태평양 국가로 자리 잡게 되었다. 1921년 11월부터 1922년 2월까지 열린 워싱턴회의는 이를 상징하는 국제회의였다. 워싱턴회의는 해군군비제한위원회와 태평양·극동문제위원회로 나뉘어 토의가 진행되었다. 이 회의에서 미국이 일본 팽창정책의 수단으로 여기던 영일동맹이 폐기되고, 미·영·일 3국의 주력함 비율을 5:5:3으로 결정해 미국이 태평양에서 최대의 해군력을 보유하게 되었다. 한편 중국은 보상금을 일본에 지불하는 조건으로 구 독일의 권익 대부분을 돌려받게 되었다. 일본은 산둥반도를 원칙상 중국에 반환했고, 시베리아로부터 철병할 것을 약속했다. 이로써 이른바 '워싱턴체제'가 이루어져 1931년 '만주사변'까지 거의 10년간 동북아 국제정치 질서를 지배하게 되었다. 워싱턴체제는 동북아와 태평양지역에서 특히 영국과 미국의 우월한 지위를 보장한 질서였다.

일본은 미국과의 충돌을 피하고자 워싱턴체제를 수락하고, 무력 팽창정책을 삼가겠다는 국제주의를 표방했다. 그러나 일본이 팽창정책 자체를 포기한 것은 아니었다. 일본은 미국의 압력에 굴복하기는 했으나, 이 시기에 군부가 점차 강력한 정치세력으로 등장하고 있었다. 1927년 4월 들어선 다나카

기이치[田中義一] 내각은 적극적인 중국 개입 정책을 펼쳤다. 이에 1927~1928년 세 차례에 걸쳐 일본 거류민의 보호를 빙자해 산둥반도에 육군을 파병했다. 동북아에서 군국주의 일본의 대륙침략의 맹아가 싹트고 있었다.

한편 아일랜드 자유국이 수립되고, 인도에서 자치운동이 일어나 조선의 독립운동에도 상당한 영향을 미쳤다. 400년 동안 잉글랜드의 통치를 받은 아일랜드는 19세기 말부터 자치운동을 개시해 1914년 자치를 약속받았다. 그러나 1차 대전 발발로 자치가 유보되어, 1916년 부활절 봉기 이후 아일랜드는 자치운동에서 독립운동으로 방향을 전환하게 된다. 그리하여 1919년 1월 아일랜드공화국을 선포하고 1921년 영국-아일랜드 조약을 체결해 아일랜드의 32개 주 가운데 남부 26개 주가 아일랜드 자유국으로 독립했다. 하지만 아일랜드의 외교·군사·경제 등의 실권은 여전히 영국정부가 장악하고 있는 제한적인 독립이었다.

영국의 식민통치하에 있던 인도에서도 1920년대 초 커다란 변화가 일어났다. 영국은 1859년 세포이항쟁을 진압한 뒤 인도에 정청政廳을 두고서 인도를 직접 지배하기 시작했다. 이에 대한 인도인들의 저항을 누그러뜨리기 위해 1885년 인도인들에게 국민회의를 조직하도록 했다. 그런데 처음에는 영국에 협조적이던 인도 국민회의가 점차 인도 민족운동의 구심점이 되어갔고, 1906년 캘커타 대회에서 스와라지Swaraji(자치)운동, 스와데시Swadeshi(국산품애용)운동, 영국 상품 배척, 국민교육의 4대 강령을 채택했다.

1차 대전기 영국은 전쟁에 협조하는 대가로 인도에 자치권을 줄 것을 약속했으나, 전쟁이 끝나자 자치권은커녕 인도인들의 자유를 더 속박하는 롤래트Rowlatt 법안을 만들었다. 이에 마하트마 간디는 국민회의를 영국 식민정치에 대항하는 대중적 운동 조직으로 전환해, 1919년~1922년 불복종·비협력의 저항운동을 전국적으로 벌였다.

이러한 세계사의 흐름은 1920년대 국내외 민족해방운동에도 일정한 영향을 주게 된다.

1. 국내 민족주의운동

'문화운동' 이론의 대두

1920년대 초반 이른바 '문화통치'의 공간에서 전개된 소위 '문화운동'이란, 각종 청년회운동, 교육진흥운동, 물산장려운동 등 문화적·경제적 실력양성운동을 가리킨다. 문화운동이란 용어는 본래 학술·문학·종교·언론운동 등을 가리키는 것이지만, 1920년대 초반 문화적·경제적 실력양성운동을 표방한 이들이 스스로 문화운동이라 칭했기 때문에 오늘날 학계에서는 이들 운동을 모두 묶어 문화운동이라 부르고 있다.

1920년대 초반의 문화운동은 신문화건설론, 실력양성론, 정신개조론, 민족(성)개조론을 그 이론적 기초로 삼고 있었다. '신문화건설론'은 세계 개조의 시대적 기운에 부응해 조선에서도 신문화건설이 필요하다는 주장으로, 사회적 측면에서 봉건적 잔재의 청산, 경제적 측면에서 낙후된 생산력의 증진 등 자본주의적 문명의 수립을 뜻했다. 신문화건설의 구체적인 방법으로 제시된 것은 교육과 실업의 발달, 구습舊習의 개량 등이었다.

'실력양성론'은 3·1운동의 좌절, 1921년 말 태평양회의에서 외교활동의 좌절 후 다시 수면 위로 떠올랐다. 신지식층은 세계는 아직도 생존경쟁, 적자생존의 원칙 위에서 움직이고 있다면서, 당분간 독립은 어려우므로 교육과 산업의 진흥 등 실력양성에 주력해야 한다고 주장했다. 또 이들은 설사 독립의 기회가 오더라도 독립할 수 있는 능력이 있어야 그 기회를 놓치지 않을 수 있으므로 먼저 실력을 기르는 것이 급선무라고 주장했다.

'정신개조론'은 조선에 신문화를 건설하기 위해서는 먼저 사회를 구성하는 개개인의 능력 발전과 인격 향상이 선결과제이며, 그러한 개인을 만들어내기 위해서는 개인개조 특히 '내적인 정신개조'가 필요하다는 주장이었다.

정신개조론은 1922년경에 이르러 '민족(성)개조론'으로 발전하게 된다. 민족(성)개조론은 정신개조론에 한말 이래 일본인들의 한국민족열등성론, 한국인 신지식인층의 구관습개혁론, 그리고 1920년경에 소개된 민족심리학이론이 결합되어 나타난 것이었다.

'문화운동'의 전개

문화운동의 전개 양상을 청년회운동, 교육진흥운동, 물산장려운동으로 나누어 살펴보면 다음과 같다. 청년회운동은 1919년 말 이후 전국 각지에 청년회가 조직되면서 본격적으로 시작되었으며, 이후 신문화건설운동의 중심적인 역할을 했다. 청년회는 대체로 지덕체의 함양 등 인격수양, 풍속개량, 실업장려, 공공사업지원 등을 설립 목적으로 하고, 강연회·토론회·야학강습회·운동회 등을 주요 사업으로 했다. 1920년 말에는 전국 청년회 연합체인 '조선청년회연합회'가 결성된다. 이 연합회도 구습의 개혁, 인격수양, 지식의 교환, 산업진흥, 세계 문화에의 공헌 등을 내세웠다.

교육진흥운동은 초기에는 신문화건설, 나중에는 실력양성을 위한 신지식 습득을 표방하며 전개되었다. 1920년대 초 교육열이 크게 일어나 각 학교 입학 지원자가 급격히 늘어났다. 이를 뒷받침하고자 각종 학교 설립운동이 전개되었으나, 학교 설립 조건이 강화되어 있어 이 운동은 대부분 좌절되었다. 1923년에는 민립대학기성운동이 지주 등 부호의 성금과 민중의 거족적인 참여를 기대하면서 시작되었으나, 곧 열기가 식으면서 실패로 돌아가고 말았다. 학교에 입학하지 못한 이들을 위해 개량서당의 설립, 야학과 강습회 설치 운동도 전개되었다. 이러한 신교육운동은 민족의식의 고취보다는 신지식의 교육을 기본적인 목표로 했고, 교육 내용도 일일이 총독부의 간섭을 받아야 했다.

조선인들의 산업을 진흥하려는 운동은 물산장려운동을 중심으로 전개되었다. 1920년 「회사령」이 철폐되어 민족기업 일부가 성장했으나, 조선인 자본가들의 위기는 전반적으로 심화되었다. 이에 1920년 평양에서 조만식 등이 '조선물산장려회'를 조직했고, 1923년 서울에서도 조선물산장려회가 결

조선민립대학기성회 창립총회 기념(1923.3.30, 독립기념관)

성되었다. 1921년에는 조선인 자본가들이 조선인산업대회를 조직해 총독부 측에 조선인 중심의 산업정책을 시행할 것을 건의했으나 받아들여지지 않았다. 그러다가 1923년 4월 일본과 조선 사이의 무역에서 면직업과 주류를 제외한 모든 상품의 관세가 면제될 시기가 눈앞에 다가오자, 위기의식을 느낀 자본가들은 자구책으로서 물산장려운동을 일으켰다.

물산장려운동은 상당한 기세를 올려 '토산품 애용'이라는 측면에서는 어느 정도 성과를 거두었다. 그러나 민족자본은 늘어난 수요를 뒷받침할 수 있는 생산력을 갖추고 있지 못했고, 새로운 회사나 공장 설립도 별로 이루어지지 않았다. 이에 토산품 애용 운동은 상인들에게 이용만 당해 상품 가격만 올려놓은 채 열기가 식어 버리고 말았다. 물산장려운동이 실패로 돌아간 뒤 조선인 자본가들은 위기를 타개하기 위해 다시 총독부 측에 보조금 교부 등 더욱 적극적인 보호와 장려를 요구하게 된다.

총독부는 문화운동을 독립을 궁극적인 목적으로 하는 실력양성운동으로 파악하면서도, 조선인들이 문화적 방법에 의한 운동으로 노선을 전환하는 것을 크게 환영했다. 총독부는 문화운동이 온건 노선의 운동으로 대두한 데 크게 안도했으며, 이 운동을 체제내적인 운동, 나아가 동화주의를 지향하는 친일어용적인 운동으로 유도하고자 했다. 일제의 의도는 상당한 성과를 거두어 청년회운동, 교육진흥운동, 물산장려운동 등이 모두 스스로 비정치성을 표방했으며, 1924년에 이르러서는 마침내 '자치운동론'까지 출현하게 되었다.

2. 의열단과 의열투쟁

의열단의 조직

의열단은 1919년 11월 10일 만주 지린성에서 황상규의 지도와 김원봉·윤세주 등의 주도로 단원 10명이 참여한 가운데 조직적·계획적인 의열투쟁

해설

의열투쟁

'의열투쟁'이라는 용어는 독립운동 당시에는 사용되지 않았고, 1970년대 이후 학계에서 사용되었다. '의열'이라는 말은 옛 문헌의 '천추의열(千秋義烈)'이라는 말에서 따왔다. 예부터 천추에 빛날 충의로 열렬하게 행동한 인물을 가리켜 '의열지사'라 했다. 즉 '의열'이란 생사를 가리지 않는 정신이 낳은 행동의 장렬함과 그 행동에 깃든 의로움의 가치를 존숭해 기리는 뜻이 담긴 용어이다.

독립운동에서 의열투쟁은 일종의 무장투쟁이었다. 그러나 비교적 큰 규모의 군사활동과는 달리 개인적이거나 소규모 조직적인 차원에서 암살과 파괴를 주로 하는 활동을 가리킨다. 이와 같은 방법의 독립운동을 처음 제시한 것은 1919년 길림에서 발표된 「대한독립선언서」로, 이 선언서는 '육탄혈전'의 독립운동을 제시했다. 이어서 대한민국임시정부는 1920년 1월 「국무원 포고 제1호」를 통해 대적(對敵) 방법의 하나로 "필요하다고 인정될 시에는 작탄 등으로써 적괴 및 창귀를 격살하며 혹은 그 영조물을 파괴케 함"을 제시했다.

을 위해 창립되었다. 창립 단원 중 김원봉, 윤세주, 김상윤, 한봉근 4명은 경남 밀양 태생으로, 대부분 밀양 동화학교 출신이었다.

의열단은 암살과 파괴 공작을 주 임무로 삼았는데, 암살 대상과 파괴 대상을 명확히 한정하고 있었다. 즉 의열단은 식민통치의 심장부인 총독부와 총독, 식민통치기관, 그리고 일제 요인 및 민족반역자들을 직접 겨냥한 거사에 주력했다.

의열단의 투쟁

의열단의 초기 의거들로 대표적인 것은 박재혁 의거, 최수봉 의거이다. 의열단이 거사에 처음 성공한 것은 1920년 9월 단원 박재혁이 부산경찰서에 폭탄을 던져 서장이 부상을 입게 한 사건이었다. 박재혁은 당시 중상을 입었고, 결국 사형 언도를 받았으며, 1921년 5월 단식투쟁 끝에 순국했다.

또 앞서 실패한 1920년 5월 의열단의 밀양 폭탄 사건 당시 검거망을 벗어났던 이종암·김상윤은 1920년 11월 단원 최수봉에게 폭탄 2개를 제조해 주었다. 최수봉은 12월 밀양경찰서 조회 시간에 폭탄을 던졌는데, 2개의 폭탄 가운데 하나는 터졌지만 위력이 크지 않았고 하나는 터지지 않았다. 최수봉은 결국 경찰에 체포되어 재판에서 사형을 언도받고 1921년 7월 형 집행으로 순국했다.

1921년 들어 의열단의 투쟁은 더 본격화되었다. 1926년까지 의열단은 김익상 사건, 김상옥 사건, 김지섭 사건, 나석주 사건 등을 연이어 일으켰다.

김익상은 1921년 9월 남산 왜성대 총독부에 들어가 폭탄을 던지고 나왔다. 총독부 2층에 올라가 첫 번째 방이 총독의 집무실이라 여기고 폭탄을 던졌고 폭탄은 요란한 폭음과 함께 폭발했지만 그곳은 비서실이었다. 김익상은 총독부를 빠져나와 용산에서 기차를 타고 북경으로 갔다. 이 사건은 미궁에 빠졌다가, 6개월 뒤 김익상이 체포된 뒤에야 경위가 밝혀졌다.

김상옥 사건은 1923년 1월 서울에서 발생한 김상옥과 경찰의 총격전 사

일제감시대상인물카드에 부착된 김원봉과
의열단원들 사진(국사편찬위원회)

건이다. 1922년 12월 서울에 잠입한 의
열단원 김상옥이 폭탄이 도착하기를 기
다리던 중, 이듬해 1월 누군가 종로경
찰서에 폭탄을 던진 일이 일어났다. 경
찰은 김상옥의 입국 사실을 탐지하고
그를 범인으로 지목해 추적했다. 1월
17일 경찰이 김상옥의 은신처를 습격
하자, 김상옥은 경찰과 총격전을 벌이
면서 피신해 효제동 동지의 집에 은신
했다. 그러나 경찰은 은신처를 알아내
고는 22일 경찰 400명을 동원해 은신
처를 포위하고 습격했다. 김상옥은 양
손에 권총을 쥐고 3시간여 동안 격전을
벌이다가 사망했다.

　　　　김지섭 사건은 1924년 1월 의열단
원 김지섭이 도쿄 황궁 앞의 니주바시[二重橋]에서 폭탄을 던져 큰 파문을 일
으킨 사건이다. 김지섭은 1923년 12월 석탄 운반선을 타고 상하이를 출발해
12일을 항해한 끝에 후쿠오카에 도착했다. 그는 기차를 타고 도쿄로 가는 도
중에 신문을 보고 제국의회가 휴회 중임을 알았다. 여비가 거의 없던 김지섭
은 예정했던 제국의회 대신 황궁 앞에 가서 폭탄을 던지기로 작정했다. 김지
섭은 황궁 앞으로 가서 니주바시로 뛰어들어 폭탄 3개를 연이어 던졌으나 폭
탄은 하나도 터지지 않았다. 김지섭은 현장에서 체포되어 무기징역을 선고받
았으며, 1927년 징역 20년으로 감형되었으나 1928년 지바형무소에서 돌연
사망했다.

　　나석주 사건은 1926년 12월 의열단원 나석주가 서울 남대문 부근의 조
선식산은행과 황금정(현재의 을지로) 입구의 동양척식주식회사(이하 '동척') 경성

지점에 폭탄을 던진 사건이다. 나석주는 1926년 5월 김구의 소개로 김창숙과 의열단의 유자명 등을 만나 지원을 요청했다. 그리고 12월 중국인으로 위장하고 서울에 잠입해 조선식산은행에 가서 폭탄을 던졌으나 터지지 않았다. 그는 다시 동척으로 달려가 총을 난사하며 나머지 폭탄 1개를 던졌다. 그러나 이 폭탄도 터지지 않았다. 나석주는 달려온 경찰들과 총격전을 벌이다가, 결국 일경의 포위망이 좁혀지자 스스로 총탄을 가슴에 쏘아 병원에 옮겨졌다가 4시간 만에 숨지고 말았다.

이와 같은 활동을 펼치던 의열단은 1927년 암살·파괴 활동을 중단하고 군사활동 노선을 취하게 된다. 폭탄 투척 방식의 활동이 성공보다 실패가 많았고, 충격 효과는 컸지만 실제 성과는 별로 없었기 때문이다.

의열단은 신채호가 1923년 작성한 「조선혁명선언」을 통해 혁명은 민중의 직접적인 봉기에 의해 가능하고, 의열투쟁은 이를 자극하기 위한 것이라고 선언했다. 당시 국내에서는 노동·농민·청년단체들이 주도하는 대중운동이 크게 일어나고 있었다. 그런데 단원들 가운데 사회주의 쪽으로 기울어지는 이들이 늘어갔다. 상하이에서는 의열단을 탈퇴하고 '상하이청년동맹회'에 참여하는 이들이 적지 않았다. 또한 1925년 이후 의열단은 심각한 재정난에 봉착했다. 그리하여 의열단은 군사활동으로 방향을 전환하기로 결정하고 본부를 중국 광저우로 옮겼으며, 핵심 단원들을 황푸군관학교에 입학시켰다.

3. 사회주의운동과 조선공산당

사회주의의 수용과 사회주의 세력의 등장

한인으로서 사회주의 사상을 처음 수용한 이들은 러시아지역의 한인들이었다. 1917년 러시아에서 사회주의혁명이 일어난 다음 해에 러시아지역의 한인 민족주의자들과 러시아 귀화 한인들은 공산주의 정당인 '한인사회당'을 조직했다. 이동휘 등 한인사회당 간부들은 1919년 상하이에서 임시정부가 조직되고 이동휘가 국무총리로 지명되자 상하이로 이동해 활동을 개시했다. 이동휘와 김립 등은 1920년 봄에 '한인공산당'을 조직했다. 한편 러시아의 이르쿠츠크에서는 귀화한 한인들이 중심이 되어 1920년 1월 이르쿠츠크 현 위원회 산하에 '고려부'라는 조직을 결성했다. 이후 이들 두 세력은 각각 상하이파와 이르쿠츠크파로 불렸다. 한인 공산주의운동의 주도권을 둘러싼 이들의 경쟁은 결국 1921년 5월 상하이와 이르쿠츠크에서 각각 고려공산당 창립대회를 가지면서 두 개의 고려공산당의 출현으로 귀결되었다.

한국 사회주의 사상의 또 다른 발원지는 일본이었다. 일본은 1921년 일본공산당이 성립될 만큼 사회주의운동이 본격화되어 있었다. 사회주의 사상을 흡수한 유학생들은 먼저 일본에서 사회주의단체를 결성했다. 일본에서 한인 유학생들이 조직한 사회주의단체로는 조선고학생동우회(1920.1), 흑도회(1921.11), 북성회(1923.1), 일월회(1925.1) 등이 있었다.

국내에서는 1921년경부터 지식인, 청년, 학생, 노동자들을 중심으로 사회주의 사상을 연구하는 합법적인 사상단체들이 만들어졌다. 서울청년회(1921.1), 무산자동지회(1922.1), 신사상연구회(1923.7), 화요회(1924.11), 북풍회(1924.11) 등이 대표적이다. 이들 단체의 영향으로 전국 각지에 사상단체들이 만들어졌다. 조선총독부 자료에 의하면, 1926년 9월 당시 전국에 338개의 사상단체가 있었다고 한다.

사상단체의 활동가들은 토론회, 강연회, 좌담회, 독서회, 강습회, 야학, 민중강좌, 프로문고 등을 통해 사회주의 사상을 연구·선전했다. 이들은 『신생활』, 『신천지』, 『개벽』, 『조선지광』 등 잡지에 사회주의를 선전하는 글들을 실었다. 신문에도 마르크스주의와 관련된 글들을 실었다.

사회주의운동가들은 운동의 기반을 넓히기 위해 먼저 부르주아민족주의운동을 공격했다. 사회주의자들은 민족주의자들의 대표적인 운동이던 물산장려운동을 중산계급의 이기적인 운동이라고 비판했다. 또 청년·노동·농민·

여성·형평·소년운동 등 각종 대
중운동을 조직하고 그 활동을 지
원했다. 이에 따라 각종 대중운
동단체가 조직되었다. 조선노동
공제회(1920.2), 조선노동연맹회
(1922.10), 무산자청년회(1922.10),
조선청년총동맹(1924.2), 신흥청
년동맹(1924.2), 조선노농총동맹
(1924.4) 등이 대표적이다.

조선노농총동맹 창립총회 기념
(1924.4, 『조선일보』, 1924년 4월 19일)

특히 1923년 3월 조선청년회연합회에서 탈퇴한 서울청년회의 사회주의
자들이 주도해 소집한 '전조선청년당대회'는 계급해방의 기치를 올렸으며,
이는 전국의 청년회운동이 사회주의 쪽으로 방향을 전환하는 계기를 만들어
그 결과 '조선청년총동맹'이 결성되었다. '조선노농총동맹'의 경우는 산하에
하부 조직 200여 개와 회원 4만 5,000명을 거느릴 정도로 규모가 컸다. 하지
만 초기 사회주의운동은 지식청년 중심으로 전개되었다. 또 서울청년회계와
화요회계로 나뉘어 파벌 다툼을 벌이기도 했다.

조선공산당의 조직과 활동

코민테른은 국외의 상하이파와 이르쿠츠크파 어느 쪽에도 대표 자격을
부여하지 않고 해체할 것을 명령하고, 조선에 공산당을 조직하기 위해 1922
년 12월 블라디보스토크에 코민테른 극동부 산하 '꼬르뷰로(고려국)'를 설치했
다. 꼬르뷰로는 공작원을 조선에 파견해, 1923년 6월경 조선공산당의 준비
기관으로서 꼬르뷰로 국내부 청년회를 조직했다. 이는 주로 화요회계와 북풍
회계로 구성되었다. 이 조직의 주도하에 사상단체들이 통폐합되었으며, 조
선노농총동맹과 조선청년총동맹 등 대중단체들이 전국적인 규모로 통일되
었다.

한편 서울청년회계는 별도로 공산당 결성을 추진했다. 서울청년회계는 청년회와 노농단체를 중심으로 조직 기반을 넓혀, 이를 토대로 1923년 2월 '고려공산동맹'을 조직했다. 서울계는 서울청년회를 비롯한 국내 기반을 갖고 있었고 국외의 상하이파와 연결되어 있었다. 화요회계는 해외 유학 출신이 다수였고, 서울청년회계는 국내 출신이 다수였다. 따라서 전자는 좀 더 국제노선에 충실했고, 후자는 좀 더 토착적이라는 차이가 있었다.

조선공산당(이하 '조공') 창당대회는 1925년 4월 17일 오후 중국음식점 아서원에서 20여 명이 참석한 가운데 비밀리에 열렸다. 이 대회에서 책임비서 김재봉을 비롯해, 김찬·조동호·김약수·정운해·주종건·유진희 등 7명으로 중앙집행위원회를 구성했다. 4월 18일에는 박헌영의 집에서 고려공산청년회(이하 '고려공청')를 조직했다.

제1차 조공에는 화요회계를 중심으로 북풍회와 그 밖의 일부 그룹이 참여했다. 창당과정에서 서울청년회 계열은 배제되었으며, 북풍회 계열도 얼마 뒤 당에서 축출되어 화요회 분파만으로 구성되는 결과가 되었다. 따라서 제1차 조공은 창당 이후 국내 공산주의운동을 통일적으로 지도할 수 없었다.

조공은 코민테른으로부터 조공과 고려공청의 창립 인준을 받기 위해 조동호를 정식 대표로, 조봉암을 부대표로 모스크바에 파견했다. 코민테른은 조공을 코민테른 지부로서 은밀히 승낙하고, 여타 그룹들을 공산단체로 인정하면서 통일된 당을 만들 것을 촉구했다. 코민테른이 조공을 정식 지부로 인정한 것은 창당 1년이 다 된 1926년 3월 말이었는데, 이처럼 승인이 늦어진 것은 조공이 거의 화요회계만으로 창당되었기 때문이다.

제1차 조공은 집행위원회를 열어 기관지 발행, 만주총국 설립, 고려공청 지원, 노농총동맹 분립 등을 논의했다. 고려공청은 조선청년총동맹에 들어가 27개의 군 동맹과 9개의 도 연맹을 조직하고 모스크바 공산대학에 학생 21명을 파견했다. 하지만 1925년 11월 신의주 고려공청 회원의 부주의한 경찰 폭행 사건으로 조공이 코민테른에 보내는 문서가 경찰에 발각되었다. 이에 따라 조공의 실체와 조직이 드러나 대대적인 검거선풍이 일어 당 책임비서 김재봉, 고려공청 책임비서 박헌영 등 총 220명이 검거되었다. 그중 치안유지법, 정치범처벌령, 출판법 위반 등으로 101명이 재판에 회부되어 83명이 유죄판결을 받고 2명은 옥중에서 사망했다.

김재봉, 김찬 등 제1차 당 간부들은 검거되기 전에 후계당 조직을 준비했다. 그리하여 1925년 12월 말부터 1926년 1월 초 사이에 강달영을 책임비서로, 이준태·이봉수·김철수·홍남표·권오설 등을 중앙집행위원으로 하는 제2차 조공이 구성되었다. 고려공청은 제1차 당의 중앙집행위원이던 권오설을 책임비서로 해 6인으로 중앙집행위를 새로 조직했다. 이후 제2차 당은 만주·도쿄·상하이·모스크바 등 해외에도 조직을 만들었으며, 일찌감치 코민테른의 승인도 받았다. 제2차 당은 검거 사태로 마비된 당의 조직적 기반을 확대하고, 일제에 타협적인 '자치운동'의 전개를 막기 위해 민족주의자들과의 연대를 적극적으로 추진했다.

특히 제2차 조공은 순종황제가 승하하자 장례일인 1926년 6월 10일을 기해 3·1운동과 같은 만세운동을 재현하고자 했다. 6·10만세운동 투쟁지도특별위원회는 상하이로 피신한 김찬·김단야·조봉암 등 제1차 당 지도부의 지도를 받고, 천도교 구파 권동진 등의 자금 지원을 받아 여러 종의 전단을 만드는 등 전국적인 규모의 대중시위를 준비했다. 조선공산당은 천도교 구파, 조선노농총동맹과 연대해 운동을 일으키기로 했다. 운동의 총책임은 고려공청 책임비서인 권오설이 맡게 되었다. 권오설은 지방에서는 천도교나 조선노농총동맹 조직에 의지하고, 서울에서는 조선학생과학연구회의 조직을 이용한다는 계획을 세웠다. 하지만 권오설 등이 6·10만세운동 준비과정에서 체포되면서 제2차 당은 결정적인 타격을 입었다. 책임비서 강달영을 비롯해 100여 명의 관련자가 체포되었다. 이리하여 제1·2차 조공을 주도한 화요회계 간부들은 대부분 검거되거나 해외로 망명했다.

조선공산당의 해체

제2차 조공이 궤멸한 뒤, 1926년 9월경 제2차 조공의 중앙위원이던 김철수를 중심으로 제3차 조공이 결성되었다. 제3차 고려공청도 제2차 고려공청회원이던 고광수를 중심으로 재조직되었다. 그러나 화요회계가 대부분 검거되었기 때문에 김철수와 고광수는 조직을 확대하기 위해 서울청년회계를 끌어들이고자 했다. 이에 따라 서울계 구파의 반대에도 불구하고 서울계 신파는 개인적으로 제3차 조공에 참여했다. 이후 서울계 구파도 개별적으로 입당했다. 이로써 조공은 형식적이나마 통일된 당의 모습을 갖추었다. 하지만 완전한 통일은 아니었다. 이영 등 서울계 구파는 1927년 12월 서울 요리점 춘경원에서 독자적인 조공을 조직했다. 이를 흔히 '춘경원 공산당'이라 부른다. 그러나 이 조직은 코민테른의 승인을 얻지 못했으며, 1928년 4~6월 간부 대부분이 검거되고 만다.

1926년 여름에는 안광천 등 일본 유학생 출신의 일월회가 대거 귀국해 제3차 당에 가세했다. 1926년 12월 당대회가 열려, 안광천을 책임비서로 한 중앙간부진이 새로이 선출되었다. 제3차 당은 일제의 감시를 피하고 당내 기밀을 유지하기 위해 간부진을 자주 교체했다. 책임비서직은 김철수-안광천-김준연-김세연 등으로 바뀌었다. 고려공청의 책임비서직도 고광수-양명-하필원-김철 등의 순으로 바뀌었다. 제3차 당의 간부진은 대체로 일월회를 중심으로 만주 고려공청파와 서울계 신파가 합세한 형태를 취했다. 이 그룹을 세간에서는 이른바 'ML파'라고 불렀으며, 제3차 당도 흔히 'ML당'이라고 불리게 되었다. 제3차 당의 가장 두드러진 활동은 민족주의 세력과 함께 신간회와 근우회를 조직한 것이다. 당시 코민테른도 민족협동전선의 필요성을 역설하고 그 방도를 구체적으로 지시했다. 하지만 제3차 조공 역시 1928년 초 경찰에 발각되어 주요 간부 30여 명이 검거되면서 무너졌다.

이후 1928년 2월 제4차 조공이 조직되었다. 3월에는 책임비서 차금봉을 비롯해 안광천·양명·한명찬 등이 중앙집행위원으로 선출되었다. 고려공청도

김재명을 책임비서로 하는 새 간부진을 구성했다. 제4차 당은 일본부를 일본 총국으로 개칭하고, 만주총국과 베이징지부의 간부진도 재정비했다. 국내에는 신간회 32개 지회에서 당원들이 활동하고 있었다. 신간회의 자매단체인 근우회 내에도 야체이카가 조직되었다. 그러나 제4차 당도 조직 후 5개월이 채 안 되어 대규모 검거선풍을 만났다. 1928년 7~10월 170명이 검거되어 제4차 당도 사실상 해체 상태에 들어갔다.

4. 민족협동전선 신간회

신간회 결성의 배경

한편 1920년대 중반 들어 국내 항일운동 진영은 민족주의 계열과 사회주의 계열로 뚜렷이 분화했다. 그런 가운데 일부 타협적 민족주의자들은 '자치론'을 들고 나왔다. 이에 비타협적 민족주의자들은 독립운동이 아닌 자치운동에는 찬성할 수 없다면서 격렬히 반대했다.

자치론 진영에는 천도교 신파(최린), 동아일보(송진우·이광수) 등이 있었고, 반자치론 진영에는 천도교 구파(권동진·오세창), 조선일보(안재홍) 등이 있었으며 사회주의자들도 자치론에 격렬히 반대했다. 여기서 비타협적 민족주의자들과 사회주의자들이 제휴할 수 있는 여건이 만들어졌다. 이에 서울청년회 측의 사회주의자들과 조선물산장려회 내 비타협적 민족주의자들이 먼저 '조선민흥회'를 결성했다.

그런 가운데 1926년 4월 화요회·북풍회·조선노동당·무산자동맹은 발전적 해체를 결의하고 정우회를 조직했다. 주로 일본 유학생 출신으로 구성된 사회주의 사상단체 정우회는 그해 11월 「정우회 선언」을 발표했다. 이들은 사회주의운동이 경제투쟁에서 정치투쟁으로 전환해야 하며, 사회주의 세력과 민족주의 세력이 제휴해야 한다고 주장했다. 이에 비타협적 민족주의자들도 호응해 양측의 협동전선 결성이 모색되었다. 당시 비타협적 민족주의자들과 사회주의자들의 '민족협동전선' 결성 움직임은 중국의 국공합작, 코민테른의 조선 내 민족통일전선 우선론, 재중국 민족운동가들의 민족유일당운동으로부터 영향을 받았다.

신간회 결성과 활동

정우회 선언 이후 협동전선 결성을 모색하던 사회주의자들과 비타협적 민족주의자들은 1927년 2월 신간회를 창립했다. 회장에는 이상재, 부회장에는 홍명희가 선출되었다. 창립대회에서 신간회는 ① 정치적·경제적 각성을 촉구함, ② 단결을 공고히 함, ③ 기회주의를 일체 부인함 등 3개조의 강령을 채택했다. 여기서 '기회주의'란 자치론을 가리키는 것이었다.

신간회는 전국 각지는 물론 만주와 일본에도 지회를 설치했다. 1928년 국내외에 지회 141개가 있었으며, 회원은 4만 명에 달했다. 신간회는 강연단을 만들어 전국을 순회하면서 민족의식을 고취하고, 한국인 본위의 교육 실시, 착취기관 철폐 등을 주장하면서 일제의 식민지 통치정책을 비판했다. 신간회는 1929년 1월부터 시작된 원산 노동자 총파업 지원, 같은 해 함남 갑산지방의 화전민 방축사건에 대한 진상규명과 항의 등의 활동을 전개했다. 하지만 경찰이 신간회 각 지회 대표가 참석하는 전체대회를 금지하는 등 신간회 활동을 크게 제약해 많은 어려움을 겪었다.

1929년 11월 광주학생독립운동이 일어나자 신간회는 현지에 조사단을 파견하고, 진상 보고를 위한 민중대회를 12월 13일 서울에서 열어 전국적인 항일운동으로 확산시키고자 했다. 그러나 경찰은 11일 이를 탐지해 13일 신간회 중앙집행위원장인 허헌 등 간부들을 검거했다.

민중대회 사건으로 허헌이 물러난 뒤 신간회 내부에서는 노선 갈등이 시작되었다. 김병로 신임 중앙집행위원장이 이끄는 새 집행부는 신간회운동을 온건한 방향으로 전환하고자 했다. 일부 집행위원은 자치론을 받아들이는 듯

신간회 나주지회 창립기념 사진(박경중 씨 소장)

한 태도를 보이기도 했다. 신간회 집행부의 이러한 태도는 사회주의자들의
반발을 불러일으켰다. 때마침 코민테른은 1928년 「12월 테제」를 통해 한국
의 사회주의자들에게 민족주의자와의 협동전선을 포기하고 독자적인 운동을
전개할 것을 촉구하고 있었다. 이에 영향을 받은 일부 사회주의자들은 신간
회 해소를 주장하고 나섰다.

그런데 신간회 해소론은 코민테른의 지시 외에도 신간회 결성 이후 운
동 역량이 신간회에 집중되어 노동·농민운동 등이 침체된 데에도 이유가 있
었다. 민족주의자들은 신간회 해소를 강력하게 반대했고, 사회주의자들 중
에도 반대하는 이들이 있었다. 결국 1931년 5월 신간회 해소 문제를 논의하
기 위한 전체대회가 열렸다. 그동안 전체대회를 허가하지 않던 경찰이었지만
이 대회만은 허가해 주었다. 이 대회에서 해소안이 표결에 부쳐진 결과, 찬성

43, 반대 3, 기권 30으로 해소안은 가결되었다.

신간회는 민족주의 세력과 사회주의 세력의 역량을 하나로 결집시키는 민족협동전선으로서의 역할을 했다는 점에서 큰 의의를 지닌다. 하지만 신간회 결성 이후 모든 운동 역량이 신간회에 집중되어 청년운동, 노농운동의 동력이 약화되는 모습을 보인 것은 사실이었다. 또 신간회는 경찰의 방해로 전체대회조차 열지 못하는 등 활동의 제약을 받았다. 이 때문에 사회주의자들은 코민테른의 「12월 테제」가 나온 이후 민족협동전선의 실효성에 대해 의문을 갖지 않을 수 없었다. 하지만 민족협동전선으로 결성된 신간회를 일제의 탄압이 아니라 신간회원들 스스로 해소해 버린 것은 전술상의 커다란 오류였다고 할 수 있다.

5. 만주지역의 무장투쟁

봉오동전투와 청산리전투

3·1운동 이후 만주지역의 독립운동가들은 본격적인 무장투쟁을 준비했다. 압록강 이북 서간도지역의 부민단은 1919년 4월 자치기관으로서 '한족회'를 발족시켰으며, 동시에 한족회는 '서로군정서'라는 군정부로 개편되었다(이상룡·이청천 등). 두만강 이북의 북간도지역에서는 자치단체인 '간민회'가 '대한국민회'로 이름을 고치고 본부를 옌지현에 두었으며, '국민회군'이라는 독립군 부대를 편성했다(안무 등). 또 북간도의 왕칭현에서는 대종교 세력이 '북로군정서'라는 부대를 편성했다(김좌진 등). 그 밖에도 서북간도에서는 무장부대 50여 개가 조직되었다.

독립군 부대들은 1920년부터 국내 진공작전을 개시했다. 독립군들이 함남·함북·평북에 침입해 전개한 전투는 1920년 1,651건, 1921년 602건, 1922년 397건, 1923년 454건 등에 달했다. 이에 일제는 국경 3도에 군사 및 경찰 경비력을 대폭 강화했다.

독립군 부대들은 국경을 넘어 일제의 통치시설에 기습 타격을 가한 뒤 다시 국경을 넘어가는 전술을 구사했다. 1920년 6월 일본군은 북간도의 독립군을 추격하기 위해 250여 명의 추격대를 편성해 훈춘 인근의 봉오동으로 진격해 왔다. 정보를 입수한 홍범도의 '대한독립군'과 최진동의 '군무도독부', 안무의 '국민회군', 이흥수의 '대한신민단' 등은 일본군을 봉오동 골짜기로 유인해 대파했다. 『독립신문』은 이 전투에서 일본군 157명이 사살된 반면, 독립군 측은 4명의 전사자만을 냈다고 보도했다.

봉오동전투 이후 일제는 독립군에 대한 근본적인 대책이 필요하다고 생각하고 만주 군벌 장쭤린[張作霖]에게 독립군 진압을 위한 협조를 요청했다. 하지만 장쭤린이 소극적인 태도를 보이자 일제는 독자적으로 독립군을 진압하기로 하고, 1920년 8월 이른바 '간도지방 불령선인 초토계획'을 세우고 '훈춘사건'을 조작했다. 훈춘사건이란, 일제가 중국 마적을 매수해 1920년 10월 혼춘의 민가와 일본영사관을 습격하도록 한 사건이다. 일제는 훈춘사건을 구실로 약 2만 명의 대병력을 서북간도로 침입시켰다.

이에 독립군 부대들은 일본군과의 정면 승부를 피하고 백두산 서쪽 산록으로 이동해 당분간 은신하기로 결정했다. 그리하여 1920년 10월 북로군정서·대한독립군·대한신민단·국민회군 등의 독립군단은 백두산록으로 향하는 길목인 허룽현 2·3도구에 집결했다.

독립군의 동태를 파악한 일본군은 2·3도구에 추격부대를 파견했다. 10월 21일 3도구 방면 김좌진의 북로군정서는 일본군을 백운평 골짜기 깊숙이 유인해 섬멸했다. 이어 2도구 방면에서도 홍범도가 지휘하던 독립군 연합부대가 일본군을 물리치고 대승을 거두었다. 이후에도 어랑촌漁郎村전투, 천보산天寶山전투, 고동하古洞河전투 등이 있었는데, 이를 모두 합해 '청산리전투' 혹은 '청산리대첩'이라 부른다. 청산리전투의 대승리는 독립군의 지리를 이용한 전술과 분투, 일본군의 무모한 작전으로 가능했다. 또 독립군이 러시아에서

극동민족대회에 참석한 홍범도
(1922, 독립기념관)

김좌진 초상화
(1930.3.25, 독립기념관)

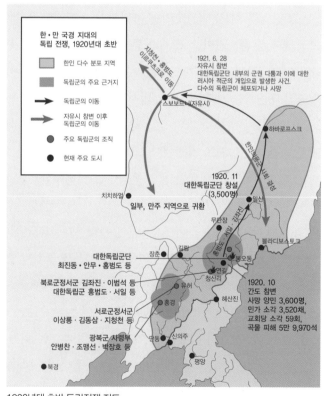

1920년대 초반 독립전쟁 지도

철수하던 체코군으로부터 사들인 총기도 큰 도움이 되었다. 청산리전투 이후 독립군단 일부는 북쪽으로 이동해 북만주 미산[密山]에 집결했다가 이듬해 러시아령으로 건너갔고, 그중 일부는 다시 남북만주지역으로 돌아왔다.

경신참변과 자유시사변

봉오동전투와 청산리전투에서 대패한 일본군은 그 보복으로 북간도에서 '경신참변'(또는 '간도참변')이라는 한인 대학살을 자행했다. 일본군은 한인촌락을 습격해 한인을 살해하고 부녀자를 강간했으며 가옥·학교·교회 등에 불을 질렀다. 피해 상황을 정확히 알기는 어렵지만, 1920년 10~11월에 북간도의 8개 현에서 3,600여 명이 피살되었으며, 가옥 3,200여 채와 학교 41개, 교회 16개가 불에 탄 것으로 알려져 있다.

한편 독립군은 북만주의 미산을 거쳐 러시아령으로 이동해 1921년 초 이만(달네레첸스크)에 도착했다. 그런데 김좌진의 북로군정서 등 일부 부대는 소련의 지원을 기대하기 어렵다고 판단하고 북만주로 되돌아왔다. 그러나 홍범도·이청천·안무·최진동이 이끄는 독립군 부대는 북으로 이동해 그해 3월 러시아의 자유시(알렉세예프스크)에 도착했다. 그동안 연해주지역에서 소련의 적군과 함께 활동해 온 최고려가 지휘하는 자유대대와 사할린의용대 등 유격대들도 자유시에 집결했다. 자유시에 모여든 한인 병력은 총 4,000여 명에 달했다.

그런데 자유시에 집결한 한인 부대를 러시아인 총사령관의 지휘하에 고려혁명군으로 통합하는 과정에서 자유대대와 사할린의용대 간에 갈등이 빚어졌다. 개편과정에서 주도권을 장악한 자유대대 측은 각 부대를 통합·재편하려 했지만, 사할린의용대와 독립군 일부 부대는 이에 반발했다. 고려혁명군 측은 이들 부대의 무장해제를 결정했다. 하지만 사할린의용대 등은 이에 따르지 않았다.

1921년 6월 28일 러시아혁명군과 자유대대 측은 사할린의용대와 일부 독립군 부대 주둔지를 포위하고 공격을 가했다. 이로 인해 많은 사상자가 발

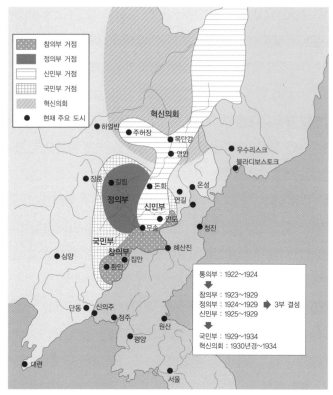

1920년대 중반 독립전쟁 지도

생하고, 사할린의용대 등은 사방으로 흩어졌다. 이것이 '자유시사변'이라 불리는 사건이다. 자유시사변의 피해 상황은 기록에 따라 다르지만, 수십 명이 사망하고 수백 명이 포로가 된 것으로 알려져 있다. 나머지는 자유시를 탈출해 북만주로 되돌아왔다.

독립군단의 정비와 3부의 성립

경신참변과 자유시사변으로 큰 타격을 입은 만주의 독립운동 세력은 흩어진 진영을 정비하기 위해 노력했다. 그 결과 1922년 8월 북만주지역에서는 '대한독립군단'이, 남만주지역에서는 '대한통의부'가 각각 성립했다.

하지만 1924년 5월 일부 세력이 대한통의부를 이탈해 '참의부'를 조직했다. 참의부는 서간도지역을 근거지로 하면서 임정 직속을 표방하며 무장투쟁에 중점을 두었다(중심지 지안현). 대한통의부는 이후 남만주지역의 세력 결집을 계속해 1924년 11월 '정의부'로 확대 개편되었다. 정의부는 군사기구이자 자치기구의 성격을 지니고 있었으며, 하얼빈 이남의 만주 중앙지역을 근거로 했다. 한편 북간도와 그 이북지역에서도 대한독립군단과 북로군정서가 통합해 1925년 '신민부'를 창립했다. 신민부도 역시 군사기구이자 자치기구의 성격을 띠면서 만주 동부지역을 근거로 했다.

1920년대 중반 만주지역에 이처럼 군정부의 성격을 띤 3부가 성립된 이후, 1920년대 말에는 이를 통합하려는 움직임이 일어났다. 하지만 통합의 방법을 둘러싸고 의견이 서로 달라 1929년 북만주의 '혁신의회'와 남만주의 '국민부'로 재편되는 데 그치고 말았다. 두 군정부는 휘하에 정당과 무장부대를 거느렸다. 혁신의회 측은 한국독립당과 한국독립군, 국민부 측은 조선혁명당과 조선혁명군을 각각 거느렸다.

참|고|문|헌

고정휴, 2009, 『1920년대 이후 미주·유럽지역의 독립운동』, 독립기념관 한국독립운동사연구소

김영범, 2009, 『의열투쟁 I : 1920년대』, 독립기념관 한국독립운동사연구소

김영범, 2017, 「의열단 창립단원 문제와 제1차 국내거사기획의 실패 전말 : 13인설 재검토와 '구영필 문제'의 숙고를 중심으로」, 『한국독립운동사연구』 58, 독립기념관 한국독립운동사연구소

김용구, 2006, 『세계외교사』, 서울대학교출판문화원

박찬승, 2014, 『한국독립운동사 : 해방과 건국을 향한 투쟁』, 역사비평사

박철규, 2019, 「의열단원 박재혁의 생애와 부산경찰서 투탄」, 『향도부산』 37, 부산광역시 시사편찬위원회

반병률, 2009, 『1920년대 전반 만주·러시아지역 항일무장투쟁』, 독립기념관 한국독립
　　　운동사연구소

성황용, 2001, 『근대동양외교사』, 명지사

이준식, 2009, 『조선공산당 성립과 활동』, 독립기념관 한국독립운동사연구소

임경석, 2003, 『한국사회주의의 기원』, 역사비평사

임경석, 2009, 『초기 사회주의운동』, 독립기념관 한국독립운동사연구소

임경석, 2022, 『독립운동 열전 1 : 잊힌 사건을 찾아서』, 푸른역사

정윤재 외, 2018, 『신간회와 신간회운동의 재조명』, 선인

채영국, 2007, 『1920년대 후반 만주지역 항일무장투쟁』, 독립기념관 한국독립운동사
　　　연구소

황민호·홍선표, 2008, 『3·1운동 직후 무장투쟁과 외교활동』, 독립기념관 한국독립운동
　　　사연구소

제12장

1930년대 이후 국내와
만주, 중국 관내의 민족통일전선운동

세계사의 흐름 : 세계대공황과 '만주사변', 중일전쟁, 제2차 세계대전

1920년대 말부터 1930년대 세계를 휩쓴 대공황으로 서구 자본주의 국가와 식민지 대중의 생활조건이 악화되면서 민중의 불만은 고조되었다. 그 결과는 인도 대중의 시민불복종운동과 반영反英봉기, 중국 농민의 중국공산당 혁명정권인 소비에트와 홍군으로의 편입, 인도차이나·미얀마·아랍·라틴아메리카 등지의 반제민족운동의 성장 등으로 나타났다. 자본주의 열강 간 식민지 재분할 경쟁도 고조되면서 열강의 이해관계를 조절하던 베르사유 체제가 붕괴되었다.

일본은 세계대공황의 타격을 크게 받았는데, 이를 1931년 '만주사변'이라는 대외침략으로 타개하려 했다. 1932년에는 일본 괴뢰 국가인 '만주국'이 등장했다. 미국과 영국은 일본의 만주침략에 당황했지만 소련 견제를 이유로 적극 제지하지는 않았다. 다만 국제연맹이 일본의 만주 철수를 결의한 정도였다. 일본은 이에 반발해 1933년 국제연맹을 탈퇴해 버렸다. 소련은 일본의 만주 점령을 큰 위협으로 여기고 중국의 국공합작 성사를 위해 노력했고, 국제연맹에도 가입했다.

하지만 일본 육군은 중국혁명이 반일적 성격을 띨 것을 우려하며 중국혁명이 성공하기 전에 중국을 침략한다는 구상을 구체화했다. 마침내 일본은 1937년 중국에 대한 전면전을 도발했다. 중일전쟁 발발 후 소련은 난징정부와 중소불가침조약을 체결하고 군수물자를 국민당정부에 제공했다. 일본은 1938년 '대동아신질서'를 선언하고, 1940년 일본·독일·이탈리아 삼국동맹을 맺었다. 그 사이 일본군과 소련군의 만몽 국경지대에서 무력충돌은 끊이지 않았다. 그 와중에 1939년 유럽에서 제2차 세계대전이 발발하자, 일본과 소련은 1941년 일소불가침조약을 체결했다. 일본의 중국침략은 동아시아의 국제관계를 긴장시켰고, 중국 대중의 항일의식이 고조되어 조선과 중국 대중의 항일연대운동의 기초가 되었다. 일본은 이후 프랑스정부에 압력을 가해 프랑스령 인도차이나에 비행 기지를 건설하고 군대를 진주시켜 동남아시아 장악을 준비했다. 1941년 말 일본은 미국의 하와이 진주만과 영국 식민지인 홍콩, 말라야 등을 기습공격해 아시아태평양전쟁을 시작했다.

전쟁 중 연합국 수뇌들은 전시 협력 및 전후 사태를 논의하기 위해 여러 차례 회담을 개최했다. 1943년 미·영·중의 「카이로선언」에서는 "한국민의 노예상태에 유의하고, 때가 되면 한국이 해방·독립될 것"이라고 선언해 한국의 독립을 약속했다. 또한 미국은 소련의 대일전 참전을 희망했다. 소련도 이에 동의해 1945년 2월 '얄타회담' 때 스탈린이 루즈벨트에게 소련-독일 전쟁이 끝난 뒤 소련의 대일전 참전을 공식 약속했다.

미국은 1945년 7월 원자폭탄 실험에 성공했다. 이달 트루먼은 「포츠담선언」을 발표해 일본이 무조건 항복을 받아들이도록 최종 경고한 후, 소련의 참전을 기다리지 않고 단독으로 대일전을 종결시키려 했다. 그러나 일본은 국가통치자로서 천황의 대권이 손상되어서는 안 된다며 보장이 없는 무조건 항복에 반대했다. 이 때문에 일본은 중립국 소련의 중재를 요청하기로 했다. 그러나 이는 일본의 약점을 소련에 드러내는 결과가 되어 소련의 참전욕만 조장했다.

결국 미국은 1945년 8월 6일 히로시마에 원폭을 투하했고, 9일 나가사키에 원폭을 투하했다. 참전의 기회를 잃게 될 것을 우려한 소련은 이날 재빨리 일본군을 공격했다. 소련은 일소불가침조약을 파기하고 불과 며칠간 참전한 대가로 만주와 한반도 38도선 이북을 점령했고, 중국을 공산화할 수 있는 위치에 서게 되어 막대한 이득을 거두었다. 일본은 한국을 식민지화해 불행을 가져오더니, 패망한 후에도 한반도의 분단이라는 유산을 남겨 놓았다.

1. 조선공산당 재건운동과 국내 민족해방운동

조선공산당 재건운동

조선공산당은 1928년 일제의 탄압에 의해 사실상 해산되었다. 이후 조선공산당은 1928년 코민테른이 제시한 「12월 테제」 지침에 따라 당을 재건해야만 했다. 당시 중국에서 국공합작은 붕괴했고, 1920년대 말~1930년대 초 코민테른은 유럽의 사회민주주의자, 식민지의 민족주의자를 비판하고 공산주의자에게 이들과의 연대 대신 노동자·농민 등 대중과의 연대를 강조했다.

1929~1931년의 초기 서울-상하이 합동파, ML파, 화요파는 파벌을 해소하고 노농 대중적 기초를 확대하는 당의 재건운동을 추진했다. 당 재건 방식은 혁명적 노동조합·농민조합 조직을 확대해 노농 대중적 기초를 강화하는 것이었다. 동시에 전국 차원의 당 재건 조직인 '조선공산당 재건설준비위원회'를 결성하고, 각 도와 부·군에 당과 공산청년회 기관을 확보하며, 이를 기초로 각지에서 열성자대회를 열어 노농 대중의 힘을 모아 당을 결성하는 것이었다.

그러나 코민테른은 1930년 6월 조선공산당 재건설준비위원회를 해체하라는 지시를 내렸다. 코민테른은 조선공산당 재건에 관련한 모든 책임을 중국공산당 내 조선국내공작위원회에 맡겼다. 이에 따라 서울-상하이파는 당 재건설준비위원회를 해체하고 '좌익노동조합 전국평의회준비위원회'를 조

직했다. ML파 역시 공산당을 먼저 결성하려던 방식을 바꿔 혁명적 노농조합
운동을 중심으로 조직을 건설하는 방식을 채택했다. 코민테른도 지역 단위의
공산주의자그룹 건설을 기대하며 모스크바공산대학 출신자들을 대거 조선에
파견했다.

하지만 1930년대 중반을 넘어서면서 일제의 중일전쟁 발발과 전시체제
돌입으로 당 재건운동은 가혹한 탄압을 받았다. 이후 당 재건운동은 국내 대
중운동의 침체와 세계정세의 변화, 코민테른 제7차 대회 이후 노선 변화 등에
큰 영향을 받게 되었다.

공산주의운동과 조선건국동맹

1935년 코민테른 제7차 대회는 반파쇼인민전선 노선을 채택하고 식민지
에서 반제부르주아민족주의자와 사회주의자들의 연합전선을 실행하기로 결
정했다. 이 노선 전환은 조선공산당 재건운동의 다양한 조직 건설과 운동 방
향으로 표현되었다. 원산·청진의 공산주의자그룹, 권영태와 미야케[三宅鹿之
助] 경성제대 교수를 중심으로 한 '경성공산주의자그룹'(1934), '이재유그룹'
(1933), 박헌영·이관술 등의 '경성콤그룹'(1940)이 혁명적 노조운동과 항일대
중조직의 병행을 도모했다.

한편 이재유 중심의 '경성트로이카'(1933)는 서울에서 활동한 조직인데,
안광천 계열의 조선공산당재건동맹 사건 여파로 1934년 1월까지 이재유를
비롯한 경성트로이카 조직원이 대거 검거되었다. 그런데 이재유는 경찰서 유
치장에서 탈출해 '경성재건그룹'(1934)과 그 후속 조직 '조선공산당재건 경성
준비그룹'(1936)을 조직해서, 당재건운동에 잔존하던 파벌적 요소를 비판하
면서 대검거에도 불구하고 조직을 강화하고 지하 활동을 계속했다. 하지만
1936년 12월 이재유를 비롯한 관계자가 대부분 검거되어 조직은 붕괴되었
다. 그러나 조직 범위뿐만 아니라 대중조직 활동에서도 이재유그룹의 활동은
이전에 비해 진전된 당 재건운동이었다.

경성트로이카

이재유·이현상·김삼룡이 주도한 경성트로이카(1933)는 마차를 이끌려면 세 마리 말이 서로 보조를 맞춰야 하듯이, 조직도 상부의 일방적 지시를 하달하는 방식이 아니라 토론과 합의의 운영 원리를 따라야 한다고 강조했다. 분파 투쟁과 지도부에 의한 당 건설 방식을 비판하며 생산 현장에서 대중활동을 강화해 조선공산당 재건의 인적·물적 토대를 마련하고자 했다. 또한 국제적 지도기관에서 파견된 활동가들의 배타적 권위 주장과 이로 인한 대립 갈등에 대한 위험성도 지적했다. 그래서 코민테른이나 박헌영 라인에 복속되기를 거부했는데, 이 때문에 코민테른은 경성트로이카를 분파주의, 대중추수주의라고 비판하기도 했다. 경성트로이카는 1934년 지도부 검거로 와해되었다. 1936년 겨울 이재유가 검거되면서, 그 후 트로이카 멤버이던 이관술·이현상·김삼룡 중심의 '경성콤그룹'으로 계승되었다.

중일전쟁 발발 이후 국내 항일운동 세력은 최후의 저항을 시도하면서 해방을 준비했다. 이 시기 국내 항일운동의 가장 대표적인 조직은 조선공산당 재건운동을 전개한 '경성콤그룹'이었다. 경성콤그룹은 이재유그룹을 이어 당 재건운동에 착수한 공산주의자그룹으로서, 서울을 중심으로 하고 주로 함경도와 경남지역에 기반을 두고 있었다. 이는 식민지기 국내 최후의 공산주의자조직이며, 해방 이후 조선공산당과 남로당의 핵심이 된 조직이다.

경성콤그룹은 이재유그룹의 이관술·김삼룡을 중심으로 1939년 지도부를 형성하고, 1940년 2월 출옥한 박헌영을 지도자로 하여 정식 결성되었다. 경성콤그룹은 ML-이재유계, 서울-상하이계, 화요계 등 각 파벌을 망라했다. 경성콤그룹은 1940년 12월부터 조직원들이 세 차례에 걸쳐 검거될 때까지 전국의 당 재건운동과 혁명적 노농운동의 경험을 가진 여러 운동가와 정치세력을 결집하며 항일투쟁을 했다.

태평양전쟁기에도 조선공산당 재건운동은 진행되었다. 서울의 '공산주의자협의회'(1944), 함경도의 '자유와 독립그룹'(1943), 함남 장진군의 '임충석그룹', 경남 부산 및 거제도의 '윤일그룹' 등이 대표적이다. 지리산에서는 징용·징병 기피자 등으로 구성된 항일유격대 '보광당'이 활동했다.

한편 여운형·조동호 등은 일제 패망을 예견하고 1944년 8월 '조선건국동맹'을 결성했다. 조선건국동맹의 목적은 두 가지였다. 하나는 항일투쟁을 통해 일제 패망을 가속화시키는 것이었으며, 다른 하나는 건국 주체 세력을 조직적으로 준비하는 것이었다.

조선건국동맹은 친일파·민족반역자를 엄격히 제외하고 민족적 양심이 있는 인사를 망라해 공장·회사·학교·대중단체에 세포조직을 두기로 결정했다. 지방조직도 갖추어 도별 책임자를 정했는데, 지방조직 책임자는 대체로 1920년대에 신간회운동이나 노동·농민운동, 공산주의운동에 참여한 좌파 계열의 인물들이었다.

조선건국동맹은 부문별 조직도 갖추어 나갔다. 먼저 농민동맹이 1944년 10월 경기도 용문산에서 조직되었다. 또한 학병·징용·징병 거부자 조직을 결성했다. 보광당·조선민족해방협동당·산악대 등은 조선건국동맹과 연결되어 있는 조직들이었다. 1945년 3월에는 후방 교란을 위한 노농군 편성을 계획했으며 산하에 군사위원회를 조직했다. 화북조선독립동맹의 조선의용군과 연계를 모색하기도 했다. 조선건국동맹은 8·15 해방 다음 날 만들어진 조선건국준비위원회의 모태가 되었다.

2. 만주 항일무장투쟁

간도 5·30봉기

만주는 북만주, 동만주, 남만주로 구분된다. 동만주는 대안지역으로 흔히 간도(북간도)라 불린다. 간도는 전체 인구의 약 80%를 한인이 차지할 정도로 한인이 많았다. 그만큼 항일운동도 활발해 일제시기 이래 민족주의 무장투쟁 세력의 본거지가 되었다. 남만주의 '국민부', 북만주의 '혁신의회'는 1930년대 초 만주의 민족주의 세력을 대표했다. 하지만 1930년대 들어 만주에서 민족주의 세력은 점차 퇴조했고, 공산주의 세력이 동만주를 중심으로 급성장했다.

만주의 한인 공산주의자들은 조선공산당 및 그 산하단체에 소속되었으나, 1930년 코민테른의 1국 1당 원칙에 따라 조선공산당 만주총국을 해산하고 중국공산당 만주성위원회 산하로 들어간다. 그 과정에서 중국공산당 만주성위원회는 상하이 5·30사건(1925년 5월 30일 상하이에서 일어난 반제국주의 민중운동) 5주년을 기념해 한인 공산주의자들에게 연변지역에서 무장폭동을 일으킬 것을 지시했다. 이에 따라 5월 30일 두도구의 친일기관인 한인 민회 사무실과 일본영사관 분관을 한인들이 습격한 '간도 5·30봉기'가 발발했다. 룽징[井龍]에서는 군중이 전화선을 차단하고 발전소를 습격했으며 동양척식주식회사 간도출장소에 폭탄을 던졌다. 이튿날 군중은 남양평南陽坪의 조선총독부 보조학교인 중흥학교를 불태우고 철교를 파괴했으며 한인 민회 사무실을 불태웠다.

이 밖에도 연변 각지에서 군중이 일어나 일제 통치기관과 친일기구들을 습격했다. 또 지주와 고리대금업자들을 습격해 양식을 몰수하고 고리대 장부와 소작증서 등을 불태웠다. 당시 투쟁 구호는 일본제국주의 타도, 지주의 토지 몰수와 농민 분배, 국민당 시설 방화, 한족연합회·정의부·신간회 타도, 조선 혁명 지원, 소련 옹호, 지주와 자본가 처단, 노·농·병 소비에트 건설 등이었다.

이 사건으로 일제의 간도영사관 경찰에 체포된 39명 가운데 35명이 치안유지법 위반, 방화, 폭발물취체규칙 위반 등의 명목으로 서울로 이송되어 재판에 넘겨졌다. 김근은 사형을 언도받고 처형되었다. 5·30봉기 후에도 옌지[延吉]·허룽[和龍]·왕칭[汪淸]·훈춘[琿春] 등에서 12월까지 봉기가 계속되었다. 일제 경찰은 2,000여 명을 체포해 서울로 이송했으며 400여 명을 예심에 넘겼다. 예심을 거쳐 272명이 재판에 회부되었으며, 12명이 옥사하고, 22명이 사형을 언도받았다. 1936년 7월 20~21일 서대문형무소에서 이들의 사형이 집행되었다.

적색유격대와 동북인민혁명군

만주사변 후 재만한인에게 한만 국경은 더 이상 보호벽이 아니었다. 재만한인 민족주의 세력 중 남만주에 있던 국민부는 '조선혁명군'을 조직해 항일 무장조직 통일에 노력했으며, 중국인 부대와 연합작전에 들어갔다. 그러나 관동군(만주 주둔 일본군)의 공격으로 조선혁명군 일부는 1936년 중국공산당의 '동북항일연군' 제1로군에 참여하고, 또 다른 일부는 산하이관[山海關] 이남으로 이동해 항일투쟁을 지속했다. 한편 북만주의 혁신의회는 유림, 대종교, 의병 집단을 흡수해 '한국독립군'을 산하에 두고, 만주사변 후 한중 연합군을 조직하고 일본군과 만주군에 맞서 항전했다. 하지만 일제의 대규모 공격으로 흩어져 일부가 관내 중국으로 남하했다.

한편 1931년 10월 남만주의 이퉁[伊通]에서 창건된 적위대는 만주지역에서 중국공산당이 이끈 첫 무장 조직으로서, 적위대 대장 이홍광을 비롯한 청년 7명이 모두 한인이었다. 적위대는 1932년 6월 '반석공농磐石工農 반일의용군'으로 발전했고, 12월에는 구 동북군계 한족 부대와 통합되어 '중국 노농홍군 제32군 남만유격대'로 개편되었다. 남만유격대의 규모는 250명으로 그 1/4이 한인이었으며, 일본군·만주국군·마적 등을 상대로 60여 차례 전투를 벌였다.

동만주지역에서도 적위대를 개편한 '옌지현유격대'가 결성되었다. 허룽·왕칭·훈춘 등지에서도 유격대가 조직되었다. 1933년 동만지역 4개 현의 유격대 대원은 360명이었는데 그중 90%가 한인이었다. 이 유격대는 '중국 노농홍군 제32군 동만유격대'로 편제되었다.

북만주지역에서도 1933년 허형식 등이 탕위안[湯原]에서 유격대를 조직했는데, 한 달도 못 되어 일제의 탄압으로 무너지고 말았다. 그러나 이후에도 '주허[珠河]반일유격대'가 조직되어, 1934년 '동북반일유격대 합동지대'로 확

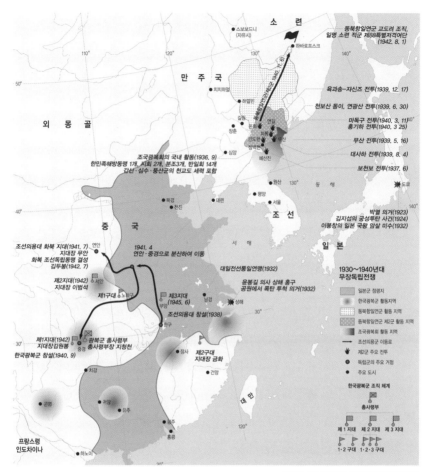

1930~1940년대 무장독립투쟁 지도

대되었다. 다만 북만지역의 유격대에서 한인의 역할은 크지 않았다.

이렇게 만주 각처에 적색유격대가 설립되었는데 대부분이 주로 한인에 의해 건설되었다. 만주 각지에 유격대 근거지가 만들어지고 작은 규모의 소비에트가 수립되었다. 그러나 각계각층의 항일 세력을 결집하는 데에는 한계가 있었고, 동만주에서는 민족적 갈등도 드러났다.

이와 같은 문제는 1933년부터 어느 정도 시정되기 시작했다. 중국공산당 중앙위원회는 당 만주성위원회에 소비에트를 폐지하고 인민혁명정권을 수립해 반일통일전선을 강화하도록 지시했다. 이에 따라 각 지역 홍군유격대는 점차 '동북인민혁명군'으로, 소비에트는 '인민혁명정부'로 개편되었다. 하지만 동만주(연변)에 집중된 인민혁명정부는 세 차례에 걸친 일제의 집요한 토벌로 점차 위축되었다. 내부적으로도 유격대, 당, 대중단체 등 여러 혁명단체 내 상호 불신과 반민생단 사건(중국공산당 동만특위가 한인 당원 가운데 민생단에 참여한 혐의가 있는 이들을 처형한 사건)으로 인한 운동가들에 대한 숙청 분위기로 유격투쟁은 크게 위축되었다.

그런 가운데 남만주에서는 1933년 기존의 유격대들을 모아 '동북인민혁명군 제1군 독립사'가 건립되었다. 이 부대는 300명 정도의 규모였는데, 사장은 중국인 양징위[楊靖宇], 참모장은 한인 이홍광이었으며, 부대의 1/3은 한인으로 구성되었다. 동만주에서도 1934년 '동북인민혁명군 제2군 독립사'가 성립되었다. 사장은 한인 주진이 맡았으며, 병력의 2/3는 한인이었다. 북만주의 미산[密山]에서도 1934년 미산유격대와 중국의용군이 통합되어 '동북인민혁명군 제4군'이 편성되었다.

항일민족통일전선과 조국광복회

1935년 8월 중국공산당 중앙은 「8·1선언」을 발표해 국공내전의 중지를 제안했고, 이듬해 12월 시안 사건(중국국민정부 수상 장제스의 부하 장쉐량이 시안을 방문한 장제스를 연금하고 내전 중지를 요구한 사건)으로 제2차 국공합작이 성사되었다. 8·1선언은 항일민족통일전선의 결성을 제안했다.

1936년 1월 중국공산당 만주성위는 항일부대를 '동북항일연군'으로 재편성하기로 결정했다. 이에 만주에서는 동북항일연군 제1군~제11군이 조직되었다. 이후 만주지역의 무장투쟁은 새로운 국면에 접어들었다. 중국공산당 만주성위는 항일투쟁을 위해 각계각층과 연대하는 것은 물론 재만한인의 조국광복운동과 한인들의 자치구 건설을 지원할 것을 결의했기 때문이다. 동북항일연군 가운데 특히 제2군 병사의 1/2은 한인들이었다.

1936년 7월 동북항일연군 제1·2군은 통합되어 제1로군으로 재편성되었다. 또 제4~6군은 제2로군으로, 제3·9·11군은 제3로군으로 통합되었다. 그리고 제1로군 제2군 제1·2·3사는 1로군 제4·5·6사로 명칭이 바뀌었다. 이 가운데 한인이 많던 제4·6사는 백두산 일대에 소위 '유격구'를 건설했다. 제6사(사장 김일성)는 1937년 6월 4일, 80명의 병력으로 함남 갑산군 보천보를 습격해 주재소 등을 파괴하기도 했다. 같은 달 30일 동북항일연군 제1로군 2사, 4사, 6사 연합부대는 지린성 13도구道溝 간삼봉間三峰 일대에서 일본군과 전투를 벌였다.

앞에서 본 1935년 코민테른 제7차 대회에 따라 중국공산당의 한인 정책에도 큰 변화가 생겼다. 중국공산당은 중국인과 한인의 항일연군을 결성하는 것은 물론 민족해방운동을 이끌어갈 항일민족통일전선 조직체가 필요하다고 보았다. 그리하여 1936년 통일전선체로 '재만한인조국광복회'(이하 '조국광복회')가 조직되었다.

조국광복회는 동북항일연군 제2군 제3사를 중심으로 추진되었다. 1936년 중국공산당 남만특위와 동만특위는 '남만성위원회'로 통합되었다. 이에 따라 앞에서 본 것처럼 동북항일연군 제1·2군을 합쳐 제1로군을 결성했고, 제2군의 제3사를 제6사로 개편해 백두산 일대에서 활동하도록 했다. 제6사는 유격 근거지를 만드는 한편, 한인 농민들을 대상으로 조국광복회 결성을 추진했다. 조국광복회는 이후 조직을 넓혀 압록강 북쪽 창바이현 일대와 함남 북부 및 평북 북부, 그리고 함흥·원산·흥남 등지에도 지부 조직을 만들어 나갔다.

한편 조국광복회 간부로 국내에 파견된 권영벽·이제순 등은 국내 공산주의자인 박달·박금철 등과 연계해 1937년 1월 조국광복회의 국내 조직인 '조선민족해방동맹'을 조직했다. 민족해방동맹은 이후 함남 갑산 등지에 각종 반일청년동맹, 반일그룹, 농민조합, 결사대, 야학회 등 35개 비밀 조직을 결

성했다. 함경도와 평안도의 천도교 세력과도 제휴했다. 그러나 앞서 본 보천
보전투를 계기로 일제는 함남 지역에서 대대적인 검거선풍을 일으켜 조국광
복회 관계자 739명을 검거했다. 이로 인해 조국광복회 조직은 거의 와해되고
말았다.

한인이 많던 제1로군 항일유격대는 1938년 일제의 대토벌로 큰 타격을
입었으며 제2·3로군의 사정도 마찬가지였다. 이때부터 유격대는 소규모 부
대로 분산·재조직되어 군사활동을 전개하면서, 점차 북상해 중소 국경을 넘
어 1942년에는 대부분 소련 영내로 들어갔다. 이들은 블라디보스토크와 하
바롭스크 근처에 야영을 설치했으며, 1942년 7월에는 '동북항일연군 교도려
矯導旅'로 재편되었다. 교도려는 이후 일본 패망 시까지 소련군 정치군사학교
에서 간부교육을 받게 된다.

3. 중국 관내 통일전선운동

임시정부와 한인애국단

한편 임시정부는 국무원회의를 열어 재정난을 극복하는 길은 세간을 놀
라게 하는 항일거사밖에 없다고 결의하고, 그 실행을 내무총장 김구에게 일
임했다. 이에 김구는 '한인애국단'을 구성했다.

김구는 한인애국단의 1차 거사로 이봉창 의거를 준비했다. 1931년 12월
이봉창을 한인애국단에 입단시킨 뒤 수류탄 2개를 주고 일본으로 보냈다. 이
봉창은 천황 히로히토[裕仁]가 1932년 1월 8일 요요기연병장에서 열리는 육
군 관병식에 참석한다는 신문기사를 읽고 이를 절호의 기회로 생각했다. 당
일 아침 이봉창은 요요기연병장에 갔으나 경계가 삼엄해 천황이 궁성으로 돌
아갈 때를 노리기로 하고 궁성의 사쿠라다몬 앞(경시청 부근)으로 갔다. 그는 군
중 속에 섞여 있다가 천황 일행의 마차들이 다가오자 두 번째 마차를 향해 수

류탄을 던졌다. 그러나 수류탄은 위력이 약해, 궁내대신이 탄 두 번째 마차에 약간의 손상을 입혔을 뿐이었다. 실망한 이봉창이 잠시 머뭇거리는 사이 마차 행렬은 지나가 버려, 이봉창은 두 번째 수류탄을 던지지 못한 채 경찰에 체포되었다. 이봉창은 결국 재판에서 '대역죄'로 사형선고를 받고, 10월 10일 교수형이 집행되어 순국했다. 그의 나이 서른둘이었다.

이봉창 의거가 일어나자 중국의 상하이와 칭다오에서 발행되던 『민국일보』는 이를 보도하면서 "한인이 일황을 저격했으나 불행히도 겨우 부속차량에 맞았다"고 제목을 달았다. 다른 신문들도 대체로 비슷하게 보도했으며, 일부 신문은 이봉창을 '지사'라고 칭했다. 중국 신문들의 이와 같은 보도에 칭다오의 일본인들은 약 1주일 동안 폭동을 일으켰으며, 이는 중국인들의 일본인에 대한 반감을 더욱 증폭시켰다.

그런 가운데 상하이에서 1932년 1월 일본인 승려들이 중국인들에게 폭행당하는 사건이 일어났다. 이 사건으로 상하이의 일본인 거주민들과 중국인들이 각각 항의시위를 벌이며 대치하자, 이를 빌미로 1월 28일 일본 해군 육전대 및 항공부대가 상하이에 상륙해 중국군 19로군과 한 달간 전투를 벌였다. 이것이 '상하이사변'이다. 일본군은 항공모함을 투입해 군함의 포격과 전투기의 공중전으로 공세를 지속했고, 결국 3월 1일 19로군은 퇴각했다. 중국은 불리한 조건으로 일본과 화전和戰협정을 맺지 않을 수 없었다. 그리고 일본은 1932년 3월 괴뢰국 '만주국'을 세웠다.

상하이사변에서 승리한 일본군은 4월 29일 천장절(천황 생일)에 상하이 홍커우[虹口]공원에서 전승 기념 축하

의거 직전의 윤봉길(1932.4.27, 독립기념관)

대한민국임시정부 이동로

식을 열었다. 이때 김구의 한인애국단 단원 윤봉길이 단상에 폭탄을 던진 사건 곧 '윤봉길 의거'가 일어났다. 1932년 초 김구는 상하이 홍커우공원에서 폭탄을 투척할 것을 구상하고, 윤봉길을 불러 승낙을 받았다. 윤봉길은 거사 사흘 전인 4월 26일 김구를 만나 한인애국단에 가입했다. 29일 아침 김구로부터 도시락과 물통 모양의 폭탄 2개를 전달받은 윤봉길은 홍커우공원에 들어가 축하식이 시작되어 일본 국가가 울려 퍼지는 가운데, 앞으로 나아가 물통 모양의 폭탄을 단상에 던졌다. 폭탄은 정확히 단상의 중앙에 떨어지면서 폭발해 단상에 서 있던 7명이 모두 쓰러졌다. 단상에 있던 일본 육군대장

시라카와 요시노리[白川義則], 상하이 일본인 거류민단장 가와바타 데지[河端貞次]는 현장에서 즉사했으며, 일본공사 시게미쓰 마모루[重光葵]를 비롯한 여러 명이 부상을 입었다.

이 사건으로 중국인의 한인에 대한 감정은 크게 호전되었다. 국민당정부는 상하이 임정을 적극 지원하기 시작했고, 김구에게는 중국인들의 후원금이 답지했다. 이에 김구는 장제스를 만나 한인 청년들이 중국 군사학교에서 훈련받을 수 있도록 해 달라고 요청했고 장제스는 이를 받아들였다. 임정은 이제 곤경에서 벗어날 수 있게 된 것이다.

일제 경찰은 프랑스 조계 당국을 협박해 임정 요인들을 체포하려 했다. 이때 안창호는 피신하라는 연락을 늦게 받아 결국 체포되어 조선으로 송환되고 만다. 임정은 근거지인 상하이를 떠나 항주로 이전했으며, 이후 1935년에는 전장[鎭江]으로, 1936년에는 난징으로 이전할 수밖에 없었다.

민족혁명당과 조선의용대

산하이관 이남의 중국(이하 '관내 중국') 역시 일제시기 민족해방운동의 주요 근거지였다. 이 지역은 국내나 만주보다 안전했지만 한인 대중에 근거를 두지는 못했다. 따라서 중국정부의 지원에 크게 의존할 수밖에 없었다. 1920년대 관내 중국은 무장투쟁의 거점이기보다는 주로 외교활동(대한민국임시정부), 의열투쟁(의열단)의 거점이었다. 그러나 일제의 만주 점령 후 무장투쟁을 하던 민족주의 세력이 대거 관내로 이동하고, 대일전선도 화북지방으로 이동하면서 관내 중국은 점차 항일무장투쟁의 거점으로 변화해 갔다.

1920년대 의열투쟁으로 명성이 높던 의열단은 무장투쟁 쪽으로 노선을 전환해 국민당정부의 원조를 받아 1932년 난징에 '조선혁명간부학교'를 설립해 대원들을 훈련시켰다. 한편 이청천은 만주에서 민족주의 계열 군인들을 이끌고 1933년 남하해 김구와 연합했다. 관내 중국에서 항일무장투쟁의 역량이 커지자 이들의 통일 문제가 과제로 떠올랐고, 국민당정부도 단일 창구

조선의용대 창립 기념사진(1938.10.10, 독립기념관)

를 통해 한인을 지원하려고 하면서 한국독립당, 조선혁명당, 한국혁명당, 의열단, 한국광복단동지회, 신한독립당 등 단체 대표들이 모여 1932년 '한국대일전선통일동맹'(이하 '통일동맹')을 결성했다. 하지만 통일동맹은 각 단체 협의체에 불과해 통일동맹을 해소하고 하나의 당으로 통합하자는 의견이 고조되었다.

결국 통일동맹 소속 정당은 자진 해체 후, 1935년 단일정당인 '조선민족혁명당'(이하 '민족혁명당')으로 통합되었다. 민족혁명당「당의」는 한국독립당「당의」와 마찬가지로 정치·경제·사회의 평등을 표방했는데, 삼균 이념이 민족주의 좌우파 진영에게 모두 받아들여지고 있었음을 말해준다. 당시 민족혁명당의 주요 참여 인물은 김원봉·윤세주(의열단), 김두봉·조소앙(한국독립당), 이청천(신한독립당), 최동오·김학규(조선혁명당), 김규식(대한독립당) 등이었다.

민족혁명당은 중국의 임시수도 우한이 일본군에 의해 공격받자, 좌익 군

소정당과 연합해 1937년 '조선민족전선연맹'을 결성하고 1938년 '조선의용대'를 창설했다. 조선의용대는 중국 국민당정부의 지원을 받아 중국 관내에서 조직된 최초의 한인 무장부대였다. 조선의용대는 김원봉을 총대장으로 해 제1·2·3지대를 두었고, 각각 중국 국민당 군대에 배속되었다.

하지만 이청천 등 민족주의 계열 일부가 구 의열단 계열의 독단적인 활동에 불만을 갖고 맞서다가 1937년 당에서 이탈했다. ML파 공산주의자 최창익 등 일부 공산주의자들도 민족혁명당이 프롤레타리아 헤게모니를 인정하지 않는다고 비판하며 탈당한 후 1939년 중국공산당 팔로군 지역의 옌안[延安]으로 북상했다. 하지만 당권을 장악한 구 의열단 계열 간부들은 북상 항일에 원칙적으로 동의했으면서도 자금원인 중국국민당의 눈치를 보며 북상하려 하지 않아, 1941년 조선의용대 내 급진 청년들은 중국국민당과 조선의용대 간부들 몰래 일본군과 전투가 치열히 전개되던 화북지방으로 이동해 버렸다. 그해 6월에는 조선의용대 80여 명 대원들도 중국공산당 화북 팔로군 지역으로 북상했다. 그러나 김원봉 등 조선의용대 본부는 국민당과 함께 충칭으로 이동했다. 그리고 1942년 5월 조선의용대 본부는 임시정부의 한국광복군 제1지대로 편입된다.

한편 중국공산당 통치구역인 타이항산[太行山]에서는 중국공산당의 대장정에 참가한 한인들과 새로 국민당 지구에서 넘어온 조선의용대원들에 의해 1941년 1월 '화북조선청년연합회'가 창립되었다. 이 단체는 조선의용대 각 지대가 속속 공산당 지역으로 이동해 오자 1942년 7월 이름을 '조선독립동맹'으로 바꾸었고, 조선의용대 본부가 한국광복군에 합류하자 조선의용대 화북지대는 '조선의용군'으로 재편되었다.

조선의용군은 그 후 비록 소규모 전투지만 직접 전투에 참여했다. 조선독립동맹 소속 한인 일부는 중국공산당의 항일군정대학에서 정치군사교육을 받으며 일제 패망 후를 대비했다. 1945년 8월 9일 소련의 대일전 개시 후 조선의용군은 마오쩌둥[毛澤東]의 지시로 만주로 진격했다. 그러나 일제의 조기 항복으로 조선의용군은 대일전에 본격적으로 참전하지는 못했다. 조선독립동맹과 조선의용군은 해방 후 주로 이북지역으로 귀국했으며, 조선독립동맹 세력은 '조선신민당'으로 개편해 활동했다.

좌우 통합 임시정부와 한국광복군

일찍이 1930년 1월 상하이임시정부 청사에서 '한국독립당'이 결성되었다. 상하이 한국독립당은 이동녕·김구 등 임정의 핵심 세력과 안창호를 비롯한 흥사단 계열이 주류를 이루고 있었다. 한국독립당은 「당의」에서 정치·경제·교육의 균등을 내세우고, 「당강」에서는 참정권의 평등, 국민생활권의 평등, 수학권의 평등을 구체적으로 주장했다. 이는 훗날 조소앙의 '삼균주의'로 발전된다. 1931년 4월 임정은 국무위원 명의로 「대한민국임시정부선언」을 발표해, 한국독립당이 사실상 임정의 여당으로 조직되었음을 밝혔다.

그러나 상하이 한국독립당은 1935년 7월 한국대일전선통일동맹이 만든 민족혁명당 참여 여부를 놓고 조소앙 등의 참여파와 김구·이동녕 등의 불참파로 양분되어 사실상 해체되었다. 참여파는 민족혁명당에 참여했다가 얼마 뒤 이념과 노선 차이로 탈당해 '한국독립당'을 재건했고, 불참파는 김구를 중심으로 '한국국민당'을 결성했다.

민족혁명당 창당으로 위기에 처했던 임시정부는 이청천 등 보수 민족주의자들이 민족혁명당에서 나오자 이를 계기로 다시 활기를 띠었다. 김구는 이들과 연합해 1937년 '광복진선'을 결성해 민족혁명당과 경쟁했다.

광복진선에 속했던 재건 한국독립당 조소앙, 조선혁명당 이청천, 한국국민당 김구 등은 1939년 느슨한 단체연합 대신 3당 통합을 논의하기 시작했다. 3당은 민족주의 세력이 주도하는 정당들이었고, 임시정부를 옹호·유지한다는 데 이견이 없었다. 1939년 11월 임시정부도 3당의 연내 통합을 촉구했다. 중일전쟁의 확대와 유럽에서 2차 세계대전의 발발로 대일전 결전의 시기가 다가오고 있던 가운데, 임시정부의 지지 기반 확보가 무엇보다 중요했다.

한국독립당 제1차 중앙집감위원 전체 촬영(1940.5.16, 독립기념관)

그 결과 1940년 5월 8일 3당은 해체 선언을 하고 통합된 '한국독립당'(중앙집행위원장에는 김구)을 창당했다. 이를 흔히 '통합 한독당' 혹은 '충칭 한독당'이라 부른다.

또한 대한민국임시정부는 일찍이 무장부대 건립을 도모해 오다가, 충칭에 안착한 직후인 1940년 9월 비로소 한국광복군(이하 '광복군')을 창건했다. 광복군은 사령부 요원들이 중국 각지에 흩어져 병사를 모집해 1년간 300여 명을 모았다. 앞서 본 것처럼 1942년 5월에는 충칭에 잔류한 조선의용대 본부 병력 등 100여 명이 제1지대로 편입되어 제1·2·3지대 체제로 개편했다. 제1지대는 조선의용대 본부를 개편한 것이고(지대장 김원봉), 제2지대는 이전 광복군 제1·2·5지대를 통합한 것이며(지대장 이범석), 제3지대는 원래 안후이성[安徽省] 푸양[阜陽]에서 활동하던 징모 제6분처를 개편한 것이다(지대장 김학규).

광복군은 또 일본군 진영에서 탈출한 학병들이 합류하면서 그 수가 크게 늘어 1945년 4월 564명이 되었다. 국민당정부는 광복군에 대한 군사 원조를

한국광복군 총사령부 성립 전례식 기념(1940.9.17, 독립기념관)

하면서 광복군의 작전권과 인사권, 정훈政訓의 권한까지 장악했다. 임시정부는 오랫동안 중국정부에 통수권을 돌려 달라고 교섭했고, 그 결과 1945년 4월 비로소 이를 돌려받을 수 있었다.

광복군 10여 명은 1943년 미얀마 전선에 파견되어 일본군 포로 심문, 정보 수집 등의 활동으로 8·15해방 때까지 영국군을 도왔다. 서안에 주둔한 광복군 제2지대는 미군 전략첩보국OSS의 지원하에 1945년 봄부터 국내 진공 공작 훈련을 받았다. OSS와 광복군이 세운 '독수리 작전' 계획은 60명의 요원을 선발해 3개월 동안 정보 수집, 보고, 통신 훈련을 실시한 뒤. 그 가운데 45명을 1945년 초여름에 국내 5개 전략 지점에 나누어 침투시킨다는 것이었다. 제1기생 50명의 훈련은 7월 말에 종결되고, 8월 4일에 38명이 수료했다. 그러나 이틀 뒤 히로시마에 원폭이 투하되고 일주일 뒤 일본이 연합국에 항복을 통고하면서 이 계획은 실행에 옮겨지지 못했다.

한편 임시정부는 1940년 10월 헌법을 개정해 의원내각제의 집단지도체

김구(국사편찬위원회)   김규식(국사편찬위원회)   조소앙(독립기념관)

제 대신 주석제로 개편해 김구 주석을 중심으로 한 단일지도체제를 만들었
다. 1941년 국민당정부는 임정 지원 조건으로 독립운동 세력의 통합, 즉 민
족혁명당 세력과의 통합을 요구했다. 이해 태평양전쟁이 발발하자 김원봉은
결국 임시정부 참여를 선언했다. 김원봉 등 민족혁명당 세력의 임시정부 참
여는 일단 이들이 임시의정원에 참여하는 형식으로 이루어졌다. 그리고 이어
서 조직을 확대해 부주석에 김규식이, 군무부장에 김원봉이 취임해 임시정부
는 명실상부한 좌우 통합 정부가 되었다.

　임시정부는 1941년 11월에는 삼균주의를 기초로 한 「대한민국 건국강
령」을 제정했다. 삼균주의는 정치·경제·교육에서의 기회균등을 강조하는 것
으로, 조소앙이 만든 이념이었다. 건국강령은 정치적으로는 의회주의에 바탕
을 둔 민주공화국, 경제적으로는 대기업의 국영화, 토지의 국유화, 자영농 위
주의 토지개혁 실시 등의 내용을 담고 있었다.

　임정은 중국과 미국 등에 대한 외교활동도 강화했다. 임정은 충칭[重慶]에
도착한 직후인 1940년 10월 중국 외교부장을 만나 임정 승인을 요청했다. 그
리고 1941년 12월 일본의 진주만 공습으로 태평양전쟁이 발발하자 일본에
선전포고를 했다. 그리고 김구 주석과 조소앙 외교부장은 중국 외교부장에게
미국·영국 등이 임정을 참전국의 하나로 인정하도록 중국이 도와 달라고 요

청했다. 1942년 1월에도 임정은 국민당 측에 중국정부가 솔선해 임정을 승인해 달라고 요구했다. 그러나 미국과 영국이 이에 반대해, 국민당정부도 임정의 승인을 유보하지 않을 수 없었다. 당시 미국 측은 '한반도의 군사 점령-군정 실시-다자간 신탁통치'라는 3단계 대한 정책의 기본 틀을 가지고 있었다. 또 각국의 수많은 망명정부를 인정하지 않는다는 방침을 천명하고, 연합국에도 보조를 같이할 것을 요청한 상태였다. 결국 임시정부는 미국, 중국 등 연합국의 승인을 얻을 수 없었다.

참고문헌

김광재, 2007, 『한국광복군』, 독립기념관 한국독립운동사연구소

김용구, 2006, 『세계외교사』, 서울대학교출판문화원

김희곤, 2008, 『대한민국임시정부 I : 상해시기』, 독립기념관 한국독립운동사연구소

박찬승, 2014, 『한국독립운동사 : 해방과 건국을 향한 투쟁』, 역사비평사

성황용, 2001, 『근대동양외교사』, 명지사

신주백, 2005, 『1920~30년대 중국지역 민족운동사』, 선인

신주백, 2005, 『1930년대 국내 민족운동사』, 선인

염인호, 2009, 『조선의용대·조선의용군』, 독립기념관 한국독립운동사연구소

윤대원, 2006, 『상해시기 대한민국임시정부 연구』, 서울대학교출판부

장세윤, 2009, 『1930년대 만주지역 항일무장투쟁』, 독립기념관 한국독립운동사연구소

조범래, 2009, 『의열투쟁 II : 한인애국단』, 독립기념관 한국독립운동사연구소

최규진, 2009, 『조선공산당 재건운동』, 독립기념관 한국독립운동사연구소

한상도, 2008, 『대한민국임시정부 II : 장정시기』, 독립기념관 한국독립운동사연구소

한시준, 2009, 『대한민국임시정부 III : 중경시기』, 독립기념관 한국독립운동사연구소

한시준 외, 2022, 『대한민국의 뿌리 대한민국 임시정부』, 국립대한민국임시정부기념관

제13장

사회운동의 성장

세계사의 흐름 : 전세계 사회운동의 전개

제1차대전 이후 세계질서는 새로운 도전을 마주했다. 민족주의와 자유주의, 사회주의 등 '평등'을 바탕으로 하는 새로운 정치적 이념이 출현했기 때문이었다. 베르사유조약 협상 과정에서 제기된 윌슨의 '민족자결'의 원칙은 조선과 중국, 이집트, 인도 등 여러 나라의 반제국주의 운동에 영향을 미쳤으며, 인종·민족·성별 등을 둘러싼 차별을 폐지하는 사회운동이 각지에서 분출했다.

1917년 볼셰비키혁명과 1919년 코민테른의 설립은 하나의 분수령이 되었다. 인도와 중국, 조선 등 아시아 각국의 진보적 운동가들은 반제국주의적 열망을 실현하는 수단으로 공산주의를 주목했다. 이러한 흐름은 아시아를 넘어, 아프리카와 유럽 등 여러 대륙과 연계되는 동시에, 아시아 내에서도 제국 본국과 식민지의 운동을 잇는 방향으로 전개되었다. 제1차 세계대전과 제2차 세계대전 사이, 많은 운동가들은 자본주의와 자유주의에 반기를 들고 계급투쟁과 반자본주의의 흐름 속에서 사회를 변혁하려는 희망을 품었다.

사회변혁운동의 흐름은 산업사회의 병폐가 집중된 노동현장을 중심으로 그 파급력이 넓혀갔다. 미국과 서인도제도, 아프리카에서는 흑인 노동자를 대상으로 하는 노동운동이 전개되었다. '네그리튀드운동'으로 불린 이 운동은 초국적인 반제국주의 운동 속에서 '인종'과 '노동'의 문제를 설파했다. 한편, 전세계적인 노동조합 운동 역시 성장했다. 영국, 프랑스, 독일, 미국 등 이른 시기부터 산업화가 진행된 여러 국가들에서는 노동조합의 조직화 운동이 전개되었다. 노동자들은 살인적인 노동시간의 단축과 임금 인상, 안전한 노동 환경을 요구하며 단체 행동에 나섰다. 이를 통해 이들 지역에서는 20세기 초반, 노동조합이 중심이 되어 주5일 1일 8시간 노동제도를 확보하고 이를 법으로 명시할 수 있었다. 또한 1914년 이후 대부분의 선진국에서는 백인 남성의 경우 재산권에 관계없이 투표권을 부여받아 정치에 참여할 수 있는 권리가 보장될 수 있었다. 이후 노동운동은 아시아는 물론, 식민지 조선에서도 중요한 영향력을 발휘했다.

　　노동운동과 참정권운동의 확대는 여성운동의 활발한 전개와도 결합되었다. 여성문제는 20세기 초의 중요한 국제적 쟁점이었다. 인도에서는 여자 아이를 대상으로 하는 영아 살해나, 남편이 죽어 화장시킬 때 부인 또한 함께 화장하는 '사티'와 같은 순장 풍습 등을 개혁하는 데 운동의 초점이 맞추어졌다. 유럽에서는 여성에게 재산권을 보장하는 운동이 전개되었으며, 미국과 세계 각국에서는 여성의 교육 확대 운동이 추진되었다. 일본에서도 여성의 참정권 운동이 전개되는 한편, 여성에 대한 사회경제적 차별철폐와 가부장적 관습 폐지가 중요한 사회적 의제가 되었다. 식민지 조선에서도 여성에 대한 계몽운동과 교육운동은 물론, '근우회'와 같은 전국적 조직을 통해 여성의 사회정치적 권리의 신장과 성폭력의 철폐 등이 활발하게 요구되었다.

　　한편 제2차 세계대전 하에서는 전세계적인 반전운동이 연대하기도 했다. 유럽제국주의에 반대한 동남아시아 민족운동가들이 중국대륙을 피신처로 삼은 과정에서 조선인 운동가들과 조우할 수 있었으며, 이들은 동아시아 전역의 아나키스트들과도 연결되었다.

1. 노동운동

노동 현실과 조건

강점 이후 한반도는 일제의 원료와 상품 공급지로 전환되었다. 이 과정에서 정미·화학·방직·광산·수공업·토목건축 및 각종 서비스업 등 각종 부문에서 근대적 노동자계층이 형성되어 갔다. 시대별로 보면 1920년대까지는 근대적 공업이나 서비스업 등이 상대적으로 부족했다. 그렇기에 주로 토목건축 공사장이나 항만의 운수노동과 같은 계절적 임시 노동에 종사하는 비중이 컸다. 반면, 1930년대 이후 일본의 대륙 침략이 본격화되면서, 한반도 북부와 경인(경성과 인천) 지역을 중심으로 공장과 광산 개발이 급증했다. 또한 조선 곳곳에서 도시화가 진행되면서, 공장노동자와 서비스업 노동자의 규모가 점차 증가되었다. 이로써 1930년대에는 공장:광산:토목건축 노동자가 1:1:1의 비율을 이루게 되었다. 한편 1937년 중일전쟁 이후에는 군수 생산을 위한 노동자 동원이 급격히 확대되었다. 이에 전체 노동자의 규모가 1933년 21만여 명에서 1938년 60여만 명으로 격증했다. 업종별로는 1930년대 후반으로 갈수록 중화학공업 노동자의 수가 크게 증가했고, 군수 생산 증강을 위한 지하자원 채굴용 기계공업 등에도 많은 노동자가 고용되었다.

이처럼 시기별·업종별로 노동자의 구성에는 큰 차이가 있었다. 그러나 노동자들이 열악한 노동 조건 속에서 절대적 빈곤에 처해 있었다는 점은 대체로 유사했다. 노동 시간은 공장과 광산의 경우 중일전쟁 이전까지는 대체로 1일 10~12시간이었다. 전쟁이 시작된 이후는 12시간 이상 노동하는 것이 일반적이 되었다. 임금은 민족별·성별로 큰 차이가 있었다. 1929년 현재 일본인 남성의 임금을 1.00으로 산정했을 때, 조선인 남성은 0.43을, 조선인 여성은 0.25를 받았다. 동일한 기능과 능력 조건 하에서도 조선인 남성은 일본인 남성의 1/2 수준, 조선인 여성은 일본인 남성의 1/4 수준에 불과한 금액만을 받았던 것이다. 나아가 고용 및 노동을 보호하는 법령이 적용되지 않았기 때문에, 일상적인 고용 불안이 지속되었고, 산업재해에 대한 예방이나 보상 역시 제대로 이루어지지 못했다. 열악한 노동 조건 속에서 민족적 차별과 성적 차별에 따른 비인격적 대우, 구타와 모욕, 인격적 모멸 등도 빈번하게 자행되었다. 여기에 전시하에서는 전쟁비용 마련을 위한 강제저축이나 의무적립제도 등이 강화되어 그 고통은 더욱 강화될 수밖에 없었다.

노동단체 결성과 파업투쟁

1919년 3·1운동은 노동운동 활성화에 중요한 계기가 되었다. 3·1운동 이전 1918년 당시 조선에서 노동자 파업은 연간 50건에 불과했다. 그러나 1919년 84건, 1923년 72건, 1928년 119건에 달할 만큼 급격히 증가했다. 1920년대 초의 파업은 대체로 임금 인상이나 노동조건 개선을 요구하는 자연발생적 원인이 주를 이루었고, 대부분 단기간에 종식되었다. 그러나 1920년대 중반을 넘어서며 사회주의 사상의 유입 등으로 인해 노동운동은 보다 강화되었다. 임금문제와 처우 개선 등을 비롯해, 노동절 기념 파업과 같은 정치적인 특징을 지닌 파업도 늘어났다. 또한 50~70일에 이르는 장기 파업도 곳곳에서 등장했고, 공장을 습격하는 등의 격렬한 방식을 선택하는 경우도 늘어났다. 같은 지역이나 동일 부문 공장에서의 연대 파업도 빈번하게 이루어졌다. 직종별로는 주로 방직·제사 여공과 제분·정미 직공의 파업이 중심이 되었다. 이러한 움직임은 기존에 상호부조에 주목했던 노동단체들이 1920년대 이후 사회주의 사상을 받아들이며 전개되었다. 특히 1927년 조선노동총동맹의 결성은 사회주의자들이 노동운동을 주도하는 상황을 잘 보여주었다.

혁명적 노동조합운동

1929년 세계대공황에 따른 정리해고로 인해 조선 전역에서 실업 노동자가 대량으로 늘어났다. 임금 저하 등으로 노동자의 처우와 조건은 열악해진 반면, 만주사변 이후 일제의 노동운동 탄압은 보다 가혹해졌다. 이로 인해 합법적 방식을 통한 노동운동이 불가능해지면서, 혁명적 노동조합운동으로 불린 비합법적 방식의 노동운동이 퍼져 나갔다. 혁명적 노동조합운동은 러시아와 중국, 일본 등 동아시아 내 다양한 국제 노동운동 조직 및 사회주의 세력의 영향과 연계 속에서 추진되었다. 노동운동가들은 당초 주요 도시에 거점을 두고 조선공산당을 재건하여 이를 바탕으로 국제적 혁명운동을 일으키는 것을 목표로 했다. 그러나 1931년 이후부터는 특정 공장에서 노동자의 파업을 조직하고 지도하여, 이들 노동자의 계급의식을 고양시키는 방향으로 그 전략이 변경되었다. 이에 따라 경성과 평양처럼 일제 초기부터 공장이 발달한 지역을 비롯해, 1930년대 이후 일제의 병참기지화 정책의 영향으로 새롭게 등장한 흥남, 청진 등의 여러 신흥 공업도시를 중심으로 혁명적 노동조합운동이 전개되었다. 이들 운동은 각 공장이나 작업장에 3~5명 규모로 개별 공장반을 조직하고, 이를 공장별 노동조합 분회로 구성한 뒤, 다시 지역별, 나아가 전국적 산업별 노동조합을 결성하는 것을 주요 목표로 했다. 그러나 노동운동에 대한 공장 내외의 감시와 통제가 엄혹했기 때문에, 실제로는 개별 공장반을 조직하는 단계 또는 이를 준비하는 단계에서 대부분의 운동이 발각되었다. 1931~1935년의 5년간 경찰에 발각된 혁명적 노동조합운동은 70건에 이르렀으며, 그 참여자는 1,759명에 달했다.

전시노동통제와 노동자의 저항

중일전쟁 이후 일제는 조선에 「국가총동원법」을 적용하며 노동력 동원을 본격화했다. 간접적으로는 노동자의 이동·이직을 제한하는 한편, 「국민직업능력신고령」 등 각종 조사와 관리 사업을 시행해 노동력을 통제했다. 직접적으로는 모집, 관 알선, 징용의 방법을 이용해 한반도 곳곳의 공장과 공사장, 나아가 일본 본토 및 침략전쟁의 점령지로 조선인을 노동자로 동원하였다. 또한 노동 현장으로부터의 이탈이나 도망을 제압하는 데 경찰이나 헌병 등의 무력을 활용했다. 조선인들은 고향인 농촌을 떠나 낯선 공장이나 광산 등으로 동원되어야 했다. 작업장에서는 군대와 마찬가지의 통제된 작업 일상, 열악한 노동 조건, 노동재해가 격증하는 속에서 많은 위협에 처하였다. 특히 조선인 노동자 보호를 위한 법령이나 조치가 거의 시행되지 않아 문제가 심화되었다. 일본인 감독의 폭행과 욕설, 비인간적 처우와 민족차별이 일상적인 상황이 이어졌다.

이에 여러 수단을 이용한 저항 운동이 전개되었다. 총독부의 집계에 따르면 1939년 한 해에만도 각 노동현장에서는 146건의 동맹파업이 진행되었고, 여기에 1만 128명이 참가했다. 노동자들은 태업, 집단 탈주, 기계 파괴, 동원 기피, 유언비어의 유포와 같은 간접적 방법을 통한 저항도 이어갔다. 노동자들은 대도시의 공원이나 공중변소, 공장 화장실 등에는 '일본을 점령하고, 일본 타도하자', '우리 조선을 세우자', '차별하면 인류가 아니다', '내선별체內鮮別體' 등을 낙서하고, 민족의식을 고취하는 내용의 삐라 등을 살포했다. 또한 하루 안에 끝낼 수 있는 일도 천천히 작업해서 며칠에 걸쳐 일하는 방식으로 '태업'을 통해 생산량을 감소시키고자 노력했다. 한편 공사를 방해하거나 방화 및 폭발을 일으켜 생산시설에 직접적인 타격을 주는 일도 감행했다. 광산, 탄광, 채석장, 토목 공사장, 공장 등 일본의 침략전쟁을 위한 군수 물자 생산 시설을 파괴하고, 이를 통해 일본을 패전으로 이끌어간다는 전략이었다. 한편, 작업장에서 도망치거나 결근하는 것은 가장 일반적인 저항 방법이었다. 일례로 일본 내무성 보안과의 통계에 따르면 1941년 일본 본토로 동원된 조선인 노동자의 도주율은 54.6%로, 동원된 숫자의 절반 이상을 차지할 만큼 압도적인 수준이었다. 노동자 중 일부는 일본의 패망이 가까워졌다는 정세 판단 하에서 비밀단체를 결성하여 반일무장폭동을 계획하기도 했다. 이처럼 무장투쟁단체를 통한 저항 기도는 여러 도시와 공장에서 시도되었다.

2. 농민운동

농촌의 몰락과 농민의 현실

1910년대의 토지조사사업, 1920년대의 산미증식계획, 1930년대의 농촌진흥운동과 전시하의 식민지 농업정책 속에서 농촌은 더욱 빈곤해져 갔다. 1920년 현재 전체 농민 가구 중 각각 19.5%, 37.4%, 39.8%였던 자작농, 자작 겸 소작농, 소작농의 비율은 1940년에 이르면 18.1%, 23.3%, 53.1%로 변화하였다. 또한 1920년대 지주는 조선 농가의 4% 미만에 불과했지만, 그에 비해 권력이 낮은 자소작농(소규모 자작을 겸행하는 소작농)이나 전업 소작농은 약 80%에 달할 만큼 막대한 비중을 차지하였다. 빈농의 증가는 일제강점기전 기간에 걸쳐 꾸준히 지속되었다. 이로 인해 농민들은 농사를 짓고도 늘 적자에 처하는 절대적인 빈곤을 벗어날 수 없었다. 농민 중 상당수는 농촌을 떠나 도시로 흘러 들어가 도시 하층의 토막민이 되거나, 산으로 들어가 화전민이 되어 갔다.

농민단체 결성과 소작쟁의투쟁

3·1운동 이후 전국 곳곳에서 소작인조합, 소작조합, 농민공제회, 작인동맹 등의 농민단체가 결성되기 시작했다. 조선총독부의 집계에 따르면, 1921년 3개에 불과하던 이들 단체는 1930년에는 약 900여 개 이상으로 급증했다. 초기의 농민단체는 주로 농사 개량과 지주·소작인 간의 공존·공영, 농민 계몽과 생활 개선 등을 표방하는 자조 모임의 성격에 지나지 않았다. 그러나 1924년 조선노농총동맹의 결성에 따라 사회주의 사상의 영향이 전국적으로 확대되면서, 농민단체 역시 적극적인 정치 운동과 농민의 이익을 위한 운동기관으로 변모되어 갔다. 이러한 과정 속에서 특히 소작쟁의가 급격하게 늘어났다. 소작쟁의는 소작농들이 소작 조건 개선을 위해 지주를 상대로 전개한 운동이었다. 당시 소작농들은 수확량의 70~80%를 소작료로 지불하는 상

황으로, 여기에 토지개량비나 영농에 필요한 자재비, 공과금까지도 부담해야 했다. 이에 1920년 15건에 불과했던 소작쟁의는 1925년 204건, 1930년 726건으로 급증했다. 한편, 수리조합 반대 운동도 지속적으로 발생했다. 수리조합은 산미 증식을 위해 총독부가 장려한 시설로, 그 건설 과정에서 발생하는 공사비를 농민에게 전가해 큰 부담을 주었으며, 건설 후에도 수리조합 구역 내의 소작료 인상과 수리세 전가로 농민에게 큰 피해를 주었다. 이에 소작농은 물론 중소지주까지 참여하여 수리조합의 건설을 저지하거나, 이미 건설된 조합 시설을 파괴하는 등의 운동을 전개했다.

혁명적 농민조합운동

1928년 사법부의 정비와 경찰력을 확충한 조선총독부는 치안유지법을 개정해 농촌 운동가들을 대규모로 검거하고 구금하는 정책을 시행했다. 1932년부터는 관제 농민운동인 농촌진흥운동을 시행해 농촌에서 조선총독부에 우호적인 질서를 형성하기 위해 노력했다. 이러한 상황 속에서는 공개적인 방식의 합법적인 농촌운동이 더 이상 불가능했다. 이에 1930년대 이후는 혁명적 농민조합운동이 추진되었다. 혁명적 농민조합운동은 기존의 농민운동이 지주나 부농층의 이해관계를 대변하는 성격이 강했다고 비판하며, 빈곤 농민을 우선하는 새로운 농민운동의 필요성을 주장했다. 또한 사회주의 사상을 수용해, 빈곤 농민이 주도하는 계급혁명을 통해서 사회를 변혁하는 것에 운동의 목표를 두었다.

이러한 분위기 속에서 1930년 조선에는 전국 약 80여개의 군郡·도島 지역에 농민조합이 건설되었다. 이는 전국 220개 군·도의 약 36%에 해당하는 많은 규모를 차지했다. 특히 러시아와 가까웠던 함경도와 강원도 지방은 사회주의 전파의 주요 경로였기 때문에, 혁명적 농민조합운동이 가장 격렬하게 진행되었다. 경찰은 결국 약 2만여 명을 혁명적 노동조합 운동에 참여했다는 혐의로 검거했다.

농촌통제와 공출 거부

중일전쟁 이후 일제는 군수 식량 확보를 위한 식량증산정책을 실시하였다. 그러나 전쟁의 장기화와 전황의 악화, 이상기후로 인한 흉작이 잇달아 식량 상황은 급속히 악화되었다. 또한 비료 공업이 군수공업으로 전환되어 일본제국 전체에서 비료의 생산과 공급이 급감했기 때문에, 열악한 농업생산 상황은 더욱 악화되었다. 일제는 이를 만회하기 위해 '근로보국'이라는 명목으로 청장년은 물론 부인과 아동까지 농업 노동에 강제로 동원하였지만, 전쟁터와 군수공장 등으로 징발되는 노동력의 공백을 만회하지 못했다. 이로 인해 일제의 식량증산정책은 소기의 성과를 달성하지 못했다.

이처럼 식량 생산량은 감소하는데 전쟁으로 인한 수요는 계속 증가하는 수급 불균형의 상황 속에서, 1943년 이후 일제는 식량 문제의 유일한 해결 방안으로 내핍과 수탈을 선택했다. 이미 1939년 대가뭄 이후 쌀에 대한 유통과 소비의 통제를 실시해 공출을 의무화하기 시작한 일제는 1942년 「조선식량관리령」을 공포하여 모든 식량을 공출 대상으로 삼았다. 이로 인해 이 기간 동안 조선인들은 기아 상태를 면치 못하는 극도의 굶주림을 겪었다. 여기에 식량뿐만 아니라 의류나 침구로 쓰이는 면포나 가마니 등의 농산품까지 망라해 공출했기 때문에, 추위로 인한 고통도 이어졌다. 전쟁을 위한 고된 노동과 가혹한 생활 조건, 여기에 일본이나 전쟁지역으로의 생필품을 이출하기 위한 공출 속에서 농민들은 공출을 기피하는 방식으로 일제에 저항했다. 온돌 구석이나 항아리, 외양간 등에 식량을 몰래 숨겨 공출을 회피하는 일이 일상화되었다. 이에 대해 경찰과 관공리들은 강제적으로 가택을 수사하며 폭력을 동원한 수탈을 이어갔다. 전시하 일제의 이러한 정책은 농민들로 하여금 관청에 반감을 갖게 하였으며, 나아가 전쟁의 종결과 일제의 패망을 염원하는 분위기가 만연하도록 만들었다.

3. 청년·학생운동

청년단체와 학생회의 결성

한말 이후 국권의 강화와 회복은 국민적 목표가 되었다. 교육은 이를 달성하기 위한 방법으로 가장 강조되었다. 이 과정에서 청년·학생은 특정 세대나 연령을 의미하는 차원을 넘어 민족의 운명을 선도하는 상징으로 인식되었다. 특히 3·1운동은 청년·학생운동의 성장에 중요한 계기가 되었다. 대중의 사회 정치적 역량이 확대되었으며, 민족주의사상과 사회주의사상의 영향력이 확산되어 청년·학생운동이 조직적으로 전개되기 시작한 것이다.

청년단체의 경우, 초기에는 지방유력자나 명망가들의 주도로 주로 수양이나 계몽 활동에 그 목표를 두었다. 그러나 1920년대 중반 이후 사회주의 사상의 영향을 받은 청년들이 사회에 진출하며 청년·학생 단체 및 관련 운동의 주도권을 장악해 나갔다. 1924년 조선청년총동맹의 결성을 통해 전국의 사회주의적 청년단체가 결집된 것은 당시 청년운동의 급진적 양상을 상징적으로 보여 주었다.

한편, 학생운동은 각 학교별 독서회 등을 그 기반으로 하였다. 1920년대 중반부터는 사상 계열에 따라 계몽운동을 중심으로 하는 조선학생회와, 사회주의의 영향력 하에 조직된 조선학생과학연구회가 양립하는 구조를 형성하였다. 이들 학생운동단체들은 광주학생운동을 비롯한 여러 운동에 직간접적으로 관여하였지만, 전국적으로 관련 운동을 지도하는 역량은 갖추지 못했다는 한계가 있었다.

동맹휴학과 광주학생운동

동맹휴학은 학생들이 자신들의 요구를 관철하고자 수업이나 등교를 거부하거나 농성하는 집단행동으로, 일제강점기 학생 항일운동의 가장 중요한 형태였다. 특히 1919년 3·1운동 이후 광범위하게 늘어난 동맹휴학은, 교육 환경, 교육 과정, 훈육 등의 식민지 교육 문제 전반에서 비롯되었는데, 그 중 절반 이상이 교사의 자질이 원인이 되어 발생했다. 일본인 교사의 민족차별적인 폭언과 자의적 폭행, 비리나 횡령 등이 많았기 때문이었다. 또한 1920년대 중반부터는 사회주의 사상의 영향을 받아, 학생은 물론 교사들이 강좌, 강습회, 독서회 또는 비밀결사를 조직하여 민족의식과 함께 사회주의 사상과 계급의식을 고취하는 운동을 벌이기도 했다.

1926년 일어난 6·10만세운동은 1919년 3·1운동 이후 무르익은 사회적 결집력을 반영했다. 이 운동은 순종(융희제, 재위 1907~1910)의 인산일因山日을 기해 기획된 시위운동이었다. 당초 조선공산당과 천도교 일부 세력은 장례 행렬을 따라 만세 시위를 벌일 것을 기획했는데, 이들 주도층은 거사 직전 체포되고 말았다. 결국 시위를 주도한 것은 서울 시내의 학생들이었다. 1920년대 초반부터 활동을 이어오던 조선학생과학연구회 소속 회원을 비롯해, 서울에서 유학하던 각 지역 출신의 고등보통학교 학생들이 별도의 조직 없이 시위대를 규합해 시위 행렬을 주도했다. 이에 장례 행렬을 둘러싼 30여 만 명의 인파 속에서, 6월 10일 오전 8시부터 오후 2시 경까지 서울 시내 8개 장소에서 학생의 선도 아래 합세한 군중이 참여해 약 1,000여 명의 인파가 만세시위를 이어갔다. 이로 인해 서울에서만 210여 명의 학생이 체포되었으며, 전국적으로도 1,000여 명의 학생이 경찰에 붙잡혔다. 이후 6·10만세운동은 3·1운동을 계승하는 민족적 열망을 상징했을 뿐만 아니라, 전국적인 규모의 학생운동이 성장하는 바탕이 되었다.

6·10 만세운동에서 축적된 운동 역량은 1929년 광주학생운동을 통해 발휘되었다. 광주학생운동은 1929년 10월 말 나주역에서 일본인 학생이 여학생을 밀치는 사건으로 시작되었다. 당시 일본인 학생과 조선인 학생들은 언쟁을 벌이다가 헤어졌지만, 얼마 지나지 않은 11월 3일 광주에서 일본인 학생과 조선인 학생의 집단 격투로 이어졌다. 이 과정에서 경찰이 일방적으로 조선인 학생들만을 검거하여 검사국으로 송치하면서 광주 지역사회의 공분

을 일으켰다. 이에 1920년대부터 광주를 기반으로 비밀학생모임 및 각 학교별 독서회를 추진해 온 학생들이 중심이 되어 대대적인 시위를 이끌었다. 이들은 구속된 학생들의 석방과 함께 '조선인 본위의 교육제도 확립', '식민지 노예교육제도 철폐'를 주장하고, 재향군인회 등 일본인 단체의 철폐를 요구했다. 이후 전국의 학생들이 여기에 호응하여, 각지에서 '일본제국주의 타도', '민족해방만세' 등을 구호로 내 건 학생시위 및 동맹휴학이 이루어졌다. 당시 관련 운동에 참여한 학교는 한반도는 물론 간도 지역 등을 포함해 320개교로, 참여한 학생 수는 5만 4,000여 명에 달하였다.

1930년대 이후 합법적 영역에서의 청년·학생운동은 크게 침체되었다. 1920년대 좌우를 막론한 청년·학생운동이 강화되자, 위기의식을 느낀 조선총독부가 체제 안정을 위한 핵심 과제로 청년 통제에 주목했기 때문이었다. 이에 1920년대 말부터는 학교를 통한 '졸업생 지도'와 지역의 '중견인물 양성 정책'을 실시하여, 학교와 지역의 젊은 엘리트를 포섭하고자 노력했다. 또한 민족주의와 사회주의 활동가에 대한 탄압을 강화해, 운동은 지하화할 수밖에 없었다. 이에 따라 조선청년총동맹은 해소되어 노농조합의 청년부로 재편되었고, 학생운동은 사상학습을 통해 자질을 갖춘 운동가를 배출하여 노동운동과 농민운동에 투신시키기 위한 소수 정예의 비밀결사를 조직하는 데 주력하였다. 그러나 현실적으로 거의 모든 운동을 청년·학생이 전담해야 하는 상황 속에서, 청년·학생층만의 특수한 이해와 요구를 관철하려는 흐름은 약화될 수밖에 없었다.

전시동원과 청년·학생의 저항

중일전쟁 이후 일제는 전쟁 수행을 위해 극단적인 인적·물적 동원을 추진하였다. 특히 청년·학생은 가장 중요한 인적 동원의 대상이 되었다. 이들에 대한 노동력 동원은 '학생근로보국대', 지역에서는 '청년근로보국대', '아동근로보국대' 등 다양한 명칭으로 농장, 공장, 공사장, 광산, 비행장 등 각종 일터에서 이루어졌다. 전쟁 막바지에 다다를수록 그 동원 빈도는 더 늘어나고 동원 기간은 연장되었다. 이에 1945년 4월 이후는 중등학교 이상의 경우 아예 학과 수업을 폐지하고 학생을 '실습' 및 '근로'라는 명목으로 각종 일터로 동원하여 심각한 학습권 침해가 만연했다. 또한 동원 연령 역시 1941년 「노무조정령」에서는 만 14세 이상이었지만, 1945년 4월 개정한 「국민근로동원령 시행규칙」에서는 만 12세 이상으로 변경되었다. 이로 인해 더 많은 미성년 인구가 노동력으로 동원되었다.

한편 청년·학생은 군사동원의 주된 피해자가 되었다. 일제는 1938년 「육군특별지원병」을 공포해 조선인 병력 동원을 시작하고, 1943년 「육군특별지원병 임시채용규칙」을 제정해 '학도지원병'이라는 이름으로 대학 및 전문학교에 재학하는 학생들을 전쟁에 동원했다. 또한 1944년 4월에는 전면적인 '징병제'를 시행해 그 동원의 폭을 대폭 확대했다.

이처럼 청년·학생을 대상으로 하는 인적 동원이 강화·확대되어 가면서, 청년·학생의 저항 역시 증가하였다. 1930년대 초반 이후 감소해가던 '학생사상범죄' 사건은 1940년 무렵부터 다시 증가했다. 학도지원병제에 반대하여 학교를 결석 혹은 퇴학하거나, 징병을 거부하여 도주하는 청년·학생의 수도 급격히 늘어갔다. 나아가 적극적으로 반일투쟁에 나서는 청년·학생도 증가했다. 특히 일본의 전세가 급격히 악화된 1943년 이후는 무장투쟁을 준비하는 경향이 뚜렷하게 증가했다. 많은 청년·학생들이 일본의 패전을 예견하면서 광산, 공장, 산악지대 등을 중심으로 비밀리에 모여들어 직접 무장봉기를 준비하는 사례가 늘어났으며, 여기에 징병, 징용, 학병을 거부하는 자들이 결합하면서 그 수는 더욱 증가했다. 이들은 일본의 군사 관련 시설에 대한 폭동, 파괴, 습격을 계획하고, 군용열차 폭파나 친일파 고관 및 일본인에 대한 암살을 꾀했다. 또한 국외 독립운동에 합류하기 위하여 집단적으로 국경을 넘는 경우도 있었다. 해방 직전 청년·학생층의 이러한 저항 경험은 해방 후 민족국가 건설을 위한 운동으로 이어졌다.

4. 여성운동

여성 계몽운동과 3·1운동 참여

한말 이후 교육의 중요성이 강조되는 가운데, 국력 강화를 위해 여성 교육의 필요하다는 인식이 점차 확대되었다. 특히 1900년대 구국운동의 일환으로 전국에 상당수의 여학교가 설립되면서, 여성 학교졸업자들이 배출되기 시작했다. 근대적인 신식 교육을 받은 이들 여성은 '신여성'이라 불리며 사회적인 주목을 받았다. 미국·일본·중국 등지에서 유학하거나 국내의 신식 교육을 통해 서구의 여성해방론을 수용한 이들 신여성은 조선 여성에게 가해져 온 봉건적 억압과 구습을 비판하며 여성의 경제적 권리와 교육의 권리 등이 보장되어야 한다고 주장하였다. 나아가 가부장적 성도덕 체계를 넘어 자유연애·결혼을 옹호하기도 하였다. 이러한 신여성의 여성해방론은 3·1운동 이후 언론·출판의 자유가 다소 보장되었던 1920년대의 시대적 흐름과 맞물려 점차 확산되었다. 『여자시론』, 『신가정』, 『신여자』, 『여자계』, 『신여성』 등 여성 잡지의 발간과 여성단체들의 조직은 이 시기 여성해방론의 전파에 커다란 역할을 하였다.

한편, 3·1운동은 전국적인 여성운동의 시발점이 되었다. 대한제국기 이래로 여성운동을 주도해 온 것은 양반 부인들이었지만, 3·1운동을 기점으로 그 주도층이 여학생과 교사 등으로 전환되었다. 이를 통해 기존의 신분적 한계를 뛰어넘어 전국적, 그리고 전민족적으로 새로운 여성운동의 주도층이 형성될 수 있었다. 또한 만세시위의 준비부터 거리에서의 시위, 감옥에서의 투쟁에 이르기까지 정치적 주체로서 여성의 모습을 대중에게 각인시켰으며, 여성 스스로 1920년대 이후 각종 여성단체를 통해 그 정치적 활동을 크게 확장하게 되었다.

여성단체운동과 근우회

3·1운동 이후 각계·각층의 여성단체가 전국적으로 결성되기 시작하였다. 특히 1920년대 초반의 양상은 그 사상적 기반에 따라 민족주의단체와 사회주의단체로 양분되었다. 기독교를 중심으로 하는 민족주의 여성운동은 1922년 조직된 조선여자기독교청년연합회를 중심으로 활동하며, 그 목표를 교육·계몽을 통한 여성 지위 향상에 두었다. 반면, 사회주의 사상을 중심으로 하는 사회주의 여성운동은 1924년 조선여성동우회를 결성하며, 계급투쟁을 통한 노동여성의 해방을 주요 달성 목표로 삼았다.

이처럼 서로 분립되어 있던 여성운동계는 민족주의자와 사회주의자의 협동전선론이 고조되던 1927년 '근우회'를 통해 하나로 결합되었다. '무궁화자매'라는 뜻을 지닌 근우회는 조선 여성 각계·각층이 결합한 단일한 협동전선이자, 우리나라 최초의 전국적 여성조직이었다. 그 리더로는 일본 유학생, 기독교 등 각 종교단체 활동가, 교육 종사자 등의 엘리트 출신자는 물론이고, 공장노동자, 간호사 등 다양한 배경을 가진 사람들이 참여했다. 이들은 행동강령으로 여성에 대한 사회적, 법률적인 일체의 차별 철폐와 봉건적 인습 및 미신의 타파, 조혼 폐지와 결혼의 자유, 인신매매 금지, 여성 노동자에 대한 임금 차별 철폐와 위험 노동 폐지, 여성의 문맹 퇴치 등을 결정했다. 그리고 여성문제를 비롯해 교육, 복지, 정치, 사회적 자유 등 다양한 문제를 논의했다. 지방순회 강연, 토론회, 부인강좌, 야학 등을 개최하였으며, 기관지『근우』와 리플렛『여성과 단결』 등을 발행하며 활발한 활동을 이어나갔다. 이를 통해 1930년에는 한반도 각지는 물론, 도쿄, 오사카, 교토 등 각 지역에 총 69개의 지회를 운영했으며, 1931년 현재 6,000여 명의 회원을 보유했다.

근우회는 그 활발한 활동에도 불구하고, 1930년초 경성의 여학생 만세시위를 필두로 주요 간부들이 보안법 위반으로 경찰에 구속되면서 그 동력을 점차 상실해갔다. 또한 근우회원을 대상으로 하는 가택수색, 검거, 취조, 구류, 구속, 감옥살이가 거듭되면서 지역에서의 활동도 지속되지 못했다. 결국

(좌) 근우회 기관지 『근우』, (우) 근우회 창립총회(국사편찬위원회 우리역사넷)

근우회는 1931년 이후 그 활동이 중단되었다. 그 해산 이후 1930년대에 여성운동은 노동운동의 하위 운동으로 흡수되는 양상을 보였으며, 한편으로는 일제에 협력적인 자세를 취하는 명사들만이 명망을 떨치게 되었다.

5. 형평운동

백정에 대한 신분차별

백정은 근대 이전 조선 사회에서 가장 낮은 신분 집단으로 '천민 중의 천민'으로 불렸다. 백정은 전통사회에서 도축, 정육, 피혁가공업을 주업으로 하고, 여기에 상여를 나르거나 죄수를 처형하는 등 사회적으로 꺼려지는 일을 담당해 왔다. 이처럼 유교적 전통이 강했던 조선에서 백정은 큰 차별을 받았다. 백정은 일반 사람들의 거주지 바깥에서 집단 거주하도록 강제되었고, 호적에도 등재되지 못하였다. 일반인과의 결혼이 엄격히 금지되었으며, 공공장소에서는 일반인들과 함께 어울릴 수 없었다. 또한 일반인들에게는 어른이건 아이이건 모두 존댓말을 써야 했다. 일상의 곳곳에서 억압과 차별을 받았던 것이다.

1894년 갑오개혁을 통해 사회 신분 구분이 철폐되며 백정은 법적으로 신분제에서 해방되었다. 그럼에도 사회적 편견과 차별은 지속되었다. 백정의 호적 기록은 일반인과 별도로 작성되었으며, '도한屠漢'으로 적거나, 붉은 점을 표기해 일반인과 신분 배경이 구분되었다. 또한 백정의 자녀는 학교 입학이 쉽지 않았으며, 입학하더라도 학교생활에서 차별을 받아 학업을 지속할 수 없는 경우가 다반사였다.

조선형평사의 결성과 형평운동

'저울처럼 평등한 사회를 위한 운동'. 1923년 4월 경남 진주에서 창립된 형평사는 백정에 대한 차별과 멸시를 없애고 인권 존중과 평등을 주장하며 '형평운동'을 시작했다. 이들은 '인간의 평등과 존엄성'이라는 보편적 가치를 추구하는 동시에, 백정에 대한 '계급 타파, 모욕적 칭호 폐지, 교육 장려, 사원들의 상호친목'을 운동 규칙으로 내세웠다. 즉, 형평운동은 신분제라는 전통 사회의 폐습을 폐지하는 근대화 운동인 동시에, 백정에 대한 차별과 모욕에 저항하는 인권운동의 성격을 가졌다.

형평운동은 특히 백정의 수가 많았던 중부 이남 지역을 중심으로 점차 전국적 운동으로 변모했다. 초기에는 운동이 시작된 진주 지역을 중심으로 하는 경상남도가 주축이 되었지만, 이후 전국 각지의 백정과 사회운동가, 진보적 지식인이 적극적으로 결합하며, 서울을 포함한 각지로 그 운동이 확산되었다. 이처럼 운동이 전국적으로 확대되는 과정에서 운동 내부의 갈등과 대립도 있었다. 1924년과 1925년, 형평운동 지도부는 '진주파'와 '서울파'로 계파를 나누어, 지역적 지지 기반이나 지도자들의 사회적 배경, 활동 방향성의 차이 등을 이유로 대립과 견제를 보였다. 그러나 형평운동을 증진시켜야 한다는 본질적 목표가 있었기에, 갈등을 극복하는 가운데 운동이 더욱 활성화되었다.

이후 형평운동은 형평사원에 대한 사회적 차별의 철폐, 형평사를 반대하는 일반 주민과의 충돌 및 갈등 대응 문제, 형평사원의 교양과 생활 수준 향상 대책, 일본의 신분 해방 운동단체인 일본 본토의 수평사水平社와의 연대 등을 활동 목표로 삼았다. 이를 통해 백정이라는 신분 표시는 호적에서 공식적으로 삭제되었으며, 학교 입학 및 사회 활동에 가해져 온 많은 억압이 완화될 수 있었다. 또한 야학이나 강습소를 설립하고 형평사원 및 그 자녀 중 20세 미만은 모두 이들 시설에 다니게 되어 이들에 대한 교육 및 계몽운동이 이루어졌다. 경제적으로는 도축장의 작업 환경 개선과 임금 인상, 고기 가격의 자율 책정, 가죽의 공동 구매, 가죽 가공 수공업자들의 운영권 확보 등 다양한 권익 보호를 요구했고, 형평사원을 중심으로 산업별 조합을 결성하거나 공동체 기업을 설립하는 등의 활동이 추진되었다.

반형평운동과 형평운동의 변질

형평운동은 1923년 형평사 창립 이후 10여 년 만에 많은 성과를 달성했다. 1930년대 초에는 호적이나 학적부 등의 신분 표기와 같은 제도적 차별이 철폐되었으며, 백정 자녀의 학교 입학 역시 허용될 수 있었다. 더불어 백정에 대한 차별의식에 경종을 울리며 사회적으로도 큰 변화를 이끌어냈다. 그러나 형평운동이 이처럼 급속도로 영향력을 확대하는 한편에서, 그에 대한 적대감을 키우는 세력도 있었다. 수세기동안 백정을 차별해 왔던 양반과 평민, 관공리 등의 일반인들이 형평운동에 반감을 품고 형평사원을 공격하는 활동을 일으켰다. 이른바 '반형평운동'이었다. 이들은 '형평사가 백정들의 버릇을 버려 놓고 있다'면서, 형평사나 형평사원 소유의 건물이나 시설물을 파괴하고, 형평사원을 집단 구타하거나, 형평사원에게는 고기를 구매하지 않는 등 물리적·사회적·경제적인 여러 방식으로 형평운동에 반대했다. 이 과정에서 수백 명의 사람들이 형평사원과 대치하여 난투극으로 번진 사례도 있었다. 이는 주로 전통사회에서 가장 천대받아왔던 백정들이 집합행동을 일으키며 인권의식을 갖게 되자, 이로 인해 자신들의 사회적 지위가 한 단계 내려갈 것이라 우려한 일반인들의 편협한 인식에서 비롯되었다.

이러한 반형평운동에 대응해 형평사원들은 결속력을 더욱 강화하였다. 공동으로 고기의 도축을 거부하거나, 결사대를 조직해 직접적 폭력에 대응하는 방식 등을 채택했다. 이처럼 형평운동을 둘러싼 사회적 갈등이 이어졌음에도, 경찰은 형평사원에 대한 공격을 진정시키거나 폭력에 대한 진압 조치를 제대로 취하지 않았다. 오히려 경찰은 형평운동을 사회주의적인 성향을 가진 불온한 움직임으로 간주하며 그 활동을 감시하고 탄압하였다.

결국 형평운동은 1930년대 이후 갈등을 거듭하게 되었다. 1931년 봄 형평운동 내에서 신분해방이 아닌 계급해방을 중시해야 한다는 논의가 제기되며 '해소 논쟁'이 시작되었다. 여기에 1933년 각 지역의 급진적인 젊은 활동가들이 경찰에 대거 검거되면서 형평운동은 급격히 퇴조하였다. 이후 보수적인 노장층이 그 주도권을 갖게 되어, 이들 노장층은 1935년 '형평운동은 완성된 것'이라며, 기존의 운동을 중단하고 조직의 명칭 역시 '대동사'로 전환했다. 사회적으로 하층에 있던 백정에 대한 차별과 편견이 여전했지만, 이로써 형평운동은 사실상 그 막을 내렸다. 이후 대동사는 부유한 일부 회원을 중심으로 하는 '이익집단'으로 전환되었으며, 전시하에서는 일제에 비행기를 헌납하는 등 친일단체로 전락하고 말았다.

참|고|문|헌

강이수, 2011, 『한국 근현대 여성노동: 변화와 정체성』, 문화과학사

고숙화, 2008, 『형평운동』, 독립기념관 한국독립운동사연구소

곽건홍, 2001, 『일제의 노동정책과 조선노동자』, 신서원

김경일, 2004, 『한국노동운동사 2. 일제하의 노동운동 1920~1945』, 지식마당

김경일, 2004, 『한국 근대 노동사와 노동운동』, 문학과지성사

김중섭, 1994, 『형평운동연구: 일제침략기 백정의 사회사』, 민영사

변은진, 2018, 『일제말 항일비밀결사운동 연구』, 선인

이기훈, 2014, 『청년아 청년아 우리 청년아: 근대, 청년을 호명하다』, 돌베개

이상의, 2006, 『일제하 조선의 노동정책 연구』, 혜안

이임하, 2021, 『미래는 우리의 것이다: 한국 페미니즘의 기원, 근우회』, 철수와영희

이준식, 1993, 『농촌사회변동과 농민운동: 일제 침략기 함경남도의 경우』, 민영사

정연태, 2021, 『식민지 민족차별의 일상사』, 푸른역사

정혜경, 2019, 『아시아태평양전쟁에 동원된 조선의 아이들』, 섬앤섬

지수걸, 1993, 『일제하 농민조합운동 연구』, 역사비평사

제14장

식민지의 일상과 재난

세계사의 흐름 : 대량생산과 대량소비의 등장

19세기 말 산업혁명에 성공한 영국을 비롯한 유럽 여러 나라들에서는 국민 1인당 소득이 증가하였으며, 가장 큰 혜택을 입은 이들은 중간계급 곧 부르주아들이었다. 이들은 정치적으로나 사회경제적으로 중요한 세력이 되었으며, 소비 역시 이들이 주도하였다. 이러한 부르주아를 겨냥해 새롭게 등장한 소비 공간이 백화점이었다. 1852년 파리의 봉마르셰 백화점을 시작으로 1850년대에 유럽과 미국 여러 도시에도 속속 백화점이 등장하였다. 그러나 초창기 백화점이 소매업에서 차지하는 비중은 매우 낮았다. 같은 시기 노동자들의 실질임금 및 생활수준은 저하되었고, 백화점을 이용해 소비하는 계층은 매우 한정적이었던 것이다.

한편, 후발주자로 산업혁명에 뛰어들었던 미국은 기술 혁신과 새로운 기업 조직 건설을 이끄는 2차 산업혁명의 중심지가 되었다. 제1차 세계대전 직전 미국은 이미 세계 제1의 공업국가로 발돋움하였다. 이에 아프리카의 흑인 노예부터 시작하여 유럽에서도 대량의 노동력이 미국으로 집중되었다. 대륙 간 인구의 이동은 병균도 함께 옮겨 전 세계적인 팬데믹을 가능하게 하였다. 19세기에 처음으로 등장하여 전 세계를 휩쓴 콜레라를 시작으로 제1차 세계대전 직후에는 1918년 인플루엔자가 대규모 환자와 사망자를 발생시켰다.

또한 20세기를 특징짓는 대량생산 체제의 모습도 미국을 중심으로 갖추어지기 시작하였다. 1903년 헨리 포드Henry Ford가 자신의 이름을 앞세운 포드자동차를 설립한 이후, 컨베이어벨트로 연결된 일관생산 체제 아래에서 노동자의 능률을 극대화하고 생산시간을 단축하면서 대량생산 체제를 만들어냈던 것이다. 이러한 대량생산 체제를 통해 자동차 가격을 낮추는 한편, 노동자에게는 고임금을 지급해 대량소비도 가능케 하였다. 대량생산과 대량소비를 등장시킨 이른바 '포드주의Fordism'는 미국 산업계 전체로 확산되었다.

미국은 산업뿐만 아니라 영화산업에서도 중심으로 자리 잡았다. 근대 과학기술의 발전이 낳은 예술이라고 할 수 있는 영화는 1895년 프랑스에서 뤼미에르 형제에 의해 최초로 상영되었다. 그러나 제1차 세계대전 이후 이탈리아와 프랑스의 영화 산업은 크게 타격을 입었고, 이를 틈타 미국의 영화는 급속하게 발전하기 시작하였다. 미국의 영화산업은 1920년에 들어서 황금시대를 구가하였다. 할리우드로 대표되는 미국의 영화시장은 규모 및 제작 편수에서 유럽을 앞서 나갔으며, 1927년 유성영화의 시초인 〈재즈싱어〉를 내놓았다. 〈재즈싱어〉가 흥행에 성공하면서 프랑스, 독일, 이탈리아에서도 유성영화 제작이 이루어지기 시작하였다.

1. 식민지의 사람들

일본인들의 조선 이주

일본인들의 이주는 1876년 개항과 함께 시작되었다. 부산을 시초로 인천, 경성을 중심으로 조선으로 건너온 일본인들의 정착이 시작되었다. 일본인들의 이주는 러일전쟁을 계기로 활발해져 재조선 일본인의 숫자도 1904년 31,093명에서 러일전쟁 승리 후 통감부가 설치된 1906년에는 83,315명으로 급격히 증가하였다. 재조선 일본인 인구 추세를 보면 병합 후 1910년대 초기에는 식민지 붐을 타고 가파른 증가세를 보이다가 이후에는 지속적이고 안정적인 증가세로 돌아섰다. 그리하여 1945년 해방 전까지는 약 100만 명에 가까운 일본인이 조선으로 건너와 살고 있었다.

〈표 1〉 재조선 일본인 인구 수 변화(1904~1944)

연도	남	여	총계	연도	남	여	총계
1904	19,330	11,763	31,093	1927	236,394	218,487	454,881
1906	48,028	35,287	83,315	1928	243,384	225,659	469,043
1910	92,751	78,792	171,543	1929	253,764	234,714	488,478
1911	114,759	95,930	210,689	1930	260,391	241,476	501,867
1912	131,518	112,211	243,729	1931	266,320	248,346	514,666
1913	146,215	125,376	271,591	1932	268,311	255,141	523,452
1914	156,159	135,068	291,217	1933	278,524	264,580	543,104
1915	163,012	140,647	303,659	1934	287,964	273,420	561,384
1916	171,713	149,225	320,938	1935	299,760	283,688	583,428
1917	177,646	154,810	332,456	1936	313,211	295,778	608,989
1918	179,686	157,186	336,872	1937	322,412	307,100	629,512
1919	185,560	161,059	346,619	1938	332,210	310,110	633,320
1920	185,196	162,654	347,850	1939	332,218	317,886	650,104
1921	196,142	171,476	367,618	1940	356,226	333,564	689,790
1922	204,883	181,610	386,493	1941	368,080	348,931	717,011
1923	212,867	190,144	403,011	1942	385,325	367,498	752,823
1924	216,429	195,166	411,595	1943	382,536	376,059	758,595
1925	221,163	203,577	424,740	1944	345,561	567,022	912,583
1926	230,228	212,098	442,326				

출처: 전성현 외, 2021, 『일본인 이주정책과 재조선 일본인 사회』, 동북아역사재단, 45, 46쪽에서 재인용

재조선 일본인들의 직업을 유직자有職者 중심으로 살펴보면 1930년 당시 상업과 교통업이 35%로 가장 높은 비중을 차지하였고, 공무 및 자유업 32%, 광업과 공업 18%, 농업수산업 9%, 기타 4% 순이었다. 1940년에는 상업과 교통업이 여전히 가장 높은 비중을 보이는 가운데 광업과 공업이 10% 이상

증가하였고, 공무 및 자유업은 24%로 감소하였다. 즉, 식민지 조선에 거주한 일본인들 3분의 1 이상이 상업교통업에 종사하는 가운데 점차 광공업이 증가하고 공무 및 자유업은 감소하였다.

〈표 2〉 재조선 일본인의 성별 직업 현황

		1930			1940		
		인구	남	여	인구	남	여
유직	농업	19,957 (8.8%)	12,625	7,332	14,878 (5.3%)	10,999	3,879
	수산업	7,167 (3.1%)	6,821	346	6,004 (2.1%)	5,874	130
	광업	969 (0.4%)	958	11	10,664 (3.8%)	10,176	488
	공업	40,161 (17.6%)	37,334	2,827	69,553 (24.6%)	64,955	4,598
	상업	58,655 (25.7%)	34,213	24,442	64,296 (22.7%)	39,302	24,994
	교통업	20,510 (9.0%)	18,557	1,953	43,023 (15.2%)	40,038	2,985
	공무 및 자유업	72,552 (31.8%)	66,389	6,163	68,619 (24.3%)	59,348	9,271
	가사 사용인	3,536 (1.6%)	145	3,391	4,193 (1.5%)	150	4,043
	기타 유업자	4,622 (2.0%)	4,090	532	1,465 (0.5%)	1,287	178
	소계	228,129	181,132	46,997	282,695	232,129	50,566
무직		298,887	104,834	194,053	424,638	141,877	282,761
총계		527,016	285,966	241,050	707,333	374,006	333,327

출처: 전성현 외, 2021, 『일본인 이주정책과 재조선 일본인 사회』, 동북아역사재단, 55쪽에서 재인용
비고: ( )안의 %는 유직 인구 중의 비율을 표기함.

재조선 일본인들이 주로 거주했던 지역은 초기에는 개항장을 중심으로 경기도와 경상남도에 집중되었는데, 점차 함경도와 평안도 등 북부 지역에도 거주자들이 증가하였다. 이는 1930년대부터 전개된 조선 공업화 정책과

함께 만주사변과 중일전쟁으로 전시체제기 군수공업과 광공업이 발달한 것과 밀접한 관련이 있었다. 또한 부府 지역 거주자가 50% 이상이며, 일본인이 300명 이상 거주하는 소규모 도시까지 포함하여 75%에 가까운 일본인들이 도시 지역에 거주하였다. 특히 일본인들이 많이 거주하는 부 지역에서는 부협의회를 통해 일본인들이 총독부 정책에 대해 발언할 수 있는 기회가 많았다. 이에 도시 지역의 기본적인 인프라 구축을 비롯하여 많은 정책들이 일본인 거주지 우선으로 시행되었다.

조선인들의 해외 이주

조선인들의 이주는 19세기로 거슬러 올라간다. 1860년대부터 국경 지역 주민들은 기근과 궁핍에 시달리다 한반도와 인접한 중국 만주와 러시아 연해주 등으로 건너갔다. 평안도 지역에서는 압록강에 인접한 동변도東邊道로, 함경도 지역에서는 두만강에 인접한 동만 지방, 즉 간도로 이주했다. 1908년 무렵 재만 조선인의 수는 대략 20만 명에 달하였다. 이들은 늪지대에 배수시설과 관개시설을 만들어 벼농사를 시작하였고, 화전을 이용하여 다양한 작물을 재배하였다.

1905년 대한제국의 외교권을 박탈한 일제가 1909년 9월 청국과 간도협약을 체결하면서 청국 정부는 재만 조선인에 대한 권한을 인정받게 되었다. 그럼에도 한국병합 이후 만주로 이주하는 조선인은 더욱 늘어갔다. 산미증식계획 이후 농민의 몰락이 가속화되었고, 일본인 지주 및 동양척식주식회사 등의 농민 착취가 본격화되면서 많은 사람들이 만주로 유입되었다. 조선인들의 수는 1910년에 22만 명에서 1930년에 60만 명으로 크게 증가하였다. 특히 간도 지역이 이주의 중심지였다. 조선인 이주자들 대부분은 중국인 토지 소유주에게 땅을 빌려 일용노동자로 일하였다.

그런데 병합 이후 조선인은 모두 일본 신민이 되었다는 이유로 간도협약에 대한 중국과 일본의 입장이 달라지기 시작하였다. 조국이 사라진 식민지 백성으로서 재만 조선인의 불안정한 지위는 언제나 문제거리가 될 수 있었다. 1931년 7월 만보산에서 조선인 농민과 중국인 지주 사이에서 물리적 충돌이 일어났는데(만보산사건), 이를 유리하게 이용하려는 일본 군국주의자들의 주도로 사건이 부풀려지면서 조선인과 중국인의 관계는 악화일로로 치달았다. 다행히 사건은 더 커지지 않았지만 이 사건을 계기로 중국 정부는 각종 규제를 통해 재만 조선인의 중국 귀화를 강요해 나가기 시작했다.

미국 하와이로의 이주는 정부 주도로 시작되었다. 1830년대 중반에 시작된 사탕수수 재배는 1880년대에 이르러 하와이 경제의 핵심으로 성장하였다. 이에 따라 값싼 외국인 이주 노동자 유치가 적극적으로 이루어졌다. 1903년부터 시작된 조선인 노동자 이주는 1860~1870년대의 중국인 노동자, 1880~1890년대의 일본인 노동자에 뒤이은 것이었다. 초창기 하와이 이주는 조선인들에게 정서적 거부감이 컸기 때문에 모집이 쉽지 않았다. 그럼에도 1905년까지 7,000여 명의 조선인들이 하와이로 건너갔다. 하와이 이주자들은 낯설고 열악한 노동조건 하에서 바깥세상과 단절된 채 저임금으로 생활하였다. 이러한 하와이 이주는 1905년 통감부의 개입으로 중단되었다. 이후 일부 조선인 여성들이 '사진신부'로서 하와이에 건너가 고된 이주 생활을 하기도 하였으나, 대규모 이주는 더 이상 없었다.

조선인들은 일본으로도 이주하기 시작하였다. 특히 1922년 자유도항제 도입을 계기로 일본 이주가 급증하였다. 그러나 저임금을 앞세운 조선인 이주자들에 의해 일본에서 실업 문제가 심각해지자 조선총독부는 1925년 8월 도항 통제제도를 시행하였다. 1910~20년대 일본으로 건너간 조선인들은 대부분 전라도와 경상도 지역의 농민들이었다. 이들은 궁핍한 식민지 농촌에서 벗어나 돈을 벌기 위해 일본으로 건너갔다. 1923년 관동대지진 때에는 6,000여 명의 조선인이 희생되는 비극이 일어나기도 했으나, 조선인들의 일본 도항은 끊이지 않았다. 재일 조선인 수는 1910년 2,500여 명에서 1920년 3만여 명으로 증가했고, 1930년에는 약 30만 명까지 급증하였다. 그러나 이들 대부분은 일용노동자가 되어 저임금에 시달리면서 하루하루 먹고 살았다.

중일전쟁과 태평양전쟁으로 본격적인 전시체제기에 접어들자 일본은 조선인들을 일본으로 강제 연행해갔다. 1945년까지 강제연행된 조선인은 군인·군속까지 합해서 100만 명이 넘었으며, 약 20만 명의 일본군 '위안부' 역시 이 시기에 동원되었다.

이렇게 여러 가지 이유로 해방 당시 해외에 거주했던 조선인은 403만 명으로, 만주에 160만 명, 일본에 210만 명, 중국본토에 10만 명, 연해주 및 소련에 20만 명, 미주 및 기타 지역에 3만 명 등으로 추산된다. 해외에 거주하던 조선인 이주민들의 삶은 대체로 순탄하지 않았다. 식민지라는 상황은 이들의 지위를 더욱 불안정하게 만들어 그 어느 쪽의 국민도 아닌 경계인으로서의 삶을 꾸려나갔다.

2. 달라진 도시와 도시의 삶

새로운 도시 공간과 대중문화 향유

근대 도시의 상징과도 같은 백화점이 식민지 수도 경성의 한복판에 등장한 것은 1920년대 중반이었다. 일본인 상권이 자리 잡은 남촌의 본정本町(오늘날의 명동)에 히라타[平田], 조지야[丁子屋], 미나카이[三中井], 미쓰코시[三越] 같은 일본계 백화점들이 들어서기 시작하였고, 뒤이어 종로를 중심으로 하는 조선인 상권에도 화신백화점이 들어섰다.

백화점은 다양한 볼거리를 제공하였다. 백화점 안에 가득 찬 갖가지 상품과 그 속에서 일하는 상냥한 직원, 쇼윈도와 엘리베이터 같은 새로운 문물은 구경꾼들을 매혹시켰다. 백화점은 최고의 구경거리이자, 경성의 새로운 명물로 거듭났다. 백화점을 입장하여 백화점의 이곳저곳을 구경하는 것 자체가 새로운 근대적 문물을 향유하고 경험하는 새로운 방식이었다.

백화점 외에 경성에서 조선인들이 새롭게 접할 수 있었던 또 다른 근대적 문물은 극장이었다. 일본인의 남촌에 극장이 들어서기 시작하자 조선인의 북촌에도 단성사(1907), 장안사(1908) 등이 들어섰다. 초창기 1910년대 활동사진 상영에는 배우들의 대사를 대신하고 영화가 어떻게 전개되는지 설명해 주던 변사辯士가 있었다. 판소리 공연이나 전기수傳奇叟(소설 읽어주는 사람)에 익숙했던 조선인들에게 변사는 무성영화를 즐기기 위해 필수적이었다. 그러나 유성영화가 등장하면서 변사라는 직업은 점차 사라지게 되었다.

이렇게 극장에서 영화를 즐기는 한편으로, 조선인 제작의 영화도 등장하였다. 1926년 나온 〈아리랑〉은 나운규가 주연과 각본, 감독을 맡아 활약하였으며, 큰 인기를 끌었다. 1932년에 나온 이규환 감독의 〈임자 없는 나룻배〉는 1930년대를 대표하는 작품으로, 나운규는 이 영화에서 주연을 맡아 열연하였다.

극장과 영화는 식민지 조선인들에게 신기한 볼거리를 제공해주었지만, 제국주의 권력의 감시에서 자유롭지 못했다. 극장에는 경찰(임석경관)이 배치되어, 변사의 해설이나 관객의 반응에 문제가 있다고 판단되면 즉시 상영을 중지할 수 있었다. 또한 1926년 '활동사진 필름 검열규칙'이 제정된 이후 많은 영화들이 검열 과정에서 불온하다고 판단된 부분이 삭제되거나 제목이 변경되기도 하였다.

극장이 볼거리를 제공하였다면 들을 거리를 제공했던 것은 유성기였다. 1877년 유성기가 발명된 이후, 한국에서는 1899년 최초로 유성기 시청회가 열렸고 음악을 소비하는 새로운 방식이 도입되었다. 이후 1929년 전기식 녹음을 통한 음반이 발매되면서 음질이 획기적으로 개선되자, 1930년대 유성기 보급도 가속화되었다.

식민지 조선의 청중들이 듣는 음악도 다양해졌다. 1920년대까지만 해도 식민지 조선의 유성기 음반은 판소리, 잡가 등 전통가요가 차지하는 비중이 절대적이었으나, 1930년대가 되면 가곡, 동요, 경음악, 서양 고전음악 등으로 다양해졌다. 특히 당시 일본의 '엔카[演歌]'의 영향을 받은 '트로트' 음악이 새롭게 등장하여 큰 인기를 끌었다. 1932년 〈황성의 적〉을 시작으로 1934년 〈목포의 눈물〉, 〈연락선은 떠난다〉, 〈망향초 사랑〉 등이 연달아 인기를 끌었다.

그러나 근대 도시 경성에서 백화점과 극장, 유성기를 접하고 즐길 수 있었던 조선인들은 극히 일부였다. 도시 인구가 증가하긴 하였지만, 여전히 많은 조선인들이 농업에 종사하고 있었다. 또한 궁핍한 농촌 경제를 견디다 못한 조선인들이 도시 지역으로 밀려들었지만 일용직을 전전하는 이들이 새로운 도시 공간을 즐기고 대중문화를 향유할 여유를 가지기란 매우 어려웠다.

다양한 도시 문제 – 상하수도 시설과 오물 처리

도시가 점차 커지고 인구가 증가하면서 다양한 도시문제가 등장하였다. 거주민들에게 깨끗한 식수를 공급하고, 쓰레기와 오물을 처리하는 일 등이 중요해졌던 것이다. 그러나 한정된 비용과 자원을 가지고 이러한 일들을 처리하기 위해서는 우선순위를 정하여 시행할 수밖에 없었고, 대체로 일본인 거주 지역이 우선순위가 되었다.

근대식 상수도가 처음 등장한 곳은 부산이었다. 1895년 부산의 일본인 거류민 지역에 상수도가 부설되었던 것이 시작이었다. 뒤이어 1903년에는 경성의 일본인 거류민 지역에도 사설 수도가 설치되었다. 통감부가 들어선 1905년 이후 좀 더 본격적으로 시설과 규모를 갖추 상수도가 부설되기 시작하여, 1910년 이전까지 부산, 경성, 인천, 평양, 목포 순으로 상수도가 부설되었다. 이후 1910년대에는 부 지역과 도청 소재지인 도시들에 부설되기 시작하였고, 1920년대에도 도청소재지와 다수의 일본인들이 거주하는 상업 도시를 중심으로 상수도가 부설되었다. 1930년 이전까지 상수도가 부설된 지역은 33개였는데, 1930년대에 들어서는 부설 속도가 빨라져 52개 도시에 상수도가 설치되었다. 1930년대에는 조선공업화 정책이 진행되면서 이북 지역까지 상수도가 들어섰다. 이처럼 식민지 시기 상수도 부설은 재조선 일본인들의 수가 많은 대도시를 중심으로, 조선총독부 정책의 영향을 받으며 진행되었다.

상수도와 쌍을 이루는 하수도 부설은 상수도에 비해 훨씬 더디게 진행되었다. 식민지 조선의 수도였던 경성에서조차 하수도 부설은 매우 더뎠다. 전통적 하수도 방식인 개거식開渠式 하수도에 비해 지하로 뚫거나 뚜껑을 덮는 암거식暗渠式 하수도 방식은 많은 비용과 자재가 필요하였다. 이에 암거식 하수도는 일본인들이 많이 사는 남촌 일대를 중심으로 공사가 진행되었다. 조선인들이 많이 사는 북촌 지역이라도 조선총독부 신청사가 건립된 지역은 신속하게 암거화가 진행되었다. 이렇게 근대식 하수구가 특정 지역을 중심으로 설치된 것에 대해서는 당시에도 많은 비판이 제기되었다.

도시의 사람이 많아지면서 사람들이 배출하는 쓰레기와 분뇨를 처리하는 일도 중요한 문제가 되었다. 도시가 커지기 전에 분뇨는 농가의 비료로 주로 사용되었으나 도시 인구가 증가하면서 오물 처리는 행정 당국의 몫이 되었다. 증가하는 오물량에 비해 오물 수거를 담당하는 인력과 비용은 항상 부족하였고, 이 때문에 오물 수거가 제때 이루어지지 않아 이로 인한 불편이 적지 않았다. 여기에 조선인 거주 구역보다 일본인 거주 구역 우선으로 오물 수거가 시행된다는 비판도 제기되었다.

도시빈민의 등장

도시빈민도 새로 등장한 도시문제 중 하나였다. 이들은 주로 도시 주변 빈터에서 토막을 짓고 생활하였다. 토막은 기둥과 벽도 없이 지붕이 바로 지면에 닿는 형태이거나 조잡하게나마 지붕과 벽을 갖춘 형태였는데, 위생상, 보안상으로 매우 허술하였다. 이런 열악한 거주지에서 생활했던 토막민들은 도시지역의 주민이 파산한 경우도 있었지만, 농촌을 떠나 도시에 자리 잡지 못하고 토막민이 되는 경우가 대부분이었다. 식민지 농촌 경제 사정이 점차 악화되는 가운데, 도시가 발달하고 1930년대 조선 공업화가 진행되면서 일자

토막민 가옥의 두 형태 (京城帝國大學衛生調查部 編, 1942, 『土幕民の生活·衛生』, 岩波書店.)

리를 찾아 들어오는 농촌 인구의 유입은 증가하였다. 그러나 무작정 일자리를 찾아 도시로 들어온 이들이 도시에서 자리 잡는 것은 쉽지 않았다. 대부분은 막노동, 품팔이, 인력거꾼, 지게꾼 등 불안정한 일자리에 전전하면서 불규칙한 수입으로 생활하였으며, 이마저도 없는 사람이 많았다.

이러한 토막민의 수는 경성에서만 1931년 1,538호, 5,092명이었고, 1933년에는 2,870호, 12,478명으로 증가하더니 1939년에는 4,292호, 20,911명으로 4배 이상 증가하였다. 이렇게 농촌을 떠나 도시로 모여든 토막민 거주 지역은 경성 이외에 부산, 평양 등에도 등장하였다.

도시빈민으로서의 토막민은 식민지 지배로 인한 산물이었지만, 조선총독부에게 이러한 토막민촌은 숨기고 싶은 치부이기도 하였다. 이에 조선총독부는 도시미관과 위생이라는 이유를 앞세워 이들을 도시 교외의 일정한 장소로 옮겨놓는 대책으로 일관하였다. 예컨대 총독부가 조성한 경성 홍제동의 향상대向上臺는 도심지에서 멀리 떨어져 교통 사정이 매우 열악하였다. 이에 향상대 거주 토막민들의 취업률은 다른 지역에 비해서도 매우 낮았다. 결국 경성 여기저기에 산재해 도시미관을 해치던 토막민들을 그저 보이지 않은 먼 곳으로 옮겨놓은 것에 불과했던 것이다.

3. 신여성의 출현과 가정생활의 변화

신여성의 등장

개항 이후 다양한 분야에서 변화가 일어났지만 빼놓을 수 없는 것은 여성의 사회 진출이었다. 그 시작은 학교의 설립이었다. 여학생 교육을 위한 학교가 설립되면서 보통교육을 넘어 고등교육까지 받은 여성들이 등장하기 시작하였고 이들은 자신의 목소리를 내기 시작하였다. 백화점, 카페, 공장 등에서 일하는 직업여성 또한 사회에 새롭게 등장한 여성의 모습이었다.

이전에는 존재하지 않았던 여학생, 직업여성, 사회운동가로서의 여성이 등장하면서 이들의 일거수일투족에 대한 관심이 쏟아졌고, 이들은 '신여성'이란 이름으로 불리기 시작하였다. '신여성'이란 단어는 1910년대부터 등장하기 시작했지만 본격적으로 이들의 존재가 드러나기 시작한 것은 1920년대 들어서였다. 1920년대 중반 신여성에 대한 사회적 관심은 절정에 달하여 그 겉모습(단발, 양장)부터 시작하여, 이들의 주장, 심지어는 사생활에 이르기까지 신문과 잡지 기사에 오르내렸다. 신여성에 대한 관심은 신여성에 대한 조롱과 비난으로 이어지기도 하였다. 신여성들의 일상을 추적하는 르포 형식의 기사가 유행하였으며, 신여성들의 허영심, 사치 등을 과장하여 조롱하는 삽화가 신문, 잡지 등에 게재되었다.

신여성과 대비하여 '구여성'이라는 단어도 등장하였다. 여성이 사회적 주체로 새롭게 등장하자, 신여성과 구여성을 구분하여 이 둘을 비교했던 것인데, 신여성의 등장이 당시 사회에 미친 파급력이 컸던 만큼 이에 대한 반발도 적지 않았다.

연애와 결혼관의 변화

고등교육을 받은 신여성들을 중심으로 기존의 연애와 결혼관에 대한 비판도 제기되었다. 당시만 해도 조선 사회에서는 일정한 나이가 되면 부모가 정해준 혼처에 따라 결혼하는 것이 일반적이었다. 이러한 관습을 비판하면서 김일엽, 나혜석과 같은 급진적 자유주의 신여성들을 중심으로 자유연애가 주창되었다. 자유연애는 남녀평등과 여성해방과 함께 하는 것으로 이전 시대의 관습과 도덕을 무력화하는 측면이 있었다. 자유연애는 여성의 조혼과 강제결혼으로부터의 해방, 또한 남성에게 예속되지 않고 자기만의 목소리를 내려는 여성 주체의 등장을 의미하였다.

그러나 1930년대가 되면 자유연애 자체가 상품화되기도 하였다. 그 대표적인 사건이 1926년 극작가 김우진과 성악가 윤심덕이 현해탄에서 동반 자살한 일이었다. 사건이 일어나자 두 사람에 대한 비난의 목소리도 높았지만 한편으로 사건이 신문에 크게 보도되면서 윤심덕이 부른 〈사의 찬미〉의 인기가 높아졌다. 1930년대에는 이러한 '정사情死'를 다룬 기사들에 사람들의 관심이 쏠려졌고, 이를 소재로 한 노래와 연극이 마구잡이로 만들어졌으며, 적지 않은 인기를 끌었다.

축첩과 성매매가 공공연한 사회에서 남성들에게 자유연애는 일종의 유희일 수 있었지만 여성들에게 자유연애와 성해방은 가부장적 억압에 도전하고 근대적 자아를 확립하기 위한 절실한 몸짓이기도 하였다.

가족관의 변화와 어린이의 발견

신여성의 등장과 함께 '가족'에 대한 인식도 변해갔다. 당시까지 당연시되었던 대가족제도는 고부갈등을 비롯한 가족문제를 일으키는 원인으로 지적되며 비판의 대상이 되었다. 대가족제도를 대신하여 남편과 아내, 자녀만을 포함하는 소가족제도가 바람직한 가족상으로 제시되었다. 그러나 한편에서는 시부모와 남편에 대한 무조건적인 복종에서 벗어나 어머니와 아내라는 여성적 역할을 통해 남편과 동등한 관계를 이루어야 한다는 내용의 '현모양처'론이 새로운 역할모델로서 신여성층을 중심으로 수용되었다.

이러한 소가정론에 대한 반발도 적지 않았다. 특히 시부모를 모시지 않는 것에 대해서는 많은 남성들이 반대하였고, 여성들 중에서도 의견이 분분하였다. '구가정'을 거부하는 신여성은 자주 조롱과 비하의 대상이 되었으며, 일부 지식인 남성들은 구여성을 부인으로 두고 부모 중심의 구식가정을 유지하면서 신여성과 신식가정을 꾸리는 이중적 가정생활을 영위하기도 하였다.

신여성과 함께 이 시기에 새롭게 발견된 존재도 있었다. 바로 어린이였다. 이전에는 나이 어린 사람을 지칭하는 말로 아동이 있었지만, 아동은 어른과 비교되는 존재로서 '아직 어른이 되지 않은 존재', '작은 어른' 또는 '축소된 성인'을 의미하였다. 이러한 아동이 '어린이'라는 독립적인 하나의 주체로 자리 잡는 데에는 천도교를 중심으로 한 어린이 운동이 큰 영향을 끼쳤다. 1921년 5월 1일 조직된 천도교소년회는 1922년 5월 1일을 어린이날로 선포하였다. 이후 어린이날은 전국적인 기념행사로 발전하였으며, 근대적인 어린이 개념을 대중에게 알리는 계기가 되었다.

4. 반복되는 홍수와 가뭄

재해의 추이

인간 사회에 피해를 끼치는 자연재해는 가뭄, 홍수, 폭풍, 해일, 냉해, 병충해 등 다양하지만, 농업을 기반으로 하는 조선사회에 가장 큰 영향을 끼친 것은 가뭄과 수해였다. 이는 한 해 강우량의 70%가 여름에 집중되는 조선의 기후적 특징과도 밀접한 관련이 있었다. 피해규모와 발생 지역에 차이가 있을 뿐 가뭄과 수해는 끊임없이 반복되었으며, 때문에 예로부터 가뭄과 수해로 인한 농민들의 피해는 끊이지 않았다.

〈표 3〉 수해와 가뭄의 이재민 구조 인원과 구조 금액(1915~1942)

연도	수해		가뭄	
	구조인원(명)	구조금액(원)	구조인원	구조금액
1915	14,499	19,983	515	100
1916	52,259	38,899		
1917	4,117	4,818		
1918	4,546	3,936		
1919	10,542	24,322	42,784	31,568
1920	54,083	104,845	5,292	26,918
1921	1,240	483	1,562	3,127
1922	35,289	120,013		
1923	80,574	243,825		
1924	17,363	32,409	214,455	247,091
1925	104,934	432,227	139,844	222,235
1926	37,171	59,522	2,416	2,416
1927	14,096	7,535	2,842	1,799
1928	32,849	116,962	407,024	253,717
1929	1,140	5,347	204,874	214,988
1930	66,087	247,158	13,517	5,000
1931	13,780	40,033		
1932	11,185	20,642	60,878	116,413
1933	178,332	639,271	33,191	14,104
1934	289,116	1,266,388	1,412	486
1935	46,725	118,079	198,802	461,544
1936	465,968	1,831,510	46,256	89,400
1937	106,111	227,629	2,510	815
1938	103,006	466,311	36,397	59,306
1939	9,482	21,000	210,416	2,325,395
1940	18,200	53,701	143,438	406,639
1941	39,577	38,392		
1942	211,799	1,536,048	532,904	7,429,152

출처: 고태우, 2014, 「일제 식민권력의 재해대책 추이와 성격」, 『역사문제연구』 31, 381, 382쪽 재인용.

이재민 구조 인원과 구조 금액을 통해 식민지 시기 수해와 가뭄의 피해 규모를 살펴보면, 1920년, 1923년, 1925년, 1930년, 1934년, 1936년, 1938년과 1942년에는 대규모 수해로 적지 않은 피해를 입었다. 1919년, 1924~25년, 1928~19년, 1935년, 1939~1940년, 1942년에는 가뭄으로 인한 큰 피해가 발생하였다. 식민지 시기 동안 수해와 가뭄은 번갈아 가며 발생하였으며, 심지어 수해와 가뭄이 동시에 발생한 해도 있었다. 이렇게 수해와 가뭄이 일상적으로 발생하는 가운데 유독 큰 피해가 발생한 두 해가 있었는데, 1925년 대홍수와 1939년 대가뭄이었다.

1925년 을축대홍수와 이촌동 강제 이주

1925년 7월 경기도를 중심으로 많은 비가 내렸다. 7월 16일과 18일 사이에 300~500mm의 비가 한꺼번에 내렸고, 한강까지 범람하여 사망자는 647명, 재산 피해액은 1억 3천만 원(1년 예산의 58%)에 달하였다. 특히 한강연안을 중심으로 많은 피해가 발생하였다. 용산 지역이 가장 큰 피해를 입었으며, 그 중에도 조선인 빈민들이 다수 거주하고 있었던 이촌동 일대의 피해가 극심하였다. 이촌동은 경성부 도심에서 밀려나거나 농촌에서 올라온 도시 빈민들이 주로 거주하던 지역이었다. 이들 대부분은 하루 벌어 하루 먹고 사는 일용노동자였기 때문에 생활고를 벗어나지 못했다.

좁은 수로 연변에 자리 잡고 있었기 때문에 이촌동 일대는 상습 침수 지대였다. 1925년 이전에도 1920년과 1923년에 수해 피해가 있었기 때문에 이촌동 주민들은 제방 축조를 꾸준히 청원하였다. 그러나 경성부에서는 예산 부족을 이유로 주민들의 요구를 들어주지 않았고, 결국 1925년(을축년) 대홍수로 큰 피해를 입었다.

을축년 대홍수로 인한 이촌동의 비극은 수해에서 끝나지 않았다. 경성부에서 수해 복구 대책을 논의하는 가운데 이촌동을 폐동하고 주민을 강제이주하기로 결정했던 것이다. 갑작스런 폐동 조치와 이주 결정에 조선인 주민들

1925년 홍수로 인해 물속에 잠긴 뚝섬(纛島) 일대(『京城日報』1925.7.19.)

이 반발하였으나 경성부는 주민들의 반발에도 불구하고 이들을 마포구 도화동으로 강제 이주시켰다. 도화동은 당시 경성부의 외곽으로 원래 묘지 구역이었으며, 주변에는 감옥, 유곽, 토막민 주거지가 위치하였다. 게다가 주민들의 이주를 긴급히 처리하다보니 도화동에 마련된 이주민들의 거처도 열악한 상황이었다. 수해로 즉각적인 타격을 입은 이촌동 주민들은 또 다른 열악한 거주 공간으로 밀려났다.

자연재해로 인한 피해는 인간이 어쩔 수 없는 부분이 분명히 존재하지만 1925년 을축대홍수 당시 이촌동의 폐동과 강제이주는 재해로 인한 피해가 가장 취약한 계층에게 타격을 입혔던 것을 보여준다. 경성부를 비롯한 식민 당국은 이들의 비극을 조장하고 방조하였다.

1939년 대가뭄과 구제사업

1939년 한반도 중남부를 덮친 대가뭄은 식민지 시기를 통틀어 가장 큰 피해를 남겼으며, 일본 간사이[關西]지방에서도 발생하여 많은 이들에게 고통을 주었다. 1939년 가뭄은 경기도, 강원도, 충청도, 전라도, 경상도에서 발생하여, 이북 지역을 제외한 대부분 지역에 피해를 입혔다. 1919년과 1924년, 1928년에도 가뭄 피해가 적지 않지만 1939년이 피해면적과 수확량에서 가장 큰 피해를 기록하였다.

1939년 가뭄 당시 저수지 바닥이 갈라진 모습(전라북도 익산군 왕궁면 저수지)
(朝鮮總督府司政局社會課 編, 1943, 『(昭和十四年)旱害誌』, 朝鮮總督府司政局社會課.)

〈표 4〉 식민지 시기 가뭄 발생 상황

연도	수확피해면적 (논: 町步)	미작감수량 (石)	가뭄구제비 (결산액, 원)	피해지역
1919	200,921	1,903,628	4,913,511	경기, 충청, 전북, 황해, 평안 7도
1924	134,664	2,376,309	670,431	경기, 충청, 전라, 경북, 황해 7도
1928	214,201	2,006,076	916,266	경기, 충북, 전북, 경북, 황해 5도
1929	112,177	1,884,245	1,129,424	전남, 경상 3도
1932	57,526	680,943	142,211	충남, 전북, 경북 3도
1935	71,628	67,115	845,481	전라도 2도
1936	58,435	671,578	483,685	경기, 황해, 평남 3도
1937	14,330	735,376	468,256	충남, 전북, 경북 3도
1938	708,895	9,155,379	59,404,200	경기, 강원, 충청, 전라, 경상 8도

출처: 고태우, 2014, 「일제 식민권력의 재해대책 추이와 성격」, 『역사문제연구』 31, 395쪽 재인용.

1939년 농가 수확량은 평년 대비 46%에 불과했고, 특히 충청도와 전라북도, 경상북도 지역은 평년 대비 수확률이 30%를 밑돌 정도로 심각하였다. 수확량 감소는 농민들에게 직접적인 타격을 입혔으며 수많은 이재민이 발생하였다. 총독부는 재해조사에서 물 부족으로 모내기를 완료하지 못했거나, 했어도 벼가 고사하거나 7할 이상 수확량이 감소한 경우를 이재농가로 집계하였다. 그 결과 벼농사를 짓는 농가 가운데 60%가 가뭄 피해를 입은 것으로 집계되었다. 물론 조금이라도 가뭄의 피해를 입지 않은 농가는 없었기 때문에 전체 농가가 가뭄 피해를 입었다 해도 과언이 아니었다.

　　수확량 감소는 바로 농가의 수입 감소로 이어졌다. 당장 농산물, 현물로 얻을 수 있는 수입이 줄었고, 식량을 사들이기 위한 현금 지출이 증가하였다. 모자라는 수입은 돈을 빌리거나, 부업, 구제사업 공사장의 임금 등으로 메꾸어야 했다. 그러나 그것만으로는 턱없이 부족했으며, 이미 겨우겨우 버티고 있던 농가의 상황은 한 해의 가뭄만으로 직격타를 입기 쉬웠다. 결국 많은 농민들이 농사짓던 땅을 버리고 유랑민 신세가 되었다.

　　가뭄은 제국 차원의 식량 조달 문제로 이어졌다. 1939년 대가뭄의 여파로 1940년 조선에서 일본으로의 쌀 이출량이 급감하였다. 1939년 가뭄구제사업비에 막대한 자금이 투입되었으나 이는 토목공사와 같은 구제사업에 참여하도록 하여 임금을 취득하는 방식으로 이재민들을 구호하는 것이었다. 구제사업에 참여를 강조하면서, 금품이나 현물을 지급하는 직접 구조는 최소화하였다. 이렇게 이재민들이 직접 일하여 필요한 것을 얻도록 하며, 또한 지역사회 내 상부상조를 강조했던 것은 식민지 시기 재해대책의 일반적인 특징이었다.

5. 전염병의 유행

1919, 20년의 콜레라 유행

인도의 풍토병이었던 콜레라는 19세기 제국주의의 발흥과 함께 전 세계적인 전염병으로 거듭났다. 영국의 동인도회사를 통한 무역망을 통해 콜레라는 전 세계로 뻗어나갔다. 콜레라에 감염되면 계속되는 구토와 설사로 탈수 증상이 나타나고, 체온이 떨어지며 근육 경련에 의한 끔찍한 고통을 호소하다가 몇 시간 혹은 며칠 이내에 사망하였다. 이러한 고통이 호랑이에게 찢기는 아픔에 비견된다는 의미에서 '호열자虎列刺' 혹은 '호역虎疫'이라고 불렸으며, 치사율이 60~70%에 달하였다.

1821년 한반도에 처음으로 등장한 콜레라는 이후 주기적으로 발생하였다. 식민지 시기에는 1919년과 1920년 두 해 연속으로 발생한 콜레라 유행이 가장 많은 환자와 사망자를 기록하였다. 1919년의 콜레라는 만주를 거쳐 한반도로 넘어왔다. 8월 12일 평안북도 용천군 용암포에서 첫 환자가 발생하여 한반도 전역으로 뻗어나갔다. 9월이 되자 충청북도를 제외한 전 지역에서 사망자가 발생하였고, 평안북도, 평안남도, 황해도를 중심으로 많은 환자와 사망자가 발생하였다. 1919년 콜레라는 환자 16,991명, 사망자 11,084명을 발생시키고 종식되었다.

1920년에는 일본을 통해 콜레라가 유입되었다. 1920년의 콜레라는 경상남도에서 시작하여 전라남도, 경상남도, 경기도 등에서 크게 유행하였다.전라남도(제주도 포함)의 유행이 특히 심하여 13,667명의 환자가 발생하였고, 제주에서만 9,735명의 환자가 발생하였다. 1920년 콜레라는 환자 24,229명, 사망자 13,568명을 발생시키고 종식되었다.

콜레라가 발생하면 환자를 재빨리 발견하여 격리시키는 것이 중요하였다. 그러나 환자를 발견하는 것이 쉽지 않았는데 1919년과 1920년 모두 환자의 절반 이상이 호구 검역, 즉 경찰이 집집마다 돌아다니며 환자를 발견하

<표 5> 1919,1920년 도별 콜레라 환자 및 사망자(단위 : 명)

1919				1920			
최초발생	도	환자	사망자	최초발생	도	환자	사망자
8월 12일	평안북도	3,471	2,246	6월 26일	평안남도	87	55
8월 16일	평안남도	3,787	2,405	6월 29일	경상남도	3,655	2,373
8월 26일	황해도	4,507	3,101	7월 4일	황해도	464	286
8월 26일	함경남도	924	595	7월 4일	경상북도	1,650	1,097
8월 31일	경기도	235	173	7월 28일	전라남도	13,667	6,419
9월 1일	경상남도	456	331	8월 3일	경기도	2,636	2,019
9월 5일	경상북도	76	37	8월 4일	충청남도	765	483
9월 6일	함경북도	499	297	8월 10일	강원도	488	314
9월 20일	전라북도	1,359	874	8월 18일	함경남도	288	161
9월 24일	충청남도	943	617	8월 20일	함경북도	23	11
9월 25일	전라남도	668	369	8월 27일	충청북도	33	20
9월 28일	강원도	65	38	8월 31일	전라북도	473	330
10월 14일	충청북도	1	1				
	계	16,991	11,084		계	24,229	13,568

출처: 朝鮮總督府, 1920, 『大正8年虎列剌病防疫誌』; 朝鮮總督府, 1921, 『大正9年虎列剌病防疫誌』.

는 방식으로 발견되었다. 조선총독부 방역 당국이 제대로 된 설명도 없이 위생경찰을 앞세워 방역활동을 강압적으로 시행하였기 때문에 자발적 신고는 적었던 것이다. 다행히 1920년 이후 콜레라 유행은 다소 수그러들었으나, 콜레라와 같은 급성전염병에 대한 환자 발견, 격리, 소독, 예방주사에 대한 위생경찰 중심의 강압적인 방식은 지속되었다.

청년층의 결핵 만연

결핵은 성병, 한센병과 같은 만성전염병으로 환자의 격리, 소독, 검역 등을 통해 즉각적인 효과를 볼 수 있었던 급성전염병과는 달리 근대적 위생행정으로 대처하기 어려운 질병이었다. 위생경찰을 동원해 그 전파 차단에 적

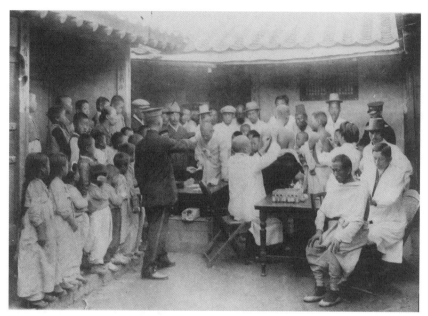

1919년 콜레라 발생 당시 경기도 인천에서 예방주사 실시 상황(朝鮮總督府, 1920, 『大正8年虎列刺病防疫誌』)

극적으로 대응했던 급성전염병과 달리 결핵에 대해서는 1930년대 말까지 특별한 대책이 만들어지지 않았다. 조선 내 발생하는 결핵환자의 숫자도 제대로 파악하지 못한 가운데, 조선인 청장년 사망 원인의 1, 2위를 기록할 정도로 조선 내 결핵은 만연되어 있었다. 1937년 중일전쟁 이후 장기적인 전쟁 준비 체제로 전환되면서 군사력 및 노동력의 주요 자원인 청년층의 건강이 중요해졌고, 이에 결핵 관리도 중요한 문제로 떠올랐다. 1930년대 말에 들어서 결핵 대책이 강구된 것은 이러한 상황 때문이었다.

1930년대 중반 이전까지 결핵 예방의 중점은 '침 뱉기' 단속이었다. 결핵 환자의 침과 가래를 통한 결핵균 전파를 막기 위해 주요 공공장소에 침, 가래를 뱉을 수 있는 그릇(타구唾具/唾口)을 설치하였던 것이다. '침 뱉기' 단속과 병실 내 격리를 중심으로 한 결핵 대응은 '행위 처벌'과 '격리'만 가능했던 조선총독부 위생행정의 한계를 드러내었다.

1936년 4월 조선총독부의 주도로 조선결핵예방협회가 창설되면서 결핵 예방 대책은 변화하는 듯하였다. 결핵예방협회는 5월 26~28일을 결핵예방 주간으로 지정하고 홍보활동을 펼쳤으며, 도립의원 내 결핵 병실 수를 늘리는 것에 집중하였다. 그러나 결핵예방협회를 필두로 한 활동도 요양소 설치와 결핵환자 병상은 비용 문제로 후순위에 두고 결핵 예방을 위한 선전활동에 집중하였다. 이처럼 조선총독부의 결핵 대책은 결핵예방협회를 창설하고 결핵 환자 진단과 요양을 강조하였지만, 조선 내 결핵 환자가 어느 정도인지 파악하지 못했으며, 결핵환자를 관리할 수 있는 시설도 제대로 마련하지 못하였다. 장기간 치료와 요양이 필요했던 결핵은 식민지 시기 내내 급성전염병에 비해 후순위로 밀렸다.

한센병과 소록도자혜의원

한센병은 역사가 오래된 질병이지만 한센병이 환자를 매개로 병균에 의하여 전파되고 발병된다는 지식은 19세기 후반에서야 밝혀졌다. 전 세계적으로 한센병 통제를 위해 환자를 강제 격리하는 제도가 보편화되기 시작했고 일본도 이러한 제도를 적극적으로 받아들였다. 일본의 영향으로 식민지 조선에서도 한센병 환자에 대한 단속과 격리가 시작되었다. 한센병 환자에 대한 단속과 격리는 조선 사회에서 한센병에 대한 인식을 변화시켰다. 식민지 시기 이전에는 한센병이 유전된다고 인식했기 때문에 굳이 한센병 환자를 마을에서 추방하거나 따로 격리할 필요는 없었다. 그러나 부랑 한센병 환자에 대한 단속과 격리가 시작되자, 한센병 환자는 질병의 매개체로서 위험한 집단으로 낙인찍히기 시작하였다. 한센병 환자가 위험한 집단으로 낙인찍힌 이후 한센병 환자들은 식민지 시기 내내 집과 공동체로부터 추방당하였다. 1920년대 중반 이후로는 부랑하는 한센병 환자를 추방하거나 강제 격리시켜달라는 요구도 끊이지 않았다.

이렇게 강제 격리 대상이 된 한센병 환자를 수용하는 대표적인 공간이 소록도자혜의원이었다. 소록도자혜의원은 1917년 2월 준공되었으며, 최초 수용인원은 100명 정도에 불과하였다. 한센병 환자에 대한 강제 수용요구가 거세지는 가운데 조선 내에는 선교사가 운영하는 여수, 대구, 부산의 요양소 외에는 한센병 환자를 수용할 수 있는 공간이 턱없이 부족하였다. 이에 총독부는 1928년부터 소록도자혜의원의 수용인원을 지속적으로 늘리는 계획을 세웠다. 1928년 제1차 확장공사로 수용인원은 450명으로 늘어났고, 1929년에는 750명으로 증가하였다. 그러나 도시로 몰려온 부랑 한센병 환자들은 넘쳐났고, 자혜의원과 요양소만으로는 이들을 모두 수용할 수 없었다.

식민지 시기 동안 한센병은 점차 '치료 불가능한 질병', '천형병' 등으로 묘사되면서 한센병 환자에 대한 공포와 격리 요구는 거세졌다. 그러나 이들을 수용할 수 있는 병상은 턱없이 부족하였고, 이에 수용되지 못한 부랑 한센병 환자 집단에 대한 낙인과 차별이 지속적으로 강화되었다.

참고문헌

강만길, 2013(초판 3쇄, 초판 1쇄 1987), 『일제시대 빈민생활사 연구』, 창작과비평사

고태우, 2014, 「일제 식민권력의 재해대책 추이와 성격」, 『역사문제연구』 31, 역사문제연구소

권오영 외, 2021, 『도시를 보호하라 – 위생과 방역으로 세워진 근대 도시 이야기』, 역사비평사

김대륜, 2021, 『세계는 어떻게 번영하고 풍요로워졌는가』, 돌베개

김재형, 2021, 『질병, 낙인: 무균사회와 한센인의 강제격리』, 돌베개

김태웅, 2017, 「1925년 일제의 경성부 이촌동 수해대책과 도시개발 구상」, 『역사연구』 33, 역사학연구소

송찬섭 외, 2018, 『근대로의 전환 – 새로운 시공간의 탄생과 삶의 변화』, 지식의 날개

송찬섭 외, 2018, 『근대적 일상과 여가의 탄생』, 지식의 날개

염복규, 2016, 『서울의 기원 경성의 탄생』, 이데아

이현주 외, 2023, 『국가와 감염병 – 역병에서 질병 X 까지』, 세창출판사

전성현 외, 2021, 『일본인 이주정책과 재조선 일본인 사회』, 동북아역사재단

최은경, 2013, 「일제강점기 조선총독부의 결핵 정책(1910-1945)」, 『醫史學』 22-3, 대한
　　　의사학회

냉전기와
탈냉전기의 남북한

3부

제15장

해방과 분단

세계사의 흐름 : 세계적 냉전 형성과 한반도의 분단

1917년 러시아 혁명으로 사회주의 정권이 들어선 이래 미국과 소련의 관계는 그리 원만하지 않았다. 그러나 제2차 세계대전 기간 일시적으로 동맹관계를 맺은 미국과 소련은 나치 독일이라는 공동의 적을 격퇴하기 위해 영국·프랑스 등과 함께 연합국을 형성하여 2차 대전에서 승리했다. 전후 유럽 세력은 크게 약화되고, 세계는 미국을 중심으로 하는 자유민주주의 진영과 소련을 중심으로 하는 공산주의 진영으로 나뉘었다.

1943년 12월 1일 연합국은 카이로 선언을 통해 한국의 자유와 독립 회복을 약속했다. 그러나 '적절한 시기'라는 단서를 달아 즉시 독립이 아니라 일정 기간의 신탁통치가 필요하다고 보았다. 미국은 한반도에 대한 신탁통치를 공식적인 대한정책으로 상정했는데, 이는 루스벨트 대통령의 구상이자 신념이었다. 소련은 한반도가 민족적 갈등과 계급적 대립으로 혁명적인 정세이며, 외세의 간섭이 없다면 자연스럽게 친소·좌파적 정권이 수립될 것이라 예상했다. 1945년 2월 얄타회담에서 루스벨트는 필리핀처럼 한국에도 20~30년간의 신탁통치가 필요하다고 주장했지만, 스탈린은 한국의 즉시 독립을 선호했다. 1945년 7월 포츠담 회담에서도 구체적인 합의에는 도달하지 못했다.

해방 직후 한반도에는 미국과 소련이라는 강대국의 대결구도가 형성됐다. 이후 미국과 소련 관계가 점차 악화되는 가운데 1947년 3월 미국의 '트루먼 독트린' 발표는 냉전의 공식 선언이 됐다. 미국은 소련으로부터 유럽의 안보를 확보하기 위한 전략적 목적에서 유럽의 경제회복 프로그램으로서 마샬플랜을 추진했는데, 유럽의 경제적 회복이 미국의 안보이익에 필요할 것이라고 인식했다. 제2차 세계대전에서 맺었던 미국과 소련의 협조 노선이 끝나면서 냉전이 공식화됐다. 1946년 유럽의 그리스, 터키 등에서 냉전의 전초전이 시작된 이래 만주에서는 국공내전이 본격적으로 벌어졌다. 소련이 서베를린 금수조치를 취하자 미국이 베를린 공수로 맞서면서 냉전은 전면화됐다. 결국 냉전은 한국에서 미소 협력을 통한 통일·독립방안으로 제시된 모스크바 결정을 종결시켰다.

1. 8·15해방과 38선 획정

해방과 자주적 국가건설운동

1945년 8월 15일, 일본이 항복을 선언하며 한국이 해방됐다. 국내외에서 독립운동을 벌인 한국인들의 끈질긴 저항의 결과였지만, 자력으로 이루지 못하고 연합군의 승리로 얻은 해방이라는 점 때문에 강대국에 의한 분단이 함께 찾아왔다.

1945년 8월 9일 미국이 일본의 나가사키와 히로시마에 원자폭탄을 투하한 직후 소련이 대일전에 참전했다. 소련이 만주와 한반도에서 파죽지세로 일본군을 몰아내자 미국은 한반도를 38도선으로 분할하여 소련이 한반도 전체를 차지하는 것을 막고자 했다. 미국과 소련은 일본군 무장해제를 위해 북위 38도선 이북은 소련군이, 38도선 이남은 미군이 점령하는 것을 공식 목표로 분할에 합의했다. 1945년 9월 2일 연합군최고사령부 일반명령 제1호로 이 결정이 공포됐다. 실제 미군과 소련군이 점령하여 정책을 펼치기 시작하면서 38선은 남과 북을 가르는 분단선으로 굳어지기 시작했다.

　1945년 8월 13일 일본이 무조건 항복을 결정한 후 조선총독부는 치안 유지를 위해 중도 좌파 여운형에게 접근했다. 이미 1943년부터 국내에서 조선건국동맹을 조직하는 등 해방과 건국을 준비해 오던 여운형은 정치 사회적 혼란 극복과 주체적인 정치 공간 확보를 위해 총독부 제안을 수용했다. 일제가 항복을 선언한 1945년 8월 15일, 여운형은 건국준비위원회(이하 건준)를 조직했다. 위원장은 여운형, 부위원장은 안재홍이 맡았다. 서울을 비롯한 전국에서 해방을 축하하는 집회가 열렸다.

　1945년 8월 말 남한 내 145개 시·군에 건준 지부가 결성됐다. 지방에서 치안대, 보안대 등 다양한 명칭으로 결성된 자치조직들은 점차 건준지부로 재편됐다. 건준지부는 지역마다 성격이 달랐지만 대체로 좌우익을 가르지 않고 연합체로 조직됐다. 중앙에서 건준이 건국을 준비하는 조직으로 활동한 것처럼, 지방에서 건준지부는 군청과 경찰서 등 행정관서를 접수하고 실질적 행정권을 행사했다. 건준의 활동을 바탕으로 해방 후 불과 1개월 만에 50여 개의 정당·사회단체가 조직됐다.

　9월 초 미군이 곧 진주할 것이라는 소식이 전해지자 건준은 조선인민공화국으로 전환했고, 건준지부는 인민위원회로 개편됐다. 조직 개편은 좌익세가 강해진 결과로, 조선인민공화국은 스스로 혁명정부로 선언하면서 해외에서 귀국할 임시정부에 대항하고자 했다. 지방 인민위원회는 1945년 12월 말 미군정이 지방행정을 장악할 때까지 부분적으로 지방행정을 담당했다. 138개 시·군 가운데 128개 군에 인민위원회가 조직됐고, 그 중 69개 지역 인민위원회가 실질적으로 지방통치기능을 담당했다. 그러나 미군이 진주하면서 지방 인민위원회는 강제로 해산당했다.

미국과 소련의 한반도 분할과 점령통치

　미국과 소련은 일본군의 무장해제라는 군사적 편의주의에 입각하여 한반도를 분할 점령했지만, 점령정책을 통해 자국에 우호적인 세력을 육성하는 정책을 펼쳤다. 미국은 군사 점령 후 주한미군정청을 설치했고, 직접통치 방식인 군정을 실시했다. 반면 소련은 직접 개입하지 않더라도 한국 내부 정세가 혁명적이며 급진적이라 판단해서 명목상으로 군정을 실시하지는 않았다.

주한미군사령관 미 제24군단장 하지Hodge, J. R 중장은 9월 8일 인천에 상륙하여 다음날 아베 총독으로부터 항복문서에 조인을 받았다. 군정장관에 미 제7보병사단장 아놀드Arnold, A. V 소장이 임명된 후 본격적인 미군정 통치가 시작되었다. 미군은 점령 이후 남한 각지에 전술군과 군정부대를 파견해 직접통치 체제를 구축했다. 조선인민공화국과 각지 인민위원회 등 자치조직을 해체하는 한편 일제 식민지 통치기구와 친일 관리·경찰을 되살렸다. 그리고 친미적이고 영어를 구사할 줄 아는 정치세력을 자문역으로 위촉하여 육성했다. 미군정 자문은 대부분 친일 인사이거나 미국 및 유럽 유학 경험자들로, 상당수가 한민당 출신이었는데, 이들을 중심으로 이른바 '통역정치'가 이루어졌다. 1946년 가을부터 미군정은 군정의 한국인화 정책을 통해 미군들을 자문역으로 돌리고 대신 한국인 관리들에게 군정청 각 부서 책임을 맡겼다. 그에 따라 1947년 2월 안재홍이 민정장관에 취임하였으며, 그해 5월 17일 군정청은 '남조선과도정부'로 명칭을 바꿨다. 그러나 미군이 여전히 정책 결정권과 거부권을 가졌다는 점에서 미군정의 틀 내에 있었다.

소련군은 1945년 8월 15일 점령군 사령관 치스챠코프Ivan Mikhailovich Chistyakov 포고문에서 스스로 '해방자'로 칭했으며, 미국·영국과 얄타와 포츠담에서의 약속을 존중하는 국제협조노선을 표방했다. 1945년 8월 말 38선 이북 지역을 점령한 소련군사령부는 행정권을 한국인들에게 이양했다. 그에 따라 건준 평안남도지부와 조선공산당 평안남도지구위원회가 합작하여 평안남도인민정치위원회가 결성되는 방식으로 '인민정권'을 만들었지만, 그 외 모든 정당과 사회단체의 조직 및 활동은 엄격히 금지했다.

소련군은 북한 전역에 군경무사령부를 설치하여 일본군 무장해제와 치안

'소련군 환영 평양시 군중대회'의 김일성과 치스챠코프 상장을 비롯한 소련군 지휘관들 (국사편찬위원회)

을 유지하고자 했다. 정치·행정 분야는 소련군 정치부에서 관장하고, 한국인
으로 조직된 인민위원회 등을 통해 점령정책을 펼쳤다. 소련의 점령정책은
군대 내 당조직인 군사회의에서 담당했는데, 1945년 8월 소련군 북한 점령
직후부터 1950년 9월 말까지 연해주군관구 군사회의 위원 슈티코프Terenty
Shtykov가 소련의 북한에 대한 비군사활동의 실질적 권한을 행사했다. 1945
년 11월 민정체계를 수립하면서, 소련에 우호적인 정부를 수립하고자 '한국
계 소련인'들을 선발하여 활동하게 했다.

　1940년대 소련 극동지역에 머물고 있던 조선인 항일무장투쟁 세력은 김
일성을 단장으로 '조선공작단'을 구성하여 1945년 9월 19일 원산항을 통해
입국했다. 소련군은 김일성을 중심으로 북한에서 건당·건군·건국 프로그램
을 진행하도록 적극 후원했다. 김일성의 항일유격대원들이 각 지방에서 활
동하도록 보장하고, 김일성이 조선공산당 북조선분국을 결성하는 것도 적극

적으로 지지했다. 1945년 10월 14일 소련군사령부가 '평양시 군중대회'에서 김일성을 '조선의 위대한 애국자'로 대중 앞에 소개하여 정치적으로 후원했다.

다양한 정치세력의 형성과 활동

해방과 동시에 수많은 정당과 사회단체가 조직됐다. 국내에서 미군의 한반도 진주 소식이 알려지자 움츠리고 있던 보수적 우익집단이 활발하게 움직이기 시작했고, 1945년 9월 16일 한국민주당을 결성했다. 한민당의 중심 세력은 송진우, 김성수, 조병옥 등과 같이 자본가와 지주를 대표하는 인물들이었다. 다수의 친일파가 당의 요직을 차지하여 친일 정당이라는 비난을 받았으며, 전국적인 대중적 지지기반을 갖추지 못했다. 그럼에도 불구하고 미군정의 지속적인 지원과 탄탄한 경제력 등을 바탕으로 군정 고문, 지방 관리, 경찰 등 요직을 독점하며 정치적 영향력을 확대했다.

연합군 환영시민대회에서 주한미군사령관 하지에게 소개받은 이승만(국사편찬위원회)

해외에서 활동했던 우익 정치인들의 귀국으로 정치세력이 재편됐다. 1945년 10월 16일 미국에서 활동한 이승만이 제일 먼저 미군정의 환영을 받으며 귀국했다. 미군정은 반공·반소적이고 친미적인 이승만의 정치활동을 적극 후원했다.

귀국 직후 이승만은 미군정의 지원을 받아 독립촉성중앙협의회를 조직하여 좌우익을 두루 망라하여 지도력을 확보하고자 했다. 그러나 국내 세력 기반이 약했던 이승만이 한민당과 친일파를 정치적 기반으로 삼음으로써 좌익세력과 갈라 섰다.

김구를 비롯한 대한민국임시정부 요인들은 1945년 11월 23일에서야 개인 자격으로 귀국했다. 미군정이 임시정부를 정부로 인정하지 않았기 때문에 임정 요인들은 한국독립당 이름으로 활동했다. 귀국 초기 임정 요인 중에는 좌우합작에 적극적인 인사가 적지 않았지만, 임시정부의 법통성을 지나치게 강조하고 이후 모스크바 삼상회의 결정안에 대해 반대 입장을 취하면서 다른 정치세력들을 아우르지 못했다.

해방 직후 정치활동에서 가장 광범한 대중적 지지를 받은 세력은 좌익계열의 사회주의자들이었다. 조선공산당과 같은 좌익계열 단체들은 강한 결집력과 대중 동원력을 과시했다. 1945년 9월 11일 조선공산당은 박헌영을 중심으로 재건되어 사회 각계각층의 전국적 대중조직을 결성하면서 영향력을 확대했다. 그러나 1945년 말 이후 신탁통치 파동, 미소공동위원회 결렬, 미군정의 탄압 등으로 점차 정치적 영향력을 상실해갔다.

2. 모스크바삼상회의 결정과 미소공동위원회

모스크바삼상회의 결정과 신탁통치 파동

얄타와 포츠담의 국제회의를 거쳐 한국이 일제로부터 해방됐지만, 아직도 한국의 독립을 포함해 2차 세계대전의 전후 처리 문제가 남아 있었다. 1945년 12월 미국·소련·영국 세 나라의 외무장관들이 모스크바에서 회의를 개최하고 한국에 대한 결의안을 내놓았다. 이 결의안은 한반도를 분할 점령한 미국과 소련이 의견을 제시하고 상호 절충한 결과였다. 논의 과정에서 미국은 신탁통치를 강조한 반면 소련은 즉시 독립을 주장했다. 최종안으로 한국 임시정부 수립을 핵심으로 하는 최고 5년 기한의 신탁통치가 결정됐다.

그런데 이 결정이 국내에 전달되는 과정에서 임시정부 수립보다는 신탁통치가 크게 부각됐다. 이를 최초 보도한 동아일보는 결정적 오보를 했다. 1945년 12월 27일 『동아일보』는 "소련은 신탁통치 주장, 소련의 구실은 38선 분할 점령, 미국은 즉시 독립 주장"이라는 제목의 기사를 1면 1단에 게재했다.

이는 실제 협상 내용을 정반대로 보도한 오보로, 이 기사의 출처는 미군에서 발행한 『태평양성조지Pacific Statrs and Stripes』 1945년 12월 27일자 기사였다. 이 기사가 나간 직후부터 국내에서 대규모 반탁운동과 격렬한 좌우 갈등이 전개되기 시작했다. 모스크바 결정 내용의 전문을 그대로 전달한 것이 아니라 '신탁통치 결정'만 부각해 왜곡 보도한 점이 문제였다. 이후에도 논란은 더욱 확산됐고, 미군정은 이러한 상황을 사실상 방치했으며, 미군정 통치를 위협하지 않는 선에서 반탁운동을 묵인했다.

김구와 이승만 등의 우익세력은 신탁통치 결정에 반발하며 강력한 반탁운동을 전개했다. 특히 임시정부 계열은 반탁운동을 가장 먼저 적극적으로 조직하며, '제2의 독립운동'으로 규정했다. 이들은 1945년 12월 30일 '신탁통치반대 국민총동원위원회'를 결성했고, 다음날 대대적인 반탁대회를 개최했다. 임시정부 계열은 반탁운동 과정에서 임시정부를 확대 강화해, 이를 기초로 정부를 수립하려는 계획을 추진했다.

조선공산당 등 좌익세력도 처음에는 신탁통치 결정에 반대했지만, 소련의 입장에 따라 모스크바삼상회의 결정의 총체적 지지로 입장을 바꾸었다. 반탁운동 세력은 즉시 독립을 주장하는 자신들은 애국으로, 신탁통치를 지지하는 좌익은 매국 세력으로 몰아가면서 이를 반소·반공 논리로 전환시켰다. 이로써 좌우익 세력 간 갈등이 격화됐다. 격렬한 반탁운동에 힘입어 급진 좌익세력이 약화되고 정국은 친미적인 우파 중심으로 재편됐다. 반탁운동이 반소운동으로 이어지자 소련은 1946년 1월 24일 『타스통신』을 통해 미국이 신탁통치를 제안했다는 사실을 공개했다. 이후 신탁통치 파동은 일단락되고, 삼상회의 결정안에 대한 냉정한 인식이 필요하다는 입장이 대두되기 시작했다.

모스크바삼상회의 결정안에 따른 과정에 대비해 미군정은 미국에 우호적인 정치세력의 결집을 꾀했다. 반탁운동의 결과 이승만과 임시정부 계열이 결합하여 '비상국민회의'를 조직하자 미군정은 그 핵심인물들로 남조선대한국민대표민주의원(이하 민주의원)을 구성했다. 미군정은 민주의원을 자문기구로 만들었지만, 미소공동위원회를 대비하여 우익의 결집체를 만들어 협의대상으로 삼고자 한 의도가 있었다. 남한 좌익세력은 그 대립기구로 민주주의민족전선(이하 민전)을 결성하여 미소공동위원회의 정당·사회단체 협의에 대비했다.

미소공동위원회와 좌우합작운동

1946년 3월 20일부터 서울에서 미국과 소련 대표가 모여 모스크바삼상회의 결정에 따라 한국 임시정부 수립을 위한 제1차 미소공동위원회(이하 미소공위)를 열었다. 남북 점령 당국의 협력에 기초하여 한반도 문제를 처리한다는 합의에 따른 것이었다.

미국과 소련은 한국인 정당·사회단체 참여 범위를 두고 대립했다. 소련은 반탁운동을 전개하면서 모스크바 결정안을 거부하는 정당·사회단체를 협의대상에서 제외해야 한다고 주장하여, 반탁운동을 주도하는 우익세력을 배제하려고 했다. 미국은 이에 정면으로 반대하면서, 희망하는 모든 단체를 협의대상으로 참여시켜야 한다고 주장했다. 반탁운동 세력을 참여시키려는 미국의 노력으로 4월 18일 모스크바 결정을 지지하는 청원서에 서명하는 한국의 정당·사회단체를 협의대상으로 간주하겠다는 타협안이 나오고, 그에 따라 미소공위 공동성명 제5호가 발표됐다. 그러나 일부 반탁운동 세력의 강경한 태도, 반소·반공 운동의 형태로 전개되는 반탁운동에 대한 소련의 불만, 미국 정부의 신탁통치 방침과 우익세력의 반탁운동 사이에서 딜레마에 빠져 있던

제1차 미소공동위원회가 열렸던 덕수궁 회의장 전경(국사편찬위원회)

미군정의 미묘한 태도 등으로 인해 제1차 미소공위는 아무런 합의도 보지 못한 채 5월 6일 무기 휴회 되고 말았다.

　제1차 미소공위가 결렬되자 위기감을 느낀 정치세력들은 1946년 5월 25일 미소공위 재개를 촉진하고 좌우익을 망라한 남북 통일정부 수립을 목표로 좌우합작운동을 시작했다. 이 시기 미군정도 좌우합작정책을 추진했는데, 이는 여전히 소련과의 합의를 통한 한반도 문제 해결 방식이 유효하다는 워싱턴의 판단에 따른 것이었다. 미군정이 합작 지지 성명을 발표하자 각 정치세력도 관심을 보이기 시작했으나 남로당 간부 체포령과 좌익 내부의 3당 합당 문제로 혼란된 상황에서 좌우합작운동이 활발히 진행되지 못했다. 미군정은 제1차 미소공위 결렬 이후 좌익세력을 노골적으로 탄압하기 시작했다. 특히 1946년 5월 조선정판사 위조지폐 사건으로 인해 좌익 활동은 급격히 위축됐다.

조선정판사 위조지폐 사건

미군정청은 조선공산당 기관지 『해방일보』 사장 권오직과 이관술 등이 공산당 당비를 조달할 목적으로 위조지폐를 만들어 시중에 유통시켰다고 발표했다. 이후 미군정은 조선공산당 본부를 강제 수색하고, 신문을 무기 정간시켰다. 조선공산당과 변호인단은 이 사건이 고의로 날조됐다고 주장했으나 미군정은 체포된 조선공산당원들을 법적으로 처벌하는 동시에 조선공산당의 활동을 불법화하고, 지도부 체포령을 내리는 등 강경책을 펼쳤다. 이 사건은 1946년 9월 총파업과 10월 항쟁 등 대중 투쟁의 주요인이 되기도 했다.

1946년 7월 여운형과 김규식 등 좌우 온건세력은 미군정의 지지를 받아 좌우합작위원회를 조직했다. 10월에는 '좌우합작 7원칙'을 발표했는데, 미소공위 속개, 유상 매상과 무상 분배 방식의 토지개혁, 민족반역자 처벌 등이 주요 내용이었다. 그러나 이승만과 한민당 등 우익세력은 토지 무상분배에 반대하며 좌우합작운동 자체를 외면했고, 좌익세력도 친일파 즉각 청산, 무상몰수·무상분배 토지개혁을 주장하며 입장을 달리했다.

미군정은 1946년 12월 좌우합작위원회를 발전시켜 입법기관으로 남조선과도입법의원(이하 입법의원)을 발족시켰다. 입법의원은 미군정이 한반도 정국을 미국에 유리하게 이끌고자 좌우합작과 함께 중도파 육성을 위해 설치한 대의기구이자 일종의 입법기구였다. 입법의원의 임무는 모스크바삼상회의 결정에 따른 통일임시정부가 수립될 때까지 정치·경제·사회적 개혁의 기초로 사용될 법령 초안을 작성해 군정장관에게 제출하는 것이었다. 총 90명의 의원 중 절반은 관선, 절반은 민선으로 선출했다. 미군정은 관선의원에 김규식·여운형 등 좌우합작파 인사들을 임명하여 중도파에 힘을 실어 주었다. 그러나 일정 납세액을 기준으로 하는 차별선거로 치러진 선거 결과 한민당계와 지방유지 등 우익인사들이 압도적으로 당선되어 잡음이 일었다.

1946년 12월 12일 개원한 입법의원은 한국 최초의 대의정치기관이자 한국인에 의해 운영되는 최초의 근대적 민주주의 정치기구였다. 그러나 정상적인 의회와 달리 입법의원에서 제정한 법령은 군정장관의 동의에 의해서만 그 효력이 발생되는 구조라는 점에서 한계가 분명했다. 입법의원은 입법기구와 유사한 조직을 구성하고, 각종 법률안의 제정·심의 등을 했으며, 1948년 5월 19일 해산되기까지 법률 공포 11건, 50여 건을 심의했다.

한편 좌우합작운동은 좌우익 주요 인물들의 불참, 1947년 7월 핵심인물인 여운형의 피살, 같은 해 10월 제2차 미소공위 결렬로 결국 좌절됐다. 좌우합작운동은 미국의 대한정책 변화라는 대외적 배경과 극단적인 이데올로기적 대립을 극복하고자 하는 대내적 배경에서 시작됐다. 그러나 미군정의 주도로 시작됐다는 한계가 있었으며, 결국 미소공위가 실패하면서 정치적 의미와 동력을 상실하고 마무리됐다. 비록 성과를 거두지 못했으나 좌우 대립을 극복하고 통일민족국가를 수립하려는 최초의 '분단시대 민족운동'이었다는 점에서 의미가 있었다.

3. 분단정부의 수립

미군과 소련군 점령시기 사회와 경제

해방 이후 시급한 과제는 새로운 국가 건설과 함께 일제 식민 잔재를 청산하고 새로운 사회 질서를 만드는 일이었다. 그러기 위해서는 일제 식민지배에 협력했던 친일 반민족 행위자를 처벌해 사회정의를 바로 세우고, 식민지배를 위한 각종 제도를 폐지해 기형적인 사회·경제구조를 개혁해야 했다. 그러나 미군정은 일제 식민지배 청산에 미온적이었고, 한국인들의 열망과 과제 해결 노력에 관심이 없었다. 미군정은 일제 강점기 관리와 경찰을 다시 기용하고 조선총독부 행정체제를 활용하는 이른바 현상유지정책을 실시했다. 또한 좌익세가 강한 상황을 우려해 친일 경력이 있는 한민당 인사들을 보수주의자로 인정하고 이들을 등용했다. 이러한 미군정 정책을 배경으로 되살아난 친일파들이 반소·반공주의와 반탁운동을 방패 삼아 입지를 넓혔고, 이는 정부 수립 후까지 이어졌다.

경제 상황은 생산량 감축, 높은 실업률, 물가 폭등으로 심각했다. 미국의 원조 물자로 겨우 지탱되었는데, 공업 생산력은 일제 식민지기에 비해 5분의 1 수준이고, 노동자의 절반이 실업상태였다. 해외 귀환동포와 북한 월남민이 급증하면서 식량 및 생필품 부족으로 물가가 폭등했는데, 특히 쌀값 문제가 가장 심각했다. 미군정은 일제시기 식량통제정책을 폐지하고 쌀의 자유 거래를 공포해 쌀값이 폭등했다. 이에 미군정은 1946년 1월 '미곡수집령'을 공포하고 식량공출을 단행했다. 행정력에 더해 경찰력까지 동원하여 강압적으로 식량을 공출하자 농민들의 반감이 커졌고, 이는 1946년 10월항쟁으로 폭발했다.

농업 면에서는, 해방 당시 전체 농민의 절반 이상인 소작농은 총 수확량의 50~80%에 달하는 고율의 소작료에 시달리고 있었다. 미군정은 토지개혁에 소극적이었다. 미군정은 1946년 2월 신한공사를 창설해 일본인과 동양척식회사가 소유한 농지와 택지·산림 등을 접수해 관리하고, 소작료를 수확량의 3분의 1로 낮췄다. 그러나 전면적 토지개혁을 바라는 농민들의 요구에는 미치지 못하는 조치였다. 농민들은 1945년 12월 8일 결성된 '전국농민조합총연맹(이하 전농)'을 중심으로 무상몰수·무상분배의 토지개혁을 요구했다.

통화량 증가로 인플레이션과 재정 적자가 커지자 미군정은 일본의 모든 공유 및 사유재산을 적산으로 규정하고 미군정청 귀속재산으로 접수했다. 귀속기업체 중 소규모기업체와 귀속농지의 불하를 통해 남한에 자본주의 질서를 구축하기 위한 단초를 마련했다. 또한 미군정은 미국식 민주주의 교육과 기능인 양성을 목표로 교육정책을 추진했다. 1946년 7월 기존의 고등교육기관을 전면 폐지하고 하나의 종합대학을 설립하는 국립서울종합대학안(이하 국대안)을 발표하였는데, 다음 해 2월까지 반대운동이 격렬하게 이어졌다.

한편 북한에서는 소련군의 지원을 받은 김일성과 공산당의 주도로 1946

국대안 반대투쟁

국립서울종합대학안은 일제 식민지기 설립된 경성제국대학을 모체로 삼아, 흩어져 있던 독립적 전문대학을 통합하고 총장과 관선이사에 미국인을 임명한다는 내용을 담고 있었다. 그런데 각 학교의 고유성 확보 및 독자적 발전, 학내 친일파 청산, 대학운영·행정권의 한국인이야, 학문의 자유 보장 등을 이유로 교수·교직원·학생들이 동맹휴학을 하는 등 반대가 심했다. 이른바 '국대안 반대투쟁' 과정에서 학생 간에 좌우 갈등도 심각했고, 380여 명의 교수와 4,900여 명의 학생이 학교에서 쫓겨났다.

년 2월 북조선임시인민위원회가 이른바 '민주개혁'을 실시했다. 김일성이 위원장이었던 북조선임시인민위원회는 실질적인 정부 기능을 담당했다. 민주개혁으로 무상몰수·무상분배 방식의 토지개혁, 중요산업의 국유화, 노동자와 여성의 권익 신장을 위한 노동법과 남녀평등권법 등이 실시되었다. 이러한 정책들은 대중의 광범한 지지를 받아 북한 정부 수립의 토대가 되었고, 남한에도 영향을 미쳤다.

북한은 친일파 청산 문제에서 남한과 달리 별도의 특별법을 제정하지 않고 진행했는데, 친일파 개인을 처벌하는 인적 청산보다는 제도적 청산을 위주로 진행됐다. 토지개혁과 국유화에 반대하거나 그로 인해 타격을 입은 사람들이 대거 월남함으로써 북한 내부의 갈등 요인이 해소되어 개혁이 수월했던 반면, 남한에서는 좌우 갈등과 반공주의가 더욱 심화됐다. 교육과 문화를 중시해서 각급 학교를 증설했고, 평양학원, 중앙당학교, 김일성종합대학, 평양혁명자유가족학원 등을 설립했다. 북한은 새로운 사상을 가진 인물을 양성하고자 교육을 중시했으며, 군중을 동원하여 사상개조운동과 경제건설 및 국가건설운동을 전개했다.

9월 총파업과 10월항쟁

해방 후 노동자들은 공장마다 노동조합을 결성하고, 산업별로 연맹체를 조직했다. 1945년 11월 5일 산업별 노동조합 대표들이 모여 조선노동조합전국평의회(이하 전평)를 결성했다. 전평은 1945년 12월 현재 전국 1,757개 조합, 55만 3,408명의 조합원을 가진 한국 노동자들의 대표체로 발전했다. 전평 지도 하의 노동운동은 초기 자주관리운동에서 점차 산업건설운동으로 전환했다. 농민들도 각 지역에서 자체적으로 농민조직을 결성하고, 1945년 12월 8일 전국농민조합총연맹(이하 전농)을 조직했다. 전농 지도 하에 농민들은 소작료 3·7제, 무상몰수·무상분배 방식의 토지개혁, 강제 공출 반대 투쟁 등을 전개했다.

해방 초기 전평과 전농은 미군정에 협조하는 노선을 취했으나, 1946년 1차 미소공위 결렬 이후 미군정이 좌파세력을 탄압하자 미군정에 맞서 싸우는 방향으로 전환했다. 1946년 9월 13일 경성철도국 노동자들의 태업을 시작으로, 9월 23일 부산 철도노동자들이 전면 파업에 들어가면서 9월 총파업이 시작됐다. 이들은 식량 배급, 월급제, 임금 인상, 감원 반대 등을 요구했다. 총파업은 전국으로 확산됐다. 미군정은 총파업 투쟁을 노동운동을 앞세운 좌파세력의 정치적 도전으로 간주하고, 경찰과 우익단체를 동원하여 무차별 진압하고 1,200여 명의 노동자를 검거했다.

그러나 대구에서 미군정의 식량정책에 불만을 가진 학생과 시민이 노동자 총파업에 가세하면서 대규모 군중 시위 형태로 변모했다. 경찰의 발포로 노동자가 사망함에 따라 총파업이 경찰과 시민 간의 폭력적인 충돌사태로 발전했다. 이는 기층 민중의 미군정에 대한 잠재된 불만의 폭발이었다. 1946년 10월에서 12월까지 대구에서 시작된 항쟁은 경북-경남-충남을 거쳐 경기-강원-전남-전북의 순으로 파급되면서 민중항쟁으로 확대됐다. 미군정은 경찰력을 총동원한 후 국방경비대와 미군을 투입하였고, 반공 우익청년단도 서울에서 파견됐다. 10월 항쟁으로 민간인 1,000여 명과 경찰 200명이 사망하고, 수천 명이 다쳤으며 1만여 명이 검거됐다. 9월 총파업과 10월 항쟁으로 전평과 전농, 지역 노동조합·농민조합 등 대중조직 역량은 치명적인 타격을 입었다.

단정노선과 통일노선의 갈등

제1차 미소공위가 열리던 시기에 남한 단독정부론(이하 단정론)이 등장했다. 남한 단정론을 처음 제기한 것은 이승만이었다. 1946년 6월 이승만이 지방순회 강연 도중 정읍에서 처음 단정론을 제기하자 미군정도 비판적 입장을 표명했고, 거센 여론의 반대에 직면했다. 이승만은 미·소 간에 냉전이 심화되고 미소공위에 의한 한반도 통일이 무산될 경우 자신이 권력을 장악하기 위한 의도로 남한 단정론을 제기했다. 이후 미군정이 좌우합작을 추진하자 이승만은 1946년 12월부터 1947년 3월 사이에 직접 미국으로 건너가 단독정부 수립을 위한 외교활동을 벌였다. 이러한 이승만의 '도미외교'가 직접적 성과를 거둔 것은 아니었지만, 마침 1947년 3월 12일 트루먼 독트린 발표로 냉전이 공식화되면서 이승만의 단정노선이 추진력을 갖게 됐다.

1947년 초 미소공위가 재개될 조짐이 보이자 중도파 중심의 민족주의 진영이 통합을 모색하는 움직임이 활발해졌다. 단정론을 내세운 극우진영을 제외하고 중도파들이 폭넓은 연대를 모색하자 위기의식을 느낀 이승만 등의 우익진영은 이들에 대해 집요한 공격을 가했다. 그 공격의 와중에 1947년 8월 여운형이 우익 테러로 암살당했다. 1947년 5월 제2차 미소공위가 재개됐지만, 일방적인 주장이 대립하면서 10월 21일 결국 성과 없이 결렬됐다. 이후 분단이 가시화되자 정치세력은 좌우 대립의 이념적 틀을 넘어서, 민족문제를 축으로 단정추진세력과 통일운동세력으로 분립했다. 우익의 양 거두였던 이승만과 김구 세력이 분열함으로써 이승만·한민당 중심으로 단정세력이 모이고, 중간파·김구 임정계가 통일운동세력으로 결집했다.

미국은 1947년 7월 이후 유엔을 통한 해결방식으로 전환했고, 9월에는 모스크바 결정을 통한 한국 문제 해결 방식을 일방적으로 파기하고, 소련의 반대에도 불구하고 한국 문제를 유엔으로 넘겼다. 1947년 11월 유엔총회에서는 소련의 미·소 양군 철수안을 부결하고, 미국의 주장대로 남북한 인구비례에 의한 자유선거를 결의했다. 그리고 총선거 감시를 위해 유엔한국임시위원단을 설치하기로 결정했다. 1948년 1월 8일 유엔총회 결의에 따라 유엔한 국임시위원단이 서울에 도착했다. 이승만을 비롯한 우익세력은 이들을 환영하며 남한만의 즉각 선거 실시를 주장한 반면, 남로당을 비롯한 좌익세력은 유엔 결의안을 강력히 반대했다. 김구·김규식을 비롯한 중도파는 북한과의 대화를 시도했다. 1947년 후반 여운형 암살 이후 김규식은 홍명희, 안재홍, 원세훈 등과 함께 중도파 세력을 규합, 1947년 12월 민족자주연맹이 결성됐다.

선거 강행과 선거 저지가 격돌하는 가운데 김구와 김규식은 북한과 직접 협상해 남북 분단을 막아 보겠다며 김일성에게 남북한 정치지도자 회담을 제안했다. 이에 응답한 북한 측의 역제안으로 1948년 4월 19일부터 30일까지 평양에서 남북 정치인 사이에 남북연석회의가 열렸다. 이 회의에서는 미·소 양군 철수와 단독정부 수립 반대 결의안을 채택했다. 그러나 유엔이 이미 남한만의 단독선거를 결정한 데다 북한도 내부적으로 독자적 정부 수립을 추진하고 있었기에 현실적 성과를 거두기 어려웠다. 그러나 이후 분단 극복을 위한 우리 민족 스스로의 노력으로 전개된 통일운동의 출발점이 됐다.

남·북 분단정부 수립

1948년 5월 10일 유엔 감시하에 남한지역에서만 총선거가 실시됐다. 이 선거는 21세 이상 모든 국민에게 투표권을 부여한 최초의 보통선거였으며, 신생독립국가 건설을 위한 민주적 절차의 실행이라는 점에서 의의가 있었다. 그러나 남한만의 단독선거라는 점에서 분단국가의 시작을 기정사실로 만든 것이기도 했다. 좌익세력은 단독선거를 반대하며 투쟁을 전개했으며, 제주도에서는 '4·3사건'으로 선거가 제대로 진행되지 못했다. 김구·김규식 등은 단독정부 수립에 반대하며 선거에 참여하지 않았다. 제주도 2개 선거구에서 선거가 제대로 진행되지 못했지만 다른 모든 지역 선거가 마무리되어 198명의 국회의원이 선출됐다. 선거 결과 다수의 무소속 후보들이 국회의원에 당선됐

제주 4.3사건

남로당 및 좌익세력은 1948년 2월 2·7구국투쟁과 이후 3개월 동안 '단선, 단정 저지 투쟁'을 전개했는데, 그 일환으로 제주도에서 1948년 4월 3일 남로당 김달삼 등 350여 명이 무장을 하고 경찰지서를 급습했다. 이들은 경찰과 우익청년단의 탄압에 대한 저항, 단선·단정 반대와 통일 독립 등을 주장했다. 미군정은 경찰과 우익청년단을 파견해 힘으로 저항을 봉쇄하면서 주민들의 반발을 불러왔고 사태가 악화됐다. 경비대까지 투입하여 진압하려 했으나, 투표수 과반 미달로 선거가 제대로 실시되지 못했다. 정부 수립 후 1948년 10월 제주도경비사령부를 설치하고, 제주도 전역에 계엄령을 선포한 후 약 5개월 동안 '중산간지역 초토화작전'을 전개했다. 무장대의 은신처를 제거하기 위해 주민들을 강제 소개하고 가옥을 파괴, 방화했으며, 주민들을 집단 사살하거나 처형하는 등 민간인 학살이 일어났다. 1948년 12월 31일 계엄령이 해제되고, 1949년 5월 10일 재선거가 실시됐으며, 6월에는 무장대 총책인 이덕구가 사살되면서 무장대는 사실상 궤멸됐다.

고, 예상과 달리 한민당의 당선률은 저조했다.

제헌국회는 1948년 5월 31일 첫 회의를 열어 헌법과 정부조직법을 비롯한 독립국가 형성에 필수적인 기본 법률을 제정했다. 7월 1일 국호를 '대한민국'으로 정하고 7월 17일 제헌헌법을 공포했다. 헌법 전문에서 대한민국은 3·1운동으로 건립한 대한민국임시정부의 법통을 계승했음을 명시했다. 그리고 국민주권에 의거한 민주주의적 공화제 국가임을 공포했다.

국회에서는 이승만을 초대 대통령으로, 이시영을 부통령으로 선출하고 초대 내각을 구성했으며, 1948년 8월 15일 대한민국 정부가 공식적으로 수립되었음을 선포했다. 그해 12월 유엔총회는 대한민국 정부를 유엔한국임시위원단의 선거 관리와 자문에 따라 수립된 한반도 내의 유일 합법정부로 승인했다.

북한은 남한과 별도로 정부 수립을 추진했다. 1947년 2월 북조선임시인민위원회가 '임시'를 떼고 북조선인민위원회로 개편됐으며, 1947년 12월에는 임시 헌법 초안을 만들고 1948년 2월에는 조선인민군을 창설했다. 이는 사실상 북한 단독정부 수립에 착수한 것이었다. 사전 작업을 추진하던 북한은 남한에서 총선거가 실시되자 곧바로 정부 수립에 나섰다. 1948년 8월 25일 최고인민회의 대의원 선출을 위한 총선거를 실시했고, 9월에 최고인민회의에서 헌법을 제정했다. 김일성이 초대 수상으로 선출됐고, 1948년 9월 9일 조선민주주의인민공화국이 수립됐음을 대외적으로 선포했다. 남과 북에 따로 정부가 수립됨으로써 민족 분단이 현실화됐다.

4. 이승만 정권 초기

반민특위 활동과 와해

정부 수립 다음날인 1948년 8월 16일 국회는 친일행위자를 처벌하기 위한 반민족행위자처벌법(이하 반민법)을 제정했다. 그리고 국회 내에 반민족행위특별조사위원회(이하 반민특위)를 구성했고, 법원과 검찰은 15인 특별재판관 및 9인의 특별검찰관으로 구성된 반민족행위특별재판부와 반민족행위특별검찰부를 설치했다. 반민특위는 1949년 1월부터 본격적인 활동을 시작했다. 박흥식, 최남선, 이광수, 김연수, 최린, 노덕술 등 대표적인 반민족 행위자를 체포했지만, 제대로 처벌하지 못했다. 이승만 정부는 친일파 청산보다는 반공이 우선이라고 주장하며, 반민특위 활동을 공개적으로 방해했고, 친일세력은 정부 지원 아래 군중대회를 열기도 했다. 결국 이승만 정부는 반민특위 활동을 주도하던 국회의원들을 간첩 혐의로 구속하는 이른바 '국회 프락치사건'으로 이들의 활동을 막았고, 일부 친일 경찰들은 반민특위 사무실을 습격하기도 했다. 결국 반민법 시효를 1950년 6월 20일에서 1949년 8월 31일로 단축한 개정법이 통과됨으로써, 반민특위는 본격적으로 활동을 시작한 지 몇 개월도 되지 않아 해체되고 말았다.

농지개혁과 귀속재산 불하

정부수립 후 본격적으로 농지개혁이 추진되었다. 1949년 6월 농지개혁법안이 통과되었고, 1950년 3월에 개정 법률안이 공포되었다. 농지개혁 대상은 농지에 한정하고, 가구당 토지소유 상한선을 3정보로 하고, 유상 매수와 유상 분배 방식을 원칙으로 했다. 농민의 상환액과 지주에 대한 보상액 설정 문제로 농지개혁이 지연되는 사이 일부 지주들이 미리 토지를 처분하거나 은폐해 실제로 농지개혁을 통해서 분배된 소작지는 전체의 절반에도 미치지 못했다. 그럼에도 불구하고 농지개혁은 반봉건적인 토지소유 관계를 해체하여 지주계급이 사라지고 상당수 농민이 자신의 토지를 소유하는 자작농이 됐다는 점에서 의의가 컸다.

귀속재산 불하도 식민지 경제구조를 청산하고 새로운 경제안정과 자립경제 질서를 세우는 데 중요한 몫을 차지했다. 일제가 1945년 8월 패망하면서 남기고 간 귀속재산의 가치는 당시 남한 총자산의 80% 이상을 차지했다. 미군정청이 일부 불하하고 남은 귀속재산이 대한민국 정부로 이양됐는데, 귀속재산처리권을 둘러싸고 각 정치세력 간에 알력이 심했다. 1949년 12월 귀속재산처리법이 제정되었는데, 연고자에게 우선권을 주는 조항이 있어 정치권력이 공공연하게 개입할 수 있었다. 이 때문에 귀속재산 불하를 통해 추구했던 건전한 민족자본 형성은 실패하고, 귀속재산은 재벌 형성의 주요한 물질적 토대가 되었다.

여순사건과 국가보안법

제주 4·3사건의 와중에 1948년 10월 여순사건이 발생했다. 1948년 제주 4·3항쟁은 단독정부 수립에 항거하는 좌익과 도민들의 저항을 미군과 국군이 강경 진압하면서 더욱 확산됐다. 정부수립 이후에도 저항이 수그러들지 않자 이승만 정부는 이를 대한민국 정부의 정통성에 대한 도전으로 인식하고 대토벌작전을 시작했다. 1948년 11월 17일 정부는 제주도 전역에 계엄령을 선포하고 제주도 중산간 마을을 초토화시켰다. 이에 수많은 마을이 불탔고, 어린이와 노인을 포함한 다수의 민간인이 무차별 학살됐다.

1948년 10월 19일 전라남도 여수 주둔 국방경비대 제14연대 소속 군인들이 남로당 세력의 주도로 제주도 파병을 거부하면서 '여순사건'이 시작됐다. 반란군은 순천을 비롯한 인근 여러 군으로 영향력을 확장했지만, 10월 21일 계엄령이 선포되고 정부군이 대규모 토벌작전을 벌여 수일 내에 진압되었다. 그런데 반란군을 진압한 다음 군경이 사실상 시민들을 '진압의 대상'으로 간주하여 초토화작전을 감행함에 따라 여수와 순천지역 민간인들이 대량 학살당했다.

여순사건을 계기로 1948년 국가보안법이 제정되면서 좌익이 합법적으로 활동할 공간은 거의 사라졌다. 정부 수립 후 4개월이 채 되지 않은 12월 1일 공포·시행된 국가보안법은 일제시기 치안유지법과 보안법을 기반으로 만들었다. 여순사건을 계기로 좌익세력의 폭동과 내란행위를 처단함으로써 신생 대한민국 정부의 기틀을 다지고 좌익세력을 제거하려는 목적으로 제헌국회에서 서둘러 제정되었다. 국가보안법 제정을 반대했던 소장파 의원들도 국가보안법의 희생양이 되었으며, 사상과 양심의 자유를 제한하고, 정치적 반대세력을 탄압하는 수단으로 악용되었다. 국가보안법으로 1949년에만 11만 8,612명, 1950년 상반기 약 4개월 동안 3만 2,018명이 검거되었고, 같은 시기 형무소 수형자가 격증했다.

1949년 이후 무장유격대가 일부 남아 있었으나, 남로당 조직의 대거 와해와 전향, 국군의 조직적인 토벌작전, 민심의 이탈 등으로 인해 거의 궤멸되었다. 그리고 군내 좌익계열 인물들을 척결하는 숙군작업이 대대적으로 전개되어 1949년 7월까지 국군 병력의 5%에 달하는 4,700여 명이 숙청됐다.

김광운, 2003, 『북한정치사연구』1, 선인

김상숙, 2016, 『10월항쟁: 1946년 10월 대구, 봉인된 시간 속으로』, 돌베개

김수자, 2005, 『이승만의 정권초기 권력기반 연구』, 경인문화사

도진순, 1997, 『한국민족주의와 남북관계』, 서울대학교출판부

서중석, 1997, 『한국현대민족운동연구』, 역사비평사

박태균·정창현, 2016, 『암살-왜곡된 현대사의 서막』, 역사인

양정심, 2008, 『제주 4·3항쟁 연구』, 선인

정병준, 2005, 『우남 이승만 연구』, 역사비평사

정용욱, 2003, 『해방 전후 미국의 대한정책』, 서울대학교출판부

허종, 2003, 『반민특위의 조직과 활동 – 친일파 청산 그 좌절의 역사』, 선인

한국전쟁

세계사의 흐름 : 유엔 창설과 유엔군의 한국전쟁 참전

유엔은 제2차 세계대전 후인 1945년 10월 24일 세계평화와 안전을 위해 창설됐다. 1945년 얄타에서 미국의 루즈벨트, 영국의 처칠, 소련의 스탈린이 유엔 창설에 최종 합의했다. 유엔헌장은 미국, 영국, 소련 등이 전후 새로운 국제질서를 창출한다는 개념을 기초로 하며, 1945년 6월 샌프란시스코에서 51개국이 이를 채택했다. 유엔은 전후 새로운 국제질서를 추구했다. 유엔헌장 1조 1항에서 유엔의 목적은 국제평화와 안보를 유지하고, 평화에의 위협을 제거하고, 침략행위를 억제하기 위하여 효과적인 집단조치를 취하며, 국제분쟁을 정의의 원칙과 국제법에 의해 해결하는 것이라고 규정했다.

유엔 창설의 배경에는 더 이상 지구상에 전쟁이 일어나지 않도록 하겠다는 임마누엘 칸트의 이상주의 이념이 있었다. 현실적으로는 강대국 간의 분쟁과 갈등을 해결하려는 목적이나 의도보다는 협력관계를 지속하기 위한 집단안전보장체제를 만들었다. 유엔의 시대가 열렸지만, 1945년 7월 최초의 원자탄 실험이 성공하면서 곧 핵시대가 열렸다. 1949년 7월 소련마저 핵무기를 보유하게 되자 유엔의 집단안전보장체제는 사실상 거의 마비됐다.

미국은 유엔을 주도적으로 창설하고 유엔에서 가장 큰 영향력을 행사했으며, 국제사회에 새로운 서열을 제도화했다. 미국은 자신들과 같은 이념과

정치체제를 가진 나라가 침략 받을 경우 독자적 지원보다는 유엔이라는 거대한 안보기구를 통한 집단 안보가 더 유리하다고 보았다. 미국이 유엔을 중심으로 한반도 갈등을 해결하려는 의지를 드러낸 것이 1950년 1월 12일 당시 미 국무장관 애치슨이 제시한 미국의 방어선 개념이었다. 애치슨은 미국의 군사력이 제한적이므로 극동의 방위선은 알류산열도, 일본, 오키나와제도, 필리핀제도를 잇는다고 선언했다. 동시에 그 밖의 지역이 무력 침공을 받을 경우 우선적으로 공격받은 지역의 주민들이 이에 대항하여야 하고 유엔헌장의 정신을 통한 대응으로 이어져야 한다고 선언했다. 이는 남한에 대해 북한이 중국이나 소련의 지원 아래 무력 공격을 감행할 경우 미국이 유엔을 통해 모든 행동을 취할 것이라는 의미였다.

유엔에서 국제평화와 안전을 중점적으로 다루는 기관은 총회와 안전보장이사회였다. 창립 직후 안전보장이사회가 활발하게 활동했지만, 냉전이 본격화한 강대국간의 빈번한 충돌로 그 기능이 급격히 저하됐다. 1950년 6월 25일 북한이 남침을 감행했을 때, 유엔 안보리는 결의안 83호를 통해 회원국에게 남한을 돕고 필요한 조치를 취하도록 '권고'했다. 당시 소련은 중국의 대표권 문제로 안보리에 불참하고 있었다. 그러나 8월에 소련이 안보리에 복귀하여 유엔의 집단안전보장 장치가 무력화되자 총회에서도 강제 구속력을 가진 결의를 할 수 있도록 1950년 11월 3일 '평화를 위한 단결' 결의안을 채택했다.

1950년 7월 14일 일본 도쿄에서 미 육군 참모총장 콜린스 대장이 유엔군사령관 맥아더 원수에게 유엔기를 수여하는 모습. (국사편찬위원회)

미국은 북한의 침략은 모스크바의 사주에 의한 것이며, 대소봉쇄정책에 입각하여 북한의 침략을 허용할 수 없다고 보았다. 명목상 유엔군사령부가 조직되었지만 실제로 침략을 응징하는 군사작전은 미국이 수행했다. 미국이 유엔을 성공적으로 활용할 수 있었던 것은 당시 유엔 회원국 숫자가 제한적이었고, 서반구에서 미국의 위치가 지배적이었기 때문이었다.

유엔은 한국전쟁에 개입하여 평화유지보다는 전쟁 당사자로서 역할을 수행하면서 전쟁을 확대시켰다. 원래 유엔의 한국전쟁 개입 목적은 침략군을 38선 이북으로 격퇴하고 한반도를 전쟁 이전 상태로 돌리는 것이었다. 그러나 미국이 38선 이북으로의 북진을 결정함에 따라 1950년 10월 7일 유엔총회에서는 한반도에 통일, 독립, 민주 정부 수립을 새로운 목표로 제시하는 결의안을 채택했다.

1. 전쟁의 원인과 배경

전쟁 직전 한반도 상황과 국제정세 변화

한국전쟁 발발 직전 한반도는 적대적 양극 구조인 냉전체제의 한가운데 있었다. 1947년 미국의 트루먼 독트린 발표 이후 냉전이 본격화했으며, 1949년 중국의 공산화, 일본의 재강화, 그리고 남북한에 분단 정부가 수립되어 긴장이 고조됐다. 계기만 주어진다면 전면적인 전쟁으로 이어질 수 있는 긴장 상황이었다.

미국과 소련은 1948년 말부터 1949년 초에 걸쳐 한반도에 주둔하고 있던 군대를 철수했다. 소련군은 1948년 9월부터 1949년 2월까지 철수를 완료했고, 미국은 주한미군사고문단 약 500명을 남기고 1949년 6월까지 철수를 마쳤다. 그러나 남북에 대한 군사적·경제적 지원은 계속했다. 소련은 북한의 군사력 강화와 전쟁 준비를 지원했다. 1948년 2월 북한군 창설 후 소련은 탱크와 비행기 등 무기를 지원했다. 1949년 내전에서 승리하고 정부를 세운 중국은 조선인 의용군 출신의 팔로군 3만여 명을 북한에 보내 군에 편입시켰다. 1949년 북한은 소련 및 중국과 군사협정을 체결하여 군사력을 강화하는 한편, 남한을 향해서는 대단히 공세적인 통일정책을 내세웠다. 이 시기 북한이 내세운 총선거안과 남북 국회연합안 통일정책은 1950년 8월 15일까지 통일을 이루겠다는 의지를 담고 있었다.

1949년 한반도의 작은 전쟁 : '38선 충돌'

정부 수립 이후 남한 정국은 매우 불안정했다. 남한 후방 지역에서는 '빨치산'이라 불리는 좌익 무장 유격대가 지속적으로 활동했다. 이들은 지리산·오대산·태백산 등 산악지역을 근거로 삼고 관공서를 습격하는 한편, 경찰·군인 등을 공격했다. 북한은 훈련된 무장 병력을 파견해 이들을 지원했다. 그러나 무장 유격대를 집중 남파하면서도 군사력이 충분히 갖춰지지 않아 전면적으로 개입하지는 않았다.

이승만 정권은 반공 통제를 한층 강화했다. 여순 사건 이후 군내 좌익세력을 축출하기 위해 대대적인 숙군을 단행했고, 1949년 12월에는 국가보안법을 제정했다. 이어 국회 내에서 남북협상을 주장하던 반대세력을 1949년 5월부터 '국회프락치사건'으로 제거했다. 또한 1949년부터 1950년 초까지 동계 토벌로 좌익 무장 유격대를 괴멸시켰다. 그러나 반공 강경노선을 추구하면서 국방비와 치안 유지비를 과다 지출하여 재정 적자가 발생했고, 이를 해결하기 위해 통화량을 늘리자 인플레이션이 발생해 경제가 불안해졌다. 게다가 1950년 5월 30일 치러진 총선에서 반이승만 세력이 대거 당선되면서 이승만 정부의 정치적 입지는 상당히 불안정했다.

미군과 소련군이 철수한 이후 38선 부근에서는 국군과 북한군 간에 크고 작은 충돌이 끊이지 않았다. 특히 1949년 5월부터 8월 사이에 발생한 38선 분쟁은 미군 대신 38선 경비를 맡게 된 남한의 국방경비대가 38선을 전반적으로 정비한 데서 비롯되었다. 옹진반도는 38선 남쪽이었지만 지리상 남한의 다른 지역과 멀리 떨어져 있어, 때로 수천 명의 남북한 병력과 대포·비행기까지 동원된 대규모 전투가 벌어지기도 했다. 남북은 서로 상대방이 불법 도발했다고 주장했다. 1949년 38선 분쟁은 다분히 '내전'적 성격을 띠었으며, 무력 공격이 언제든 가능하다는 것을 서로에게 확인시킨 한반도의 작은 전쟁이라 불릴만 했다.

2. 전쟁의 군사적 전개과정과 점령지 통치

전쟁의 발발과 전개 양상

김일성은 1950년 3~4월 비밀리에 소련을 방문해 당시 총리였던 이오시프 스탈린과 회담했다. 이때 스탈린은 마침내 북한의 통일 과업 개시, 즉 전쟁 도발에 동의했다. 김일성은 5월에는 중국 베이징을 방문해 국가주석 마오쩌둥을 만났다. 마오쩌둥 역시 전쟁 개시에 찬성했고, 미국이 참전한 경우 중국군을 파병할 수 있다고 언급했다. 스탈린과 마오쩌둥의 동의와 지원 약속을 담보로 김일성은 남침을 결정했다. 미국의 애치슨 선언을 미군이 개입하지 않으리라는 근거로 오판한 것도 남침 결정에 영향을 미쳤다.

북한군은 소련 고문단과 함께 선제타격 작전계획을 작성하고 그에 따라 남침했다. 선제타격 작전계획은 전투명령서, 부대이동 계획, 병참보급 계획, 기만 계획 등을 포함한 공격 계획으로, 3일 내에 서울 부근의 한국군 주력 부대를 포위 섬멸한 후 그 전과를 확대해 남해안까지 진출한다는 3단계 작전계획이었다.

① 북한군의 남진과 미군 참전(1950년 6월 25일 ~ 9월 16일 인천상륙작전)

1950년 6월 25일 북한군의 전면적 기습 남침으로 전쟁이 시작되었고, 38선을 넘은 북한군은 사흘 만에 서울을 점령했다. 이승만정부는 한강교를 폭

북한군 남침기

파하고 남하하여 한강 이남에서 군을 재정비하여 한강방어작전으로 북한군의 남진을 막으려했다.

미국 주도하에 유엔은 북한을 침략자로 규정하고, 북한군에 38선 이북으로 철수할 것을 요구하는 한편 남한에 대한 군사원조를 결정했다. 미국은 김일성의 판단과 달리 전쟁이 발발하자 바로 참전했고, 유엔 결의에 따라 자유우방 15개국도 미국을 따라 유엔군의 이름으로 참전했다. 7월 8일 유엔은 더글라스 맥아더를 유엔군 사령관으로 임명했고, 7월 14일 이승만 대통령이 한국군 작전지휘권을 유엔군 사령관에게 넘김으로써(일명 '대전서한') 한국군은 유엔군 지휘하에 전쟁을 치렀다. 7월 말에서 8월 초까지 북한군은 낙동강 계선까지 남진했으며, 일진일퇴의 격전이 이어졌다. 이 시기 유엔군의 전력이 강화되어 북한군을 압도했다. 유엔군은 해·공군력의 압도적 우위로 제공권과 제해권을 장악하였으며, 특히 공중 폭격으로 북한군에 막대한 피해를 입혔다.

② 유엔군의 북진과 중국군 참전(1950년 9월 중순 ~ 11월 말)

1950년 9월 15일 맥아더의 미 10군단 7만 5천여 명이 인천상륙작전을 감행했다. 인천상륙작전의 성공으로 전세는 역전됐다. 북한군은 전면적 퇴각을 결정했고, 9월 28일 유엔군은 서울을 탈환했다(9.28 수복). 승기를 잡은 유엔군은 북한군을 38선 이북으로 밀어내는 데서 멈추지 않고 38선을 넘어 북진하기 시작했다. 10월 1일 국군이 먼저 38선을 넘었으며, 10월 7일 미군도 38선을 넘어 북진했고, 이날 유엔총회에서는 '통일한국안'을 승인하여 유엔군의 북진을 사후 승인했다. 이로써 전쟁은 새로운 국면에 접어들게 됐다. 이전의 전쟁이 전쟁 전 원상회복을 위한 '봉쇄를 위한 전쟁'이라면, 38선 이북으로의 북진은 북한지역까지 확전이라는 '롤백을 위한 전쟁'의 시작을 의미했다. 북진에 대한 미국 정책결정자들 사이에 논쟁이 있었지만, 9월 초 '조건부 북진론'으로 귀결됐고, 미군의 작전제한선을 전제로 북진을 결정했으며, 유엔 결정으로 이를 정당화했다. 10월 19일 북한의 수도 평양을 점령한 데 이어 미군이 한만 국경까지 북상했다.

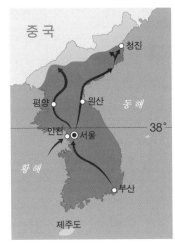

유엔군 반격, 북진기

북한은 유엔군 후방에 제2전선을 조직하고 만주에서 전열을 재정비하는 한편, 중국에 도움을 요청했다. 중국은 유엔군이 38선을 넘은 다음 날 참전을 결정했다. 여기에는 소련이 공군과 전쟁 전쟁물자를 지원한다는 조건이 전제됐다. 이후 소련은 결정적인 순간에 공군 지원을 연기했지만, 중국은 참전 결정을 번복하지 않았다. 소련은 1950년 말에 비밀리에 공군을 보내 지원했다. 소련은 철저한 비밀 개입 원칙을 고수했는데, 이는 제3차 세계대전으로 이어질 수 있는 미국과의 직접 충돌을 피하려는 의도였다.

10월 19일 중국인민지원군이 압록강 도하를 시작했다. 중국은 '항미원조抗美援朝 보가위국保家衛國'을 목표로 참전을 결정했다. 중국군은 확전을 우려하여 북한을 돕기 위해 지원한 군대라는 뜻으로 '인민지원군人民志願軍의 이름으로 참전했다. 또한 '이가 없으면 잇몸이 시리다'는 순망치한脣亡齒寒을 내세워 참전을 결정했는데, 여기에는 미국의 공격을 북한 지역에서 사전에 막아내려는 목적이 자리했다. 미국이 한만 국경을 넘어 만주를 직접 공격할지도 모른다는 우려 때문이었다. 다른 한편 중국 국공내전에서 자신들 편에서 함께 싸워준 조선인들에 대한 보답의 의미도 있었다.

중국군의 참전으로 전쟁은 조·중연합군 대 유엔군의 전쟁으로 바뀌었고, 사실상 미국과 중국의 직접 대결로 변모했다. 중국군 참전의 의미를 과소평가한 맥아더는 38선 이북으로의 북진을 감행했고, 전쟁을 끝내겠다고 호언하며 11월 24일부터 이른바 '크리스마스 공세'를 펼쳤다. 그러나 대규모로 참전한 중국군과의 전투에서 치명적인 타격을 입고 국군과 유엔군은 전면 후퇴하기에 이르렀다. 유엔군은 대규모 흥남철수작전을 감행하여 남으로 후퇴했다. 전세는 또다시 역전됐고, 미국은 유엔을 통해 '정치적 해결'을 모색했다.

③ 유엔군의 후퇴와 전선의 교착(1950년 11월 말 ~ 1951년 6월)

공산군은 북한군 제2전선부대 및 유격대의 협공으로 12월 6일에는 평양을, 곧이어 원산을 점령했다. 공산군은 12월 25일경 38선 이북 대부분 지역을 회복했다. 그리고 12월 31일 또다시 38선을 넘어 남진하기 시작했고, 1951년 1월 4일 서울이 다시 공산군에 점령당했다.(1.4 후퇴) 계속 남진한 공산군은 1월 초 37도선인 평택-삼척선까지 진격했지만 1월 중순 이후 방어로 돌아섰다. 중국에 대한 미국의 직접 공격 가능성과 병참 문제, 전쟁 초기 북한군의 패배 경험에 따른 결정이었다.

중국군 개입, 재반격기

이 시기에 미국 내에서 온건파인 국무부와 강경파인 맥아더 중심의 국방부 사이에 확전 논쟁이 일었다. 중국군 참전 이후 맥아더는 핵무기 사용을 주장했으며, 미국도 이를 심각하게 고려했지만 영국의 강력한 반발로 결국 포기했다. 국무부 입장으로 노선을 정한 미국은 4월 11일 맥아더를 유엔군 사령관직에서 해임하고 전장을 한반도로 제한하는 한편 정전을 모색하기 시작했다. 맥아더 후임으로 유엔군 사령관이 된

릿지웨이는 적극적인 반격작전을 펼쳐 전선을 위로 밀어 올리는 데 성공했으며, 또다시 38도선 부근에 전선이 형성됐다.

④ 휴전협상의 장기화와 소모전(1951년 6월 말 ~ 1953년 7월 27일)

휴전을 모색하는 움직임은 개전 초기부터 유엔에서 나왔지만, 어느 한 편이 일방적으로 유리한 전세에서는 힘을 얻기 어려웠다. 양측이 일진일퇴의 공방전을 펼친 후 38선 부근에서 전선이 교착화된 시점에서 휴전 논의가 본격화되기 시작했다. 어느 쪽도 군사적 승리를 담보하기 어려운 상황에서 전쟁의 정치적 해결, 곧 휴전협상을 모색하게 되었다.

회담이 난항을 거듭하면서 2년여 동안 휴전협상과 군사적 압력이 교대로 이어지면서 전쟁 피해를 증대시켰다. 미국은 협상을 유리하게 이끌고자 군사적 압력을 강화했다. 북한 지역에 대한 공중폭격으로 수풍댐 등 주요 댐과 발전소, 평양 등 주요 도시가 파괴됐다. 공산군 측은 전선에서 인적 자원 소모를 통한 공세로 상대방을 압박하고자 지상 작전을 강화하고 공군력을 증강하는 한편 미국의 세균전, 포로수용소 문제 등을 제기하며 국제적 선전전으로 대응했다. 1952년 7월 시점에 북한은 송환될 포로보다 미군 폭격으로 인한 인적 손실이 더 컸기에 휴전을 원했지만 결정권이 없었다. 스탈린은 미군을 한반도에 묶어둠으로써 동유럽의 안정을 얻고 미국의 군사력을 소모시킬 수 있다는 점에서, 마오쩌둥은 소련의 군사원조를 획득하고 전장에서 이를 시험함으로써 중국군 현대화를 도모하기 위해 휴전에 적극적이지 않았다. 미국은 이 문제를 유엔으로 넘겨 처리하고자 했고, 이 때문에 판문점 회담은 이후 6개월간 중단되었고 이 시기 한반도

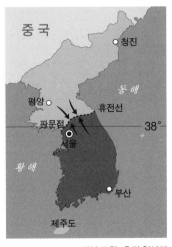

전선 교착, 휴전 협상기

의 군사적 대결은 격화됐다. 양측의 팽팽한 대립은 1953년 종전을 공약으로 내건 아이젠하워 미 대통령의 취임과 전쟁에서 공산 측의 실질적 결정권자였던 스탈린의 갑작스런 사망으로 협상의 타결로 나아가게 됐다.

전쟁 시기 점령정책과 점령지 통치

북한은 남한 점령에 대해 미리 준비하여 단기간에 효율적으로 남한체제를 완벽히 해체하고 북한체제로 재편시키려고 했다. 또한 점령지역 전체에서 공통적이며 통일된 정책을 동시에 집행했다. 북한은 남한 점령지역에서 제일 먼저 '당'을 건설하고, 이어서 국가기관인 인민위원회를 새로 구성했다. 남한 점령지역 각 도와 중요도시에 당원을 파견하고, 각 지역의 당원을 확충했다. 외곽단체로는 민주청년동맹(민청), 여성동맹, 직업동맹, 농민동맹 등을 조직했으며, 소년단, 조국보위후원회 등의 사회단체를 조직했고, 토지개혁을 위해 농촌위원회를 조직했다. 경기도부터 시작하여 1950년 9월 단기간에 토지개혁을 완료하였다. 그러나 전쟁 직전 이승만정부가 이미 농지개혁을 추진했기 때문에 그 효과가 크지 못했고, 이어서 무리하게 시행한 농업현물세제로 농민들의 반발을 초래했다.

대부분의 점령지역에서 반동분자 색출과 처벌, 인민재판, 민족반역자의 재산 압류, 사상교양 등이 시행됐다. 북한은 점령지역에서 처음에는 자발적으로, 이후 점차 강제로 의용군을 동원했으며, 그 숫자는 대략 10만 명 내외로 추산된다. 8월 이후 전세가 불리해지자 북한은 대대적인 인민군 원호사업을 벌였다.

한편 국군과 유엔군이 38선을 넘어 북진했을 때 북한지역에서 남한과 유엔군이 점령정책을 시행했다. 이승만과 한국 정부는 북한지역을 대한민국의 영토로 주장했으며, 그에 대한 통치권을 행사하고자 했다. 그러나 미국은 10월 3일 북한 점령지침을 작성하여 맥아더사령부에 하달했다. 유엔총회에서는 북한지역에 대한 한국 정부의 관할권을 인정하지 않고, 유엔의 감시 아래 한반도 전체 선거를 실시하여 통일 한국정부를 수립한다는 내용의 결의안을 통과시켰다. 그리고 38선 이북의 군정은 맥아더장군이 담당한다는 결의안이 통과됨으로써 북한 통치권을 주장하는 한국정부와 차이를 보였다. 한국 정부도 10월 초 북한 시정방침을 준비했다.

북한 점령정책은 북한 동부의 원산, 함흥 등 함남지역과 서부의 해주 등 황해지역, 평양 등 평남 지역으로 구분하여 실시됐다. 동부지역은 한국군 제1군단이 먼저 10월 1일 38선을 돌파하여 원산, 함흥으로 진출하면서 군정을 실시했다. 서부지역은 미 제1군단이 10월 20일 평양을 점령하면서 황해도와 평남지역에서 군정을 실시했다. 유엔군과 한국군의 민사지침은 대부분 미군 야전교범에 근거했고, 한국정부의 '북한시정방침'과 한국군 제1군단의 '북한시정요강'도 유엔군사령부의 민사지침을 변용한 것이었다. 북한 현지정부 관료는 현지 상황에 따라 임명이나 선거를 통해 뽑았다. 10월부터 12월 초까지 비교적 짧은 기간에 점령정책이 시행되었고, 점령 초기에는 점령 이전 치안 공백 상태의 혼란과 유엔군 민사조직의 미비, 한국군과 청년단체 등의 비행이 혼재되어 혼란한 시기를 겪었다.

전쟁 속의 또 다른 전쟁 : 민간인 학살

전쟁은 전선에서만이 아니라 후방에서도 벌어졌다. 북한지역은 주로 폭격으로 인한 민간인 희생이 많았지만, 남한지역에서 민간인들의 피해는 남과 북의 국가권력과 그 산하 좌우익 조직의 학살로 인한 사례가 많았다. 보통사람들이 겪은 '마을의 작은 전쟁'은 좌우익 간의 이념 갈등의 표출로, 전쟁이라는 특별한 상황에서 더욱 격렬한 충돌과 반복적 학살로 이어졌다.

전쟁 발발 직후 남한에서는 국민보도연맹원을 대대적으로 처형했고, 경남 거창과 충북 영동의 노근리 등지에서는 주민들이 적으로 몰려 죽임을 당했다. 또 전쟁 동원을 명목으로 징집된 100만 명의 국민방위군 가운데 무려 5만 명 이상이 추위와 굶주림, 질병으로 세상을 떠났다.

국민보도연맹사건

국민보도연맹은 1949년 4월 좌익 전향자를 계몽·지도하기 위해 조직된 관변단체이나, 전쟁이 나자 1950년 6월 말부터 9월 경까지 수만 명 이상의 연맹원이 군과 경찰에 의해 학살됐다. 일제의 사상보국연맹이나 대화숙을 모방하여 좌익 관련자들의 사상전향을 목적으로 한 반공활동을 주로 했다. 창설 초기 보도연맹 가입자는 전향자가 대부분이었으나, 조직 확대 과정에서 좌익과 관련 없는 국민들이 다수 가입됐다. 정부는 보도연맹원을 '요시찰 대상자'로 분류하여 별도로 관리했는데, 전쟁이 발발하자 곧바로 이들을 소집·구금했고, 전황이 불리해지자 후퇴하면서 이들을 집단 학살했다. 전쟁이라는 국가위기와 비상사태라는 이유로 적법한 근거와 절차 없이 경찰과 육군본부 정보국 방첩대(CIC), 헌병, 우익단체 등이 임의적으로 벌인 일이었다. 조직 규모에 비추어 희생자는 수만 명에서 20만 명 내외로 추정된다. 정부가 전향을 목적으로 결성한 조직에서 소속 국민을 책임지지 못하고 오히려 살해한 현대사의 가장 큰 비극이었다.

3. 끝나지 않은 전쟁 : 휴전협상과 정전협정 체결

휴전회담 의제와 쟁점

휴전 논의는 개전 초기부터 유엔에서 나왔지만, 어느 한쪽이 일방적으로 유리한 전세에서는 힘을 얻기 어려웠다. 유엔군과 공산군 양측이 일진일퇴의 공방전을 펼치다 38선 부근에서 전선이 교착된 시점에 휴전 논의가 본격화됐다. 1951년 미국과 소련이 막후 협상을 거쳐 휴전 의사를 확인했다. 1951년 6월 소련이 유엔총회에서 휴전을 공식 제의한 후 미국이 이를 수용하는 방식으로 유엔군과 공산군 사이에 휴전회담이 공식 시작됐다. 미국은 군사적으로 완전한 승리가 불가능한 상황에서 휴전을 통해 정치·심리적 승리를 거두고자 했다. 이승만과 한국 정부는 북진통일을 주장하며 휴전을 반대했지만, 결국 미국의 의도대로 휴전회담이 진행됐다. 공산군은 스탈린의 주도로 북한·중국·소련 공산 3국 간에 긴밀한 논의를 거쳐 협상에 임했다.

1951년 7월 10일부터 유엔군과 공산군 측의 휴전회담이 개성에서 시작됐다. 10월에 판문점으로 장소를 옮겨 길고 지루한 회담이 무려 2년 이상 지속됐는데, 회담 과정은 순조롭지 못했다. 회담 시작 전에 양측은 "순수하게 군사적 문제에 국한"하여 회담을 진행하기로 합의했지만, 군사와 정치 문제를 명확히 분리시키기 어려웠다. 회담에서 논의한 의제는 네 개의 항목으로, 군사분계선 및 비무장지대 설정, 정전 및 정전 감시기구와 권한, 전쟁포로 송환, 정치회담 건의 등이었다. 양측은 회담 초기에 최종 합의에 도달할 때까지 군사작전을 계속한다는 원칙에 동의하고 협상을 진행했다. 이에 따라 협상과 군사작전은 긴밀하게 연결되어 회담장에서는 설전舌戰이, 전선에서는 혈전血戰이 치열하게 전개됐다.

핵심 사안인 군사분계선 문제는 1951년 11월 27일 잠정군사분계선 설정에 합의하면서 해결되었다. 그러나 한 달 이내에 나머지 의제가 합의되지 못하면서 회담과 전쟁은 장기전에 돌입했다. 두 번째 의제인 휴전 감시기구와 권한 문제는 군사정전위원회와 중립국 감독위원회 구성, 외부로부터의 병력 및 무기 도입 금지, 군사분계선 이북 도서(서해 5도 제외)에서 철군하는 문제 등이 합의됐다. 정치회담 문제는 양측이 협정 조문이 구속력이 약한 '건의한다' 정도로 비교적 쉽게 합의했다.

이로써 1952년 4월까지 포로문제를 제외한 나머지 의제 쟁점들은 모두 타결됐다. 특히 쉽게 처리될 것으로 보였던 포로 문제가 최대 난제로 부상하면서 휴전협상을 파행으로 이끌었다. 양측이 보유한 포로 숫자의 심각한 불균형, 복잡한 포로 성향 등을 고려해서 미국은 자원송환을 주장했다. 포로에게 본국 송환 여부를 선택하게 하자는 유엔군의 자원송환 원칙을 반대하며 공산군은 포로에 관한 제네바협정에 근거해 모든 포로의 자동 송환(강제 송환)을 주장했다.

유엔군 포로수용소에서 송환을 선택한 포로와 송환을 거부한 포로가 친공과 반공 포로로 구분되면서 포로수용소는 또 다른 전쟁터로 변했다. 포로 간에 유혈 충돌이 벌어졌고, 포로들이 미군 포로수용소장을 인질로 잡고 폭

거제도 포로수용소 사건

거제도 포로수용소에서는 1952년 초부터 공산군 포로들의 폭동사건이 빈번하게 발생했다. 반공포로와 친공포로들이 수용소 내의 주도권 장악을 위해 세력다툼을 벌이는 가운데, 포로들의 송환 여부를 심사하는 포로조사가 진행됐다. 친공포로(송환희망포로)가 장악한 제62동에서 유혈충돌로 미군과 포로들이 다수 사망했으며, 이후에도 수용소 내에서 폭동과 사건이 계속 이어졌다. 1952년 5월 6일 제76포로수용소 포로들이 포로수용소장과의 면담을 요청했고, 이에 응한 포로수용소장 돗드(Francis T. Dodd) 준장이 포로대표와의 면담 중에 포로수용소에 인질로 납치되는 사건이 벌어졌다. 후임 소장이 포로들의 요구조건을 수용하는 조건으로 그를 구출했고, 이후 포로수용소 경비는 더욱 강화되었다.

동을 일으키는 일도 있었다.

미국이 내세운 포로의 자원송환 원칙은 전쟁을 이념전이자 심리전으로 전화시켰다. 공산군은 미국이 세균전을 벌였다는 의혹을 제기하고, 거제도 포로수용소 폭동 등을 부각해 전 세계를 대상으로 대대적인 선전전을 벌여 미국을 당혹케 했다.

전투와 협상의 이중주 : 폭격과 고지전

1952년 8월 이후 중국이 중국군 포로의 전원 송환을 주장하면서 강경한 입장을 고수했고, 이로 인해 휴전회담은 무기한 결렬됐으며 전쟁은 거의 일 년 더 지속됐다. 폭격 피해가 컸던 북한은 즉각 휴전을 원했지만 결정권이 없었다. 포로문제로 휴전이 지연되던 1952년 7월 북한은 송환될 포로 수보다 미군 폭격으로 인한 인적 손실이 더 크다는 점을 확인하자 즉각 휴전을 원했다. 그러나 소련과 중국은 미국의 군사적 압력에 굴복할 수 없다는 입장이었고, 특히 중국은 자국 포로의 전원 송환을 주장하며 강경한 입장을 고수했다.

회담이 난항을 거듭하며 협상과 군사적 압력이 교대하는 동안 전쟁 피해는 더욱 커졌다. 양측이 자신에게 유리한 쪽으로 협상하기 위해 군사적 압력을 강화했기 때문이다. 미국은 북한에 공중 폭격을 가해 수풍댐 등 주요 댐과 발전소, 평양 등 주요 도시를 파괴했다. 실제로 북한은 이 시기에 휴전협상이 시작되기 전보다 더 많은 인명피해와 경제적 손실이 발생했으며, 이는 북한 주민들이 미국에 대해 강한 적대감을 갖는 계기가 됐다. 1952년 중반 협상이 결렬되고 휴전 논의가 유엔으로 옮겨지자 군사적 대결은 더욱 격화됐다. 전선에서는 더 유리한 고지를 차지하려는 고지쟁탈전이 끝없이 이어졌다. 그러다 1953년 한국전쟁을 끝내겠다는 공약을 내건 아이젠하워가 미국 대통령에 취임하고, 전쟁에서 공산군 측의 실질적 결정권자였던 스탈린이 갑자기 사망하면서 휴전협상은 타결 쪽으로 급진전됐다.

정전협정 체결

이승만과 한국 정부는 시종일관 휴전을 반대하고 북진통일을 주장했다. 이승만은 협상장 밖에서 휴전 반대 시위를 대대적으로 벌이며 영향력을 행사하다가, 포로협상 타결이 임박한 1953년 6월 18일 일방적으로 반공포로 '석방'을 단행했다. 사실 석방이라기보다는 포로수용소 경비를 담당했던 한국군 헌병사령부가 육지에 분산 수용됐던 본국 송환 거부 포로(반공포로)를 탈출시

정전협정 체결(국사편찬위원회)
1953년 7월 27일 판문점에서 양측 휴전회담 수석대표인 해리슨 중장과 남일 대장이 서명하는 모습

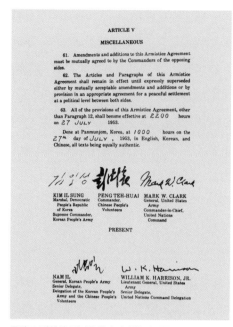

ARTICLE V

MISCELLANEOUS

61. Amendments and additions to this Armistice Agreement must be mutually agreed to by the Commanders of the opposing sides.

62. The Articles and Paragraphs of this Armistice Agreement shall remain in effect until expressly superseded either by mutually acceptable amendments and additions or by provision in an appropriate agreement for a peaceful settlement at a political level between both sides.

63. All of the provisions of this Armistice Agreement, other than Paragraph 12, shall become effective at _2200_ hours on _27 JULY_ 1953.

Done at Panmunjom, Korea, at _1000_ hours on the _27ᵗʰ_ day of _JULY_ , 1953, in English, Korean, and Chinese, all texts being equally authentic.

KIM IL SUNG
Marshal, Democratic
People's Republic
of Korea
Supreme Commander,
Korean People's Army

PENG TEH-HUAI
Commander,
Chinese People's
Volunteers

MARK W. CLARK
General, United States
Army
Commander-in-Chief,
United Nations
Command

PRESENT

NAM IL
General, Korean People's Army
Senior Delegate,
Delegation of the Korean People's
Army and the Chinese People's
Volunteers

WILLIAM K. HARRISON, JR.
Lieutenant General, United States
Army
Senior Delegate,
United Nations Command Delegation

클라크, 김일성, 펑더화이가 서명한 정전협정문
(국사편찬위원회)

킨 것이었다. 반공포로석방으로 인해 약간 지체되었을 뿐, 1953년 7월 27일 정전협정이 체결됨으로써 3년여의 전쟁이 중단됐다. 휴전회담 수석대표들이 판문점에서 정전협정문에 서명했고, 문산과 평양에서 유엔군 사령관 마크 클라크와 북한군 사령관 김일성, 그리고 중국인민지원군 사령관 펑더화이가 서명함으로써 정전협정이 체결됐다.

한국은 미국과의 교섭을 거쳐 휴전을 수용하는 대신 미국과 상호방위조약을 체결해 안보를 보장받았다. 그에 따라 미국으로부터 20개 사단 규모의 군대 증강, 이를 유지할 수 있는 군사·경제 원조를 확보했다. 한편 정전협정에 근거해 한반도 문제를 평화적으로 해결하기 위한 정치회담이 1954년 제네바에서 개최되었지만, 성과를 내지 못한 채 한반도 문제는 또다시 유엔으로 넘겨졌다.

4. 전쟁의 성격 및 결과와 영향

전쟁의 성격

한국전쟁은 남과 북의 내전으로 출발했으나, 유엔군과 중국군의 참전으로 국제전으로 변모했다. 1950년 6월 25일부터 1953년 7월 27일까지 만 37

개월간 유엔 회원국 16개 국가에서 전투부대를 파병했고, 중국과 소련이 참전했다. 휴전회담이 열린 이후 전쟁은 점차 이념전이자 체제 대립, 선전전의 성격을 노골적으로 드러냈다. 한편 전장을 한반도 내로 국한시키고 핵무기 사용을 억제했다는 점에서 제한전이기도 했다.

전쟁은 명백히 북한의 침략으로 시작됐지만, 전쟁의 결정과 개시는 중국과 소련의 영향력 아래 이루어졌다. 북한이 남침 당시 수립한 공격 작전계획은 소련 군사참모들이 수립했고, 개전 시점에서 스탈린은 최종 결정권자이자 전쟁 발발의 최고 책임자였다. 전쟁 과정에서도 남북한의 결정권은 극히 미약했다. 1950년 11월 중국인민지원군의 참전 이후 북한군은 연합사령관 펑더화이[彭德懷]가 지휘하는 조·중연합사령부의 지휘 하에 전쟁을 수행했다. 한국군 역시 대전서한(1950.7.14)으로 이승만 대통령이 유엔군 사령관 맥아더에게 한국군 지휘권을 이관하면서, 직접적으로 미군의 지휘 아래 전쟁을 수행했다. 휴전회담 과정에서도 남과 북의 결정권은 거의 없었다. 공산군 측은 중국 주도 아래 휴전회담의 지휘체계를 수립했고, 그 역시 최종 결정권은 소련의 스탈린이 행사했다. 미국은 휴전회담에서 한국 정부는 물론 유엔 참전국까지 배제하고 워싱턴에서 직접 회담을 주도했다. 회담에서 한국 측은 한국 정부의 대표가 아닌 유엔군 사령관이 임명한 옵저버로 참가했으며, 정전협정의 서명 주체가 되지 못했다.

전쟁의 결과

한국전쟁의 인명피해는 엄청났다. 전쟁으로 인한 사상자는 남북한 합쳐 300만여 명으로 추산된다. 납북 및 월북자 30만여 명, 월남자 45만~100만 명으로 민족 대이산과 가족 해체가 발생했다. 유엔군 사상자는 54만 6천여 명, 중국군 사상자는 97만여 명에 달한다. 국방부와 통계청의 공식 자료에 의하면, 남한 지역에서는 군인 62만 2,000여 명, 경찰 1만 7,400여 명, 민간인 99만 1,000여 명 등 총 162만여 명의 인명피해가 발생했다. 북한지역에서의 인명피해는 정확한 통계수치를 확보할 수 없어 실상을 파악하기 어렵다. 다만 군사정전위원회 자료에 따르면 북한군은 64만여 명의 인명피해가 발생한 것으로 나타나며, 민간인의 경우 1954년 북한 중앙통계국에서 107만 8,000명이라고 밝힌 바 있다. 남북한 모두 민간인의 인명피해가 군인보다 더 많음을 알 수 있다. 북한의 민간인 인명피해는 대부분 미군의 무차별 폭격에 의한 것이었다. 남북한 모두 전쟁으로 국토의 상당 부분이 폐허가 되고 산업시설은 잿더미가 됐으며, 식량은 부족해지고 공업생산량이 축소됐다. 북한은 폭격으로 인해 엄청난 물적 손실을 입었다. 북한의 도로·교통시설·주택·철도·항만 등은 대부분 흔적만 남았고, 거의 모든 도시가 파괴됐다. 전쟁의 물적 피해는 남한 제조업의 경우 1949년 대비 42%, 북한은 1949년 대비 공업 60%, 광업 20%, 농업 78%가 파괴된 것으로 추산된다.

전쟁의 영향

한국전쟁은 세계적으로 냉전체제를 확립하는 결과를 가져왔으며, 남과 북은 물론이고 참전국과 주변국에도 막대한 영향을 미쳤다. 국내에서는 남북 간 적대적 대립구도가 확립되고, 전쟁이 끝난 후 집권 세력의 권력이 더 강화됐다. 북한은 반대파를 숙청해 김일성 유일지도체제를 강화했으며, 군사력을 최우선으로 하는 병영국가로, 전후 복구를 거쳐 본격적인 사회주의 경제체제로 돌입했다. 남한도 이승만의 반공 독재체제가 강화됐다. 한국군은 전쟁 전 10만 규모에서 60만 대군으로 증강되면서 사회 전반에 막강한 영향력을 행사하게 됐다. 또한 전후 미국의 잉여 농산물과 소비재 원조에 의존하는 대외 종속적 성격이 강화되면서 구조적으로 급속히 세계 자본주의체제에 편입됐다.

한국전쟁은 장기 소모전이었기 때문에 전쟁특수를 유발했다. 이 과정에서 미국은 일본 경제의 전후 부흥을 의도적으로 유도했는데, 이는 전후 미국의 대공산 봉쇄전략의 일환이었다. 미국은 동북아지역에 '지역통합전략'을

1950년 11월 전쟁으로 폐허가 된 서울 중앙청 일대의 모습(국사편찬위원회)

적용하면서 일본을 거점으로 삼고, 남한과 동남아지역을 그 배후지로 설정했다. 이를 위해 미국은 일본이 경제적으로 성장하도록 뒷받침했으며, 나아가 한일관계를 빠르게 정상화시키고자 했다. 또한 미국은 동북아지역에서 개별 국가와 군사동맹을 체결하고 이것을 지역적으로 확대하여 집단 방위체제를 형성·강화하는 한편 한미상호방위조약 체결을 통해 한국을 정치·군사적으로 종속시켰다.

공산 진영에서는 소련과 중국 및 북한 사이에 갈등이 나타나기 시작했다. 소련은 한국전쟁에 직접 개입하지 않으면서 자국의 이익을 추구했는데, 이러한 행태로 인해 북한과 중국은 자력갱생 노선을 추구하게 됐으며 이후 중·소 분쟁의 실마리가 됐다. 소련은 바르샤바조약기구 등을 통해 군비 증강을 꾀하는 한편 사회주의 동맹국들의 이탈로 말미암아 서방과의 평화공존을 시도하게 되었다. 중국은 직접 참전했다는 이유로 유엔에서 '침략자'로 규정당해 이후 20년간 국제적으로 고립됐다. 그러나 참전으로 인해 중국은 북한에 대해 더 큰 영향력을 갖게 됐으며, 미국을 상대로 전쟁을 무승부로 마무리했다는 점에서 사회주의 국가들 내에서는 위상이 강화됐다. 또 전시 동원체제를 통해 내부 반발을 누르고 단기간에 사회주의 국가체제를 만드는 데 성공했다.

참|고|문|헌

김동춘, 2000, 『전쟁과 사회』, 돌베개

김보영, 2016, 『전쟁과 휴전 - 휴전회담 기록으로 읽는 한국전쟁』, 한양대학교출판부

김태우, 2013, 『폭격 - 미공군의 공중폭격 기록으로 읽는 한국전쟁』, 창비

박동찬, 2014, 『통계로 본 6·25전쟁』, 국방부 군사편찬연구소

박찬승, 2010, 『마을로 간 한국전쟁』, 돌베개

서중석 외, 2010, 『전장과 사람들』, 선인

서중석 외, 2011, 『전쟁 속의 또 다른 전쟁』, 선인

정병준, 2006, 『38선 충돌과 전쟁의 형성』, 돌베개

정병준 외, 2014, 『한국전쟁기 남·북한의 점령정책과 전쟁의 유산』, 선인

조성훈, 2010, 『한국전쟁과 포로』, 선인

제17장

이승만 정권과 4·19혁명

세계사의 흐름 : 고착되는 냉전질서

1950년대 들어 냉전 질서는 고착화되었다. 일본이 한국전쟁으로 전쟁특수를 누리며 단기간에 경제부흥을 달성했고 서유럽도 마셜 플랜으로 경제적 안정을 찾으며 자본주의 진영은 단결을 공고히 했다. 소련이 핵폭탄과 수소폭탄을 연이어 개발하고 최초의 대륙간탄도미사일Intercontinental Ballistic Missile, ICBM인 R-7을 개발하는 등 군사적 위협이 커지면서 군비경쟁이 본격화되었다. 여기에 중국의 사회주의 혁명과 한국전쟁 등이 더해지면서 공산주의에 대한 경계심은 한층 커졌다. 미국의 매카시즘McCarthyism과 일본의 레드퍼지レッドパージ, Red Purge로 대표되는 반공주의反共主義적 선동이 사회를 지배하게 된 것은 이 때문이었다. 매카시Joseph Raymond McCarthy 상원의원의 근거 없는 주장으로 시작된 매카시즘 때문에 미국에서는 수많은사람이 공산주의자라는 혐의를 받아 직업을 잃거나 사회적으로 배제되었다. 레드퍼지를 통해 연합군 점령하의 일본에서도 공산당 당원이나 공산당에 동조한 이들이 공공기관과 민간기업에서 해고되는 일이 있었다.

1949년 사회주의 혁명에 성공한 중국은 소련과 함께 한국전쟁에 개입하며 자본주의 진영과 충돌했다. 1957년 8월 발사에 성공한 ICBM은 같은 해 10월 발사된 인류 최초의 인공위성 스푸트니크로 이어졌는데, 이를 계기로 미국과 소련의 체제 경쟁은 우주로까지 확장되었다. 이어 소련은 1961년 최초의 유인우주선 보스토크까지 성공시키며 우주과학 분야에서 미국에 우위를 점했고, 이를 바탕으로 자본주의 진영에 대한 선전공세를 강화했다. 1959년에 일어난 쿠바 혁명 역시 양 진영의 경쟁과 긴장을 강화시켰다.

하지만 동시에 냉전 질서는 균열을 보이기도 했다. 미국과 소련 중 어느 한쪽에 일방적으로 의존하지는 않을 것을 선언한 국가들이 등장했다. 인도, 인도네시아, 이집트 등이 주축이 된 이들 국가는 1955년 4월 인도네시아의 반둥에서 개최된 반둥 회의를 계기로 결집했다. 아시아와 아프리카 29개국 대표가 모여 개최한 반둥 회의의 정식 명칭은 '제1차 아시아·아프리카 회의'로, 이 회의에서 참가국들은 영토와 주권의 상호 존중, 인종·국가 간의 평등, 내정 불간섭, 국제 분쟁의 평화적 해결, 상호 이익과 협력의 촉진 등을 골자로 하는 '평화 10원칙'을 발표하였다. 이들은 자본주의 체제를 유지하면서도 민족주의적 주체성을 강조하며 냉전 질서 속에서 새로운 길을 모색했다.

변화의 조짐은 미국과 소련 내부에도 있었다. 소련에서는 스탈린 사후 집권한 흐루쇼프Никита Сергеевич Хрущёв가 '스탈린 격하 운동'을 벌였고 자본주의 진영에 대해서도 보다 유연한 태도를 보였다. 미국 역시 한국전쟁의 종식을 공약으로 내건 아이젠하워Dwight David Eisenhower가 대통령에 당선되면서 군사비와 대외원조 감축을 골자로 하는 '뉴룩New Look' 정책을 표방했다. 1959년부터 1960년까지 일본에서 벌어진 '안보투쟁安保鬪爭' 역시 냉전 질서에 적극 가담하기 위해 기시 노부스케[岸信介] 내각이 추진했던 미일상호방위조약에 대한 일본 시민사회의 저항이었다.

그러나 이러한 변화들이 냉전질서의 고착화라는 대세를 바꾸지는 못했고 한반도 역시 냉전질서로부터 자유롭지 못했다. 자본주의 진영과 공산주의 진영이 열전熱戰, hot war을 벌인 현장이었던 한반도는 1950년대 내내 반공주의의 영향에서 벗어날 수 없었다.

1. 이승만 정권의 장기집권 시도

제헌국회의 출범과 반민특위의 와해

1948년 5월 10일 한국 역사상 최초의 총선거를 통해 제1대 국회인 제헌국회가 탄생했다. 198명의 의원으로 출발한 (제주도의 2개 선거구는 4·3사건 때문에 1949년에 선출) 제헌국회는 전체 의석의 40%가 넘는 85명이 무소속이었는데, 이는 그만큼 제헌국회의 구성이 다양했음을 보여준다. 무소속 의원 중 상당수는 이승만과 한국민주당(한민당) 등에 대해 모두 비판적인 '소장파'로 분류되었다.

〈표 1〉 제헌국회의 정당별 의석수

대한독립촉성 국민회	한국 민주당	대동 청년단	조선민족 청년단	대한독립촉성 농민총연맹	기타 정당	무소속	합계
55	29	12	6	2	11	85	200

제헌국회는 1948년 5월 31일에 소집되었다. 제헌국회는 국호를 '대한민국'으로 정하고 대통령중심제를 채택하였으며 헌법 제정에 착수했다. 7월 17일에 발표된 제헌헌법은 제1조에서 대한민국이 민주공화국임을 천명하고 제2조에서 주권재민主權在民의 원칙을 확인하는 등 대한민국임시정부의 대한민국임시헌법을 사실상 계승하였다. 세부적으로는 국민에게 보장된 자유와 권리, 의무를 규정하고 각 정부기구의 구성과 역할을 명시하였다. 또한 주요 자원과 기간산업의 국유국영國有國營, 노동자의 이익균점권 등을 명시하였는데, 이는 사회민주주의적 요소가 가미된 결과라고 평가되기도 한다. 제헌의회는 이어 7월 20일에 국회의원들의 간접선거를 통해 초대 대통령과 부통령으로 이승만과 이시영을 각각 선출하였다. 초대 정·부통령의 취임식은 7월 24일에 열렸다.

같은 해 9월 22일에는 소장파 의원이 중심이 되어 추진한 반민족행위처

1948년 7월 20일에 치러진 초대 정·부통령선거(미국 국립기록관리청(NARA))

벌법(반민법)이 국회를 통과하여 법률 제3호로 공포되었다. 이 법에 근거하여 10월 23일 출범한 반민족행위특별조사위원회(반민특위)는 식민지기의 제국주의 지배에 협력하거나 독립운동을 억압한 반민족 행위자를 처벌하는 것을 목적으로 하였다. 반민특위는 임시정부 출신으로 위원장을 맡은 김상덕金尚德을 위시한 대부분의 구성원이 3·1운동이나 신간회, 임시정부 등에서 활동한 인물이었다. 반민특위는 1949년 1월 본격적인 활동을 개시하여 박흥식朴興植, 최남선崔南善, 이광수李光洙, 김연수金季洙 등을 구속하였다. 이어 친일경찰 출신의 노덕술盧德述과 최운하崔雲霞 등도 체포하였다.

　반민특위의 활동에 대해 이승만 정권은 불편한 기색을 숨기지 않았다. 이승만 대통령은 반민법 제정 자체에 반대 입장을 표했고, 이승만 정권 역시 반민특위의 활동에 반대하는 시위를 배후에서 지원하는 등 반민특위의 활동에 비협조적이었다. 결국 6월 6일 중부경찰서장이 경찰을 동원해 반민특위 사무실을 습격하는('6·6 반민특위습격테러사건') 등 반민특위의 활동에 대한 정권의 압박이 본격화되었다. 1950년 6월 20일로 규정된 공소시효를 1949년 8월 31

일로 앞당기는 것을 골자로 한 반민법 개정안이 한민당의 주도로 국회를 통과하자 위원장 김상덕을 비롯한 구성원 다수가 사임 의사를 밝히며 반민특위는 사실상 와해 수순에 들어갔다. 이후 1951년 2월 반민족행위재판기구임시조직법이 폐지되면서 그나마 유지 중이던 사건의 공소마저 모두 취소되었고 반민법에 의한 판결 역시 효력을 상실하면서 반민특위 활동은 공식 종료되었다.

이승만 정권이 반민특위 활동을 탄압했던 것은 이승만 정권의 성격과 관련이 있다. 식민지기의 인적 구성을 거의 그대로 계승한 경찰을 주요 권력기관으로 활용했던 이승만 정권으로서는 반민특위의 활동이 거북할 수밖에 없었다. 반공주의 이데올로기를 내세운 이승만 정권은 식민 잔재를 청산해야 한다는 시대적 과제를 부차적인 것으로 치부했다.

반면 반민특위 활동을 주도한 소장파는 농지개혁을 비롯해 식민 잔재의 청산과 평화통일을 주장하는 등 이승만 정권과 대립각을 세웠다. 소장파에 대한 이승만 정권의 경계는 '국회 프락치 사건'으로 비화되었다. 이승만 정권은 1949년 5월부터 8월까지 국회부의장 김약수金若水를 비롯한 10여 명의 의원을 검거하고 기소하였다. 이들이 국제연합 한국위원단에 외국군의 철수와 군사고문단 설치를 반대하는 진언서를 제출한 것이 남조선노동당의 사주를 받은 것이라는 혐의였다. 피고인 대부분은 혐의를 인정하지 않았고 제출된 증거 역시 신빙성이 떨어졌다. 하지만 결과적으로 이 사건은 이승만 정권에 비판적이었던 국회 내 세력을 크게 약화시켰다. 이 외에도 1949년 6월 26일 김구가 암살당하는 등 이승만의 정치적 경쟁자들은 하나씩 제거되면서 이승만 정권이 내세운 반공주의가 득세하게 되었다. 해방 이후의 시대적 과제였던 식민 잔재의 청산은 지연될 수밖에 없었다.

1차 개헌(1952년, 발췌 개헌)

이승만 정권의 위기는 의외로 이르게 찾아왔다. 1950년 5월 치러진 제2대 국회의원 선거에서 이승만 계열의 후보가 대거 낙선하면서 정권에 대한 비판 여론이 강하다는 것이 드러났다. 한국전쟁 초기의 대처도 무능했고 연이어 폭로된 거창 민간인 학살 사건(거창 양민 학살 사건), 국민방위군 사건 등도 정권에 타격을 가했다. 국민방위군 사건을 계기로 사임한 이시영李始榮의 후임으로 이승만 정권에 비판적이었던 김성수金性洙가 1951년 8월 부통령으로 선임된 것 역시 정권의 위기감을 고조시켰다.

이에 이승만은 기존의 간선제 선거방식으로는 대통령 재선이 어렵다고 판단하고 대통령 직선제 개헌과 이를 위한 신당 창당을 추진했다. 이승만은

▶해설

국민방위군 사건

국민방위군은 중국의 참전으로 전세가 불리해진 1950년 12월부터 수만 명을 강제징집하여 편성한 예비병력이다. 정치권을 비롯한 군 고위층이 국민방위군을 위한 예산과 물자를 횡령하거나 뇌물로 사용한 탓에 정작 보급을 받지 못한 수만 명의 병력이 동사(凍死)·아사(餓死)·병사(病死)했다.

1951년 8·15 기념사에서 노동자와 농민을 중심으로 한 신당의 창당을 비롯해 대통령 직선제와 양원제 도입을 위한 개헌 필요성을 주장했다. 신당 창당은 원외와 원내에서 동시에 추진되었고, 이승만 지지세력은 '자유당'이라는 같은 이름을 가진 2개의 당으로 결집했다. 이 중 조선민족청년단(족청)계를 기반으로 하여 원외에서 창당된 자유당을 원외자유당이라고 하고, 원내에서 공화구락부와 신정동지회가 통합하여 만든 자유당을 원내자유당이라고 한다. 원외자유당은 이승만을 당수로 하는 등 이승만에 대한 지지가 확고했으나 원내자유당은 다양한 세력이 참여했기 때문에 이승만의 사당화私黨化에 비판적이고 내각책임제 개헌을 주장하는 등 사안에 따라서는 이승만에 비판적인 입장을 보이기도 했다. 이후 원내자유당에서 이승만에 비판적이었던 세력이 이탈하고 1952년 두 자유당은 통합되었다. 통합된 자유당은 한민당과 대한국민당이 1949년에 통합하여 만든 민주국민당(민국당)과 함께 양당 구도를 형성했다.

한편 1951년 11월 28일 정부는 대통령 직선제와 양원제를 골자로 한 개

해설

조선민족청년단

광복군 출신으로 초대 국무총리와 국방부장관을 지낸 이범석을 중심으로 1946년 10월 9일 조직된 청년단체이다. '국가지상, 민족지상'의 구호를 내걸었다. 반공주의적 우익 단체로 분류된다.

공화구락부

1950년 5·30 선거를 통해 탄생한 제2대 국회에서 무소속의원들이 구성한 '무소속구락부'가 1·4후퇴 후 공화구락부로 개칭하였다. 이들은 중간파에 대해서는 반공주의적 입장에서 비판적이었고 기성 정당에 대해서는 개혁적 입장에서 비판적이었다.

신정동지회

제2대 국회 당시 교섭단체를 등록하면서 민정동지회와 국민구락부가 통합하여 발족한 조직이다. 민정동지회는 대체로 대한국민당과 대한청년단 출신이 주축이었고, 국민구락부는 독립촉성국민회 출신이 주축이었던 것으로 분류된다. (제1대와 제2대 국회에서는 국회의원들의 소속 변경이 잦았기 때문에 각 세력을 정확하게 계보화하기는 어렵다.)

헌안을 제출했다. 하지만 정부의 개헌안은 이듬해 1월 18일 찬성 19, 반대 143, 기권 1이라는 압도적인 차이로 부결되었다. 그리고 3개월 뒤인 4월 17일 원내자유당을 중심으로 한 122명의 국회의원이 국무위원에 대한 국회의 불신임 의결권을 포함한 내각책임제 개헌안을 제출하였다. 그리고 정부 역시 이에 맞서 5월에 정·부통령 직선제와 양원제를 골자로 한 개헌안을 다시 제출하였다. 개헌을 두고 백골단 등의 폭력조직이 동원된 관제시위가 이어지는 가운데 5월 26일 국회의원 50여 명이 탄 통근버스가 헌병대에 강제로 연행되고 국제공산당에 연루되었다는 혐의로 10여 명의 국회의원이 구속되는 '부산정치파동'이 발생했다. 5월 29일 부통령 김성수가 이러한 사태에 항의하며 사임하는 등 혼란은 계속되었다. 이러한 상황에서 야당 측 개헌안의 국무위원 불신임 의결권과 여당 측 개헌안의 직선제 및 양원제를 발췌·절충한 '발췌개헌'이 추진되었다. 이 개헌안은 헌법에 명시된 30일의 공고기간이 만료되기도 전인 7월 4일 경찰과 군대, 폭력조직을 동원한 강압적인 분위기에서 기립표결에 부쳐져 163명의 전원 찬성으로 가결되었다.

이후 1952년 8월 5일 정·부통령 선거가 실시되었다. 이승만은 민의民意에 따라 마지못해 출마하는 모양새를 취했지만 정작 가장 먼저 대선 후보로 등록한 사람은 이승만이었다. 선거 결과 5,238,769표(74.61%)를 획득한 이승만이 당선되었다. 부통령 선거는 무소속 함태영咸台永(2,943,813표, 41.26%)이 자유당의 공천을 받은 이범석李範奭(1,815,692표, 25.45%)을 112만여 표 차이로 누르고 당선되었는데, 이는 이범석이 정치적 경쟁자로 부상하는 것을 경계한 이승만의 의중이 작용한 결과였다. 결국 이범석과 그를 따르는 족청계는 1953년에 자유당에서 완전히 제거되었다. 한편 대통령 선거에서는 조봉암曺奉岩도 존재감을 과시했다. 제헌국회의원과 초대 농림부장관을 지낸 조봉암은 무소속으로 대통령 선거에 출마하여, 근소한 차이로 이시영을 따돌리며 2위를 차지했다.

2차 개헌(1954, 사사오입 개헌)

발췌 개헌 이후에도 대통령은 한 차례만 중임重任이 가능했기 때문에 이승만은 1956년으로 예정된 대통령 선거에 출마할 수 없었다. 장기집권을 노린 자유당은 다시 개헌을 추진하고자 했지만 1954년 민의원 선거에서 개헌 정족수인 136석을 확보하는 데는 실패했다. 자유당은 초대 대통령에 한하여 중임제한을 두지 않는 것을 골자로 한 개헌안을 제출하고 1954년 11월 27일 표결을 진행하였다. 개헌안이 통과되기 위해서는 재적의원 203명의 2/3인 135.33을 넘는 찬성표가 나와야 했지만 찬성표는 135표에 그쳐 개헌안은 부결된 것으로 발표되었다. 그러나 자유당은 '사람은 소수점 이하로 나눠질 수 없으므로 개헌정족수는 135.33를 사사오입四捨五入하여 135로 보아야 하고, 따라서 찬성표 135표로 개헌은 가결된 것으로 보아야 한다'는 요지의 주장을 내세우면서 기존의 발표를 뒤엎고 11월 29일 개헌안 가결을 선포하였다.

'사사오입 개헌'으로도 불리는 2차 개헌을 통해 이승만 정권은 장기집권의 기반을 마련했다. 하지만 정권을 연장하려는 시도가 무리하게 이어지면서 저항도 함께 커졌다. 2차 개헌 이후 자유당 소장파 의원 12명이 탈당했고, 이승만 정권에 맞서기 위해 민국당을 비롯한 야권이 단합하여 원내교섭단체인 호헌동지회를 구성했다.

하지만 호헌동지회는 조봉암의 영입 여부를 둘러싸고 분열했다. 조봉암은 1952년 대선에서 2위를 차지하는 등 이승만에 맞설 수 있는 유력한 정치인으로 부상한 상태였다. 조봉암의 사회주의 이력을 들어 그의 입당을 반대한 윤보선尹潽善, 장면張勉, 조병옥趙炳玉 등은 민주당을 창당했다. 민주당에 합류하지 않은 조봉암, 서상일徐相日, 장건상張建相 등은 진보당추진위원회를 구성했다. 진보당추진위는 민족자본 육성과 평화통일론을 주장하는 등 진보적인 색채가 강했다.

이러한 상황에서 치러진 1956년 정·부통령 선거는 자유당의 이승만과 이기붕李起鵬, 민주당의 신익희申翼熙와 장면, 진보당추진위의 조봉암과 박기출朴己出

농림부장관 재직 당시 국무회의에서 발언하는 조봉암
(미국 국립기록관리청(NARA))

(1909~1977)의 3파전 양상으로 진행되었다. 각계에서 야당 후보를 단일화하라는 여론이 강해지자 진보당추진위의 박기출이 사퇴하여 부통령 후보는 자연스럽게 민주당의 장면으로 단일화되었고, 결국 장면이 당선되었다. 그런데 대통령 선거의 경우 선거 직전 민주당 후보 신익희가 사망하자 민주당은 후보 단일화가 아닌 신익희에 대한 추모표를 호소하였다. 신익희에 기표한 표는 모두 무효로 분류되었고, 그 결과 185만 표가 넘는 무효표가 발생했다. 결과적으로 5,046,437표(69.98%)를 얻은 이승만이 2,163,808표(30.01%)를 얻은 조봉암을 누르고 대통령에 당선되었다.

선거에서는 패했지만 조봉암과 진보당추진위원회는 대중적 지지를 확인하고 여세를 몰아 1956년 11월 진보당을 창당했다. 그러나 1958년 1월 간첩 혐의로 조봉암을 비롯한 진보당 관계자들이 대거 체포되었다. 조봉암이 북한과 내통하여 공작금을 받았으며 그가 주장한 통일론이 유엔의 결의를 위반하고 사회주의 체제를 지향한다는 혐의였다. 혐의는 불확실했고 장택상張澤相, 윤치영尹致暎 등이 구명운동을 펼쳤으나 결국 조봉암은 사형을 선도받았고 1959년 7월 31일 사형이 집행되었다. (2011년 1월 20일 대법원은 재심을 통해 원심판결과 제1심판결 중 유죄 부분을 파기하는 등 조봉암에게 적용된 혐의 대부분에 대하여 무죄를 선고했다.)

2. 이승만 정권기의 경제

미국의 대한원조

미국 대한對韓원조의 책임기관이었던 ECA(Economic Cooperation Admini-stration, 경제협조처)가 내세운 대한원조의 목표는 '구호relief'가 아닌 '재건 rehabilitation'이었다. ECA는 본디 마셜 플랜을 위해 창설된 기구였기 때문에 ECA의 대한원조계획 역시 유럽과 비슷하게 자본재 투자의 비중이 높고 전력, 철도, 통신 등 사회간접자본의 비율이 두드러졌으며 시멘트공장과 비료공장의 건설이나 석탄과 전력의 증산계획 등이 강조되었다. 그러나 미국의 대한원조계획은 한국 경제의 질적 도약을 목표로 했다기보다는 사회적 안정과 농업생산력의 증대를 꾀하는 차원에서 제한적으로 추진된 것이었다. 표면적으로 '부흥'과 '자립', '재건' 등의 가치가 강조되었던 것은 공산진영과 직접 경계를 마주하고 있는 한국의 사회적 안정이 북한과 중국의 공산화 이후 아시아의 비공산 국가에게 미칠 수 있는 정치적·이데올로기적 효과를 염두에 두었기 때문이다.

미국의 대한원조계획이 당장의 사회 안정을 우선시할 수밖에 없었던 것은 인플레이션이 중요한 원인이었다. 해방 직후의 인플레이션은 미국의 적극적인 재정지원이 없는 상황에서 미군정이 재정부족에 대응하기 위해 통화량을 늘리면서 유발된 것이었다. 이런 상황에서는 적극적인 자립의 기반을 마련하기 위한 대규모 자본투자를 기대하기 어려웠다. 정부 수립 과정에서 발

▶해설

마셜 플랜(Marshall Plan)

2차대전 이후 1947년부터 1951년까지 미국이 서유럽 16개국을 대상으로 시행한 원조계획으로, 정식 명칭은 유럽부흥계획(European Recovery Program, ERP)이다. 이 계획을 제안한 미국의 국무장관 마셜(George Catlett Marshall)의 이름을 따 '마셜 플랜'이라고 한다. 자본주의 체제가 전후(戰後)의 혼란을 비교적 이르게 극복할 수 있게 했다고 평가받는다.

생한 제주 4·3과 여순사건 진압 등을 위해 국방비와 치안유지비 지출이 증가한 것 역시 인플레이션을 가속화시켰다. 인플레이션은 심각한 물가 상승으로 이어지면서 결과적으로는 한국 사회의 불안을 가중시키는 요인이 되었다. 이에 대응하기 위해 1950년 3월 4일에 발표된 경제안정15원칙은 정부의 재정지출과 통화량 증가를 억제하여 한국경제를 안정시키는 것을 목적으로 하였다. 그 결과 1950년 상반기부터 인플레이션이 차츰 진정되기 시작하였다.

〈표 2〉 1940년대 후반 주요 경제지표

	물가 지수	통화발행고 지수
1945년 6월	2.5	52.6
1945년 8월	100.0	100.0
1946년 1월	116.5	111.5
1947년 3월	527.1	215.3
1948년 6월	957.1	376.0
1948년 9월	1059.4	387.4
1949년 6월	1185.9	494.7
1949년 9월	1527.1	597.0
1949년 12월	1705.3	893.6

* 1945년 8월을 100으로 했을 때의 수치.
출처: 김동욱, 「1940~1950년대 한국의 인플레이션과 안정화정책」, 연세대학교 박사학위논문, 1995, 52쪽.

〈표 3〉 1947~1960년 서울 도매물가지수

	1947	1948	1949	1950	1951	1952	1953	1954	1955	1956	1957	1958	1959	1960
지수	100	163	223	348	2,194	4,751	5,951	7,629	13,816	18,623	22,070	20,619	22,077	25,547
상승률		63.0	36.8	56.1	530.5	116.5	25.3	28.2	81.1	34.8	18.5	-6.6	7.1	15.7

* 1947년을 100으로 했을 때의 수치. 출처: 국가통계포털(https://kosis.kr/)

하지만 곧이어 발발한 한국전쟁으로 통화량은 다시 증가하였다. 전쟁을 수행하기 위해 정부 지출이 크게 증가했기 때문이다. 통화량 증가는 물가의 폭등으로 이어져 서민의 고통은 가중되었고 경제 개발을 위한 대규모 자본 투자도 기대하기 어려웠다. 이 때문에 한국은 1950년대 내내 궁핍 상태를 벗어나지 못했다. 특히 농촌의 상황이 심각해서 '절량농가絶糧農家'로 불린 식량 부족 가구가 1950년대 중반에는 전체 농민의 절반가량에 달했다. 농민의 생활이 어려웠던 것은 한국전쟁 중에 현물로 부과된 임시토지수득세 때문이었다. 임시토지수득세는 1951년 9월 25일 법률 제220호로 제정된 임시토지수득세법에 의한 것으로, 1951~1953년도 조세수입의 38.1%, 29.0%, 26.0%를 각각 차지할 정도로 비중이 컸다. 인플레이션 상황에서 현물로 세금을 납부하라는 것은 인플레이션의 부담을 농민에게 일방적으로 전가시키는 것과 다름없었다. 미 공법 480호(PL 480)에 따라 대거 도입된 미국의 잉여농산물 역시 농산물 가격의 폭락을 부채질하여 농촌의 삶을 곤궁하게 했다.

1956년부터 1961년까지 미국의 원조가 한국 정부의 재정에서 차지하는 비중은 전체의 50% 가량이었다. 미국의 원조물자는 현물로 도입된 후 시장에서 현금으로 전환되었는데 이렇게 마련된 자금을 '대충자금對充資金, counterpart fund'이라고 한다. 1948년에 체결된 한미경제원조협정에 따르면 대충자금은 미국의 동의 없이 사용될 수 없었다. 따라서 당시 정부 재정 지출의 상당부분이 미국의 영향력 아래 있는 셈이었다.

미국의 대한원조정책은 한국 사회의 안정을 중시했기에 원조물자는 주로 소비재 위주로 도입되었고, 이는 또다시 한국 사회의 자립기반을 마련하는 데 방해요인으로 작용했다. 한편 한국의 산업은 미국의 원조에 따라 도입된 소비재를 중심으로 성장했는데 면, 밀가루, 설탕 등 '삼백산업三百産業'이 1950년대 초중반까지 한국 경제를 주도했다. 원조물자를 배정받은 자본은 단시간에 큰 이익을 챙길 수 있었기 때문에 이 과정에서 정치권과 산업계가 결탁하는 정경유착의 구조가 만들어졌다. 정경유착은 귀속기업체의 불하, 은

행의 융자 등을 매개로도 이뤄졌다.

　미국의 무상원조는 1950년대 중후반 들어 변화했다. 2차 세계대전 이후 계속된 원조로 미국의 적자폭이 커졌기 때문이다. 이에 따라 미국의 무상원조는 꾸준히 감소하여 1957년 3억 8,290만 달러였던 것이 1958년에 3억 2,120만 달러, 1959년에 2억 2,220만 달러로 줄어들었다. 무상원조를 대체한 것은 유상차관이었다. 유상차관은 갚아야만 하는 빚이었기 때문에 과거와 달리 산업 전반에서 경영의 효율을 중시하게 되었다. 방만하게 운영되었던 국영기업의 경영을 개선하자는 논의가 제기되기 시작했고 대학에서는 경영학이 본격적으로 도입되었다. 원조경제 하에서 성장했던 소비재공업의 비중이 줄어들고 생산재공업의 비중도 상승하기 시작했다. 전후 복구가 대략 마무리되는 1950년대 중반에는 화력발전소가 건설되어 전력생산량이 전쟁 전의 수준을 회복하였다. 합동경제위원회가 실시한 재정안정계획에 따라 한국전쟁 이후 심화되었던 인플레이션도 점차 안정세로 접어들면서 경제개발과 자본투자를 위한 여건도 조성되었다.

　본격적인 경제개발계획의 수립과 실행을 위해 산업개발위원회가 1958년 부흥부에 설치되었다. 산업개발위원회는 1960년을 제1차 연도로 하는 경제개발3개년계획을 작성하여 1959년 봄에 국무회의에 제출했다. 하지만 이승만 정권은 정권의 연장에만 몰두한 나머지 경제개발계획에는 크게 주의를 기울이지 않았다. 이 때문에 경제개발계획안은 1960년 4월 15일에야 국무회의를 통과할 수 있었다. 그 직후 4·19혁명이 일어나면서 부흥부 등사실에서 인쇄 중이었던 경제개발3개년계획안은 그대로 폐기되었다.

3. 4·19혁명과 민주당 정권

4·19혁명의 배경과 전개

이승만 정권은 1960년으로 예정된 정·부통령 선거에 비상한 관심을 기울였다. 1956년의 정·부통령 선거에서 이승만이 대통령에 당선되기는 했지만 조봉암과 신익희가 약진했고, 부통령에 민주당의 장면이 당선되는 등 자유당에 대한 반감이 확연히 드러났기 때문이다. 이에 이승만 정권은 1959년 3월 이승만의 측근인 최인규를 내무부장관에 임명하였고, 자유당 역시 1959년 6월에 전당대회를 열어 정·부통령 후보를 지명하는 등 정부와 여당은 일찌감치 선거 준비에 돌입했다. 반면 야권은 11월에 들어서야 후보를 지명할 수 있었다. 이에 이승만 정권은 농번기를 피한다는 명목으로 당초 5월로 예정되었던 선거를 3월 15일로 앞당겼다. 대통령 선거의 유일한 야당 후보였던 조병옥이 신병 치료차 미국으로 갔다가 선거 직전인 2월 15일 사망하면서 가뜩이나 선거를 준비할 시간이 부족했던 야당은 새로운 후보를 내지도 못했고, 이에 따라 단독 후보가 된 이승만의 대통령 당선이 거의 확실시되었다.

이렇게 되자 부통령 선거가 전체선거의 핵심이 되었다. 부통령은 실질적인 권한이 크지 않았지만 이승만 대통령이 85세의 고령인 것이 문제였다. 당시 헌법상으로는 대통령 유고시 부통령이 대통령직을 승계하도록 되어 있었기에 부통령까지 여당 후보가 당선되어야 한다고 판단한 자유당은 선거에서 무리하게 부정행위를 자행했다. 선거운동 중에 금품 살포와 협박이 공공연히 이뤄졌고, 투표 및 개표 과정에서는 4할 사전 투표, 3인조·5인조 공개투표, '완장부대' 투입, 유권자 명부 조작, 야당 참관인 축출, 투표함 바꿔치기, 개표조작 등의 부정이 행해졌다. 민주당은 이러한 부정행위를 폭로하고 선거를 보이콧할 것을 호소했지만 선거는 예정대로 진행되었다.

1960년 3월 15일 치러진 선거는 자유당의 압승으로 발표되었다. 부통령 선거에서는 자유당의 이기붕이 8,337,059표(79.19%)를 얻어 1,843,758표

(17.51%)를 얻은 민주당의 장면을 여유있게 따돌린 것으로 집계되었다. 하지만 이러한 선거 결과는 사람들의 의심을 사기에 충분했다. 1956년 선거 당시 이기붕은 서울에서 불과 95,454표(16.3%)를 얻는데 그쳤지만 1960년에는 무려 509,693표(55.3%)를 득표한 것으로 집계되었기 때문이다. (장면은 1956년과 1960년에 각각 451,037표와 378,399표) 심지어 일부 지역에서는 이기붕의 득표율을 일부러 줄여서 발표하는 촌극이 벌어지기도 했다.

노골적인 부정선거는 대대적인 저항을 불러일으켰다. 선거가 있기도 전인 1960년 2월 28일 대구의 경북고, 대구고, 경북사대부고 등의 학생들이 "학원을 정치도구화하지 마라" 등의 구호를 외치며 시위에 나섰다. 야당의 유세에 참석하지 못하도록 일요일에 강제로 등교를 시킨 것에 대한 분노의 표현이었다. 선거 당일인 3월 15일에는 마산에서 민주당 당직자와 마산시민이 부정선거에 항의하는 시위를 벌였다. 이때 경찰이 시위대를 향해 발포하여 8명의 사망자와 80여명의 부상자가 발생했다. 유혈 진압의 책임을 지고 3월 22일 내무부장관 최인규가 해임되었지만 이 날 이후에도 전국 각지에서 시위가 잇달았다.

그러던 중 4월 11일 아침, 3월 15일 시위 당시 행방불명되었던 김주열의 시신이 마산 앞바다에서 떠올랐다. 최루탄이 눈에 박혀 사망한 참혹한 모습에 마산시민의 분노가 폭발했다. 4월 11일에만 약 2만 명의 시민이 시위를 벌였고, 12일과 13일에도 시위가 이어졌다. 계속되는 시위에 이승만은 4월 13일 "이 난동의 뒤에는 공산당이 있다는 혐의가 있어서 지금 조사 중"이라는 담화를 발표하는 등 색깔론으로 대응했다.

시위는 전국으로 확산되었다. 4월 18일 서울에서는 처음으로 고려대학교 학생들이 시위를 벌였다. 당시 태평로에 있던 국회의사당 앞에서 시위를 마친 후 학교로 돌아오던 학생들은 청계천4가 부근에서 정치깡패의 습격을 받았는데, 이 모습이 다음날 조간신문에 실리며 시민의 분노에 기름을 끼얹었다. 4월 19일 서울대학교를 비롯한 대부분의 대학교와 고등학교 학생들이 시위를 벌였다. 이승만 정권은 전국에 계엄령을 선포하고 시위를 유혈진압하여 전국 곳곳에서 희생자가 속출했다. 4월 25일 대학교수들까지 모여 시국선언 문을 채택하고 "학생의 피에 보답하라"는 현수막을 들고 시위에 나섰다. 당초 부정선거 규탄 정도에 머물렀던 구호도 대통령 하야를 요구하는 수준으로까 지 격화되었다. 4월 26일 아침에는 이기붕의 집이 파괴되기도 했다.

시위가 계속 격화되자 이승만 정권도 균열하기 시작했다. 4월 21일 국무 위원이 일괄 사표를 제출했고, 4월 23일 부통령 장면이 사임 의사를 밝혔다. 4월 26일 파고다공원의 이승만 동상이 시위대의 손에 끌어내려진 직후인 오 전 10시 20분경 이승만은 결국 "국민이 원한다면 물러나겠다"고 발표했고, 같은 날 오후 2시 국회가 이승만 대통령의 즉시 하야와 정·부통령 선거의 재 실시, 내각책임제 개헌 등을 만장일치로 결의하였다. 다음날 국회에 제출된 이승만의 대통령 사임서가 수리되면서 이승만 정권은 붕괴했다. 이승만은 쫓 기듯 하와이로 떠났다.

이승만 정권이 붕괴한 후 수석국무위원인 외무부장관 허정許政이 대통령 권한대행을 맡았다. 하지만 과도정부의 수반이 된 허정 역시 이승만 정권의 일원이었기 때문에 4·19혁명에서 제기된 요구를 실현하는 것과는 거리가 멀 었고 부정선거 관련자나 부정축재자의 처벌 등에 대해 적극적이지 않았다. 다만 1960년 6월 15일에 통과된 개헌안은 정당 조항을 신설하여 정당이 법 률적으로 보호받을 수 있게 했고, 헌법재판소를 상설화했으며, 언론·출판·집 회·결사의 사전 허가 등을 철폐하는 등 다소 진전된 측면이 있었다. 특히 이 개헌을 통해 내각책임제가 실시되었는데, 대통령의 권한을 줄이는 대신 국무 총리의 권한을 강화하여 국무총리가 행정수반이 되도록 했다. 입법부는 민의 원과 참의원의 양원제로 하였다.

내각책임제 개헌에 따른 선거는 1960년 7월 29일 실시되었다. 선거 결과 민주당이 민의원 233석 중 175석, 참의원 58석 중 31석을 획득해 압승을 거 뒀다. 민의원에서 선출하는 국무총리는 장면이, 민의원과 참의원의 합동의회에서 선출하는 대통령에는 윤보선이 당선되었다. 이로서 1960년 8월 23일 장면 내각이 출범했고, 이어 같은 해 12월에는 지방자치선거가 치러졌다.

4·19혁명의 역사적 의의

4·19혁명은 학생이 중심에 선 운동이라는 점에서 교육기회의 확대와 밀접한 관련이 있다. 제헌헌법이 제16조에서 초등교육을 무상·의무로 할 것을 천명하고 1949년 제정된 교육법이 제8조에서 모든 국민이 6년의 초등교육을 받을 권리가 있다고 명시하여 1950년대에는 의무교육이 법제화되었다. 여기에 한국인 특유의 교육열이 결합하면서 한국의 취학률은 한국전쟁에도 불구하고 1950년대 말에 거의 100%에 달했다. 의무교육의 확대는 민주정치의 이념과 원리를 학습하는 과정이기도 했다. 이는 해방을 전후하여 태어난 거의 전 인구가 의무교육을 통해 민주주의의 기본 원리를 습득했음을 의미한다. 따라서 이들 세대로서는 이승만 정권의 무리하고 반민주주의적인 정권 연장 시도를 용인하기 어려웠다.

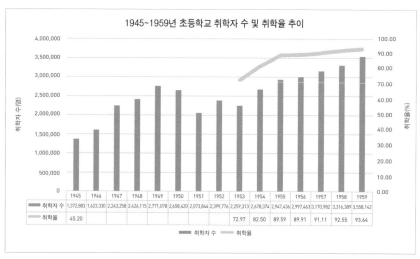

출처: 문교부, 『문교40년사』, 1988, 153쪽; 박환보, 「해방 이후 학교교육 팽창의 규모와 특징」, 『대한민국 교육 70년』, 147~209쪽.

4·19혁명은 사회 각 분야에서 억눌렸던 요구들이 분출하는 계기가 되기도 했다. 한국전쟁 이후 금기시되었던 통일 논의가 재개되었고, 한국전쟁기의 민간인 학살, 3·15부정선거에 대한 청산 요구 등이 일어났다. 민간인 학살 문제와 관련해서는 1960년 6월 15일 경북지구피학살자유족회를 시작으로 전국 각지에서 유족회가 조직되어 1960년 5월에는 4·3사건진상규명동지회가 발족하였다. 보도연맹 사건에 대해서도 국회에서 양민학살사건진상조사특별위원회가 설치되는 등 진상 규명과 책임자 처벌, 피해자 보상을 위한 논의가 시작되었다.

"가자 북으로, 오라 남으로"라는 구호로 상징되는 통일 논의 역시 본격화되었다. 평화통일론을 주장했던 조봉암이 용공 혐의로 사형당하는 등 이승만 정권하에서 통일 논의는 금기시되었지만 이승만 정권이 붕괴하자 억눌렸던 통일 논의가 폭발적으로 터져나왔다. 1960년 11월 서울대학교에서 민족통일연맹이 발기모임을 갖고 통일에 대한 논의를 촉구한 데 이어 1961년 2월에는 혁신계 정당과 사회단체가 참여한 민족자주통일협의회가 결성되어 통일운동의 주도단체를 자임했다.

하지만 이러한 논의들에 대해 민주당 정권은 소극적이거나 억압적인 태도를 견지했다. 중립화 통일안에 대해서는 국가보안법의 보강을 시사하고 민간인 학살 관련 유족회의 요구에 대해서는 침묵으로 일관하는 식이었다. 부정선거 관련자와 부정축재자 처벌에도 소극적이어서 10월 8일 서울지방법원은 부정선거 혐의로 사형이 구형된 9명 중 1명에게만 사형을 선고하고 나머지에게는 가벼운 형을 선고하는 데 그쳤다. 법원의 판결에 대한 반발 여론이 일어나자 정부는 「부정선거관련자처벌법안」과 「반민주행위자공민권제한법안」을 통과시켰지만 특별검찰부의 활동은 1961년 1월 중순에야 시작될 수 있었고, 250여 건의 입건 사례 중 180여 건이 기소중지되는 등 민주당 정권의 태도는 여전히 미온적이었다. 그나마도 1961년 5월 군사쿠데타가 발발하면서 이 중 대부분이 미결 처리되었다.

이처럼 민주당 정권은 4·19혁명을 계기로 분출한 각종 요구에 대해 소극적이고 미온적인 태도로 일관했다. 민주당은 4·19혁명의 직접적인 주도세력이 아니었고, 정작 4·19혁명을 주도한 학생과 노동자층은 정치적으로 지속성을 가지기 힘들었다. 민주당은 이승만 정권과 대립하기는 했지만 반공주의 등에 대한 입장은 크게 다르지 않았기에 통일 논의와 민간인 학살 등에 대한 시민사회의 요구를 그대로 떠안지 못했다. 4·19혁명으로 제기된 사회적 요구들에 민주당 정권이 제대로 부응하지 못했고 얼마 지나지 않아 5·16군사쿠데타로 군부가 정권을 획득했다는 점에서 4·19혁명은 '미완의 혁명'이라고 불리기도 한다. 사회체제를 근본적으로 변화시키지 못하고 단지 집권세력의 변동만 있었기 때문에 '혁명' 대신 '의거'나 '항쟁'이라는 표현이 더 적절하다는 평가도 있다. 하지만 4·19혁명은 시민의 힘으로 정권을 무너뜨린 최초의 경험이라는 점에서 한국 민주주의의 역사에서 중요한 위치를 차지한다. 이는 헌법에도 반영되어 1963년부터 헌법 전문에 '4·19'가 명시되었다. 이는 민주주의적 질서에 대한 기본적인 합의가 한국 민주주의의 기본 정신임을 공식적으로 확인한 것이라 할 수 있다. (이후 '4·19'는 1980년의 개헌으로 헌법 전문에서 삭제되었다가 1987년 개헌으로 다시 포함되었다.)

참고문헌

김성보 외, 2016, 『한국현대 생활문화사 : 1950년대』, 창비

박태균, 2014, 『우방과 제국, 한미관계의 두 신화』, 창비

서중석, 2020, 『사진과 그림으로 보는 한국현대사』, 웅진지식하우스

이대근, 2002, 『해방후·1950년대의 경제 : 공업화의 사적 배경 연구』, 삼성경제연구소

이현진, 2009, 『미국의 대한경제원조정책 1948-1960』, 혜안

정용욱 외, 2022, 『한국 현대사 연구의 쟁점』, 한국학중앙연구원출판부

제18장

박정희 정권기의 경제성장과 저항운동

세계사의 흐름 : 냉전의 균열, 저항의 씨앗

1950년대를 거치며 공고해진 냉전 질서는 1960~1970년대에도 여전히 유지되었다. 자본주의 진영과 공산주의 진영의 갈등은 1962년 쿠바 미사일 위기로 최고조에 달했다. 1959년 사회주의 체제가 들어선 쿠바는 1962년 9월 무기원조협정을 통해 소련의 미사일을 도입하였다. 같은 해 10월 쿠바에 중거리탄도미사일 발사대가 건설 중인 것을 확인한 미국의 케네디John Fitzgerald Kennedy 대통령은 소련에게 무기를 즉시 철수할 것을 요구하고 쿠바에 대해서는 해상봉쇄조치를 단행했다. 미소 간의 긴장은 전쟁 직전까지 치달았지만 결국 핵무기를 실은 소련 선박이 철수하고 흐루쇼프가 미사일 제거 방침을 발표하는 것으로 최악의 상황은 면할 수 있었다.

자본주의 진영과 공산주의 진영은 베트남에서 다시 충돌했다. 당초 남·북 베트남 사이의 내전이었던 베트남전쟁은 1964년 통킹만 사건을 구실로 미국이 개입하면서 국제전으로 확대되었다. 세계 최강의 군사력을 가진 미국은 수십만에 이르는 병력을 투입했지만 밀림을 근거지로 삼은 북베트남군의 게릴라 전술에 고전을 면치 못했다. 전쟁이 장기화되고 사상자가 늘어나자 미국 내에서 반전 여론이 일어나기 시작했고 대학을 중심으로 반전反戰 시위가 확산되었다. 결국 미국 대통령 닉슨Richard Milhous Nixon은 1969년 외국에 대

통킹만 사건(Gulf of Tonkin Incident)

1964년 8월 2일 북베트남 해군 소속 어뢰정 3척이 미 해군 구축함 USS 매독스를 공격한 사건이다. 이 사건을 계기로 미국은 베트남전에 개입하였다. 미국이 베트남전에 개입하기 위해 고의로 조작한 사건이라는 의혹이 있다.

한 미국의 군사적 개입을 줄이겠다는 '닉스 독트린Nixon Doctrine'을 발표했고, 이어 1973년에는 베트남에서 미군을 완전 철수시켰다.

닉스 대통령은 이 외에도 1972년 중국과 소련을 연달아 방문하는 등 공산주의 진영과의 관계 개선에 힘썼고, 이에 힘입어 이른바 '데탕트détente(화해)'의 시대가 열렸다. 이러한 분위기는 후임 포드Gerald Rudolph Ford Jr. 대통령과 카터James Earl Carter Jr. 대통령의 시기를 거쳐 1979년 말 소련이 아프가니스탄에 군사적으로 개입하기 전까지 지속되었다. '인권 외교'를 내세운 카터 대통령은 한국의 권위주의적 체제에 비판적 입장을 취하면서 박정희 정권과 갈등을 빚기도 했다.

미국의 반전 운동은 '68혁명'으로 불리는 세계적 저항운동의 일부이기도 했다. 베트남전 반대를 계기로 촉발된 이들 운동은 반전을 넘어 다양한 이슈로 확산되었는데, 미국에서는 흑인민권투쟁과, 프랑스에서는 권위주의적인 드골 정권에 대한 저항과, 서독에서는 나치 잔재 청산 문제와 결합했다. 대학생을 중심으로 전개된 68혁명은 반공주의와 공산주의 모두에 저항하며 기성 체제 전반에 대해 비판적인 입장을 취했다. 이들 중 일부는 아시아와 아프리카, 중남미에서 조성된 일련의 혁명적 상황에서 정치적 대안을 모색하기도 했고, 정치체제를 바꾸는 것을 넘어 삶의 양식과 가치체계 전반을 재구성해야 한다는 움직임으로 이어지기도 했다. 히피 문화와 록 음악 등 당대 젊은이들이 향유했던 대중문화는 68혁명의 이러한 흐름과 무관하지 않다.

한편 1974년과 1979년에는 두 차례의 석유파동(오일쇼크 혹은 에너지 위기)이 발생하기도 했다. 1974년의 제1차 석유파동은 1973년 이집트·시리아와 이스라엘 간에 발생한 제4차 중동전쟁(라마단 전쟁 혹은 욤 키푸르 전쟁)의 여파로 석유수출국기구Organization of Petroleum Exporting Countries, OPEC가 일방적으로 석유 수출 가격을 인상하면서 촉발되었다. 1979년의 제2차 석유파동은 세계 2위의 산유국이었던 이란에서 이슬람 혁명이 발생하고 사우디아라비아가 석유 감산 조치를 취한 것이 원인이었다. 이 때문에 생산비용이 상승하고 인플레이션이 발생하는 등의 세계적 경제위기가 발생했다. 석유의존도가 높았던 한국은 석유파동의 영향을 특히 크게 받을 수밖에 없었다.

1. 5·16군사쿠데타와 박정희 정권의 탄생

쿠데타의 발발과 쿠데타 세력의 성격

1961년 5월 16일 새벽 박정희朴正熙 소장을 중심으로 한 일군의 군인이 쿠데타를 일으켰다. 자정 무렵 영등포 제6군관구사령부를 장악한 쿠데타 세력은 새벽 3시 40분경 육군본부를 장악했고, 새벽 4시 30분경 반도호텔의 총리 집무실까지 장악했다. 쿠데타 세력은 국무총리 장면의 신병을 확보하지는 못했지만 새벽 5시 뉴스를 통해 '군사혁명'을 알렸다. 쿠데타 세력은 이어 '군사혁명위원회'를 조직했고, 정오에 군사혁명위원회 의장 장도영張都暎 중장의 명의로 "공공 안녕 질서를 유지하기 위"한다는 명목으로 전국에 계엄령을 선포했다. 이어 오후에는 '포고 제4호'를 통하여 장면 정권의 인수를 정식으로 선언했다.

사실 이때까지 쿠데타 세력은 행정, 입법, 사법 등 3권을 완전하게 장악한 상태는 아니었다. 주한미군사령관 매그루더Carter Bowie Magruder와 주한미국대사 그린Marshall Green은 장면 정부를 지지한다는 성명을 발표하는 등 쿠데타의 성공은 여전히 불확실했다. 하지만 5월 18일 육군사관학교 생도들이 쿠데타를 지지하는 시위를 벌이고 미국 역시 쿠데타에 불개입하는 쪽으로 입장을 정리하면서 쿠데타 세력은 힘을 얻었다. 국무총리 장면은 5월 16일 새벽 쿠데타가 일어났다는 소식을 듣고도 별다른 대책을 강구하지 않은 채 수녀원으로 도피해버렸고, 대통령 윤보선 역시 쿠데타 진압을 위해 특별한 조치를 취하지 않았다. 몸을 숨긴 채 아무런 조치도 취하지 않았던 장면이 5월 18일 중앙청에 나타나 국무회의를 개최하고 내각 총사퇴를 선언하면서 쿠데타는 공식적으로 성공하고 민주당 정권은 붕괴했다.

표면적으로 쿠데타 세력은 정치 불안과 사회 혼란의 수습을 쿠데타의 명분으로 내걸었으나, 쿠데타의 중요한 배경 중 하나는 군 내부의 인사 적체積滯였다. 한국전쟁을 거치며 군대 조직이 급속히 확장되는 과정에서 진급이 지연되는 경우가 많았다. 인사에 불만이 많았던 장교들이 박정희 소장을 중심으로 결집한 결과가 5·16군사쿠데타였던 것이다.

쿠데타 세력은 쿠데타 직후 발표한 '5·16혁명공약'을 통해 "반공을 국시의 제일의로 삼"고 "사회의 모든 부패와 구악을 일소"할 것임을 밝히고, "과업이 성취되면 … 언제든지 정권을 이양하고 … 본연의 임무에 복귀"하겠다고 선언했다. 하지만 선언과 달리 쿠데타 세력은 한국의 민주주의를 마비시키고 모든 권력을 군부에 집중시켰다. 쿠데타 세력은 5월 19일 군사혁명위원회를 국가재건최고회의로 개편하고 정당 및 사회단체의 해산과 정치 활동 금지, 헌법 기능 정지 등의 조치를 취하였다. 이어 쿠데타의 핵심 인물 중 한 사람이자 박정희의 측근인 김종필金鍾泌(1926~2018)은 쿠데타 직후 중앙정보부KCIA를 조직했다. 중앙정보부는 내란죄, 반란죄, 이적죄 등의 범죄수사를 비밀리에 기획하고 경찰과 검찰을 지휘·통제하면서 '반정부' 세력을 감시하고 통제하는 등 방대한 권한을 휘둘렀다. 또한 각종 정부기구를 감독하고 정계와 재계 주요 인물의 동향도 감시하였다. 중앙정보부는 이름에서 알 수 있는 것처럼 당초에는 미국의 중앙정보국CIA을 모방한 조직이었으나 10월 유신 이후에는 부총리급 기구로 지위가 격상되었다. 중앙정보부는 박정희 정권이 붕괴하는 순간까지 정권의 핵심적인 통치기구로 기능하며 무소불위의 권한을 휘둘렀다.

1961년 7월부터는 일련의 '반혁명 사건'으로 정치적 경쟁자들도 하나씩 제거되었다. 군사혁명위원회 의장 장도영을 비롯해 쿠데타 세력이었던 박치옥, 문재준 등이 제거되었다. 반혁명사건은 민주당 등 정치권 인사도 대상으로 하여, 민주당의 조중서 등이 정부 전복을 모의했다는 혐의로 검거되었다. 4·19혁명 이후 분출했던 각종 사회운동 역시 탄압 대상이 되어 주요 정치인과 피학살 유족회 관계자, 학생운동 지도자들이 검거되었다.

사회안정을 위해 시행한다고 했던 각종 조치들 역시 그 진의가 의심스러운 것이었다. 구악을 일소한다는 명분을 내세워 '부랑인'을 단속했지만 그 실상은 사회적 약자를 각종 개간사업에 강제로 동원하는 것일 뿐이었다. 부정축재자 처벌 역시 기실은 재벌에게 정치자금을 제공받는 대신 재벌이 합법적으로 신사업에 진출할 수 있게 하는 발판을 제공하는 것이었다. 이 외에도 대부분의 조치가 당장의 호응을 얻기 위한 선심성·홍보성 정책에 그쳤다. 결과적으로 5·16군사쿠데타는 4·19혁명을 통한 민주주의적 성취를 크게 후퇴시켰고 끝내는 독재로 귀결하고 말았다.

민정 이양과 박정희 정권의 출범

쿠데타 세력은 '5·16혁명공약'에서 민정 이양을 공약하고 이를 여러 차례 재확인했다. 하지만 이 말은 결과적으로 쿠데타 세력 전체가 군으로 복귀한다는 의미가 아니라 쿠데타 세력이 군인의 신분에서 벗어나 정계로 진입한다는 의미가 되었다. 먼저 중앙정보부를 중심으로 사전 창당 작업이 시작되어 1963년 1월 민주공화당의 창당이 발표되었다. 1962년 3월 국가재건최고회의를 통과한 정치활동정화법에 따라 설치된 정치활동정화위원회는 정치인에 대한 적격심사를 벌여 적격 판정을 받지 못한 정치인에게 1968년 8월 15일까지 정치활동을 금지하였다. 이 조치로 야당 계열 정치인 269명의 정치활동이 봉쇄되었고, 이를 통해 군부 세력이 보다 쉽게 정치에 참여할 수 있는 여건이 마련되었다.

1963년 8월 30일 군을 전역한 박정희는 같은 날 공화당에 입당했다. 같은 해 10월 15일 치러진 제5대 대통령 선거는 허정과 송요찬宋堯讚 후보가 사퇴하여 사실상 박정희와 윤보선의 2파전으로 치러졌다. 선거 결과 박정희가 4,702,640표(46.64%)를 득표해 4,546,614표(45.09%)를 얻은 윤보선을 제치고 제5대 대통령에 당선되었다.

쿠데타를 통해 집권한 군부 세력은 스스로에게 정치적 정당성이 없다는 사실을 잘 알고 있었다. 사실 증권 파동, 새나라 자동차 사건, 파친코 사건, 워커힐 사건 등 이른바 '4대의혹사건'에서 드러난 것처럼 기존 정치 세력에 비해 도덕적으로 우월한 것도 아니었다. 이 때문에 군부 세력은 경제개발의 전망을 통해 부족한 정당성과 도덕성을 벌충하고자 했다.

이들은 먼저 이승만 정권기와 민주당 정권기에 검토되었던 경제개발계획을 적극 재검토하였다. 그 결과 1962년 1월 5일 '제1차 경제개발 5개년계획'이 발표되었다. 이 계획은 연평균 목표 성장률을 7.1%로 설정하였는데, 이는 1953~1960년의 연평균 성장률인 4.7%를 크게 상회하는 것이었다. 또한 제1차 5개년계획은 국가의 주도 하에 자립적이고 완결적인 경제구조의 수립을 목표로 하는 수입대체형import substitution 경제성장을 지향했다. 이를 위해 군부 세력은 1962년 6월 10일 10환圜을 1원圓으로 바꾸는 화폐개혁을 단행하여 국내의 음성 자본을 동원하고자 했고 이에 따라 화폐개혁이 전격적으

해설

4대의혹사건

쿠데타 이후 일어난 증권 파동, 새나라 자동차 사건, 파친코 사건, 워커힐 사건 등 네 가지 부정부패사건을 일컫는다. 대부분 군정의 고위층과 관련되었다는 의혹이 일었고, 1963년 민정이양 후 국정감사까지 받았다. 하지만 대체로 진상이 규명되지 않은 채 유야무야되었다.

로 단행되었다. 하지만 그 결과로 확보된 자본은 기대만큼 충분하지 않았다. 제1차 5개년계획의 목표가 지나치게 의욕적이라고 판단한 미국 역시 차관 제공에 소극적인 태도를 보였기 때문에 박정희 정권은 재원 마련에 난항을 겪을 수밖에 없었다. 결국 박정희 정권은 제1차 5개년계획을 수정한 '제1차 경제개발 5개년계획 보완계획'을 1964년 2월에 발표하였다. 수정된 계획은 외자도입을 늘리고 수출중심의 경제성장을 꾀한다는 것, 연평균 목표 성장률을 7.1%에서 5%로 하향 조정하고 기간산업의 투자 규모를 줄이는 것을 골자로 하였다. 제1차 5개년 계획은 계획기간동안 연평균 8.5%의 성장률을 기록하는 등 목표한 바를 초과하여 달성할 수 있었다.

제1차 5개년계획은 1966년 수립된 제2차 계획으로 이어졌다. 국내 전문가뿐 아니라 미국, 서독 등에서 파견된 전문가들과의 공동 작업으로 탄생한 제2차 5개년계획은 1966년 8월에 대통령의 승인을 얻었다. 이 계획은 산업구조를 근대화하고 자립경제의 확립을 촉진한다는 기본 목표 아래 식량의 자급, 화학·철강 및 기계공업을 통한 공업 고도화, 7억 달러 수출 달성과 국제수지 개선 기반 확립, 고용의 증대와 인구 팽창의 억제, 국민소득의 증대와 농가소득 향상, 과학 및 경영기술의 진흥과 기술 수준 및 생산성의 제고 등을 중점 과제로 설정하였다. 박정희 정권은 제2차 5개년 계획에서 '수출지상주의'라 할 만큼 수출에 매달리게 된다. 이에 따라 수출기업의 경영자들은 '수출전사'가 되었으며, 이들에게는 갖가지 금융특혜가 주어졌다. 1970년 주요 수출품은 섬유류, 합판, 가발, 철광석, 전자제품, 과자제품, 신발 등이었다. 제2차 5개년 계획 역시 7%의 목표 성장률을 상회하는 9.7%의 실제 성장률을 기록하는 등 목표를 초과 달성했다.

그러나 제2차 경제개발 5개년 계획은 외채 누적으로 인한 원리금 상환 압박, 수입 확대로 인한 무역적자의 확대, 섬유산업의 시설과잉 등의 문제를 안고 있었다. 경제개발 계획은 뒤에 보듯이 1970년대 들어 중화학공업 중심의 제3·4차 5개년 계획으로 이어지게 된다.

2. 베트남전쟁 파병과 한일회담

베트남전쟁 파병

1960년대 초 미국 케네디 행정부는 장기적으로 주한미군과 한국군의 감축을 기획하고 있었다. 이는 곧 미국의 원조가 줄어든다는 의미였기 때문에 박정희 정권은 군대와 원조가 그대로 유지될 것을 희망했다. 5·16 직후 미국 정부는 박정희의 남로당 경력 때문에 박정희를 완전히 신뢰하지 못했고, 군부가 전면에 나서는 통치에 대해서도 의구심을 거두지 않았다. 이에 군부 세력은 민정이양을 약속하는 한편 베트남전쟁과 한일회담을 이용해 한미관계를 개선하고자 했다.

한국이 베트남전쟁에 참전하겠다는 의사를 밝힌 것은 1961년 박정희 국가재건최고회의 의장이 미국을 방문하여 케네디 대통령을 만난 자리에서였다. 이후로도 한국은 계속 베트남에 파병하겠다는 의사를 밝혔고, 1964년 9월 130명의 이동외과병원 요원과 10명의 태권도 교관을 파병한 것을 시작으로 1965년 3월에는 2,000명 규모의 공병부대까지 파병하였다. 1965년 5월 미국을 방문한 박정희 대통령은 워싱턴과 뉴욕에서 카퍼레이드를 벌이는 등 극진한 환대를 받았고, 귀국 직후 전투부대 파병을 결정했다. 이에 따라 1965년 10월과 11월에 걸쳐 수도사단(맹호부대)과 제2해병여단(청룡부대)을 시작으로 전투병력 파병이 시작되었다. 전투병력 파병은 이후에도 계속되어 한국은 미국에 이어 두 번째로 많은 5만여 명의 병력을 베트남전에 파병한 국가가 되었다.

베트남전쟁은 정당성이 부족했기에 자본주의 진영 내에서도 큰 호응을 얻지 못했다. 하지만 한국은 대규모 전투부대를 파병하며 미국의 대외정책에 호응했고 이를 통해 미국에 대한 협상력을 획득할 수 있었다. 미국은 애초 한일회담을 통해 동아시아에 대한 원조의 부담을 줄이고자 했지만, 결과적으로 한국은 베트남전쟁 파병을 통해 미국의 원조를 거의 그대로 유지할 수 있었다.

베트남전쟁 파병을 통해 한국이 얻은 것은 단지 외교 관계에만 국한되지 않았다. 파병기간인 1965~1973년 동안 참전군인이 받은 수당과 노동자의 임금, 베트남에 진출한 기업이 획득한 수입 등은 도합 10억 3,000만 달러 정도로 추산된다. 이는 한국의 외환보유고 증가와 대외신인도의 상승으로 이어져 한국경제의 고도성장에 밑거름이 되었다. 이 기간에 베트남에 진출한 한진 등의 기업은 한국을 대표하는 기업으로 성장할 수 있었다.

하지만 한국이 이득만 얻은 것은 아니었다. 무엇보다 인적 피해가 커서 목숨을 잃은 한국군만 5천여 명에 달했다. 전쟁 당시 베트남군의 게릴라전에 대응한다는 명목으로 살포된 제초제인 '고엽제枯葉劑'는 참전군인의 몸에 축적되어 끔찍한 후유증을 유발하기도 했다. 또한 2000년경에는 일부 언론이 베트남전쟁 중 한국군에 의한 민간인 학살 사건을 보도하였고 이후 참전군인들이 이의를 제기하는 등 이를 둘러싼 논란이 이어졌다. 한국은 참전의 대가로 '전쟁 특수'를 누렸지만 정작 군인과 노동자에게 지급된 수당 및 임금 수준은

부산항에서 베트남으로 떠나는 맹호부대 환송식(1965.10.24, 국가기록원)

낮았고, 미지불임금을 둘러싸고 갈등을 빚은 경우도 있었다.

베트남전쟁 파병은 한국의 외교적 입지도 좁혔다. 박정희 정권은 당초 중립국 외교에 대해 비교적 적극적인 입장이었다. 박정희 대통령은 1964년 1월 10일 연두교서에서 "자유우방은 물론 모든 비공산 평화애호국가와의 친선을 돈독히"할 것을 언명했고 아시아와 아프리카 지역에 매년 사절단을 파견하는 등의 외교적 노력을 기울였다. 하지만 베트남전쟁 파병으로 인해 1965년에 개최된 제2차 아시아·아프리카 회의에서 배제되는 등 1960년대부터 본격화된 '비동맹외교'에서 한국은 사실상 소외되고 말았다. 결국 베트남전쟁 파병은 한국의 외교를 미국 일변도로 협소화시키고 말았다.

한일회담의 타결

박정희 정권은 집권 초기부터 일본과의 외교관계 수립에 적극적이었다. 일본과의 관계 정상화를 통한 동아시아의 안보체제 강화를 원했던 미국 역시 1950년대부터 일관되게 한일관계의 정상화를 기대했다. 그래야 한국이 세계 경제에 확실하게 통합되어 미국의 원조 부담이 줄어들 수 있었기 때문이다. 박정희는 1961년과 1963년 미국을 두 차례 방문했는데, 방문 때마다 케네디 대통령과 존슨Lyndon Baines Johnson 대통령은 한일회담의 성사를 압박했다.

하지만 박정희 정권이 한일회담에 나선 것이 단지 미국의 압력 때문만은 아니었다. 박정희 정권은 한일회담을 성사시키고 이를 매개로 자본을 획득하려고 구상했다. 앞선 민주당 정권 역시 일본으로부터의 자본 도입에 적극적인 것은 마찬가지였지만 이는 어디까지나 민간자본에 국한된 문제였다. 박정희 정권은 식민지 배·보상에 대해 총액만 제시하고 민간 차원의 보상이나 식민지 책임 문제 등은 굳이 문제 삼지 않는 '정치적' 해법을 통해 한일회담을 조속히 매듭짓고자 했다.

박정희 정권이 한일회담에 적극적인 태도를 보이자 당장 국내에서 저항이 거세게 일어났다. 식민지배에서 벗어난 지 20년이 채 되지 않은 시점에 식민지 책임 문제에 대한 반성이 결여되어 있고 배·보상에 대한 충분한 논의도 없는 한일회담을 한국인이 받아들이기는 힘들었기 때문이다. 1964년 3월 23일 김종필과 오히라 마사요시[大平正芳]가 외교관계 복구에 합의한 것으로 알려지자 다음 날인 3월 24일부터 서울대와 고려대, 연세대 등의 대학생 4천여 명이 김종필의 즉시 귀국을 요구하며 시위를 벌였다. 6월부터 서울 시내 주요 대학으로 시위가 확산되었고 이에 정부는 계엄 선포로 대응했다.

거센 저항에도 불구하고 1965년 6월 22일 일본 수상 관저에서 양국 대표가 참석한 가운데 조약이 정식으로 조인되었다. 이 조약은 한일 간의 기본조약인 '대한민국과 일본국 간의 기본관계에 관한 조약'을 비롯해 대한민국과 일본국 간의 일본에 거주하는 대한민국 국민의 법적 지위와 대우에 관한 협정(재일동포협정), 대한민국과 일본국 간의 어업에 관한 협정(어업협정), 대한민국과 일본국 간의 재산 및 청구권에 관한 문제의 해결과 경제협력에 관한 협정(청구권협정), 대한민국과 일본국 간의 문화재 및 문화 협력에 관한 협정(문화재협정) 등 4개의 부속 협정으로 구성되었다. 식민지의 책임과 배·보상과 관련된 청구권 협정에서 일본은 한국에 "무상 3억 달러, 유상 2억 달러, 민간 차관 3억 달러 이상"을 제공하도록 하였다. 이는 1949년 한국 정부가 작성한 대일배상요구조서가 약 314억 엔(약 24억7,600만 달러)을 요구한 것에 비해 크게 축소된 것이었다.

이상과 같은 한일회담은 식민지 책임 문제를 모호하게 처리하여 문제의 소지를 남겼다. 기본조약 제2조에서 "1910년 8월 22일 및 그 이전에 대한제국과 대일본제국 간에 체결된 모든 조약 및 협정이 **이미**(강조는 인용자) 무효임을 확인한다"라고 하여 식민지배와 관련된 조약 및 협정의 위법성 여부와 시점을 모호하게 언급하였다. 청구권 자금과 관련해서도, 청구권협정에서 "양국 및 양국 국민간의 청구권에 관한 문제를 해결할 것을 희망하고 양국 간의 경제협력을 증진할 것을 희망"한다고 하고 "청구권에 관한 문제가 … 완전히 그리고 최종적으로 해결된 것이 된다는 것을 확인한다"라고 하였

한일협정에 서명하고 있는 한국과 일본 대표단(국가기록원)

다. 여기서 식민지배의 책임을 인정하는 '배상賠償, reparation'이나 '보상補償, compensation'이 아닌 '청구권請求權, claim'이라는 표현을 사용하였을 뿐 아니라 그것이 식민지배와 관련되어 있다는 언급도 없었다. 이 때문에 청구권 자금의 성격에 대하여 일본 정부는 일본 국내에서 '독립축하금'이라는 입장을 고수하여 이것이 식민지배의 책임과 무관한 것이라고 해석하였다.

명확하게 매듭지어지지 않은 과거사 및 식민지 지배 책임 문제는 오늘날까지도 한일 간의 쟁점으로 남아 있다. 개인의 청구권을 국가가 대신해서 행사할 수 있는지, 한일협정 이후 확인된 강제징용이나 일본군'위안부' 문제 등과 관련하여 추가적인 논의가 필요한지 등에 대한 논란은 여전히 현재진행형이다.

3. 유신 체제와 중화학공업화

박정희 장기집권체제의 구축 : 유신과 긴급조치

박정희는 1963년과 1967년의 대통령 선거에서 거듭 승리하며 연임에 성공했다. 당시 헌법에 따르면 대통령은 1차에 한하여 중임할 수 있었기 때문에 박정희는 1971년 대통령 선거에는 출마할 수 없었다. 그러나 1969년 여당인 공화당은 야당과 시민사회의 반대를 무릅쓰고 삼선개헌을 통과시켜 박정희가 다시 대통령이 될 수 있도록 했다. 야당인 신민당에서는 '40대 기수론'을 앞세운 김대중과 김영삼, 이철승이 경쟁한 끝에 김대중이 대통령 후보로 지명되었다. '대중경제론'을 내세운 김대중은 서민의 세금 부담 경감, 기업인에 대한 정치자금 할당 근절, 부정부패 추방, 향토예비군과 교련 폐지 등을 주장하고 박정희 정권의 실정을 강하게 비판했다. 4월 30일 장충단 유세에 30만 인파가 운집하는 등 김대중은 돌풍을 일으켰다.

그 결과 1971년 4월 27일의 제7대 대통령 선거는 접전으로 치러졌다. 결과적으로 박정희가 당선되기는 했지만 표 차이는 94만여 표(약 8%)에 그쳤다. 1967년 제6대 대통령 선거에서 박정희와 윤보선의 득표율이 10% 이상의 차이를 보였던 것에 비하면 상당히 좁아진 것이었다. 특히 서울에서는 김대중이 119만 8천여 표를 획득하여 80만여 표를 획득한 박정희를 거의 20% 차이로 따돌리는 등 도시를 중심으로 야당 지지세가 확연했다. 이어 치러진 제8대 총선에서도 야당은 큰 지지를 얻었다. 신민당은 전체 204석 중 89석을 획득하여 개헌저지선인 69석을 넘겼다. 신민당은 전국 32개 도시에서 47석을 얻은 반면 여당은 서울에서 겨우 1석을 얻은 것을 비롯해 도시에서는 불과 17석을 얻는 등 여촌야도與村野都 현상도 뚜렷하게 나타났다.

한편 닉슨 독트린과 데탕트 국면으로 냉전 질서가 이완되자 남북 간에 화해 분위기가 조성되었다. 1971년 박정희 대통령이 이산가족 상봉을 위한 적십자회담을 제안한 것을 계기로 남북 간 대화가 시작되었고, 1972년 5월 남한의 이후락李厚洛 중앙정보부장과 북한의 박성철朴成哲 부수상이 평양과 서울을 상호 방문하여 통일의 원칙을 협의하는 데까지 이르렀다. 그 결과 7월 4일 남과 북은 서울과 평양에서 동시에 자주, 평화, 민족대단결을 골자로 하는 '7·4남북공동성명'을 발표했다. 7·4남북공동성명은 남북이 무력이 아닌 대화를 통한 통일의 원칙을 합의했다는 점에서 크게 진전된 통일 논의로 평가된다.

그러나 7·4남북공동성명으로 조성된 화해분위기는 결과적으로 권력자의 정치적 의도에 오용되었다. 7·4남북공동성명이 발표되고 불과 3개월 뒤인 1972년 10월 17일 오후 7시 박정희 대통령은 비상계엄을 선포하고 4개 항의 특별선언을 발표하는 '10월 유신'을 단행했다. 특별선언은 국회를 해산하고 정당 및 정치 활동을 정지시키며, 개정헌법을 1개월 내에 국민투표로 확정하는 것을 골자로 하였다. 10월 27일 비상국무회의를 통해 공고된 헌법 개정안은 11월 21일 치러진 국민투표에서 91.5%의 찬성을 얻어 '유신헌법'으로 확정되었다. 유신헌법으로 만들어진 통일주체국민회의는 12월 15일 2,359명의 대의원을 선출하고 이들의 간접선거를 통해 12월 17일 박정희가 제8대 대통령으로 당선되었다. 이로써 박정희는 야당과 시민사회의 반대를 억누르고 독재체제를 완성했다. 북한 역시 사회주의 헌법 채택(1972년 12월)으로 1인 지배체제를 강화했다.

유신헌법은 한국 사회가 그간 성취한 민주주의 질서를 완전히 무효화시키는 것이었다. 대통령은 통일주체국민회의에서의 간접선거를 통해 선출되었기 때문에 국민의 참정권이 제한되었을 뿐 아니라 재임 제한도 없었기 때문에 사실상 영구집권이 가능했다. 대통령은 통일주체국민회의의 의장을 겸하고 국회의원의 1/3을 임명할 수 있으며 국회해산권, 법률안거부권, 긴급조치권 등의 방대한 권한을 부여받았다.

정치적 반대자에 대한 탄압도 노골화되었다. 1973년 8월 8일 김대중이 도쿄에서 납치되었다가 5일 만에 돌아오는 '김대중 납치 사건'이 일어났다.

중앙정보부의 소행으로 밝혀진 이 사건은 정치적 반대자에 대한 폭력과 테러가 얼마나 노골적이었는지를 보여준다. 박정희 정권은 유신헌법에 반대하는 자에 대하여 영장 없이 구속이 가능하게 하는 등의 '긴급조치'도 남발했다. 1974년에는 유신반대투쟁을 벌였던 전국민주청년학생연맹(민청학련)을 수사하면서 이들을 배후에서 조종한 세력으로 '인민혁명당 재건위원회'를 지목하여 이를 북한의 지령을 받은 지하조직으로 규정한 '인혁당 재건위 사건(제2차 인혁당 사건)'을 조작하여 발표했다. 민청학련 사건으로 기소된 이철, 김지하 등 관련자 대부분이 감형 또는 형 집행정지로 석방되었지만, 인혁당 재건위 사건의 도예종 등 8명에 대해서는 사형을 확정하고 판결 18시간 만에 사형을 집행하는 '사법살인'을 저지르기도 했다. (이후 의문사진상규명위원회 등의 조사를 통해 이 사건은 중앙정보부의 조작이었음이 밝혀졌고 8인은 재심을 통해 무죄 판결을 받고 민주화운동 관련자로 인정되었다.) 중앙정보부의 압력으로 '자유언론 실천 선언'을 한 동아일보 기자들이 해직되고《동아일보》에 광고를 싣지 못하게 하는 '동아일보 사태'도 일어났다.

저항도 만만치 않았다. 1970년대 중반 이후 서울 지역 대학가를 중심으로 반유신투쟁이 벌어지기 시작했다.《사상계》의 사장으로 박정희 정권 비판에 앞장선 장준하張俊河는 개헌 청원 100만인 서명을 주도하였고《조선일보》와《동아일보》에서 해직된 기자들 역시 반유신투쟁에 나섰다. 비슷한 시기에 노동운동도 본격화되었고 2차 석유파동과 중화학공업 과잉 투자에 따른 경기 침체까지 더해지면서 박정희 정권에 대한 불만은 광범위하게 퍼지고 있었다.

중화학공업화정책

박정희 대통령은 1973년 1월 12일 연두기자회견에서 중화학공업화를 선언했다. 그리고 이를 추진하기 위해 1973년 5월 상공부 관료와 테크노크라트로 구성된 중화학공업추진위원회를 국무총리 산하 기관으로 설치했다. 기획단장으로는 김용환金龍煥(재임 1973.5.14.~1974.2.25.)과 오원철吳源哲(재임

포항종합제철 준공식(1973.7.3, 국가기록원)

1974.2.26.~1979.12.)이 임명되었고, 철강, 비철금속, 기계, 조선, 전자, 화학을 6대 전략 분야로 설정했다. 또한 정부는 중화학공업 육성에 필요한 자금을 조달하기 위해 1973년 12월 '중화학공업 등 중요산업의 건설을 촉진하고 수출을 증대시키기 위하여 국민의 광범한 저축과 참여를 바탕으로 필요한 투융자자금을 조달·공급'하는 것을 목적으로 한 국민투자기금법을 제정하였다. 이렇게 조성된 국민투자기금의 대부분이 중화학공업에 투자되었는데, 1978년의 경우 국민투자기금의 62.7%가 중화학공업에 투자되었다. 이처럼 박정희 정권은 중화학공업화 정책을 통해 노동집약적인 경공업 중심의 산업구조를 기술집약적인 중공업 중심으로 전환하고자 하였다.

1970년대의 중화학공업화는 산업 고도화뿐만 아니라 당시의 국제정세와도 관련이 있었다. 1968년 1월 21일 김신조를 비롯한 북한 124부대 소속 무장군인 31명이 휴전선을 넘어 청와대를 습격하려다 미수에 그치는 사건이 발생했다. 이들은 청와대 앞 500m까지 진출하였으나 군과 경찰의 소탕작전 끝에 31명 가운데 29명이 사살되고 1명은 북으로 돌아갔으며 1명은 생포되었다. 이 과정에서 민간인을 포함하여 30명이 사망하고 52명이 부상당했다. 이틀 후인 1월 23일에는 동해안에서 활동 중이던 미 해군 소속 푸에블로호가 북한에 나포되었다. 같은 해 11월에는 울진·삼척 지구에 무장 게릴라가 침투하여 민간인을 살해했고, 1969년 4월 15일에는 미 해군 소속 정찰기 EC-121이 동해에서 북한에 의해 격추되어 승무원 전원이 사망했다. 이처럼 한반도에는 전쟁 위기가 감돌았지만 이에 대한 미국 정부의 태도는 박정희 정권의 기대만큼 단호하지 않았다. 미국 정부는 푸에블로호의 송환을 위해 북미 간 직접 협상에 나섰는데 이는 북한의 요구를 수용한 것이었기 때문에 결과적으로는 북한의 국가적 위상을 높이는 꼴이 되고 말았다. 이런 와중에 1969년 7월 발표된 닉슨 독트린은 아시아에 대한 미국의 불개입 방침을 공식화하였다. 베트남전쟁에 한창이었던 미국으로서는 한반도에 제2의 전선을 형성하기는 어려운 상황이었기 때문에 북한에 대해 단호한 태도를 취하기 힘들었다. 반면 1960년대 내내 미국의 대외정책에 적극 협력했던 박정희 정권은 단호하지 못한 미국의 태도에 위기감을 느꼈다. 박정희 정권은 주민등록제도를 실시하고, 향토예비군, 3사관학교 등을 창설하였으며 고등학교와 대학교에서 교련 교육을 실시하는 등 사회적 통제와 군사적 대비를 강화했다.

박정희 정권의 중화학공업화 정책은 이러한 상황에서 국방력 강화를 염두에 두고 추진된 것이었다. 1970년에는 주물선鑄物銑 공장, 특수강 공장, 중기계공장, 조선소의 '4대 핵공장 건설 사업'이 추진되기도 했다. 결과적으로 이 사업은 실패했지만, 1973년 1월 중화학공업화 선언을 발표하면서 박정희 정권의 중화학공업화 정책은 계속 추진되었다. 1970년 한국 최초의 일관제철소로 건설된 포항제철은 한국 중화학공업의 상징인 동시에 방위산업을 염두에 두고 추진된 사업이었다.

정권 차원의 의지와 지원에 힘입어 한국의 산업은 중화학공업 위주로 재편되었다. 중화학공업화는 1970년대 중반 들어 성과를 보이기 시작하여, 1976~1978년에는 연간 경제성장률이 10%를 넘겼고, 1977년에는 수출액이 100억 달러를 돌파했다. 국민총생산에서 중화학공업이 차지하는 비중은 1971년 21.5%에서 1976년 35%까지 증가했다. 이처럼 중화학공업은 1970년대 중반부터 한국 경제가 고도성장을 이룩하는데 견인차 역할을 담당했다.

하지만 중화학공업화는 박정희 정권의 위기를 초래하기도 했다. 2차 석유파동으로 중화학제품에 대한 수요가 급감하자 중화학공업에 대한 과도한 투자와 과당경쟁이 문제가 되었고 이 때문에 한국은 마이너스 성장을 기록하며 침체에 빠졌다. 중화학공업에 투자가 집중된 탓에 1차 산업과 경공업 역시 부진에 빠졌고, 학력과 직종, 젠더에 따른 임금 격차도 확대되었다. 박정희 정권은 이러한 위기를 타개하지 못했고 그 결과 거대한 불만과 저항에 직면해야 했다.

경제 성장의 이면

1960년대 이후 한국 경제는 폭발적으로 성장했지만 급격한 성장에 따르는 부작용도 만만치 않았다. 무엇보다 농촌 문제가 심각했다. 저곡가 정책으로 농사로는 충분한 소득을 거둘 수 없었던 반면 도시에서는 노동력 수요가 폭발적으로 늘었기 때문에 농촌인구가 대거 도시로 이동했다. 그 결과 농촌 사회가 급격히 해체되기 시작하자 농촌 사회의 붕괴를 막기 위한 대책의 일환으로 새마을운동이 전개되었다. 새마을운동은 근면, 자조, 협동의 정신에 따라 농촌의 생활과 소득을 개선하는 것을 목표로 하였다. 정부는 마을별로 시멘트와 철근을 보조하여 도로를 포장하고 초가지붕을 개량하며 마을회관을 건립하도록 유도했다. 새마을운동은 생활조건과 소득을 개선시키고자 했던 농촌사회의 자발적 호응에 힘입어 활발하게 전개되었다. 하지만 결과적으로 새마을운동은 농촌 사회의 붕괴를 막지 못했다. 농촌 인구의 감소세는 멈추지 않았고, 농가소득은 증가했지만 농가부채는 그보다 훨씬 빠르게 늘어났기 때문이다.

도시라고 사정이 나은 것은 아니었다. 와우아파트 붕괴 사건과 광주대단지 사건은 도시화와 산업화의 이면을 드러냈다. 와우아파트는 서울 마포구의 와우산 기슭에 만들어진 시민아파트로, 당초 서민을 위한 주거지로 기획되었다. 급격하게 인구가 늘어나면서 난립한 무허가 건물 문제를 단번에 해결하기 위한 것이었다. 와우아파트는 1969년 6월에 착공하여 불과 6개월 후인 12월에 완성되었고, 이듬해 3월 입주가 시작되었다. 그러나 입주가 시작되고 20여일만인 1970년 4월 8일 5층짜리 건물 한 동이 붕괴하여 비탈 아래의 판잣집을 덮치면서 아파트 입주민과 판잣집 주민 등 34명이 사망하고 40명이 부상을 당하는 참극이 발생했다. 짧은 공기工期에 턱없이 낮은 건설원가로 무리하게 공사를 강행한 것이 원인으로 밝혀졌다. 와우아파트 붕괴 사건은 한국의 졸속행정과 부정부패를 상징적으로 보여주는 사건으로 기록되었다.

광주대단지 사건(8·10성남민권운동)은 서울에서 경기도 광주군(지금의 성남 일대)으로 강제 이주된 주민 수만 명이 졸속행정에 항의하며 벌인 저항운동이었다. 제대로 된 인프라 없이 버려지듯 강제로 이주된 주민들은 1971년 8월 10일 관공서를 파괴하고 공무용 차량을 탈취하여 불태우는 등 격렬한 시위를 벌였다. 사건을 보고받은 정부는 즉시 내무부 차관과 경기도지사를 현장으로 파견해 주민의 요구를 수용하기로 했고, 8월 12일에는 양택식梁澤植 서울시장이 성남출장소를 성남시로 승격하기로 발표했다. 이로써 시위는 일단락되었지만 광주대단지 사건 역시 와우아파트 사건과 마찬가지로 급격한 도시화의 이면을 드러냈다.

박정희 정권기 경제성장의 모순을 가장 극적으로 드러낸 것은 평화시장의 노동자 전태일全泰壹의 분신자살이었다. 1970년 11월 13일 서울 평화시장의 노동자 전태일이 "근로기준법을 준수하라", "우리는 기계가 아니다" 등의 구호를 외치며 분신자살했다. 1948년 대구에서 태어난 전태일은 한국전쟁 이후 가족과 함께 서울로 올라와 평화시장에서 봉제노동자로 일했다. 열악한 노동조건에서 일하는 동료 노동자들의 처우를 개선할 방법을 찾던 그는 1968년 근로기준법이 있다는 사실을 알고 동료 노동자들과 함께 '바보회'를 조직하여 노동조건 개선을 위해 노력했다. 하지만 그의 노력은 사업주의 방해와 무관심으로 번번이 무산되었고, 그는 결국 1970년 11월 13일 스스로 분신焚身하였다. 그의 죽음을 계기로 봉제노동자를 중심으로 한 노동조합이 결성되고 노동조건 개선을 위한 노동운동이 본격적으로 일어났다. 그리고 이에 연대하는 운동으로 서울 시내 각 대학에서 시위가 벌어졌고, 종교계를 중심으로 한 저항운동도 본격화되었다.

1970년대 들어 노동운동이 본격화할 수 있었던 것은 급격한 산업화·도시화의 결과로 노동계급이 성장했기 때문이다. 특히 농촌 출신의 여성 미숙련 노동자들은 출신 지역과 세대가 비슷했고 노동집약적 공장에서 노동과 휴식 등의 일상을 공유했기 때문에 하나의 집단(계급)으로 쉽게 응집할 수 있었다. 1970년대의 노동운동은 이러한 점을 반영하여 여성·미숙련 노동자를 중심으로 전개되었다는 특징이 있다.

이전에도 노동조합과 노동운동이 없었던 것은 아니지만 1960년대 이전의 노동운동은 보수적인 노사협조주의에 기반했다. 대한노총 등의 기존 노동조합 조직은 결성 초기부터 국가권력과 친밀했고, 남성 숙련 노동자 중심으로 조직된 탓에 여성 미숙련 노동자의 노동조건에 대해서는 상대적으로 둔감했다. 박정희 정권 역시 노동자의 권리 행사를 억압했다. 5·16쿠데타 직후 금지되었던 노동조합이 1961년 8월에 다시 인정되었지만 그 결과로 탄생한 한국노총은 노동자의 권리 행사에 그다지 적극적이지 않았다. 이 때문에 1970년대의 노동운동은 어용화된 노동조합을 정상화하거나 새로운 노조를 결성하는 것에 주안점을 두고 전개되었다. 도시산업선교회 등도 노동운동의 주요한 조력자가 되었다. 이렇게 성장한 노동운동은 박정희 정권의 반민주적인 통치에 저항하는 주요한 힘 중 하나가 되었다.

4. 대중문화의 성장과 저항운동의 대두

대중문화의 성장과 통제

경제가 성장하면서 대중문화도 함께 풍요로워졌다. 한국 현대의 대중문화는 애초 1950년대 주한미군을 통해 소개된 미국의 대중문화가 중심이었다. 이렇게 수입된 대중음악은 1960년대부터는 음악다방과 음악감상실로 전파되었고, 여기서 영향을 받아 통기타 음악이 유행하였다. 1970년대에는 한국전쟁 직후의 베이비붐 세대가 20대가 되면서 대중문화의 주도층으로 성장했다. 대학생의 숫자가 늘어나고 소비문화가 확산되면서 '통기타, 블루진, 생맥주', 즉 '통·블·생'으로 통칭되는 대중문화의 흐름이 생겨났다.

20대를 중심으로 성장한 대중문화에 대해 정부는 통제로 맞섰다. 1970년대에 들어 유신체제가 선포되고 이에 대한 저항 분위기가 짙어지면서 대중문화 통제를 통해 젊은이들을 통제하고자 했기 때문이다. 1971년 대통령 선거에서 김대중이 약진하고 여촌야도 성향이 뚜렷해진 것이나 1970년 11월 평화시장의 노동자 전태일이 분신자살하면서 노동운동과 학생운동이 자극을 받은 것 등은 정권으로 하여금 청년세대를 통제할 필요성을 절감케 하였다.

실제로 당시의 대중문화에는 당대의 정치와 현실에 대한 청년세대의 절망이 반영되어 있었다. 〈별들의 고향〉(1974)과 〈영자의 전성시대〉(1975)가 연달아 흥행하며 산업적으로 안착한 '호스티스 멜로'는 '순수'한 여주인공이 사회적·도덕적으로 타락하는 과정을 묘사하고 급격한 도시화 과정에서 주변화된 여성 노동자를 전면에 내세우며 산업화의 이면을 드러냈다. 〈바보들의 행진〉(1975)은 당시 대학생들의 일상을 밝고 유쾌한 톤으로 그렸지만 동시에 암울한 시대상에 대해 당시 대학생들이 느끼던 무력감과 불만도 드러냈다. 이외에 〈어제 내린 비〉(1974) 등도 1970년대의 청년문화를 묘사한 영화로 분류되는데, 이들 영화는 이후 〈바람 불어 좋은 날〉(1980), 〈난장이가 쏘아올린 작은 공〉(1981) 등 사회비판적 리얼리즘 영화로 계보를 이어나갔다.

정권의 통제는 헤어스타일과 옷차림 등의 일상에까지 미쳤다. 장발長髮을 단속한다는 핑계로 길 한복판에서 경찰이 가위로 젊은이의 머리를 자르거나 미니스커트 단속의 명목으로 여성의 옷과 다리에 자를 들이대고 치마 길이를 재는 등의 풍경이 벌어졌다. 대중문화에 대해서도 사전심의, 금지곡 등을 통해 직접적인 통제가 가해졌다. 〈바보들의 행진〉은 대학생의 시위 장면 등 30분이 검열에 의해 잘려나갔고, 금지곡을 통한 대중음악 검열도 이뤄졌다. 1975년 6월 7일 문화공보부가 '공연물 및 가요정화 대책'을 발표하면서 금지곡 지정이 시작되어, 김추자의 '거짓말이야', 송창식의 '왜 불러' 등이 금지곡으로 지정되었다.

대중문화는 탄압에도 불구하고 대학 캠퍼스를 중심으로 꾸준히 성장했다. 1970년대 중반 서울과 부산 등 대도시에서 고교 평준화가 실시되면서 대학생들의 출신지역이 다양해지고 서울대학교처럼 대학 캠퍼스가 도심 외곽으로 강제 이전되는 등의 분위기 속에서 대학생들은 캠퍼스를 중심으로 대중문화를 향유했다. 대학가요제, 해변가요제 등의 대중문화 프로그램이 공중파 방송을 통해 송출되면서 청년세대와 대학 캠퍼스의 문화는 한국 사회를 선도하는 영향력을 얻게 되었다. 이렇게 성장한 문화는 1970년대와 1980년대의 저항운동이 피어날 수 있는 비옥한 토양이 되었다.

1970년대의 저항운동과 유신체제의 몰락

1970년대는 성장의 시대이자 저항의 시대였다. 전태일의 분신을 계기로 노동운동이 본격화되었고 유신체제 하에서 반복된 긴급조치 역시 저항을 불러일으켰다. 정치활동과 단체활동이 금지되었지만 유인물을 살포하고 구호를 외치는 등의 소규모 시위는 대학가를 중심으로 산발적으로나마 계속되었다. 1978년 12월 27일 통일주체국민회의에서 박정희는 99.9%의 지지율로 대통령에 당선되었지만 그보다 보름 앞선 12월 12일에 치러진 총선에서 여당인 공화당의 득표율은 야당인 신민당에 뒤처진 것으로 나타났다. 1979년

5월 30일 신민당 총재로 당선된 김영삼은 당선 직후인 6월 2일에 유신헌법 폐지를 요구하는 등 정권과 대립각을 세웠다.

미국과의 관계도 원만하지 못했다. 당시 미국 대통령 카터의 '인권 외교'는 박정희 정권의 반민주주의적 정치와 충돌할 수밖에 없었다. 더욱이 1975년 로비스트 박동선이 박정희 정부의 후원 아래 미 의회 의원을 대상으로 뇌물 공여와 같은 불법로비를 벌인 것이 밝혀진 '코리아게이트'가 터지면서 한국에 대한 미국의 여론은 급속하게 얼어붙었다. 카터 정권은 한국의 민주주의 문제가 해결되지 않을 경우 주한미군을 철수할 수도 있다고 박정희 정권을 압박했다. 1979년 6월 29일 카터 대통령이 한국을 방문하자 박정희는 정상회담 자리에서 주한미군 철수의 부당함을 역설하기도 했다. 정상회담 이후 박정희 정권은 정치범을 석방하는 등 미국의 요구를 일부 수용했으나 반정부 시위가 확산되면서 다시 강경 입장으로 선회했다. 이에 카터 행정부는 YH무역 노동자 사망, 김영삼 의원 제명, 부마사태 등에 대해 대사를 소환하고 대통령의 친서를 전달하는 등 박정희 정권을 압박했다. 카터 행정부의 압력은 박정희 체제 자체에 대한 문제제기나 다름없었고 이는 10·26사건의 간접적 배경이 되었다.

경제적으로도 위기였다. 중화학공업화 선언 이후 계속된 중화학공업 집중투자는 결국 과잉·중복투자로 이어졌고, 산업 전체의 이윤율이 하락하고 경기가 침체하는 결과를 낳았다. 여기에 1979년 발생한 이란 혁명과 소련-아프가니스탄 전쟁 등으로 발생한 석유파동으로 유가까지 급등하면서 한국의 경제 상황은 극도로 나빠졌다.

경제위기는 정치위기를 유발했다. 특히 YH무역에서 일어난 쟁의가 결정적이었다. YH무역은 가발수출업체로 1970년대 초에는 한국 최대 규모를 자랑하기도 했지만 그런 와중에도 소속 노동자는 하루 12시간 이상의 장시간 노동과 저임금에 시달려야 했다. 1970년대 중반부터 수출 둔화와 업주의 자금 유용 등으로 운영이 부실해졌다. 이에 노동조합은 회사 정상화를 위해 사측은 물론 정부 당국과 은행의 협력을 구했으나 사측의 정상화 의지는 크지 않았다. 결국 회사가 1979년 8월 6일 일방적으로 폐업을 공고하자 노동자 187명이 폐업 철회를 요구하며 8월 9일부터 신민당 당사에서 농성을 시작하였다. 신민당 총재 김영삼은 노동자를 격려하며 정부의 대책을 촉구하였는데, 이에 경찰이 11일 심야에 신민당사에 난입해 농성 중인 노동자들을 강제로 해산·연행했다. 이 과정에서 노동자 김경숙이 사망했고, 이를 계기로 신민당은 전면적인 대정부투쟁에 나섰다.

이에 정부는 여당인 공화당을 통해 1979년 10월 4일 김영삼 의원을 의원직에서 제명했다. 김영삼이 제명되자 10월 13일 신민당 의원 66명과 민주통일당 의원 3명이 의원직 사퇴서를 제출하는 등 거세게 저항했다. 김영삼의 정치적 기반이었던 부산과 마산에서도 시위가 일어났다. 10월 16일 부산대학교 학생의 시위에 시민들이 합세하여 '유신 타도'를 외쳤고, 18일 0시를 기해 부산에 비상계엄이 선포되었다. 시위는 마산에서도 일어나 10월 20일 마산과 창원 일대에 위수령이 발동되었다.

유신체제에 대한 야당의 저항이 거세지는 한편 부산과 마산의 시위(부마항쟁)가 날로 격화되자 정권 내부에서도 분열이 일어났다. 경호실장 차지철과 중앙정보부장 김재규가 부산과 마산 시위의 대응방식을 놓고 갈등했다. 결국 1979년 10월 26일 궁정동 안가安家의 술자리에서 중앙정보부장 김재규는 박정희와 차지철을 권총으로 쏘았다. 이로써 박정희 정권은 붕괴했다.

참고문헌

구해근, 2002, 『한국 노동계급의 형성』, 창작과비평사

기미야 다다시, 2008, 『박정희 정부의 선택 : 1960년대 수출지향형 공업화와 냉전체제』, 후마니타스

김성보 외, 2016, 『한국현대 생활문화사 : 1960년대』, 창비

김성보 외, 2016, 『한국현대 생활문화사 : 1970년대』, 창비

김아람, 2023, 『난민, 경계의 삶 : 1946~60년대 농촌정착사업으로 본 한국 사회』, 역사
　　　비평사

박태균, 2013, 『원형과 변용 : 한국 경제개발계획의 기원』, 서울대학교출판부

신현준, 2022, 『한국 팝의 고고학 1960 : 탄생과 혁명』, 을유문화사

신현준, 2022, 『한국 팝의 고고학 1970 : 절정과 분화』, 을유문화사

오오타 오사무, 2008, 『한일교섭 : 청구권문제 연구』, 선인

윤충로, 2015, 『베트남 전쟁의 한국 사회사』, 푸른역사

정용욱 외, 2022, 『한국 현대사 연구의 쟁점』, 한국학중앙연구원출판부

정종화, 2008, 『한국영화사』, 한국영상자료원

최상오, 2023, 『경제개발계획』, 해남

제19장

1980년대 한국 사회와 민주화

세계사의 흐름 : 신냉전의 형성과 동아시아 반공연대

1980년대 초반의 국제 정세는 1970년대 전반에 조성되었던 데탕트 국면이 쇠퇴하고 신냉전이 형성되던 상황이었다. 1970년대 말 이란 혁명, 니카라과 혁명 등이 발생하여 친미정권이 붕괴하였으며, 소련군이 아프가니스탄을 침공하는 사태가 발생하자 미국은 군사력을 더욱 강화하면서 국제적으로 반공주의적 군사동맹을 강화하고자 하였다. 1981년 1월 미 대통령으로 취임한 로널드 레이건은 공화당의 강경 보수파로서 특히 반공적인 성향이 강한 인물이었다. 그는 영국의 마거릿 대처 수상과 함께 1980년대를 이끈 보수주의적 신자유주의 세력의 지도자였다. 그는 자신의 이름이 가미된 레이거노믹스라는 경제정책으로 1970년대 불황을 극복했다고 평가받는 동시에 지나친 감세 정책과 군비 증강으로 적자 규모를 키웠으며 소수자 및 빈곤층의 인권을 퇴보시킨 장본인이라는 비판을 받았다. 레이건은 곧잘 소련을 '악의 제국'이라고 칭했으며, 미국의 군사력을 바탕으로 힘에 의한 반공 군사동맹을 강화하고자 하였다. 이 무렵 일본에서도 우익 강경론자인 나카소네 수상이 등장하였고, 한국에서는 전두환 정권이 등장하였다. 미국과 소련의 대립을 주축으로 한 국제적인 신냉전 분위기의 형성 속에서 1980년대 초반 한미일 반공 군사동맹이 무르익어 갔다.

미하일 고르바초프가 소련 공산당 서기장에 임명된 후 개방정책을 펴기 시작하면서 1980년대 중후반부터 세계 정세가 차츰 탈냉전으로 바뀌기 시작하였다. 고르바초프는 1985년부터 1991년까지 소련의 최고 권력자로 재임하면서 개혁정책인 글라스노스트(개방)와 페레스트로이카(개혁)를 추진하였다. 아프가니스탄과의 전쟁, 유가 하락, 체르노빌 사태 등에 직면하여 재정 적자를 해소하기 위해 개혁개방 정책을 펴나가지 않으면 안 되는 상황이었다. 그러나 수십 년 동안 유지되던 계획경제와 미국과의 군사적 대결에 필요한 과도한 국방비 지출 등과 같은 요인들이 문제였다. 경제 침체를 극복하기 위한 시장경제의 도입은 혼란으로 이어졌고 언론 자유 등의 개방정책마저 사회 불안 요소로 작용하였다. 또한 지방자치 허용 이후 연방내 공화국들의 독립과 민족간의 유혈 충돌 등 끊임없는 갈등이 빚어졌으며 결국 1991년 12월 소련 연방의 해체로 이어지게 되었다.

중동의 화약고로 불리던 이란-이라크 간의 8년 전쟁(1980~1988)이 벌어진 시기이기도 하였다. 1979년 이란 혁명으로 친미정부였던 팔레비 왕조가 무너지고 호메이니의 이슬람 시아파가 집권하게 되면서 이라크의 사담 후세인을 비롯한 수니파 지도자들과의 갈등이 빚은 참극이었다. 양측 모두 수십만 명에 달하는 사망자가 발생하였을 뿐만 아니라 막대한 물적, 심적 피해를 겪어야 했다. 중남미와 동유럽권에서는 미국의 인플레이션 하락을 목적으로 한 고금리 정책에 따라 막대한 외채 부담을 져야 했다. 이들 나라들의 경우, 무역 흑자에도 불구하고 재정 긴축과 수입 억제를 통해 경제 파산을 막고자 하였다. 1980년대 말에 이르러 한국, 대만, 필리핀 등의 아시아와 중남미 일부 국가에서는 권위주의적인 군부정권이 종식되고 정치적으로 민주주의가 새롭게 정착되는 진전을 이루었다.

1. 한미관계와 남북관계

1979년 10·26사건이 발생한 후 한껏 들떴던 한국 민주화의 꿈은 신군부의 등장으로 사라졌다. 당시 미국은 한국의 민주주의 실현보다 지역안보를 더욱 원하고 강조하였다. 미국의 그같은 태도는 12·12군사반란과 광주항쟁에 대한 신군부의 유혈진압을 외면한 사실로 알 수 있다. 이같은 미국의 안보 지상주의는 신냉전이라는 1980년대 초 국제정세와 밀접한 연관성이 있다. 그런 점에서 신군부는 신냉전의 국제정세를 자신들의 집권에 활용했다고 볼 수 있다.

레이건은 전임 카터 행정부가 추진했던 주한미군 감축 및 철군 계획을 백지화하였다. 또한 한국에 전술핵무기를 배치하고 한미 합동훈련인 팀스피리트 훈련을 강화하였다. 신냉전을 주도한 미 레이건 행정부에 호의적으로 협력한 전두환은 1981년 1월 레이건의 초대로 워싱턴을 방문하여 '한미 정상회담'을 연출하였다. 레이건 취임 후 첫 공식 초청이었다. 일본의 나카소네 수상과 전두환 정권의 협력관계 또한 주목된다. 일본 정부는 안보경제협력이라는 명분으로 한국에 40억 달러의 차관을 제공하였다. 1980년대 초 마이너스 경제 상황으로 힘들었던 전두환 정권에게는 단비와 같은 지원이었다. 한미일 안보 군사동맹 체제의 구축은 일본의 재무장화를 촉진하는 매개로 작용하였으며 나아가 일본 군국주의의 부활을 가져올 위험성이 내포된 것이었다. 1982년 과거 일본 제국주의 침략의 역사를 축소, 미화하는 서술로 커다란 논란을 야기한 일본의 교과서 파동이 일어난 것은 우연한 일이 아니었다.

1983년 9월 대한항공 여객기가 사할린 부근 상공에서 소련 공군기에 의해 격추되는 충격적인 사건이 발생하였다. 항로를 이탈한 여객기가 소련 영공에 진입하자 일어난 일이었다. 이 사건으로 탑승자 269명 전원이 사망하였다. 국제적 신냉전의 냉엄한 현실이 작용한 결과였으며 이 사건을 계기로 신냉전이 더욱 강화되었다. 그 다음달 전두환 일행이 미얀마 아웅산 묘소를 방문 중 북한 요원의 폭탄 공격에 의해 부총리 등 17명이 사망하는 사건이 발생하였다. 신냉전 분위기는 남북관계의 대립을 증폭시켰다.

남북관계의 훈풍은 예기치 않게 찾아왔다. 1984년 9월 남한에 닥친 수해에 북한 적십자사가 수재민 구호를 위한 물자 원조를 제안하였는데 남측이 이를 수용하면서 새로운 국면이 형성된 것이다. 이듬해 5월 서울에서 1973년 이래 중단되었던 남북적십자회담 본회담이 재개되었다. 9월에는 서울과 평양에서 각각 이산가족 상봉 및 예술단 교환 공연이 성사되었다. 연이어 남북경제회담, 남북국회회담 예비접촉, 남북체육회담 등 1985년 한 해 동안 13차례의 남북대화가 열렸다. 1985년은 남북관계의 해빙기라고 할만하다. 같은 해 소련에서는 고르바초프가 집권하였고 미국에서는 레이건 2기 행정부가 등장하면서 한층 긴장상태가 완화되었으며 미소 협력의 분위기가 조성되던 상황이었다. 중국 또한 본격적인 경제 개방정책으로 나아가던 시점이었다. 그러나 1986년에 들어 북한은 한미 팀스피리트 훈련의 강행을 이유로 남북대화의 중단을 선언하였다. 북한은 정치군사적인 문제가 한반도문제의 본질이라는 것을 드러내고자 하였다.

2. 신군부 쿠데타와 '서울의 봄'

1979년 10·26 박정희 대통령 살해사건이 발생한 이튿날, 전국에 비상계엄령이 선포되었다. 대통령 유고 상황이라는 사상 초유의 비상 국면이 형성되었으며, 헌법에 따라 최규하 국무총리가 대통령의 권한을 대행하기 시작하였다. 계엄사령관에는 정승화 육군 참모총장이 임명되었는데, 그는 전두환 보안사령관이 올린 합동수사본부 설치안을 승인하고 전두환을 본부장으로 임명하였다. 최규하는 1979년 11월 10일, 대통령선거 관련 특별담화를 발표하였다. 자신의 권한대행 잔여 임기 이전에 조기 선거를 치르겠다는 것이었다. 유신헌법을 개정하는 대신 그에 입각하여 대선을 치르려는 계획을 분명히 하였다. 개헌 요구를 외면하고 유신세력의 재집권에 유리한 구도를 유지하고자 한 것으로 볼 수 있다. 그에 따라 1979년 12월 6일 유신헌법의 규정에 의해 대통령 선출기관에 해당하는 통일주체국민회의 대의원 선거를 통해 최규하가 제10대 대통령에 선출되었다.

위와 같은 상황 속에서 군은 정국 수습을 위한 과정에서 매우 중요하고 결정적 역할을 수행하였는데, 그 정치적 입장에 따라 크게 두 흐름으로 대별되었다. 먼저 계엄사령관이던 정승화 육군 참모총장을 중심으로 한 군의 상층부는 유신헌법을 폐지하고 새로운 헌법에 의해 민간 정치권에 권력을 이양하고자 하였으며 비교적 정치적 색채가 약한 성향을 띠고 있었다. 반면 전두환 보안사령관을 중심으로 한 신군부 세력은 '하나회'라는 군 내부의 사조직을 중심으로 군부의 정치권력 유지를 추구하였다. 이들 소장파 군인들은 10·26 이후 자신들이 제거될 가능성이 있다는 위기감을 갖고 있었다. 그에 따라 오히려 역공세를 취하여 군권을 장악할 계획을 세웠다. 1979년 11월 중순부터 전두환, 노태우(9사단장), 황영시(1군단장), 유학성(국방부 군수차관보) 등은 군내 명령계통을 부정하고 군권 장악을 모색하였으며, 결국 12월 12일 군사 반란을

하나회

'하나회'라는 군내 파벌은 박정희 정권 하에서 형성되었다. 원칙적으로 군대 내의 파벌 또는 사조직은 있을 수 없는 현상이었지만, 박정희는 군 주요 보직을 관리하면서 자신의 연고지인 영남지역의 육사 출신들을 활용하기 위해 이를 방관하였다. 전두환, 노태우, 정호용 등 영남 출신의 육사 11기 생들은 1958년에 '칠성회'를 조직한 후 점차 세력을 키운 후 1962년에 하나회로 개칭하였다. 하나회는 1973년 '윤필용 사건' 때 그 실체가 드러났지만 박정희의 묵인 하에 존속되었는데 윤필용 계는 제거되고 박종규 계열의 전두환, 노태우 등이 남으면서 주류를 형성하였다. 이들이 이후 강경 소장파 장성집단을 대표하는 '신군부'의 주역이 되었다. 12.12군사반란의 핵심이었으며 광주민주화운동을 진압하는 데 앞장서며 군내 요직과 이후 정치권의 요직을 독차지하면서 전두환, 노태우 정권을 밑받침하였다. 1993년 김영삼 대통령의 지시로 해체되었다.

일으켰다. 10·26사건 합동수사본부장이었던 전두환은 정승화 참모총장을 군부의 군권 장악에 걸림돌이라고 판단, 박정희 살해사건 개입 혐의로 한밤중에 참모총장 공관을 습격하여 전격 체포하는 폭거를 자행하였다. 반란의 주동자들은 임의로 병영을 이탈하여 상부의 명령없이 병력을 동원하여 정식 군 지휘 및 명령계통을 부정하고 붕괴시켰다. 반란 성공 후 신군부는 육군참모총장, 수도경비사령관, 특전사령관 등 군내 핵심 요직을 완전히 장악하였다.

군권을 장악한 전두환은 최규하 정부의 실질적인 권력자로 행세하기 시작하였다. 이듬해 3월 중장으로 진급한 데 이어 4월에 중앙정보부장 서리에 취임하였다. 국무회의에 공식적으로 참여할 수 있는 권한을 확보한 것이다. 군권 장악에 이어 정권 장악을 위한 계획의 일환이었다. 즉 같은 해 3월 만들어진 전두환을 중심으로 한 신군부의 집권 시나리오에 해당하는 'K-공작계획'의 실현과정이었다. 5월 초에는 보안사령부 기획팀에서 '국가보위비상대책위원회의 설치' 등을 골자로 한 권력 장악 시나리오를 작성하였다. 이에 따라 전두환은 5월 31일 국가보위비상대책위원회(국보위)를 설치하고 상임위원장으로 취임하여 실질적인 권력을 장악하기에 이르렀다.

10·26사건 직후 정치권 또한 커다란 변화에 직면하였다. 유신 말기 신민당 총재직을 박탈당했던 김영삼은 권한을 되찾은 후 개헌을 적극 주장하였다. 공화당은 신임 총재로 김종필을 선출하였다. 김대중은 그해 연말에야 연금이 해제되어 정치활동을 시작하였다. 이른바 '3김'을 중심으로 한 정치권은 개헌 및 정권 교체를 위한 정치일정에 관심을 쏟았으며 1980년 1월에 접어들어 신민당 내 정대철, 조세형 등 소장 의원들이 범민주세력의 통합을 촉구하기 시작하였다. 이들은 민주세력이 먼저 단합한 후에 대통령 후보 단일화를 이루어야 한다는 입장이었다. 그에 따른 후보 단일화 추진 서명운동이 시작되었다. 정권교체와 집권 가능성에 몰두했던 신민당, 공화당 등은 헌법 개정을 위한 새 헌법시안에 관심이 컸으며 개헌 공청회에 주목하였다.

반면 재야민주화운동세력은 1979년 11월 10일, 최규하가 '유신헌법 하의 대통령 선출'을 내용으로 하는 특별담화를 발표하자 즉각 반발하고 나섰다. 민주통일국민연합 공동의장단(윤보선, 함석헌, 김대중)은 성명서를 발표하여 민주화 헌법을 3개월 이내에 제정할 것, 최규하 대행의 즉각 사퇴, 과도정부로서의 거국민주내각 구성, 민주화 인사들의 석방과 복권 및 복직, 계엄령의 즉각 해제 등을 강력히 촉구하였다. 또한 이들은 11월 24일 '통대 선출 저지 국민대회'를 개최하기 위해 YWCA에서 결혼식을 가장한 집회를 개최하였다. 하지만 계엄군의 무력 진압으로 대회장소는 쑥대밭이 되었으며 관련자 140명이 검거되었다. 재야인사들은 이듬해 3월 2일에 3·1절을 기념하여 계엄 해제를 촉구하는 선언을 발표하였으며 5월 7일에는 재야인사 30여 명이 '민주화 촉진 국민선언'을 발표하였다. 그 내용은 비상계엄령 즉각 해제, 유신체제 옹호하는 신현확 국무총리의 사퇴, 전두환 보안사령관의 모든 공직 사퇴, 양심적 정치범 석방, 유정회와 통일주체국민회의 즉각 해산 등이었다.

10·26 이후 학생활동의 자율화와 학원민주화를 요구하던 대학생들은 연말부터 유신체제 해체와 조기 개헌, 군의 엄정 중립 등을 지적하기 시작하였다. 1980년 4월까지 학생운동은 학원민주화투쟁을 중심으로 전개되었지만 4월 이후 유신세력의 재집권 음모가 노골화되고, '사북항쟁' 등 노동운동이 고조되면서 전면적인 민주화투쟁 분위기가 형성되기 시작하였다. 특히 새 학기를 맞이하여 학생운동으로 인해 제적되었다가 복권된 복학생들이 복귀하면서 자연스럽게 정치투쟁으로 전환되었다. 5월에 접어들어 학생들은 '계엄 철폐'를 본격적으로 외쳤으며 서울의 경우, 대규모 시위를 전개하기 시작하였다. 이들은 '계엄 해제' 및 '민주화 일정 제시' 등을 내세우며 정치권을 압박하였으며, 5월 15일에는 서울역 광장에서 시민들과 함께 10만여 명의 군중을 이루어 민주화의 이행을 요구하였다. 당시 언론에서는 이처럼 민주화의 열기가 고조된 1980년의 봄을 '서울의 봄'이라고 칭했는데 민주화를 원하는 국민의 바람을 표현한 것이었다. 그러나 시위를 주도하던 전국총학생회장단은 군부의 개입을 우려하여 일단 시위 중단을 결정하고 말았다.

학생들의 계엄철폐 투쟁이 고조되자 정치권 또한 적극 호응하였다. 5월 16일 김영삼, 김대중은 '비상계엄령 즉각 해제', '모든 정치범 석방 및 복권', '정치일정 연내 완결 확정' 등의 내용을 담은 6개 항의 시국수습대책을 공동으로 발표하였다. 같은 날 공화당도 계엄 해제 시점을 명확히 하라는 내용의 입장을 표명하였다. 각계 인사 134명도 비상계엄 즉각 해제, 민주화 즉각 이행 등을 촉구하는 시국선언을 발표하였다. 그러나 신현확 국무총리는 북한의 남침 위협을 강조하며 학생들의 시위로 경제 파국이 올 것을 우려한다는 내용의 담화문을 발표함으로써 민주화 요구를 외면하였다. 이같은 상황에서 신군부는 5월 17일 24시를 기해 전국에 비상계엄령을 확대 선포하고 일체의 정치활동을 금지시켰으며, 모든 대학에 휴교령을 내리고 전국의 주요 대학에 공수부대와 해병대를 파견하여 주둔시키는 등 본격적인 권력 장악을 시도하였다. 이는 훗날(1997년) 법원에 의해 내란을 위한 쿠데타로 규정되었다.

3. 5·18민주화운동의 전개와 의의

유신권력이 붕괴했음에도 불구하고 통일주체국민회의 대의원에 의한 대통령 선출이라는 상황에 직면한 재야세력과 학생운동권 등의 민주화 세력은 점차 민주주의 회복을 위한 시위운동에 나서기 시작하였다. 서울 YWCA 위장 결혼식 사건 직후인 1979년 11월 28일, 전남 광주 YWCA에서는 광주지역의 6개 단체가 모여 '통대에 의한 대통령선거 분쇄 시민대회'를 개최하였다. 시위에는 3만 7천여 명이 참가할 정도로 지역민의 호응이 컸다. 이듬해 새 학기를 맞이한 광주의 대학가에서는 학원민주화운동뿐만 아니라 계엄령 해제, 유신헌법 개정 등을 요구하는 시국성토회 등 교내시위가 이어졌다. 5월 14일 오후 도청앞 분수대에서는 민주화성회가 열렸고, 이는 15일과 16일에도 계속 이어지면서 16일에는 대학생 3만여 명이 모인 대규모 집회로 발전하였다.

1980년 광주 민주화운동은 5월 18일 아침 전남대 학생들의 교문 앞 시위로부터 시작되었다. 17일 밤 신군부의 지시에 따라 전남대에 진주한 제7공수여단은 교내에 남아 있던 학생들을 무차별 연행했다. 18일 아침 휴교조치에도 불구하고 등교한 2백여 학생들은 '계엄군 물러가라'는 구호를 외치기 시작했다. 그러자 공수부대원들은 진압봉과 개머리판 등으로 이들에게 폭력을 가했다. 분노한 학생들은 공수부대원들과 투석전을 벌이다가 금남로로 진출하였다. 학생들은 금남로 도청 앞 광장에서 계엄령 해제와 김대중 석방 등의 구호를 외치며 시위를 전개하였다. 이때 시민들이 가세하여 시위대는 2천여 명으로 불어났다. 오후 4시경 제7공수여단이 시위 진압에 나섰다. 이들은 시위 참가 여부와 관계없이 진압봉과 개머리판으로 거리의 시민들을 무차별 공격하면서 시민들을 붙잡아 군용 트럭에 실었다. 이 과정에서 첫 번째 희생자가 발생하였다. 청각장애인이었던 김경철은 거리에서 군인들에게 구타당한 후 병원으로 옮겨졌으나 다음 날 새벽 사망하였다.

19일 아침부터 분노한 시민들이 거리로 쏟아져 나왔다. 10시경 시위 군중은 1천여 명이 되었다. 11시경 제7공수여단과 추가로 파견된 제11공수여단의 군인들은 30여 대의 군용 트럭을 타고 금남로에 들어왔다. 공수부대원들은 곤봉과 착검한 소총을 휘두르며 시위대 해산과 체포에 나섰다. 시위대가 흩어지고 점심시간이 되자 공수부대는 일단 철수했다. 그 사이 시위대는 5천여 명으로 불어났다. 남아 있던 경찰은 곤봉을 휘두르며 시위대 해산에 나섰다. 시위대는 보도블록을 깨어 투석전으로 맞섰다. 점심을 마친 공수부대원들이 다시 투입되면서 시위대는 열세에 몰렸고, 가톨릭센터 등에서 수많은 사상자가 발생하였다. 이날 오후부터 시위가 광주 외곽으로 확산되었으며, 중고등학생들도 시위 대열에 합류하기 시작하였다. 18~19일에 공수부대에 의해 연행되어 전남대, 조선대 등에 수용된 사람은 973명에 달하였다. 대학생 225명, 고등학생 12명, 재수생 82명, 학원생 132명 등의 학생들과 일반인

522명 등이었다.

20일에도 제3, 제7 공수여단과 제11공수여단의 병력이 전남도청과 금남로, 충장로 등 시내 중심가에 배치되었다. 공수부대원들의 병력은 모두 10개 대대로 크게 늘어났다. 20일 오전에는 어느 정도 소강상태가 유지되었다. 오후 2시 반이 되자 금남로에 많은 시민들이 모였는데 이들은 쇠파이프와 화염병을 들고, 기독교방송국을 지키던 31사단 병력과 대치하였다. 이 소식을 들은 7공수여단 35대대가 현장으로 출동하였다. 오후 5시에는 광주고속터미널 앞에 시민 2천여 명이 모여들자 11공수여단 61대대가 진압에 나섰다. 이와 같이 시내 곳곳에 수천 명씩 군중이 모여 구호를 외쳤고, 이를 진압하기 위해 공수부대원들이 이곳저곳에 출동하는 양상이 이어졌다. 20일 오후 6시 반 경 택시 1백 대를 비롯한 버스, 트럭 기사들의 차량시위가 시작되었다. 이들은 무등경기장에 모여 금남로로 향하였다. 차량시위의 기세에 시민들의 수는 더욱 늘어났다. 오후 7시 20분 11공수여단의 대원들이 앞선 버스에 사과탄을 터뜨리고 운전사를 끌어내렸다. 이후에도 1만여 명의 시민들이 금남로에서 시위를 계속했다. 또 계림극장 앞에 3만 명, 도경 앞에 2만 명, 전대병원 앞에 1만 명 등 시내 곳곳에서 시위가 계속되었다. 밤이 되자, 시위대는 광주 문화방송에 몰려가 화염병을 던졌고, 결국 문화방송 건물은 화재로 전소되었다. 계엄사의 보도 통제에 따라 실상을 제대로 보도하지 않던 언론에 대한 시민들의 분노어린 공격이었다. 밤 11시경 광주역 앞의 3공수여단 병력은 시민들을 향해 발포하여, 5명이 사망하고 11명이 부상당했다. KBS 방송국도 화염에 휩싸였다.

21일 오전 10시경 금남로에 운집한 시민들은 5만 명을 넘어섰다. 이때 도청 앞의 공수부대원들에게 실탄이 지급되었다. 오후 1시경 도청 앞 광장에서 시민들과 대치하고 있던 공수부대가 시위대를 향해 발포하기 시작하였다. 시위대를 향한 정조준 발사였다. 이때 사망자 55명, 부상자 약 2백 명이 발생하였다. 계엄군이 발포하자 시위대도 무장에 나섰다. 시위대원들은 무기를 확보하기 위해 광주 인근의 시·군으로 나가 예비군 무기고를 열어 카빈총으로 무장하기 시작하였다. 시민들은 이동하는 과정에서 광주의 참상을 알렸으며, 이에 따라 목포, 함평, 무안, 화순, 나주, 영암, 강진, 장흥, 해남 등 전남 곳곳에서 크고 작은 시위가 벌어졌다. 광주시민들은 '시민군'을 조직하여 무장하였다. 그러자 공수부대를 비롯한 2만여 명의 계엄군은 광주 주변 7개 거점으로 퇴각하면서 광주를 외부로부터 완전히 고립시키는 봉쇄작전에 돌입하였다.

이때부터 27일 계엄군의 전면 공격이 감행될 때까지 시민들은 매일 도청 앞에서 민주수호 범시민궐기대회를 열면서 결의를 다졌으며, 자체적으로 치안 및 질서를 유지해나갔다. 시민들은 사태 해결을 위해 15명의 지역사회 인사들로 시민수습대책위원회를 구성하여 계엄군과의 접촉을 시도하였다. 수습위원회는 사태 수습 전 군 투입 금지, 연행자 전원 석방, 군의 과잉진압 인정, 사후 보복 금지, 상호 책임 면제, 사망자 보상 등을 요구하면서 계엄분소장을 만났으나 군측은 협상 자체를 수용하지 않았다. 전남대, 조선대 학생들도 학생수습위원회를 구성하여 사태에 대처하고자 하였다.

25일 학생수습위는 최후의 항전을 위해 '민주투쟁위원회'를 결성하였다. 시민수습위는 계엄사와 협상을 계속했으나 협상은 결렬되었다. 26일 오후 6시까지 무기를 반납하라는 군의 최후 통첩이 있었고, 민주투쟁위원회 대변인 윤상원의 기자회견이 있었다. 그는 "우리는 불의에 저항하여 끝까지 싸웠다는 역사를 남길 것"이라고 말했다. 도청 안에는 최후의 항전을 위해 150여 명이 있었고, 인근의 빌딩들에 100여 명이 남아 있었다.

공수부대, 20사단, 31사단, 전교사 등으로 구성된 1만 2천여 명의 계엄군은 27일 새벽 광주에 진입하였다. 도청 탈환 임무를 맡은 3공수여단 병력은 4시에 도청 앞에 도착했으며 시민군은 5시 30분경 이들에 의해 순식간에 진압당하였다. 끝까지 저항하던 윤상원 등 시민군 28명은 계엄군에 의해 피살당했으며 100여 명은 체포되었다. 5월 31일, 계엄사령부는 '광주사태의 전모'를 발표하였다. 이 사건으로 175명이 구속 기소되었는데, 고등군법회의는 선 언 문.

유신잔당과 민주환국이라함께마는 이제 더 이상 흑독반격의
살인죄를 즉시 중단하고 군부한 인사의 심판을 받으라.
우리는 최후의 승리까지 최후의 단계까지 민주쟁취를 위해 죽
음을 각오할것이다.
이 나라의 장래와 더 이상 희생을 막기 위해 우리의
결의를 다음과 같이 밝힌다.
1. 겁에게 희주들 도수는 것과 물러가라.
2. 칼을마다 전두환을 즉시 저단하라.
3. 구국 과도정부를 민주인사들로 구성하라.
4. 구속중인 학생들과 모든 민주인사들을 즉시 석방하라.
5. 계엄령을 즉각 해제 하라.
6. 휴교령을 즉각 철폐하라.
7. 언론은 광주시민의 함성을 활제로 보도하라.
8. 정부와 언론은 전남도민 정상인의 지역감정의 왜곡
보도 위부조작하지마라.
9. 준신출혈을 말초전들을 즉시 중단하라
이 길만이 현시국을 수습하는 유일한 길임을 역사
앞으로 준임히 선언한다.
1980. 5. 22.
전남민주민족운동을 위한 국민연합
전남 민주청년 연합회
전역 민주수호 범시 총연맹.

5.18민주화운동 시기 시민군이 제작한 소식지 「투사
회보」. 5월 21일, '민주시민회보' 등 각종 유인물을
윤상원의 책임 하에 「투사회보」로 일원화하여 제10
호까지 발행하였다.(5·18민주화운동기록관)

이들에게 사형, 무기징역 등을 선고
하였다. 항쟁 기간 중 사망한 이는 모
두 164명으로 파악되었으며, 21일
에 가장 많은 사망자가 발생하였다.

5·18민주화운동은 유신정권의
붕괴 이후 민주화를 염원한 국민적
바람의 한 표현이었다. 언론 통제와
민주 민권이 제약된 계엄 정국 하에
서 여타 지역이 침묵한 가운데 유독
광주지역에서 신군부에 대한 항쟁
을 지속할 수 있었던 까닭은 박정희
정권기 호남 차별에 대한 반감, 민청
학련 사건과 교육지표 사건 등과 같
은 지역 내 반유신 민주화운동의 역
사를 배경으로 한 것이다. 또한 신군

부가 호남 출신 정치인 김대중을 내란 혐의로 체포한 것도 적지 않은 영향을
미쳤다. 그러나 무엇보다도 광주시민들을 항쟁으로 내몬 것은 다름아닌 계엄
군의 폭력적인 진압과 학살 때문이었다. 신군부는 자신들의 집권을 정당화
하기 위한 명분을 쌓기 위해 광주시민들의 민주화운동을 '폭동'으로 둔갑시
키고 민주적 시위에 나선 시민들을 '폭도'로 매도하였다. 특히 '북괴의 조종
에 의해' 폭동이 일어났다는 식의 반공주의를 이용하여 사실의 왜곡을 시도
하였다. 그럼에도 불구하고 5·18민주화운동의 진실은 이후 1980~90년대를
거치며 민주화가 진행되는 과정에서 밝혀지기 시작했으며 이후 전개된 민주
화운동의 커다란 원동력으로 작용하였다. 뿐만 아니라 신군부의 권력 장악과
한미연합사 작전통제 하에 있던 20사단 등 진압부대의 광주 이동을 고의적으
로 묵인했던 미국에 대한 책임론이 제기되기도 하였다. 1982년 부산 미문화

원 방화사건과 1985년 대학생들의 서울 미문화원 점거 농성사건 당시 '광주항쟁 유혈 진압에 대한 미국의 책임 인정과 사과' 주장 역시 이 때문이었다.

4. 전두환 정권과 6월 민주항쟁

5·18민주화운동을 유혈 진압한 신군부는 1980년 5월 31일 국가보위비상대책위원회(국보위)라는 새로운 권력기구를 구성하여 본격적인 권력 장악에 착수하였다. 국보위는 전두환의 건의에 따라 국무회의의 형식적인 의결을 거쳐 대통령 자문보좌기관으로 발족하였다. 국보위 위원장은 대통령이었지만 실질적 권한은 상임위원회에 있었다. 전두환은 상임위원회 위원장을 맡았으며 대부분의 위원들이 전두환의 측근들로 구성되었다. 이로써 전두환은 보안사령관, 중앙정보부장 서리에 이어 국보위 상임위원장을 차지하면서 무소불위의 권력을 장악하였다.

국보위는 안보태세 강화, 사회악 일소 등을 내세우면서 민주화운동세력을 철저하게 탄압하였다. 이미 5월 17일 쿠데타를 일으키면서 김대중 등을 체포하였고, 6월에는 각 분야의 민주인사 329명을 지명 수배하였다. 이어 '김대중 일당의 내란음모사건'이라는 조작 사건을 발표하여 수많은 민주인사를 체포, 투옥하였다. 또한 신군부는 민심을 얻는 동시에 구 군부세력과 절연하고자 유신세력에 대한 일대 숙청작업을 단행하였다. 국보위는 이 과정에서 언론을 동원하여 자신들의 활동을 미화하였을 뿐만 아니라 전체 기자의 30%에 달하는 기자를 강제 해직함으로써 언론을 철저하게 통제하고 장악하였다. 또한 교육개혁이라는 미명 하에 과외금지, 대입 본고사 폐지 및 졸업정원제 실시, 학도호국단 부활 등의 정책을 실시하였다. 특히 신군부는 사회정화를 내세워 야만적인 인권유린을 자행하였는데 삼청교육대가 대표적이다. 폭력범과 사회문란사범을 순화한다는 발상에서 운영된 삼청교육대는 강제 입영

교육과정에서 심각한 인권침해와 강제노역, 가혹행위 등을 수반하여 수많은 희생자를 낳았다. 2002년 삼청교육대사건을 조사한 의문사진상규명위원회는 삼청교육과 후유증으로 사망한 사람이 339명, 장애를 당한 사람이 2,700명에 달한다고 발표한 바 있다.

신군부세력의 직간접적인 압박에 의해 결국 최규하 대통령은 1980년 8월 16일 특별담화를 발표하여 대통령직을 사임하였다. 열흘 후인 8월 27일 열린 통일주체국민회의 대의원선거에서 전두환은 단일후보로 나서 총 투표자 2,525명 중 2,524표의 찬성과 1명의 무효표로 제11대 대통령에 당선되었다. 전두환은 개헌심사위원회를 발족하여 개헌을 추진하였으며 1980년 9월 29일 제5공화국 헌법개정안을 공고하였다. 대통령의 임기를 7년 단임으로 하고 중임을 금지하는 내용이었다. 그러나 여전히 대통령 간접선거 방식을 고수함으로써 국민들의 직접선거를 외면하였다. 새로운 헌법 개정안에 대한 국민투표가 1980년 10월 22일 실시되었다. 95.5%의 투표율에 91.6%의 찬성률로 나타났다. 개정헌법에 따라 국회 및 정당 등이 해산되었으며, 국가보위입법회의를 설치하여 국회의 기능을 대신하도록 하였다. 국가보위입법회의는 제5공화국 출범 이후 전개된 정치 상황을 강압적으로 재조정하는 역할을 담당하였다. 기성 정치인의 활동을 8년간 금지하는 '정치풍토 쇄신을 위한 특별조치법안' 등 156일 동안 215건을 가결하였는데 신군부정권의 출범을 위한 제반 법과 제도의 정비 작업에 해당하였다.

그해 11월 4일, 미 대통령선거에서 공화당의 레이건이 당선됨으로서 미국의 대한관계와 분위기는 전두환 정권에 우호적으로 변하였다. 이듬해 2월 2일 레이건은 전두환의 요청을 받아들여 백악관에서 한미정상회담을 개최하였으며, 전임 카터 행정부와 달리 주한미군 철수계획의 백지화를 선언하였다. 레이건의 환대는 쿠데타와 광주학살의 주범 전두환에 대한 미국의 지지와 공인을 의미하는 것으로 해석되기에 충분하였다. 이와 같은 분위기 속에서 신군부세력은 1981년 1월 집권정당 만들기 프로젝트에 따라 민주정의당을 창당하고 대통령후보로 전두환을 선출하였다. 2월 25일 새로운 헌법에 따라 대통령 선거인단에 의한 대통령선거가 실시되었다. 허수아비 야당 후보들과의 형식적 경합을 거친 전두환은 90.2%의 득표율로 당선되었으며 3월 3일, 제11대에 이어 연속으로 제12대 대통령에 취임하였다. 이어서 3월 25일, 제11대 국회의원 총선거가 실시되었다. 이때 민정당은 전체 득표율이 35.6%에 불과하였지만 제1당으로서, 5공 헌법의 조항에 따라 전국구 의석의 3분의 2를 자동으로 차지하여 54.7%라는 과반의석을 얻게 되었다.

전두환 정권은 통치체제가 어느 정도 안정되자 1982~1983년에 야간 통행금지 전면 해제, 중·고교생 두발 자율화, 교복 자율화 등의 조치를 발표하였다. 또한 1983년에 민주화운동으로 해직된 교수들과 제적된 학생들의 복직 및 복교를 허용하였으며, 이듬해에는 정치활동에 대한 규제를 해제하기 시작했으며 대학에 투입된 경찰병력을 철수하는 등 유화조치를 시도하였다. 이러한 일련의 유화적 조치는 이미 강력한 집권체제를 구축한 전두환 정권의 자신감을 반영하는 동시에 정권에 대한 국민적 지지를 넓히려는 의도였다. 그러나 동시에 유화 국면은 학생운동 등 반독재 민주화운동의 성장과 야당 신한민주당(신민당)의 약진으로 이어졌다. 학생운동의 경우, 1984년에 학생자치기구인 총학생회가 부활하면서 학생활동의 구심점을 형성하였다. 각 부문에서 사회민주화를 위한 단체들이 조직되기 시작하였으며 1985년에 민주통일민중운동연합(민통련)이라는 대중단체들의 연합체가 결성되어 민주화운동의 역량을 결집하고자 하였다.

1984년 5월, 민주화추진협의회(민추협)를 결성한 야당계 정치인들은 기존 야당을 대신할 신민당을 창당하였다. 신민당은 1985년 2·12총선에서 국민의 지지를 받아 제1야당으로 부상하였는데, 총선에서 신민당이 내건 주요 공약 중 하나가 '직선제 개헌'이었다. 신민당은 8월말 개헌추진본부를 결성하였으며, 민통련 등 민주화운동세력 또한 11월에 민주헌법쟁취위원회를 구성하는 등 본격적인 직선제 개헌운동의 흐름이 형성되기 시작하였다. 1986년 2

월 신민당과 민추협이 대통령 직선제 개헌 1천만 명 서명운동을 벌이기 시작하였으며, 전국에서 개헌을 요구하는 시민, 학생들의 집회가 대규모로 전개되면서 본격적인 개헌운동이 전개되었다. 전두환은 4월 청와대에서 열린 3당 대표 회동에서 '국회에서 여야가 합의하면 임기 중에도 개헌할 용의가 있음'을 밝혔다. 동시에 전두환 정권은 학생들과 노동계의 민주화 요구에 대해서 철저하게 탄압책으로 일관하였다. 5월 3일에 신민당 인천 개헌추진위원회 경기인천지부결성대회에 집결한 민주화운동단체들 가운데 반미 등 급진적 구호가 분출하고 경찰차가 불타는 등 시위가 폭력적 양상을 띠며 전개되자 전두환 정권은 민통련 등을 비롯하여 노동계, 학생들의 요구를 좌경시하면서 관련자들을 대거 구속하였다.

1986년 6월 성고문사건이 터졌다. 부천경찰서 형사 문귀동은 대학졸업 후 '위장취업'을 위해 주민등록증을 위조한 여성 노동자를 추궁하면서 천인공노할 성고문을 자행하였고, 이같은 사실이 드러났다. 위기에 몰린 전두환 정권은 안보 위기의 조성과 공안 탄압으로 정국을 장악하고자 하였다. 10월, 국시國是 발언을 빌미로 신민당 유성환 의원을 구속하였으며, 애학투련(전국반외세반독재애국학생투쟁연합) 결성식 강제 진압으로 대학생 1,288명을 구속하였다. 또한 북한 금강산댐 수공 위협 등을 내세워 반공 이데올로기를 강화함으로써 정권을 유지하고자 하였다. 그러나 이듬해 1월, 박종철 학생(서울대 언어학과)이 치안본부 남영동 대공분실에서 물고문에 의해 사망하는 사건이 발생하였다. 쇼크사로 사인을 위장, 축소 조작하려고 한 경찰의 발표에도 불구하고 의혹을 제기한 언론 보도와 검안의들의 소신있는 발언 등에 의해 사건의 진상이 하나둘 드러나기 시작하였다. 이 사건을 매개로 민주화운동세력과 야당들은 박종철 학생을 추모하기 위한 2·7추도집회, 3·3고문추방국민대행진 등의 집회를 전국적으로 개최하면서 사건의 진상규명을 요구하였으며 정권을 규탄하였다.

한편 직선제 개헌을 추진하던 양 김씨 세력은 4월 8일 신당 창당을 선언

국시(國是) 발언

당시 야당인 신한민주당 소속이었던 유성환 의원은 1986년 10월 국회의 대정부 질의에서, 서울올림픽에 공산권 국가들의 참여를 위해서라도 '국시는 반공이 아닌 통일이어야 한다'라고 발언하였다. 또한 민족이나 통일이 자본주의나 공산주의라는 용어보다 위에 있어야 한다는 소신을 피력하였다. 그러자 여당인 민주정의당이 즉각 비판하기 시작하였고 반공연맹 등은 유의원을 용공분자로 지칭하며 처벌을 주장하였다. 민정당은 유의원에 대한 체포동의안을 가결하였으며 검찰은 곧바로 유의원을 구속하였다. 현역 의원 중 원내 발언에 의해 구속된 첫 사례였다.

하고 4월 13일, 신당 창당 발기인대회를 개최할 예정이었다. 민주화운동세력의 박종철 추모집회 분위기와 신당 창당 국면 속에서 직선제 개헌운동이 더욱 강화될 것을 우려한 전두환은 4월 13일 당일에 맞춰 '특별 담화'를 발표하였다. 즉 자신의 임기 중 개헌은 불가능하다고 규정하고 기존 헌법에 따라 대통령선거를 치를 것이라는 내용의 이른바 4.13호헌 조치를 선언하여 정국을 긴장시켰다.

4·13호헌 발표 당일부터 반대 투쟁이 시작되었다. 이후 전국 각지, 각계각층에서 호헌 반대 선언과 집회가 열렸다. 5·18항쟁 7주년이 되는 1987년 5월 18일, 호헌 반대투쟁을 한 단계 끌어올리고 민주화운동을 크게 고양시킨 박종철 고문치사사건의 은폐, 조작 사실이 천주교정의구현사제단에 의해 폭로되었다. 이 사건을 계기로 야당과 재야 등 민주화운동세력은 운동의 구심점으로서 '호헌철폐 및 민주헌법쟁취 국민운동본부(국본)'를 결성하였으며, 국본은 이후 6월민주항쟁을 이끌어 나가는 주역이 되었다. 국본은 정부 여당인 민주정의당(민정당)이 전당대회를 열어 대통령후보를 정하는 6월 10일에 범국민적 규탄대회를 열기로 하였다. 전국 각지에서 6·10규탄대회를 위한 집회 및 시위를 전개해나가는 과정에서 전날인 6월 9일, 연세대 이한열 학생이 시위 도중 경찰의 최루탄을 맞아 절명하는 사건이 발생하였다. 6월 10일 오전

10시, 민정당 전당대회에서 전두환의 후계자로서 노태우가 대통령후보로 지명되던 시각에 전국 각지에서는 '고문살인 은폐 규탄 및 호헌철폐 국민대회'가 전개되었다. 이때부터 시작된 '호헌철폐'와 '독재타도'라는 국민적 외침은 이후 직선제 개헌의 수용을 주요 내용으로 하는 민정당 노태우 대표의 6·29선언이 발표되기까지 전국적으로 끊임없이 확산되었다. 시위의 주체는 학생들뿐만 아니라 '넥타이부대'라고 불리던 시내의 직장인들이 함께함으로써 학생 주도, 시민 참여의 양상을 띠었으며, 이들은 '직선제 쟁취'와 '독재 타도' 등의 구호를 외쳤을 뿐만 아니라 '애국가', '우리의 소원은 통일' 등의 노래를 제창하였다.

6월민주항쟁은 6·10국민대회와 6·18최루탄 추방대회, 6·26평화대행진 등 대규모 집회 등을 매개로 하면서 그 사이사이에 매일같이 열린 크고 작은 집회와 시위의 연속적인 상황을 일컫는 현상이다. 또한 각계각층의 민주인사들과 시민, 학생들이 결합하여 벌어진 시민 주체의 항쟁이었으며 서울뿐만 아니라 전국의 주요 도시와 곳곳에서 벌어진 전국적 규모의 국민 항쟁이었다. 무엇보다 직선제 개헌을 주요 이슈로 하면서 국민적 요구가 뚜렷하게 집중되는 양상을 띰으로써 결국 집권세력의 직선제 수용을 이끌어내는 결과를 가져왔다.

6월항쟁 직후 7~9월에는 이른바 '노동자 대투쟁'이 진행되었다. 울산의 현대엔진 노동조합 결성을 시작으로 노동조합 결성 움직임이 전국적으로 확산되었으며 노동쟁의가 이 기간 동안 3천 회를 넘김으로써 전년도 쟁의 건수보다 58배나 증가하는 양상을 보였다. 1987년의 노동자 대투쟁은 민주노조 건설과 임금인상 등을 내세우며 광범한 노동자 대중을 주체로 하는 노동운동의 전개 양상을 띠면서 노동운동의 폭발적 성장을 견인하였다. 민주노조들은 1995년에 이르러 전국적인 조직으로서 전국민주노동조합총연맹을 결성하였다.

6·29선언 이후 여야 정치권은 본격적인 개헌 협상을 전개하였으며 국회

1987년 6월항쟁 당시 명동성당에서 농성중인 시위대.(국가기록원)

의 헌법 개정에 따라 그해 12월 16일, 16년 만에 직선제 대통령선거가 실시되었다. 군부독재 종식을 내세웠던 유력 야당 후보들이었던 김영삼과 김대중은 끝내 독자 출마를 강행하였으며 각각 28.0%, 27.1%를 얻는 데 그쳤다. 그 결과 민정당의 노태우 후보가 반사이익을 얻음으로써 36.6%의 낮은 득표율로 대통령에 당선될 수 있었다. 한편 대선 투표를 하루 앞둔 12월 15일, KAL 858기 폭파사건(11월 29일 발생, 탑승객 115명 전원 사망)의 범인으로 발표된 '북한 공작원 김현희'가 체포돼 극적으로 김포공항에 입국하는 충격적인 장면이 연출되기도 하였다. 이 사건은 결과적으로 대선의 막바지 국면을 요동치게 만든 결정적 요인이었다.

5. 1980년대의 경제와 사회 변화

한국 경제는 1980년에 마이너스 성장을 기록할 정도로 심각한 위기 상황이었다. 1970년대 말부터 중화학공업에 대한 과잉·중복 투자, 1979년 제2차 석유파동 등의 여파였다. 전두환 정권은 이러한 위기를 노동 통제의 강화, 과잉·중복 자본의 재편성, 이른바 산업합리화정책 등 안정화정책을 통하여 타개하고자 하였다. 또한 1985~1988년까지 78개의 부실기업을 합리화 대상으로 지정 혹은 3자 인수 방식으로 정리를 시도하였다. 부실기업을 인수하는 기업에게는 금융 및 세제 특혜가 주어졌는데, 대부분의 수혜자는 재벌기업이었다. 이같은 특혜를 통해 재벌들의 시장 독점과 경제력 집중 정도는 더욱 커졌다. 1979~1987년 동안 한국 10대 재벌의 자산 규모는 6배 이상 증가하였다. 전두환 정권이 추진한 산업 구조조정 정책은 한국 경제의 본격적인 구조조정과 체질 개선으로 이어지지 못하였다. 재벌 기업들은 오히려 상호 연관성 없는 산업 분야에 마구 뛰어들어 문어발식으로 확장해 나가면서 단지 기업의 규모를 확장시키는 데 집중하였다. 무분별한 기업의 확장 전략은 외국에서 빌린 차관에 의지하는 방식이었다.

국가적 외채 규모 또한 크게 상승하였으나 1986년부터 시작된 저금리, 저유가, 저달러라는 '3저 호황' 국면을 맞이하면서 일단 해소되었다. 이같은 조건은 한국 기업의 수출 경쟁력을 크게 높였으며 1985년 9월부터 1988년까지 국제수지가 흑자로 이어졌다. 1988년 국제수지 흑자는 142억 달러를 기록했으며 외채문제도 자연히 해결되었다. 한국의 무역수지가 흑자로 전환되자 미국은 본격적으로 수입개방 압력을 가하기 시작하였다. 1989년 미국은 종합무역법 슈퍼 301조를 발동하여 한국을 우선 협상 대상국으로 지정하여 농산물, 지적 재산권, 서비스 분야 등을 비롯하여 통신 및 금융시장 등 거의 모든 산업에 수입 자유화와 시장개방을 요구하였다. 이에 따라 관세율을 낮추자 1990년부터 한국 경제는 다시 적자 기조로 돌아섰다.

반면 1980년대 초중반 전두환 정권의 재벌 친화적 경제정책은 자본의 재편성을 매개로 정치권력과 재계의 유착 정도를 더욱 공공연하게 형성하는 방향으로 나아갔다. 국가 권력이 정부에 집중된 상황에서 기업에 대한 과도한 압박과 제재, 동시에 지원과 특혜의 제공은 돈독한 정경유착의 전형을 창출하였으며, 전두환은 '정치헌금'이라 불리는 재계의 막대한 지원금을 받아 비자금을 조성하였다. 그에 대해 1997년 법원이 확정한 추징금은 2,205억 원에 달할 정도였다. 재벌 기업들은 3저 호황기에 창출된 부를 바탕으로 경영 합리화와 기술 개발에 투자하는 대신 기업의 규모를 확장하는 데 주력하였다. 또한 부동산 투기에 뛰어들면서 비정상적인 기업 경영 행태를 드러냈다.

반면 한국 경제에서 차지하는 농업의 비중은 지속적으로 약화되었다. 1980년 총인구 가운데 28.4%를 차지하던 농업인구는 1990년 15%로 줄어들었다. 정부는 개방 농정과 복합 영농시책을 농업정책으로 삼았으나, 그 결과는 농축산물 수입에 따른 농산물 가격의 하락과 농가 부채의 증가로 나타났다. 농민들은 농가부채 탕감, 농축산물 수입반대, 농협 조합장 직선제 등을 요구하며 1990년 '전국농민회총연맹'을 만들어 대응하였다.

정경유착, 재벌 중심의 경제구조라는 근본적인 문제점을 안고 있던 한국 경제는 1980년대 중반을 거치면서 완만한 성장세를 회복해나갔다. 1985년 1인당 국민소득은 1,500달러를 넘어섰으며 경제성장의 분위기 속에서 소비, 유흥문화 또한 크게 번성하기 시작하였다. 그에 따라 1980년대의 대중문화는 크게 변화해나갔다. 1981년부터 본격적인 컬러 텔레비전 방송의 시대가 열렸으며 프로 스포츠의 도입과 국제 스포츠대회의 개최 등 전두환 정권이 문화, 체육정책을 주도해나가는 방식이었다. 1981년에 여권법을 개정하여 보다 자유롭게 해외여행을 할 수 있게 되었다. 같은 해 5월, '국풍81'이라는 관제형 국민축제를 기획, 서울 여의도에서 5일간 실행하여 국민의 관심과 참여를 유도하였다. 또한 선정적인 에로 영화에 대한 규제를 대폭 완화하여 말초적 감각을 자극하는 대중 정서가 확산되었다. 특히 스포츠 분야에 대한 정

1988년 서울올림픽 개막식 행사(1988.9.17).

부의 지원과 관심이 두드러졌다. 1982년에 프로 야구, 1983년에 프로 축구가 각각 출범하였다. 무엇보다 전두환 정권은 86아시안게임과 88올림픽 개최 등 대규모의 국제 스포츠 행사를 유치함으로써 국민들의 관심을 집중시키고자 하였는데 취약한 정부의 정통성을 만회하기 위한 '스포츠의 정치적 이용'이라는 비난을 받기도 하였다. 한편 전두환 군부독재 정권에 저항하는 문화예술운동이 활발히 전개되었다. 문학, 음악, 미술, 연극, 영화, 무용, 건축 등 각 분야의 진보적 문화예술인들은 1988년 한국민족예술인총연합(민예총)을 결성하여 민족예술과 대중화를 내세우면서 창작활동과 실천활동을 통해 독재와 권위주의 정권을 고발하여 국민적 저항의식을 고취하고자 하였다.

김원 외, 2017, 『민주노조, 노학연대 그리고 변혁: 1980년대 노동운동의 역사』, 한국학
　　중앙연구원 출판부

김정한 외, 2016, 『한국현대생활문화사: 1980년대』, 창비

김종엽 엮음, 2009, 『87년 체제론』, 창비

서중석, 2011, 『6월 항쟁』, 돌베개

이완범 외, 2005, 『1980년대 한국사회 연구』, 백산서당

최영태 외, 2008, 『5·18 그리고 역사: 그들의 나라에서 우리 모두의 나라로』, 길

한국사회연구소, 1991, 『한국경제론: 80년대 한국자본주의의 구조』, 백산서당

제20장

탈냉전기 한국사회의 변화

세계사의 흐름 : 탈냉전, 세계화, G2, IT혁명의 시대

1990년 동서독의 통일과 이듬해 소련의 해체 등 사회주의 진영의 몰락에 따라 40년 넘게 지속된 동서 냉전시대가 탈냉전의 시대로 접어들었다. 자유주의 혹은 자본주의 진영이 더욱 강화됨에 따라 자연히 미국 주도의 세계질서로 재편되기 시작하면서 탈냉전 시기에 신자유주의와 세계화 현상이 강하게 대두되었다. 미국 역사상 최고 호황기를 누린 클린턴 행정부로 상징되는 신자유주의적 경향이 냉전 해체 이후의 국제정세를 이끌었다면, 유럽에는 토니 블레어 영국 총리를 비롯한 사민주의 정권이 등장함으로써 '제3의 길'을 추구하는 분위기가 형성되기도 하였다. 동시에 극단적 민족주의가 기승을 부림에 따라 걸프전쟁을 비롯해 유고슬라비아, 체첸, 보스니아 등지의 내전이 잇따랐다.

북미자유무역협정 및 우루과이라운드UR의 타결(1993), 세계무역기구WTO의 출범(1995) 등에 따라 경제적 영역에서 신자유주의가 구조화되어 갔으며 단일 경제권을 의미하는 세계화 현상이 빠르게 자리잡기 시작하였다. 국민경제를 단위로 한 독자적 경제체제는 더 이상 통하지 않았으며 초국적 금융자본이 세계경제를 제패하는 시대가 되었다. 이와 같은 상황 속에서 1997년 동남아 경제위기 및 한국의 외환위기가 불거졌으며 빈부격차에 따른 사회적 양극화 현상이 더욱 심화됨으로써 점차 '2:8사회'로 고착되는 분위기가 조성되었다.

동남아에서는 정치적 민주화가 진전을 이루었다. 필리핀에서는 수십년 만에 열린 자유선거로 피델 라모스가 대통령에 당선되었으며, 태국 시민들은 시위를 전개하여 수친다 내각을 퇴진시켜 60년 만에 군사정권을 종식시켰다. 캄보디아 역시 1993년 최초의 자유선거를 치르면서 입헌군주국으로 회귀하였으며 50년에 걸친 내전을 종식시켰다. 1999년에는 동티모르가 국민투표로써 독립 선언의 기틀을 마련하였다. 탈냉전 이후 아프리카의 여러 나라들에서도 종족간 분쟁에 따른 극단적 내전에 휩싸이는 상황이 발생하였다.

미국에서는 2000년 조지 부시 공화당 정부가 등장하였는데 9·11테러에 직면하여 '테러와의 전쟁'을 선포하면서 전세계적인 군사적 긴장감이 높아지게 되었다. 아프가니스탄 전쟁을 일으켜 탈레반 정권을 붕괴시켰으며 2002년에는 북한을 포함하여 이란, 이라크를 '악의 축'으로 지목하기도 하였다. 이듬해 대량살상무기의 근절을 명분으로 이라크전쟁을 벌여 오사마 빈 라덴을 지지하던 사담 후세인정권을 붕괴시켰으나 끝내 대량살상무기는 확인하지 못하였다. 신자유주의와 군사적 개입으로 자국 중심의 국제질서를 이끌던 미국이 2007년 서브 프라임 모기지사태와 이듬해 세계 금융위기에 직면하면서 '변화'를 내건 버락 오바마가 미국 역사상 흑인 최초로 대통령에 당선됨으로서 새로운 시대를 맞이하게 되었다. 그러나 미국 경제의 점진적인 하락과 중국을 비롯한 지역내 패권국가들의 등장에 따라 미국이 독자적으로 국제질서를 이끌어가기 어려운 환경이 조성되었다. 이같은 미국 내 정서가 2016년 트럼프 정권의 창출로 이어졌다. 트럼프는 보호무역 추진과 반이민정책, 미군 주둔지역 비용의 전가 등 미국 이기주의적 정책을 노골화하였으며 EU와 중국을 상대로 무역전쟁을 벌였다.

새 밀레니엄 시대는 미국의 자국 이기주의의 기승과 유럽, 일본 등 전통적인 경제강국의 쇠퇴, 신흥국의 위기 등과 함께 중국의 급부상에 따른 'G2'시대의 도래라고 할 수 있다. 세계적 유일 패권국의 지위를 잃지 않기 위한 미국의 '중국 위협론'과, 꾸준한 경제성장률에 기반한 외교 군사적 '대국굴기론'을 내세운 중국의 도전이라는 양국의 갈등과 이해관계에 따라 세계정세가 요동치는 상황이 이어지고 있다.

한편 탈냉전 또는 포스트 이데올로기 시대가 형성되면서 '정보혁명시대'라고 할만한 환경이 조성되었다. 전통적인 아날로그시대로부터 디지털시대로의 대전환이 이루어졌다. 정보통신 기술의 획기적인 성장으로 무선호출기, 고성능 컴퓨터, 휴대전화, 스마트폰 등의 통신기기들이 개발되어 대중화되었다. 인터넷의 발달로 세계는 국경없는 초국적 정보망 사회로 진입하여 아무런 제약없이 각종 정보를 주고받으며 공유할 수 있는 새로운 온라인 세계로 진화해 나가고 있다.

1. 제6공화국 시대의 정치와 사회 변동

군부정권에서 민간정부로

노태우 정권은 취약한 정통성을 만회하고자 5공화국과의 단절을 꾀하였다. 6월항쟁 이후 점증하는 광주항쟁에 대한 진상규명과 책임자 처벌을 바라는 사회적 요구를 더 이상 외면하기 곤란한 상황이기도 하였다. 그에 따라 '광주 및 5공 청문회'가 열렸으며 5·18민주화운동에 대한 진상규명과 5공 비리 청산을 둘러싼 국민적 관심이 크게 고조되었다.

6월항쟁 이후 각계각층의 민주화운동과 통일운동 등이 고조되어 나가자 노태우 정권은 1989년 문익환 목사의 방북사건을 계기로 '공안정국'을 조성하여 민주화 요구를 억압하였다. 1991년에 시위에 참가한 강경대 학생을 폭행 치사하는 등 강경한 대응으로 대중의 요구를 누르고자 함에 따라 5~6월의 강력한 대중시위에 직면하기도 하였다. 반면 통치체제의 안정화를 위한 보수

1993년 12·12군사반란과 5·18학살에 대해 책임을 묻는 법정에 선 전두환·노태우 두 전직 대통령.

대연합 구축의 일환으로 3당 통합을 이루어 인위적인 정계 개편을 단행하였다. 극단적인 지역주의에 기초한 인위적인 보수대연합 추진의 결과는 1990년 민주정의당(노태우), 통일민주당(김영삼), 신민주공화당(김종필)이 합당한 민주자유당(민자당)이라는 거대 여당의 창출이었다. 1991년에는 지방자치제가 부활되어 기초 및 광역의원 선거가 실시되었다. 민주화 이후 과거사 이슈가 뚜렷이 부상한 점도 특징이다. 1990년 정신대문제대책협의회(정대협)가 결성되어 과거 일본군 위안부 문제의 해결을 촉구하였으며 이듬해 김학순 할머니가 국내에서 처음으로 일본군 '위안부' 피해자 증언을 하였다. 이후 일본대사관 앞에서 매주 수요시위가 열리기 시작하여 현재까지 지속되고 있다.

1992년 대통령선거에서 민자당 김영삼 후보가 민주당의 김대중 후보를 물리치고 당선되었다. 김영삼은 노태우 신군부세력, 김종필 유신세력과의 통합체인 민자당의 후보로 당선되었으나 '문민정부'를 표방하고 민간정부를 자임하였다. 김영삼 정부는 1993년에 공직자의 재산 등록과 금융 실명제를 전격 실시하여 경제활동의 선진화와 부정부패 척결을 위해 노력하였다. 1995년에 지방자치단체장 선거를 실시하여 실질적인 지방자치 시대를 열었다. 또한 '역사 바로세우기' 정책의 일환으로 과거 군사정권 시기의 사건들을 단죄, 청산하고자 하였다. 1993년에 군 내부의 사조직인 '하나회' 해체를 지시하였으며, 12·12와 5·18에 대한 책임을 물어 전두환, 노태우 두 전직 대통령을 구속하여 법정에 세웠다. 더불어 '5·18특별법'을 제정하여 광주민중항쟁을 '5·18민주화운동'으로 정식 인정하였다. 그러나 김영삼 정부 역시 사회운동 세력의 저항을 피할 수 없었다. 특히 1994년 북한의 김일성 급서로 인해 조성된 조문파동 국면에서 이를 남북화해의 호재로 삼으려는 사회운동세력을 정부가 탄압하며 신공안정국을 조성하자 반발에 직면하기도 하였다.

DJP연합정부와 참여정부

1997년 제15대 대통령선거 결과 이른바 'DJP연합' 노선을 내세운 김대중 후보(새정치국민회의)가 당선됨으로써 민주화 이후 처음으로 선거에 의한 여야간 정권교체가 실현되었다. '국민의 정부'를 자임한 김대중 정부는 '민주주의와 시장경제의 병행 발전'을 내세웠다. IMF 관리체제 속에서 출범한 김대중 정부는 경제위기의 극복을 제일의 과제로 설정하고 공공부문의 대대적인 구조조정과 전면적인 대외 개방정책을 추진하였다. 그 결과 한국경제가 회복되기 시작했으며, 정부는 2001년에 구제금융을 조기에 상환하고 IMF측의 거

✔해설

DJP연합

1997년 대선을 앞두고 김대중(DJ)을 중심으로 한 새정치국민회의와 김종필(JP) 중심의 자민련이 선거 승리와 공동 집권을 목표로 내세웠던 정치연합으로서 두 사람의 이니셜을 따서 지칭하였다. 전라도에 기반한 김대중과 충청권의 지지를 받던 두 사람이 연합정권을 모색하였는데 여기에 대구경북(TK) 출신 박태준을 포함하여 일부에서는 'DJT연합'으로 불리기도 하였다. DJP연합 정신에 따라 이후 김대중 정부의 초대 국무총리에 김종필이 임명되었다.

시경제 관리 상태로부터 벗어났다고 선언하였다. 또한 지난 권위주의 시대의 불행한 과거사에 대한 진상규명과 청산의 일환으로 국가인권위원회 출범, 민주화운동 관련자 명예회복, 의문사 진상규명 등의 조치를 이루어나갔다.

2002년 제16대 대통령선거에서 김대중 정부를 계승한 민주당의 노무현 후보가 당선되었다. '국민참여정부'를 표방한 노무현 정부는 국가정보원, 검찰, 국세청 등 국가권력기관의 정치권으로부터의 독립을 비롯한 '낡은 정치의 청산'을 내세우고 권력과 재벌 및 언론과의 유착이라는 과거의 관행을 개혁하려는 진취적 입장을 표명하였다. 또한 정치와 행정에서 탈권위주의적인 리더십을 구현하고자 하였다. 당정黨政 분리원칙에 따라 대통령의 제왕적 정당 지배를 포기하였으며 행정수도의 이전 및 지방 혁신도시 건설 등 지방분권화에 힘을 쏟았다. 친일반민족행위진상규명위원회, 진실·화해위원회 구성 등 과거사 청산을 위한 노력 또한 지속하였다. 반면 한국군의 이라크 파병과 한미 자유무역협정 등을 둘러싸고 사회적 갈등을 야기하였으며, 부동산 정책 실패와 사회적 양극화 현상의 심화로 비판을 받기도 하였다.

보수정부 복귀와 대통령 탄핵

2007년 제17대 대통령 선거는 객관적으로 보수세력의 우위에서 치러졌다. 노무현 정부 말기의 부정적인 경제상황은 대선의 쟁점을 '경제'로 한정시켰다. 대기업 CEO 출신인 전 서울시장 이명박 한나라당 후보가 BBK사건 등 여러 부정 의혹 논란에도 불구하고 압도적 표차로 대통령에 당선되었다. 이명박 정부는 집권 초, 미국산 쇠고기 수입 논란(광우병 파동)으로 위기에 몰리기도 하였다. 한편 시민단체 및 환경단체들의 강한 반대에도 불구하고 4대강 사업을 강행하였다. 또한 전임 정권의 비리 조사 명목으로 야당과 노무현 전대통령을 무리하게 몰아세우는 과정에서 2009년 5월 노무현 전대통령의 자살사건이 발생하여 커다란 충격을 주었다.

이명박 정부는 집권 초기에 친서민과 중도 실용 노선을 내세웠으나 실제로는 재벌과 대기업을 중심으로 한 '비지니스 프렌들리(친기업)' 정책을 일관되게 고수하였다. 2008년 글로벌 금융위기 상황을 고환율정책으로 대처하여 극복하였으며 이듬해 6.1%의 경제 성장률을 기록하였다. 2009~2010년 연속 400억 달러 이상의 무역수지 흑자를 나타냈으며 2011년에는 세계에서 9번째로 무역 1조 달러를 기록하기도 하였다. 반면 같은 기간 친기업 정책과 노동조합에 대한 강경정책이 대조적으로 나타났다. 비정규직이 증가하여 노동시장이 악화되었으며 실업문제를 해결하지 못하는 등 분배의 극단적 양극화가 더욱 심화되어 나갔다. 또한 기초생활보장 관련 예산을 삭감하는 등 이전 정권과 달리 복지정책을 약화시켰다. 무엇보다 검찰과 경찰을 앞세운 공안통치가 부활하였고 민간인 사찰이 감행되는 등 인권 및 민주주의의 퇴보 현상이 광범위하게 나타났다. 이명박 대통령은 퇴임 후인 2018년 3월 뇌물수수 등의 혐의로 구속, 수감되었다가 2022년 12월 특별사면으로 잔형 면제 및 복권 조치되었다.

2011년 제18대 대통령 선거는 당시 집권여당 새누리당의 박근혜 후보와 민주당 문재인 후보의 양자 대결로 치러졌으며 박근혜 후보가 당선되어 보수정권이 이어졌다. 문 후보가 전체 유효표의 48%를 얻은 반면 박 후보가 과반이 조금 넘는 51.6%를 얻은 결과였다. 박근혜 대통령은 박정희 전대통령의 딸로서 보수세력의 큰 기대를 받았다. 박근혜 정부는 헌법재판소에 통합진보당에 대한 위헌정당 해산 심판을 청구하여 의결되자 강제해산에 나서는 등 보수적 색채를 뚜렷이 하였다. 미국으로부터의 국군에 대한 전시작전권의 환수를 연기하였으며 미일과의 안보협력을 강화하면서 대북 강경책을 추진하였다. 2016년 북한의 4차 핵실험을 계기로 개성공단 중단과 사드THAAD 배치 등을 본격 추진하기도 하였다.

2014년 4월 16일, 304명이 숨진 세월호 참사가 발생하였고 이 과정에서 드러난 박근혜 정부의 무사안일과 무능이 국민적 분노를 야기하였다. 2015년 역사 교과서를 검인정체제에서 국정화 체제로 바꾸기 위한 정책을 발표하

박근혜 대통령의 하야를 촉구하는 시민들

고 강압적으로 추진하는 과정에서 학계와 시민사회의 반발을 초래하였다. 같은 해 12월 박근혜 정부는 일본 정부와 '일본군 위안부 문제' 합의 사실을 발표하여 충격을 주었다. 일본 정부는 위안부 재단 설립 자금으로 10억 엔을 제공하기로 하면서 합의 사실의 '최종적, 불가역적' 성격을 강조하였으나 이후 문재인 정부에 들어서서 파기되었다. 2016년 10월, 대통령의 비선 실세 최순실에 의한 국정 농단사건이 전면화되고 국회에서 특검을 의결하였으며, 대통령을 규탄하는 대규모 촛불시위가 확산되면서 마침내 12월 9일 국회에서 박근혜 대통령 탄핵안이 가결되었다. 이어서 이듬해 3월 10일, 헌법재판소가 대통령 탄핵심판 선고에서 '대통령 파면'을 확정함으로써 헌정사상 최초의 현직 대통령 파면이라는 결과가 나타났다. 그 직후 박근혜-최순실 게이트 관련하여 구속되었다가 2021년 말, 특별사면 조치가 이루어졌다. 대통령 궐위라는 비상상황 속에서 치러진 제19대 대통령선거에서 더불어민주당의 문재인 후보가 전체 유효표의 41%를 얻어 당선되었다.

문재인 정부의 성쇠

2017년 5월에 출범한 문재인 정부는 국민 주권, 경제 민주주의, 복지국가, 균형 발전, 한반도 평화번영 등 5개 분야의 100대 국정과제를 제시하였다. 2019년 말 세계적인 코로나19 바이러스 확산에 따른 대응책을 수립하여 적극 대처하는 등 집권 기간 대부분의 시간을 코로나 방역정책에 힘을 기울여야 하였다.

문재인 정부는 박근혜 정부의 역사교과서 국정화와 한일간 '위안부 합의'를 사실상 폐기하였다. 문재인 정부는 조국 법무부장관을 중심으로 검찰 개혁을 추진하였으나 검찰이 이에 반발하여 정부와 검찰의 대립, 갈등이 증폭되었다. 문재인 정부와 더불어민주당은 검찰의 수사권을 제한하는 방향으로 검찰청법 등을 개정하였으며, 검찰 등 고위공직자를 견제하는 고위공직자범죄수사처(공수처) 설치를 관철시켰다. 문재인 정부 초기에는 남북관계의 개선, 코로나19에 대한 성공적인 대응 등으로 정부 지지율이 상당히 높았으나, 정권 말기 저금리와 부동산정책의 실패로 인한 부동산 가격의 폭등을 막지 못하여 지지율 하락으로 이어지기도 하였다.

2022년 3월 치러진 제20대 대통령선거에서는 국민의힘 윤석열 후보가 더불어민주당 이재명 후보와 접전을 펼친 결과, 전체 유효 득표율 48.6% 대 47.8%, 즉 0.8% 차이로 승리함으로써 새로운 정부를 구성하게 되었다.

다양한 시민운동의 발전과 사회변화

탈냉전 현상을 맞이하면서 1990년대 이후 학생·노동·통일운동 등 주류 사회운동 이외의 다양한 시민사회운동이 확산되기 시작하였다. 경제정의실천연합, 참여연대 등 시민들의 자발적 지원에 기초해 전문가와 활동가들이 결합한 형태의 시민단체들이 적극적으로 활동하기 시작한 점이 주목할 만하다. 2002년 이동하던 미군 장갑차에 치어 숨진 여중생 미선, 효순을 추모하는 촛불시위가 대대적으로 이어지면서 평화운동이 전개되었다. 이듬해에는 이라크 파병과 2004년 추가 파병을 반대하는 시위로 이어졌다. 같은 시기 평택 미군기지 이전 및 확장 반대 시위도 적극적으로 전개되었다.

환경운동이 활발하게 전개된 것도 이즈음이었다. 1990년 핵 폐기장 반대운동, 1991년 낙동강 페놀오염사건 등을 겪으며 환경운동이 크게 성장하였으며 환경운동연합, 녹색연합 등의 활동이 두드러졌다. 2006년 새만금 방조제의 물막이 공사가 마무리되었지만 그 과정에서 갯벌 보존을 위한 환경단체와 정부의 갈등이 심각하였다. 2004년 전북 부안에서 핵 폐기장 부지 선정을 둘러싼 정부와 지역민들의 갈등 또한 극심하였다. 2007년 태안 앞바다에서 발생한 사상 최악의 원유 유출사고는 환경문제의 심각성을 일깨우는 계기가 되기도 하였다.

여성운동의 발전과 성과 또한 주목할 만하다. 성희롱, 성폭력 사건 등이 사회적 쟁점으로 부각되면서 1993년 성폭력특별법이 제정되었다. 이후 2001년 정부내 여성부 신설, 남녀고용평등법 내 '직장내 성희롱 금지' 조항의 신설(2001), 남녀차별금지법(2003), 성매매 처벌을 위한 성매매특별법(2004) 등의 제정으로 이어졌다. 2006년에 호주제가 폐지되고 '가족관계의 등록에 관한 법률'이 제정됨으로써 여성의 권리 회복과 실현을 위한 이정표가 되었다. 2018년에는 현직 여성 검사의 성추행 피해사실 폭로에 이은 '미투' 현상에 따라 성폭력사건에 대한 사회적 각성의 계기로 작용하였다.

1990년대 이후 한국 영화와 드라마, 가요 등 한국의 대중문화가 아시아뿐만 아니라 세계적으로 인기를 얻기 시작하면서 '한류韓流' 또는 'K-컬처'라고 불리는 문화현상이 나타나기 시작하였다. 영화산업 또한 크게 성장하였다. 1993년 영화 '서편제' 이후 100만 관객을 돌파한 영화들이 계속 나타났으며 부산국제영화제를 비롯한 주목받는 영화제들이 탄생하였다. 2002년 한일 공동으로 월드컵을 개최하였으며 '거리응원'이라는 새로운 응원문화를 형성하여 사회적으로 활기를 불러일으켰다. 경제 및 과학기술의 발달은 한국사회에 새로운 삶의 변화를 가져왔다. 특히 인터넷과 이동전화의 광범위한 보급에

2002년 한일공동월드컵 당시 거리응원.(국가기록원)

따라 한국은 세계 최고 수준의 정보통신국가가 되었다. 스마트폰의 사용이
일반화함에 따라 SNS 플랫폼이 크게 발전하였다. 2004년 한국고속철도KTX
가 개통되었으며, 1992년 인공위성 '우리별 1호'의 발사 이후 2022년 '대한
민국 항공위성 1호'에 이르기까지 20여 개의 우주 발사체가 발사되었다.

　반면 1990년 대 이후 출산율의 지속적인 감소는 한국사회의 근본적인 위
협 요인이 되었다. 1990년대 후반 1.4명대의 출산율에 이어 2001년 1.31명,
2002년 1.18명 정도를 유지하였으나 2017년 1.05명으로 사상 최저치를 갱
신한 후, 급기야 이듬해에 출산율 1.0명 이하로 진입하였고, 2022년 0.78명
을 기록하여 저출산 문제의 해결이 한국사회의 최우선 과제로 제기되고 있는
상황이다.

2. 세계화, 금융위기 및 대중소비사회

경제 개방과 IMF 경제 위기

한국경제는 1980년대 초반부터 수입 자유화와 자본 자유화 정책을 통해 상품시장과 금융시장의 대외 개방을 확대하였다. 3저 호황 국면에 있던 1986년 '관세 및 무역에 관한 일반 협정GATT'의 제8차 다자간 무역협상(우루과이라운드, UR) 이후 한국 정부에 대한 개방 압력은 더욱 심해졌으며 그에 따라 1990년대에 이르러 대외 개방 정도는 급속히 확대되었다. 동시에 1980년대 중후반을 경과하면서 '3저 호황'에 따라 한국사회는 본격적인 대중소비사회에 들어서기 시작하였다. 1988년 서울올림픽과 이듬해 해외여행 자유화로 인해 대외개방 및 외국문화의 수용 풍조가 확산되면서 소비적 경향이 증폭되었다. 무엇보다 경제성장으로 인한 자본주의적 소비문화가 진작된 것으로 볼 수 있다. 1990년 1인당 국민소득이 5천 달러를 넘어서기 시작하면서 소득수준의 향상에 따른 생활의 변화가 가속화되었다. 1989년 전체 자동차 중 자가용 승용차 비율이 절반을 넘었으며 1992년에는 60%에 달하면서 자가용의 일반화가 이루어졌다. 주거문화의 경우, 아파트 보급의 확산에 따라 전국적으로 아파트 생활문화가 정착되어 나갔다. 노태우 정부가 추진한 '주택 200만호 건설' 등이 대표적이었다. 수도권 신도시개발이 차례로 진행되면서 수도권 인구의 과밀화 문제 또한 제기되었다.

1993년 12월 우루과이라운드UR 협상이 타결되고, 1995년에 세계무역기

> **●해설**
>
> ### 3저 호황
>
> 전두환의 임기 후반부인 1986년부터 노태우의 임기 초반인 1989년까지 나타난 경제 흐름을 지칭한다. 저금리, 저유가, 저달러 현상이 폭넓게 나타났으므로 3저(低) 호황국면으로 인식되었다. 이같은 경제 여건으로 인해 수출산업의 경우 30% 이상에 달하는 경제적 효과를 누릴 수 있었으며 1997년 경제위기 전까지 순탄한 경제활동이 이루어졌다.

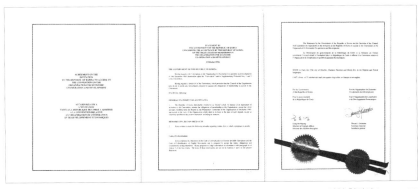

한국의 OECD(경제협력개발기구) 가입 협정서.(국가기록원)

구WTO가 출범하면서 신자유주의 세계화 현상이 경제 영역 전반을 잠식하였다. UR 협상 타결 이후 한국은 쌀 시장을 비롯한 기초 농산물 시장, 지적 재산권과 서비스 분야를 개방하였다. 시장 개방의 결과로 1997년의 수입 자율화율은 99.9%가 되었으며, 잠시 유보되었던 농축산물 수입자율화율도 거의 마찬가지가 되었다. 김영삼 정부는 1996년 12월 경제협력개발기구OECD에 가입하여 29번째 회원국이 되었다.

1996년 말, 한보철강의 정·관계 로비, 대통령 차남의 이권 개입 사실 등이 드러나면서 김영삼 정부는 추락하기 시작하였다. 특히 1997년 초 한보철강의 부도를 시작으로 그해에만 모두 12개의 대기업이 부도를 맞았고, 대기업의 부도는 금융기관의 경영 위기, 증권시장의 붕괴라는 도미노 현상으로 이어졌다. 결국 11월 21일 정부는 국제통화기금IMF에 200억 달러의 구제금융을 신청한 사실을 공식 발표하였다. 'IMF사태'의 시작이었다. 외환위기의 근본 원인은 대기업의 방만한 차입 경영과 그로 인한 금융권의 부실화였다. 이전까지 행해진 정부의 지나친 개입, 이른바 관치경영의 폐해가 불러온 대재앙이었다. 외환위기 당시인 1997년 말, 30대 대기업의 평균 부채율은 518.9%로 자기자본의 5배를 넘는 상황이었다. 외환정책의 잘못과 금융감독의 실패 등도 단기적으로 또 다른 원인이 되었다. 여기에 1997년의 과도한 시장개방도 한국경제의 활력을 떨어뜨려 위기에 취약한 상태로 만든 요인이 되었다.

경제위기 극복과 양극화 사회

IMF 구제금융 체제 및 경제위기의 극복이라는 역할을 맡게 된 김대중 정부는 IMF측이 요구하는 거시경제의 운영 방향에 따라 금융, 재벌, 노동, 공공 부문 등을 대대적으로 구조조정하고 대외개방에 입각한 경제정책을 가속화하였다. 그 결과 3년 후인 2001년의 경제성장률이 2.1%로 향상하였으며 이듬해에는 6.2%에 도달함으로써 경제위기의 상황을 극복하게 되었다. 비록 수치상으로는 경제위기를 넘겼지만 한국경제의 상황은 구조적으로 문제가 심각하였다. 부실한 기업과 금융기관을 정리하고 기업의 부채비율을 축소하고 지배구조 등의 개선 조치가 이루어졌지만 재벌 및 금융기관의 기본적인 경영구조는 크게 개선되지 못하였다. 또한 지속적인 대외개방 정책에 따라 경제 전반에 걸쳐 초국적 해외자본 및 외국자본의 영향력이 더욱 심화되는 결과를 초래하였다. 노동 부문의 경우, 노조의 정치활동이 허용되는 등 일련의 노동개혁 조치가 있었으나 정리해고제, 파견근무제 등 이른바 노동의 유연성이 증대됨으로서 노동 환경은 오히려 악화되었다. 뿐만 아니라 비정규 노동직이 대량 양산되어 현재까지 노동계의 가장 큰 문제점이 되고 있다. 2007년에 '비정규직 보호법안'이 제정되었지만 비정규직의 인정을 전제한 것이어서 근본적 해결책이 되지 못하였다. 청년 실업 현상 또한 구조화되었으며 결과적으로 사회적 양극화 현상이 점차 심화되었다. 비정규직 비율은 2002년 27.4%였으나 2007년에 33.8%로 증가하였다. 사회적 양극화 현상의 심화가 소득과 고용 측면 뿐만 아니라 사회 모든 분야에서 나타나고 있다는 점에서 한국사회를 근본적으로 위협하는 심각한 문제라고 할 수 있다.

외환위기 후 빈곤과 고용 불안, 사회적 양극화 심화 등이 지속되는 상황에서 김대중·노무현 정부는 사회보장제도의 확충을 꾀하였다. 최저 생계비

이하 생활자를 위한 '기초생활보장법'이 2000년에 시행되었으며, 실업보험과 산업재해보험이 전체 사업장으로 확대되었다. 또한 전국민 연금제 보장, 직장 및 지역 의료보험의 통합 등 4대 보험의 개혁이 진행되었다. 2008년에는 '기초노령연금법'과 '노인장기요양보험법' 등 노인 복지 관련법이 시행되었고, 같은 해 '장애인차별금지법' 또한 시행됨으로써 장애인 복지를 위한 법률을 갖추어나갔다. 이러한 복지정책에 힘입어 전체 재정에서 차지하는 복지 관련 예산의 비중이 2002년 19.9%에서 2006년 29.9%로 늘어났다.

부동산 가격의 안정화와 투기 근절을 목적으로 한 종합부동산세가 2005년에 도입되었다. 그러나 주택 시장을 안정화시키는 데 실패하였으며 부동산 정책은 힘을 발휘하지 못하였다. 2004년 한국과 칠레 사이의 합의에 따라 자유무역협정 FTA이 체결된 이래 2007년 한미 FTA 등 2023년 현재 22개 나라와 FTA협정이 체결되었다. 1997년 경제위기 이래 세계적인 자유무역주의를 수용하지 않을 수 없는 상황에서 개별 국가들과의 협상에 따라 교역의 조건을 마련하는 새로운 환경이 조성되었기 때문이다.

한국경제는 삼성전자, 현대자동차 등 대기업들이 세계시장에서 경쟁력의 우위를 보이며 활동함으로써 경제적 선진국의 반열에 진입할 수 있었으나 여전히 부의 불균등과 실업률을 관리해야 하는 상황이다. 2009년 세계경제의 위기 상황에서 성장률이 0.8%를 보이고 GDP가 2007년 대비 30% 가까이 떨어지면서 1인당 GDP 2만 달러가 일시적으로 붕괴되기도 하였다. 그러나 2010년에 다시 6.8%의 성장세를 보였고 2018년까지 대체로 3% 내외의 성장률을 유지하였다. 2019년 1인당 GDP(국민총소득)는 3만 4천 달러에 이를 정도로 성장하였다. 그러나 중국 경제 의존도가 높은 점과 전통적 선진국에 비해 복지의 질이 낮은 점 등이 문제라고 할 수 있다. 여기에 저출생, 고령화로 인한 잠재적 성장률의 하락 등이 부정적 요인으로 작용할 가능성이 적지 않다.

3. 탈냉전과 남북관계의 진퇴

남북기본합의서 채택과 북핵문제의 대두

1980년대 후반 사회주의권의 붕괴하자 노태우 정권은 북방외교를 표방하면서 1989년에 헝가리를 시작으로 1990년 소련에 이어 1992년 중국 등 사회주의 국가들과 공식적인 외교관계를 수립하였다. 또한 1989년 7·7선언을 통해 북한을 '선의의 동반자'로 인정한다고 선언하고 북한과의 관계 개선을 시도하였다. 남과 북은 1990년 유엔에 동시 가입하였으며, 이듬해 '남북 사이의 화해와 불가침 및 교류·협력에 관한 합의서(남북기본합의서)' 및 '한반도 비핵화 공동선언'에 합의하였다. 남북기본합의서에서 남과 북은 "통일로 가는 과정에서 불가피하게 형성된 잠정적인 특수관계"로 '남북관계'를 규정함으로써 남북이 '국가 대 국가'의 관계가 아닌 민족 구성 내부의 특수하고 비정상적인 일시적 대립상태라는 점을 분명히 하였다. 노태우 정권의 적극적인 북방정책과 남북관계 개선 정책은 탈냉전기를 맞이하여 사회주의권의 변화에 직면하여 실리에 기초한 외교적, 경제적 노력의 반영이었으며, 폭발적인 통일운동과 사회운동세력의 남북 직접교류운동을 제어하고 통일문제에 대한 주도권을 잃지 않으려는 대응이었다.

탈냉전과 남북대화의 분위기 속에서 민간 통일운동 또한 크게 성장하였다. 6월민주항쟁 이후 사회운동세력은 통일운동을 본격화하였다. 1988년 민통련 등 21개의 사회단체가 범민족대회의 개최를 촉구하였으며, 88서울올림픽을 계기로 남북 공동올림픽 개최문제가 이슈화되었다. 대학생들은 남북학생회담의 판문점 개최를 추진하다가 정부 당국과 정면 충돌하였으며 '북한바로알기운동' 등을 통해 통일논의를 전개해나갔다. 또한 종교계, 여성계, 문화계의 남북교류가 폭넓게 추진되었으며, 1989년 1월 현대그룹이 북측과 금강산 개발 의정서를 채택하기도 하였다.

한편 노태우 정부 말기부터 불거진 '북핵문제'가 남북관계의 진전을 가로 막기 시작하였다. 1993년에 등장한 김영삼 정부는 북핵을 저지하려는 미국의 입장과 남북관계를 연계시킴으로써 남북관계가 급속히 악화되었을뿐만 아니라 북미관계는 전쟁 위기로 치달았다. 이듬해 카터 미 전직 대통령이 평양을 방문, 김일성 주석과의 회동으로 양국은 타협점을 형성하였다. 같은 해 10월 제네바 북미 합의에 따라 핵문제 해결을 시도하였다. 그러나 사상 최초로 남북 정상회담을 개최하기로 합의한 상황에서 1994년 7월 김일성 급서와 남쪽 사회 내부의 '조문 파동'으로 남북관계는 다시 냉랭한 대치국면으로 회귀하고 말았다.

6·15 공동선언과 10·4 합의

김대중 정부는 경제위기 극복을 위한 노력과 함께 남북관계 개선에 가장 많은 노력을 기울였다. 특히 남북 화해협력 정책인 '햇볕정책'을 주창하여 국내외 보수세력을 설득하기 위한 논리적 기반을 확보하고자 하였다. 북한의 잠수정 침투, 핵 개발 및 미사일 발사, 서해교전 등 악재에도 불구하고 남북 간 여러 현안에 대한 '포괄적 해결'을 추구하면서 남북관계의 지속적 개선을 추구하였다. 이같은 노력은 미 클린턴 정부의 대북정책 구상이 담긴 '페리 보고서'에 직접 영향을 주었으며 1999년 9월 북미간 미사일 합의가 이루어지는 등 급격한 관계개선 국면으로 이어졌다. 그 결과 2000년 6월, 평양에서 분단 이후 최초로 김대중–김정일 남북정상회담이 개최되었으며, 6·15공동성명이 발표되었다.

6·15공동선언에서는 통일문제의 자주적 해결, 남측의 연합제와 북측의 연방제 주장에 상호 공통성이 있다고 인정함으로써 통일방안을 추출하고자 하였으며, 남북 이산가족의 상봉과 경제협력 및 당국간 대화의 지속 등 남북관계 개선을 위한 여러 사항에 합의하였다. 이같은 분위기 속에서 10월에 북한의 김정일 특사(조명록 북한군 차수)와 미국의 올브라이트 국무장관의 워싱턴–평양 상호 방문이 성사됨으로써 북미관계의 개선 움직임이 본격화되기 시작

6·15공동선언 서명 직전에 손을 맞잡은 남북 정상.(국가기록원)

하였다. 그러나 그해 말 미국 대통령선거 결과 대북한 압박정책을 내세운 공화당 부시 후보가 당선됨으로써 남북관계와 북미관계의 엇박자가 발생하였다.

　김대중 정부의 대북 포용정책 계승을 표방한 노무현 정부는 2007년 10월 북한과 제2차 남북정상회담을 개최하고 '남북관계의 발전과 평화번영을 위한 선언'인 10·4선언을 발표하였다. 이때 채택된 8개 항에는 6·15공동선언의 계승을 비롯하여 냉전체제의 종식과 평화체제의 구축이라는 내용을 포함함으로써 분단 극복을 위한 좀더 구체적 조치를 실현해나가고자 하였다. 즉 남북이 정전체제의 종식과 항구적인 평화체제 구축의 필요성에 공감하고, 한반도 분단에 관련된 3자 혹은 4자 정상들이 한반도 지역 내에서 만나 종전을 선언하는 문제를 협력하여 추진하기로 합의하였다. 그러나 그해 연말 대선에서 한나라당 이명박 후보가 당선됨으로써 10년간의 대북 화해협력정책은 변화를 맞이하게 되었다.

대북 강온책과 남북관계의 진퇴

이명박 정부는 김대중 정부와 노무현 정부가 추진했던 남북화해정책을 전면 부정하였으며 북한에 대한 압박정책을 강화하여 북한의 커다란 반발을 초래하였다. 이명박 정부는 '비핵개방3000'이라는 대북 프로젝트를 발표하였다. 그에 따르면 북한이 핵개발 프로그램을 폐기하고 전면 개방을 선택할 경우, 북한 주민 1인당 3천 달러에 달하는 경제개발 원조를 제공하겠다는 것이었다. 북한은 이러한 제의를 거절하는 것은 물론 2009년에 두 번째 핵실험을 강행함으로써 자신들의 의사표시를 분명히 하였다. 이러한 흐름의 연장에서 북한은 2009년 초부터 정전협정의 전면적 무효화를 선언하기 시작하였다. 2008년 7월 금강산 관광객 총격 피살사건과 이듬해 개성공단 남측 근로자 억류사건 등이 연달아 발생하면서 남북관계는 더욱 심각해졌다. 급기야 2009년 백령도 부근에서 천안함 사건이 발생하였다. 이명박 정부는 북한 잠수정의 어뢰 공격으로 천안함이 폭침된 것으로 규정하고 북측의 사과와 관련자 처벌을 요구하는 동시에 남북간 교역과 교류의 전면 중단과 북한 선박의 남측 영해 항행 금지 등을 내용으로 하는 '5·24조치'를 발표하였다. 그럼에도 불구하고 북한은 연평도에 대한 포격을 감행하였을 뿐만 아니라 이명박 정부 임기 말에 또다시 핵실험을 강행하는 등 강경한 자세로 일관하였다. 이명박 정부의 대북 강경책 또한 2011년 12월 김정일의 급작스러운 사망과 김정은 3세 체제로의 승계 등 북한의 권력 재조정 국면이 형성됨에 따라 끝내 전환의 계기를 만들지 못하였다.

박근혜 정부 역시 남북관계를 안정적으로 관리하는 데 실패하였다. 2013년 2월 출범과 동시에 남북간 상호 신뢰 구축의 필요성을 강조하는 '한반도 신뢰 프로세스'를 내세웠으나, 북한은 4월에 개성공단의 북측 노동자들을 철수시키고 공단의 잠정 중단을 선언하였다. 이후 공단 재개를 위한 남북간 대화 및 남북 적십자사 접촉, 인천아시안게임 북측 참가를 위한 실무접촉 등이 간헐적으로 진행되었으나, 2015년 8월 DMZ 남측지역에서 발생한 지뢰 폭발사고로 경색국면이 형성되었다. 그러나 남북간 접촉에 따라 같은 해 10월 금강산에서 이산가족 상봉 행사를 재개하였으며 개성공단에서 당국자 회담을 열기도 하였다. 이때 남측은 관계 개선을 위한 추진과제들을 포괄적으로 논의하고자 한 반면, 북측은 금강산관광 재개문제를 집중적으로 제기함에 따라 합의에 이르지 못하였다. 이후 2016년 10월, 최순실 국정농단사건이 전면화되고 마침내 대통령 탄핵안에 가결됨에 따라 관계 전환은 끝내 실패하고 말았다. 이명박 정부와 박근혜 정부는 이전 김대중, 노무현 정부 시기의 남북관계 산물인 3대 경협 사업을 비롯한 여러 분야의 남북교류 및 협력사업을 지속하지 못하였을 뿐만 아니라 남북관계의 안정적 관리 및 지속 가능 역량의 한계를 드러냈다.

문재인 대통령 취임 이듬해인 2018년 1월 남북고위급회담의 재개에 이어 북측의 평창 동계올림픽 참가를 계기로 남북관계가 급속히 진전되었으며 이 과정에서 북미관계의 전환 분위기가 감지되기도 하였다. 문재인 대통령은 같은 해 4월 27일 판문점에서 북한의 김정은 국무위원장과 정상회담을 개최하였으며 '한반도의 평화와 번영, 통일을 위한 판문점선언'을 발표하고 "한반도의 항구적이며 공고한 평화체제의 구축을 적극 협력해 나갈 것"을 추구하였다. 이 4·27선언은 노무현-김정일이 합의한 10·4선언의 연장선에서 추진된 것이다. 남북정상회담 직후인 6월에는 사상 최초의 김정은-트럼프 북미정상회담이 싱가포르에서 개최되었다. 이어 9월에 후속 남북정상회담을 평양에서 개최하고 근본적인 적대관계 해소를 위한 9·19선언이 발표되었다. 이듬해 2월 하노이에서 제2차 북미정상회담이 열렸으나 더 이상의 관계개선으로 이어지지 않았을 뿐만 아니라 남북관계 역시 경직되기 시작하였다. 북측은 남북관계뿐만 아니라 북미관계의 실질적이고 근본적인 변화를 기대했으나 남한과 미국이 호응하지 않는 것으로 판단하고 각종 남북대화를 단절해 나갔으며, 6월 판문점에서 남북미 정상들의 회동이 있었음에도 불구하고 남북관계는 우호적인 분위기로 나아가지 못하였다. 2020년 6월 북측이 개성공단 내의 남북공동연락사무소를 폭파함으로써 더 이상의 남북관계 진전을 이루지 못하였으며, 이어진 윤석열 정부의 등장과 새 정부의 대북 강경책에 따라 남북관계는 새로운 전환점을 마련하지 못하고 있다.

─────────────────────────────────── **참|고|문|헌**

강원택, 2019, 『한국정치의 결정적 순간들』, 21세기북스

경남대 극동문제연구소 편, 2016, 『분단 70년의 남북관계』, 선인

김만복 외, 2013, 『한반도 평화의 길: 10.4정상선언 주역들이 말한다』, 늘품플러스

김윤규 외, 2014, 『개성공단: 남북경협과 평화의 보루』, 한겨레신문사

김재훈, 2013, 『사민주의 복지국가와 사회적 경제』, 한울아카데미

서울사회경제연구소 엮음, 2005, 『한국경제: 세계화, 구조조정, 양극화를 넘어』, 한울

유태환 외, 2008, 『양극화 시대의 한국경제』, 후마니타스

은수미, 2009, 『IMF 위기』, 책세상

임동원, 2015, 『피스메이커, 남북관계와 북핵문제 25년』, 창비

제21장

북한사 Ⅰ : 냉전기의 북한

세계사의 흐름 : 국제 사회주의 진영의 형성과 분화

북한에서 사회주의 정권의 등장은 국제 사회주의 진영의 형성과 연결되어 있다. 제2차 세계대전 종료 후 소련은 미국과 함께 세계질서를 양분하는 초강대국으로 성장하였다. 소련과 국경을 맞댄 동유럽 각국에서는 소련의 영향 하에 사회주의 정권이 등장하였다. 유럽에서 소련과 미국의 체제 경쟁이 시작되자 소련은 1947년 코민포름을 창설하여 사회주의 국가들의 공동 행동을 모색하였다. 또한 1949년 서방측 집단방위조약으로 북대서양조약기구 NATO가 창설되자 소련은 이에 대항하기 위하여 1955년 바르샤바조약기구 WTO를 창설하였고, 이는 동유럽 국가들에 대한 소련의 영향력 확대와 군사 개입을 가능케 하는 배경이 되었다.

극동아시아에서 소련은 중국·한국과 국경을 맞대고 있었다. 제정러시아 시기부터 소련은 '유럽 중심주의'와 '남하정책'을 추구하였으나, 상대적으로 극동지역에 대한 관심은 적었다. 소련은 1941년 일본과 불가침조약을 체결하고 극동에서의 안정을 기반으로 독·소전에 전력을 쏟았다. 그러나 국제주의 전략을 고수했던 미국 루즈벨트 대통령은 2차대전 말기 소련을 태평양전쟁에 끌어들였다. 얄타회담에서 스탈린과 루즈벨트 사이에 맺어진 약속에 따라 소련은 1945년 8월 9일 0시를 기하여 일본과의 전쟁에 돌입하였다. 1945년 8월 15일 일본이 항복을 선언했을 때 소련군은 이미 만주와 한반도 북부에 진공하여 전투를 벌이고 있었다.

2차 대전의 종결과 함께 극동지역의 대결구도는 반파시즘전선(연합국 대 파시즘)에서 냉전구조(자본주의 대 사회주의)로 빠르게 재편되었다. 소련은 만주와 한반도 북부를, 미국은 일본과 한반도 남부를 점령함에 따라 미국과 소련의 한반도 분할점령이 시작되었다. 1949년 중국에서 제2차 국·공 내전이 종결되고 중화인민공화국이 수립되자 극동아시아 지역에서 소련·중국·북한의 사회주의 동맹체제가 형성되어 미국 주도의 동아시아 안보체제와 대결하였다. 소련은 북한의 남침을 용인하여 유럽에서 안보상 이익을 확보하였고, 동유럽 사회주의 국가에 대하여 정치·군사적으로 지배력을 행사한 것과 달리 북한에서는 상대적으로 자율성을 허용하였다.

1953년 스탈린 사망 후 소련공산당 제1서기에 오른 흐루쇼프는 개인숭배 비판과 평화공존정책으로 대표되는 탈 스탈린주의 운동을 전개하였다. 이는 아시아와 동유럽의 사회주의 국가들에서 서로 다른 반향을 불러일으켰다. 폴란드와 헝가리에서는 소련의 변화에 부응하여 스탈린주의적 독재권력에 저항하는 대중들의 시위가 폭발하였다. 반면 중국공산당은 탈 스탈린주의 운동을 이론적으로 논박하면서 중·소간 갈등이 싹텄고, 1950년대 말 중소분쟁이 촉발되었다. 조선로동당은 표면적으로는 소련공산당의 신노선을 수용하였으나 이면에서는 탈 스탈린주의에 반발하였는데, 이는 1960년대 독자노선과 '주체사상' 성립의 배경이 되었다.

중소분쟁은 1950년대 말 본격화되어 1969년에는 중·소 국경지역의 군사적 충돌로 비화되었고, 북한·베트남 등 주변국 정세에도 영향을 주었다. 특히 북·중·소 동맹체제의 붕괴로 인하여 북한은 안보상 위기에 직면하였다. 반면 북한과 극동에서 대치한 자본주의 진영은 한일국교정상화에 기반하여 한·미·일 삼각안보체제를 구현하였다. 극대화된 북한의 안보 불안 상황은 북한에서 군사주의 노선의 등장과 이에 수반된 경제적 침체, 그리고 유일사상체계의 형성으로 귀결되었다.

1. 해방과 북한 정부 수립

해방과 소련군의 점령

1945년 8·15해방과 미·소의 한반도 분할점령에 따라 남북한에서는 각 점령군의 영향 하에 독자적 정치과정이 진행되었다. 해방 직후에는 북한 각지에서 남한 지역과 마찬가지로 조선건국준비위원회(이하 '건준') 지부, 인민위원회, 자치위원회 등 다양한 형태의 자치기구들이 결성되었다. 지역 활동가들과 주민들은 자치기구들을 통하여 일본인 재산 처리, 친일파 처벌, 식량·치안 등 각종 현안을 처리하였다.

좌·우 정치세력들도 활동을 시작하였다. 평양에서는 8월 17일 민족주의 지도자 조만식을 중심으로 평안남도 건준이 결성되었고, 함경남도 건준(함흥), 평안북도 자치위원회(신의주), 건준 황해도지부(해주) 등이 결성되었다. 형무소에서 풀려난 공산주의자들은 빠르게 지역당 조직을 만들어나갔다. 8월 20일을 전후하여 조선공산당 평남지구위원회(평양), 함경남도 공산주의자협의회(함흥), 공산당 황해도지구위원회(해주)가 조직되었다. 해방 직후의 정치활동은 민족주의·공산주의 세력 간 협력으로 전개되었으나, 지역별로 다른 양상을 보였다. 평안남북도 지역은 과거 자본가 계층의 실력양성운동의 본거지로, 기독교 민족주의 운동이 활발했다. 반면 함경남도는 식민지시기 한반도 최대의 공업지대였던 특성에 따라 적색노동조합운동의 전통이 강하게 남아 있어 공산주의 세력이 강했다.

북한 점령을 맡은 소련군 제25군 사령부는 8월 하순부터 북한 각지에 진주하였다. 8월 21일 원산항에 상륙하여 22일 일본군의 항복을 접수한 후, 함흥을 거쳐 26일 평양에 들어왔다. 사령관 치스챠코프 상장은 소련군이 조선 인민의 '해방자'임을 선언하고, 주요 도시에 경무사령부를 설치하였다.

점령 초기 소련군은 한인 활동가들을 점령정치의 협력자로 받아들였으며, 주민들의 자치활동을 허용하고 이에 개입·간여하였다. 소련군은 각도 건

(좌) 해방 직후 소련군의 평양 점령(미디어한국학)   1945년 8월 평양 대동교 앞에 모인 소련군 환영 군중들.
(우) 평양의 지도급 인사들과 회견하는 소련군 제25군 사령관 치스챠코프 상장(미디어한국학)

준 지부를 좌우익의 균등한 참여 하에 '인민위원회'로 개편하였다. 각도 인민
위원회는 총무부·산업부·농림부·교육부·보안부·교통부 등 부서를 두고 친
일파 처벌, 구 일본인 소유의 재산·기업소·토지 관리, 교통·치안·교육활동을
전개하였다. 10월 8일 평양에서 '5도 인민위원회 연합회의'를 개최하여 통일
적 행정기구 수립을 논의한 결과 11월 19일 북조선행정국이 조직되었다.

초기 정치질서의 형성

국외 항일독립운동 세력들은 해방 이후 순차적으로 귀국하였다. 1930~
40년대 중국 동북지역과 소련 극동지역에서 활동한 항일무장투쟁 세력은 김
일성을 단장으로 '조선공작단'을 구성하여 1945년 9월 19일 원산항을 통해
입국하였다. 이들은 각 지역 소련군 경무사령부에 배속되어 민정에 협력하였
다. 김일성은 조선공산당 북조선분국 설치를 주도하여 북한 지역 공산당 조
직을 빠르게 장악해나가는 한편 10월 14일 평양의 소련군 환영대회에 모습
을 나타내 중요 정치지도자로서 활동을 시작하였다.

중국 화북 지역에서 활동하던 조선독립동맹원들은 1945년 12월 귀국
하였다. 이들 중 중도적 민족주의 지식인 및 조선민족혁명당 계열은 김두봉

을 중심으로 조선신민당을 결성하였고, 무정·허정숙·김창만 등 과거 공산당에서 활동했던 이들은 북조선공산당에 합류하였다. 조선신민당과 북조선공산당은 1946년 8월 합당하여 북조선로동당(이하 '북로당')을 결성하였다. 그 외 소련군과 함께 북한에 들어온 고려인들이 '소련계'로 활동하였다. 또한 1946~1947년 월북한 남로당 지도자들은 1949년 6월 북로당과 합당하여 '조선로동당'을 결성하고 '남로당파'를 형성하였다.

민족주의 세력은 1945년 11월 조만식을 중심으로 조선민주당을 결성하였다. 소련군은 북한에 '부르주아 민주주의 권력'을 수립한다는 목적에 따라 우익 정치세력을 점령정치의 중요한 협력자로 활용하였다. 그러나 1946년 1월 초 모스크바 삼상결정의 찬반 문제를 둘러싸고 조만식이 '반탁'을 고수하자, 소련군은 그를 평양 고려호텔에 연금하였다. 이후 조선민주당의 주요 간부들은 월남하였고, 김일성 계열인 강량욱·최용건이 당을 장악하였다.

이후 북한의 정치는 공산당(46년 8월 이후 북로당)이 주도하고 조선민주당, 천도교청우당이 공산당의 우당友黨으로 협력하며 북조선직업총동맹, 북조선민주청년동맹, 북조선농민동맹, 북조선여성동맹, 북조선문학예술총동맹 등 사회단체들이 북로당의 인전대引傳帶로서 대중을 조직·동원하는 형태로 운영되었다.

북조선임시인민위원회: '민주개혁'과 계획경제의 시작

'모스크바 3상 결정'에 대응한 남한 정치현상이 반탁운동을 통한 우익세력의 조직화로 나타났다면, 북한에서는 '북조선임시인민위원회'라는 임시적 중앙주권기관의 수립으로 나타났다. 북한의 정당·사회단체 대표들은 미소공동위원회 개막을 앞두고 기존의 북조선행정국을 발전시켜 1946년 2월 8일 북조선임시인민위원회('임시인위')를 수립하였다. 임시인위는 위원장 김일성, 부위원장 김두봉, 서기장 강량욱을 선출하고, 행정·입법·사법기능을 행사하였다. 그리고 친일파 청산, 토지개혁, 상공업 발전, 교육·문화·노동정책 등

〈표〉 북한 정치세력의 형성과 변화

	해방 이전 소속·활동	주요인물
항일무장투쟁	중국 동북지역에서 동북항일연군 소속으로 활동. 1940년대에 소련 극동지역으로 피신하여 소부대활동.	김일성, 최용건, 김책, 김일, 림춘추
북한 지역 공산주의운동	1930년대 함경남도 등지에서 적색노동조합 조직활동.	김용범, 박정애, 오기섭, 이주하, 주녕하
	함경남도 갑산공작위원회(조선민족해방동맹), 조국광복회 활동. 혜산사건으로 투옥	박금철, 리효순, 허석선, 김도만
고려인	소련 극동지역과 중앙아시아 각지에서 활동. 소련공산당 당적을 가진 군인, 지방당 간부, 행정기관 직원, 교사 등 다양한 구성	허가이, 김재욱, 남일, 박창옥, 박영빈
중국 화북조선독립동맹, 조선의용군	중국공산당 당원	무정, 김창만, 허정숙, 박일우
	조선민족혁명당 출신으로 화북조선독립동맹 참여	김두봉, 최창익, 한빈, 박효삼, 윤공흠
남한 지역 공산주의운동	1920년대부터 공산당 조직활동.	박헌영, 리승엽, 조일명, 임화, 리강국, 리원조
국내 민족주의	자본가, 소자산가, 기독교 등 우익세력, 조만식 등 일부는 1920년대 신간회 참여	조만식, 김병연, 한근조, 이윤영
천도교청우당	일제강점기 천도교 청년단체. 3·1운동 참여	김달현, 김기전, 김정주, 박윤길

해방 후 활동	노동당 내 계파	정치조직 변화		
1945년 7월 동북공작단·조선공작단으로 분리, 김일성·최용건의 조선공작단은 9월 입국, 소련군 각지 경무사령부에 배속되어 점령활동을 보조. 김일성은 1945년 10월 조선공산당 북부조선분국을 조직하고 공개활동 시작	만주파	조선공산당 북부조선분국 (1945.10) →북조선공산당 (1946년 초)	북조선로동당 (1946.8)	조선로동당 (1949.6)
활동시기와 출신에 따라 김일성 또는 박헌영을 지지				
보천보전투를 매개로 항일무장투쟁 세력과 연계. 1950년대 후반 정치적으로 성장하여 만주파 내 1개 분파를 형성	갑산계			
소련군 점령통치를 위해 소련 각 지방에서 차출되어 단기교육 후 북한에 투입. 1945년 12월부터 순차 입국하여 통역 등 실무를 맡음. 타슈켄트주 공산당 비서였던 허가이는 '당 박사'로 불리며 초기 공산당 조직운영에 깊이 개입.	소련계			
북조선공산당에 합류				
중도 민족주의 및 사회주의 지향. 1946년 2월 조선신민당 조직, 8월 북조선공산당과 합당	연안계	조선신민당		
해방직후 서울에서 조선공산당 결성. 1946년 11월 조선인민당·남조선신민당과 합당(남조선로동당) 1946~1947년 지하활동 및 월북. 1949 북로당과 합당. 강동정치학원→금강정치학원에서 남한 출신 당·군 간부 육성.	남로당파	남조선로동당		
평남건준 활동 주도, 1945년 11월 조선민주당 창당, 강령·정책에서 보수적 성향. 중도좌익에서 지주·친일·반공인사까지 폭넓은 구성.		조선민주당		
농촌 천도교 교세를 기반으로 북조선천도교청우당 조직. 1950년 남조선천도교청우당과 합당		천도교청우당		

(좌) 1946년 2월 북조선임시인민위원회 성립 경축대회 (우) 토지개혁 선전포스터. 북조선임시인민위원회
는 무상몰수·무상분배를 원칙으로 한 토지개혁을 단행함으로써 빈농 계층의 협력과 지지를 단기간에 이
끌어낼 수 있었다.(미디어한국학)

주요 정책을 담은 「11개조 당면과업」과 「20개조 정강」을 발표하고 "민주개
혁"이라 불린 제반 사회개혁을 추진하였다.

북한의 사회개혁은 아래로부터 인민대중의 요구를 실현시키는 방식으로
진행되었다. 가장 먼저 시행되고 가장 큰 사회경제적 변동을 초래한 것은 토
지개혁이었다. 1946년 3월 단 한 달 만에 '무상몰수 무상분배' 방식으로 시행
된 토지개혁을 통하여 북한 지역에서 지주·소작농·고용농이 사라지고 모든
농가가 자영농이 되었다. 임시인위가 이후 '노동법령', '남녀평등권 법령', '중
요산업 국유화 법령' 등 제반 사회개혁법령을 차례로 제정 실시한 결과 북한
에서는 통일전선과 혼합경제를 근간으로 하는 인민민주주의 체제가 형성되
었다. 사회개혁 과정에서 북한 대중은 사회단체를 매개로 임시인민위와 연
결되었다. 1946년 7월에는 북한 지역 각 정당과 사회단체의 참여로 '북조선
민주주의민족통일전선(민전)'이 발족됨에 따라 당·정권·대중의 통일성이 더욱
강화되었다.

북한 정치지도자들은 각급 인민위원회 선거를 실시하여 북한 정권에 대
한 주민들의 동의를 확보하고자 하였다. 1946년 11월 3일 실시된 북조선 도·
시·군 인민위원 선거에서 민전 단일후보를 내세우고 선거를 통해 대중의 지

지를 조직화하고자 하였다. 그 결과 1947년 2월 북한 지역 최고주권기관으로 북조선인민회의, 최고집행기관으로 북조선인민위원회(북인위)가 창설되었다.

북한은 노동당 중심으로 동원체제를 형성하여 대중의 지지·협력을 제도화·구조화하였다. 1946년 11월 임시인위 결정으로 시작된 '건국사상총동원운동'은 북한 전체 주민에 대한 사상개조운동이자 애국운동이었다. 이때부터 북한에서는 대중동원이 광범히 확산되었다. 각 직장·학교에서는 구성원들이 집회를 열고 생산력 증진과 식량·물자 헌납을 결의하는 장면이 일상화되었다. 1946년의 변화를 토대로 1947년부터 계획경제가 시행되었다.

'조선민주주의인민공화국' 정부 수립

1947년 제2차 미소공동위원회 결렬 후 남북한에서는 독자적 정권 수립을 위한 절차가 진행되었다. 북한에서는 1947년 11월 '임시헌법제정위원회'를 조직하여 인민민주주의적 국가형태를 표방한 「조선임시헌법」 초안을 작성하였다. 임시헌법 초안은 '전인민 토의'를 거쳐 1948년 4월 29일 북조선인민위원회대회에서 채택되었다. 또한 정규군 창설을 위하여 1948년 2월 7일 북인위 산하에 민족보위국을 설치하고 8일 '조선인민군'을 창건하였다. 조선인민군 총사령관에는 항일무장투쟁 출신이자 조선민주당 당수인 최용건이 임명되었다.

남한 정부가 유엔이라는 국제기구의 권위를 내세워 한반도의 유일 합법정부로서 정당성을 주장했다면, 북한은 '전조선 선거'를 통하여 대표성을 확보했다고 주장하였다. 1948년 4월 말 평양에서 열린 '남북조선 제정당 사회단체 지도자협의회(지도자협의회)'에서는 전조선 정치회의 소집을 통한 '통일정부' 수립을 결의하였다. 6월 말 열린 제2차 지도자협의회에는 김구·김규식 등 1차 지도자협의회 참석 인사들이 대거 불참한 가운데 통일정부 창설 절차를 결정하였다. 남북한에서 최고인민회의 대의원 선거를 실시하여 이를 토대로 중앙정부를 수립한다는 내용이었다.

이 결정을 근거로 남한 지역에서는 간접선거 방식으로, 북한 지역에서는 직접선거 방식으로 최고인민회의 대의원 선거가 실시되었다. 남한 지역에서 지하선거를 통해 선출된 '남조선인민대표' 1,080명은 8월 21~26일 해주에서 남조선인민대표자대회를 개최하고 남측 대의원 360명을 선출하였다. 북한 지역에서는 8월 25일 일제히 선거를 실시하여 212명의 대의원을 선출하였다. 선출된 남북 대의원들은 9월 초 평양에서 조선최고인민회의 제1차 회의를 열어 헌법을 채택하고 수상 김일성, 부수상 박헌영·홍명희·김책 등 내각을 구성하였다.이어 9월 9일 조선민주주의인민공화국 정부 수립을 선포하였다.

북한 초대 내각 구성원 24명 중 북로당원이 11명, 남로당원이 5명이었으며, 조선민주당(최용건)·천도교청우당(김정주)·민주독립당(홍명희)·인민공화당(김원봉)·근로인민당(백남운)·조선건민회(이극로) 등 우당과 군소정당의 관계자들이 참여하였다. 창설 당시 북한 정부는 노동당이 우위에 선 인민민주주의 성격의 정부였다. 북한은 사회주의 각국과 외교관계를 수립하였고, 1949년 3월

1949년 3월 소련 방문 북한 정부대표단이 모스크바역에서 소련군 의장대의 사열을 받고 있다. 이때 북·소간에 경제·문화협정들이 체결되었으며, 김일성은 스탈린에게 처음으로 남침을 제안하였다.

정부대표단이 모스크바를 방문하여 북·소경제문화협정을 체결하였다. 소련군은 1948년 말까지 순차적으로 철수하였다.

2. 한국전쟁과 사회주의체제 성립

전쟁의 개시와 경과

정부수립 이후 북한은 '민주기지' 강화를 통한 '국토완정國土完整'을 목표로 내세웠다. 국토완정론은 평화적 방법과 군사적 방법을 모두 고려하였다. 1949년 6월 남북 정당·사회단체의 연합으로 결성된 조국통일민주주의전선(조국전선)은 대남·통일사업을 위한 조선로동당의 외곽단체였다. 조국전선은 두 차례에 걸쳐 평화통일방안을 남측에 제안하였다. 북한은 한편으로 남한 유격대 활동을 적극 지원하였다.

북한은 '평화통일 공세'의 이면에서 무력통일 방침을 구체화시켜 나갔다. 1949년 3월부터 김일성은 스탈린에게 남침을 수 차례 제안하였다. 스탈린은 1950년 4월 북한의 남침 계획을 승인하였다. 소련이 전쟁을 승인한 데에는 1949년 10월 중국 내전 종결로 공산정권인 중화인민공화국이 수립되고 중국공산당 소속 한인병력 4만여 명이 입북하여 북한 군사력이 증대된 점, 북한 정권이 '남조선인민 해방' 명분을 주장하고 박헌영이 '20만 남로당원 봉기설'을 주장한 사실 등이 배경으로 작용하였다. 국제적으로는 1949년 북대서양조약기구NATO가 출범하여 유럽에서 냉전이 첨예화되고 1950년 1월 미 국무장관 애치슨D. Acheson이 발표한 '애치슨 선언'에 따라 미국 극동방위선에서 한국·대만이 제외된 사실들이 스탈린의 전쟁 결정 배경으로 꼽힌다.

1950년 6월 25일 새벽 북한군은 전면 남침을 감행했다. 유엔군의 신속한 개입에도 불구하고 북한군은 빠른 속도로 남하하여 6월 28일 서울, 7월 20일 대전을 점령하고 낙동강까지 진격하였다. 그러나 9월 15일 유엔군의 인천상륙작전으로 전세는 역전되었다. 북한군은 보급로가 끊기고 협공상태에 놓여 궤멸적 타격을 입고 후퇴한 끝에 북·중 국경을 넘어 만주에 후방사령부를 설치하였다.

중국공산당 지도자 마오쩌둥은 미국이 참전하면 북한을 돕기로 한 사전 약속에 따라 병력을 파병하였고, 전쟁은 국제전 양상으로 변모하였다. '항미원조 보가위국抗美援朝 保家衛國'을 구호로 내건 중국인민지원군은 10월 19일 압록강을 넘어 유엔군의 진격을 저지하고 남진하였다. 1951년 6월부터 전선은 38선 부근에서 교착되었다.

전쟁의 이면

북한군은 1950년 6월 말부터 약 3개월간 낙동강 이남을 제외한 남한 전역을 일시 점령하였다. 북한은 전쟁이 국군의 불의의 공격에 대한 반격이라고 주장하였고, 전쟁의 성격을 "남조선 인민 해방을 위한 조국해방전쟁"이라고 규정하였다. 이어 조선로동당 정치공작대를 점령지에 파견하고 방송 및 출판보도기관을 접수하였다. 북한군은 서울에 들어오자마자 형무소의 정치범들을 석방하고 서울시 임시인민위원회를 설치하여 후방지원사업과 점령정책을 실시하였다. 각 점령지에서는 인민위원회가 조직되고 토지개혁과 인민재판이 시행되었다.

9월 말, 인민군과 점령당국이 북으로 후퇴하자 북한의 점령정책에 협력했던 남한 좌익인사들과 일부 주민들은 인민군과 함께 후퇴를 시도하였다. 그러나 후퇴하던 인민군과 협력자들은 상당수 월북에 실패하고 낙오되어 산으로 들어가 유격대를 형성하였다. 북한 당국은 서울에서 후퇴할 당시 안재홍·조소앙·이광수·방응모 등 남한의 정치·문화 원로들을 납북하였다.

1950년 10월, 유엔군이 북진하자 북한 각지에서는 우익 청년단에 의한 대규모 학살이 자행되었다. 중공군 개입으로 전세가 재차 역전되어 유엔군이 후퇴한 이후에는 미군의 융단폭격으로 북한 전역이 초토화되었다. 수풍발전소를 비롯한 산업시설과 저수지·제방 등 농업시설, 학교·병원·주택 등이 철저히 파괴되었다.

중공군이 북한군과 공동 전선을 형성함에 따라 통합 지휘부의 필요성이 제기되어 1950년 12월 조중연합사령부가 구성되었다. 사령원 겸 정치위원은 중국인민지원군 사령관 펑더화이[彭德懷]였고, 부사령원인 인민군 총참모장 김웅과 부정치위원인 내무상 박일우는 모두 연안계였다. 결과적으로 전쟁의 주도적인 지휘권은 중공군에 넘어갔고, 수상이자 인민군 최고사령관인 김일성은 일부 인민군 부대의 지휘와 후방사업을 전담하게 되었다. 대신 김일성은 이후의 전쟁 책임에서 벗어나 내부 정비와 정치적 수습에 전념할 수 있게 되었다.

정치변동과 전후복구사업

1953년 7월 27일 정전협정이 체결되었다. 북한은 정전협정 체결을 "위대한 역사적 승리"라고 선전했지만, 전쟁이 북한에 거대한 피해를 남겼음은 숨길 수 없는 사실이었다. 국토는 황폐화되고 산업은 피폐해졌다. 전쟁 개시의 최고 책임자였던 김일성은 전쟁의 명분으로 내걸었던 '국토완정'과 '남조선 인민 해방'에 실패하고 전선의 작전지휘권마저 넘겨줘야 했다.

그러나 전쟁 시기 조선로동당 내에서 진행된 일련의 정치적 파동은 전쟁 책임을 여러 분파에 전가시키고 김일성의 권력과 정치적 명분을 강화하였다. 1950년 12월 연안계의 거두 무정이 군사상 책임과 군벌주의 과오로 숙청되었고, 1951년 11월에는 소련계의 거두로 '당 박사'로 불리웠던 노동당 제1비서 허가이가 책벌주의·관문주의로 비판받고 농업 담당 부수상으로 좌천되었다.

남로당 일파에 대한 숙청은 정치적 반대파에 대한 본격적인 파벌투쟁이었다. 1952년 말 김일성이 '자유주의와 종파주의와의 투쟁'을 선언한 데 뒤이어 1953년 초 남로당 핵심인물 12명이 반국가·반혁명 간첩죄로 체포되었다. 1953년 8월 최고재판부 군사재판소는 리승엽·리강국 등 10명에게 사형

(위) 북한 공장지대에 네이팜탄을 투하하는 미군 F-51 전폭기　한국전쟁 시기 미 공군은 3만 톤 이상의 네이팜탄을 투하하였다(국사편찬위원회). (좌) 진남포 소련적십자인민병원과 소련 의료진(1947.5)　소련적십자사는 진남포·개성·평양·신의주 등 주요 도시에 병원을 설립 운영하였다. 평양의 소련적십자병원은 한국전쟁 당시 파괴되었다가 1955년 복구되었고 1957년 북한에 이양되었다(미디어한국학).
(우) 한국전쟁 후 주택지역 복구건설사업에 참여한 중국인민지원군 부대의 모습　중국인민지원군은 전쟁이 끝난 후에도 1958년까지 북한에 남아 북한의 전후복구사업을 지원하였다. 북한 정권 초창기 주변국과의 관계는 이후 북한의 대외관계와 주민들의 인식에 오래도록 중대한 영향을 미쳤다.

을 선고하였고, 박헌영 역시 1955년 12월 '미제 간첩' 행위, 남한 내 민주세력 파괴행위, 정권 전복 음모 등의 죄목으로 사형을 선고받았다. 이로써 조선로동당 내 거대 분파를 이루었던 남로당 계열이 완전히 몰락하였다.

　　김일성은 한층 강화된 권력에 기반하여 전후복구사업을 추진하였다.

1953년 8월 조선로동당 제6차 전원회의는 인민경제 복구발전을 위한 3단계 방안을 마련하였다. 우선 6개월~1년간을 경제복구를 위한 준비기간으로 삼고, 3개년 전후복구사업을 통해 전쟁 전 수준을 회복하며, 그후 5개년 계획을 추진하여 공업화 토대를 마련한다는 계획이었다.

소련·중국 등 사회주의 각국은 기술인력과 자재를 지원하는 한편 북한 전쟁고아들을 받아들여 보살피고 교육하였다. 중국인민지원군은 북한에 잔류하여 복구건설사업을 도왔다. 북한 당국은 주민들을 직장·학교·구역별로 조직하여 복구건설사업에 동원하였다. 북한은 가족과 삶의 터전을 잃은 북한 주민들의 좌절감을 미국에 대한 분노와 애국주의로 치환하여 복구건설사업의 동력으로 활용하였다. 1954~1956년 3개년 복구건설계획 기간이 종료되자 북한의 산업은 전쟁 이전 수준을 회복하였다.

'주체'의 등장과 '반종파투쟁'

1950년대 중반 북한은 공업화 토대 마련을 위한 5개년 계획을 준비하며 중공업의 우선 발전과 경공업·농업의 동시 발전을 추구하였다. 그런데 경제 발전의 우선 순위 문제를 둘러싸고 노동당 내 논쟁이 발생하였다. 김일성이 중공업 발전을 중요시한 데 비해 연안계와 소련계는 경공업과 농업의 우선 발전을 주장하였다. 막대한 원조를 제공하는 소련은 1954~1955년 북한의 경제관리 실패를 질책하며 중공업 우선 노선에 제동을 걸었다. 이는 당내 권력갈등을 초래하였으며, 소련·중국의 내정간섭에 대한 조선로동당의 저항으로 파급되었다.

김일성은 1955년 12월 「사상사업에서 교조주의와 형식주의를 퇴치하고 주체를 확립할 데 대하여」라는 연설에서 '주체' 확립을 제기하였다. 북한 내부 문제를 해결하는 데 소련이나 중국의 선례를 모방하려는 경향은 교조주의이며 '주체'가 서지 않은 것이라고 비판하였다. 나아가 북한의 전통과 현실에 근거하여 주체적인 방법을 모색하라고 지시하였다.

한편 소련에서는 1953년 스탈린 사망 후 경공업·농업의 균형 발전을 추구하는 신노선과 개인숭배 비판, 평화공존론 등 탈 스탈린노선을 채택하고, 이를 주변국에 강요하였다. 평양 소련대사관은 김일성의 권력 독점과 독자적 방침을 우려하면서, 연안계 및 일부 소련계가 일으킨 반 김일성 모의를 방조하였다.

1956년 8월 30일 열린 조선로동당 중앙위원회 전원회의에서 반 김일성 운동은 표면화되었다. 윤공흠이 연단에 올라 당 지도부를 공격한 것이다. 그러나 당중앙위원들이 격렬히 반격하여 계획은 무력화되었고, 주도자들은 '반당종파분자'로 지목되어 윤공흠·서휘는 출당, 최창익·박창옥은 당직 박탈 처분을 받았다.(8월 전원회의 사건)

소련과 중국은 이 사건이 조선노동당 내 비판 세력을 처벌함으로써 당내 민주주의 원칙을 위반한 사건이라고 규정하고 즉각 개입하였다. 평양에 긴급 파견된 소련 부수상 미코얀과 중국 국방부장 펑더화이의 감시 하에 처벌은 취소되었다. 그러나 미코얀과 펑더화이가 평양을 떠나자 본격적인 숙청이 단행되었고, '반종파투쟁' 명목으로 광범위한 사상검열사업이 진행되었다. 반종파투쟁은 1958년 3월 노동당 제1차 대표자회와 함께 대단원의 막을 내렸다. 김두봉·박창옥 등 연안계와 소련계가 물러난 자리에는 김일성의 항일무장투쟁 연대세력이었던 갑산계 지도자들이 부상하였다.

사회주의 집단화의 완성

전후 북한의 농촌은 주택과 농토, 저수지가 파괴·훼손되고 노동력과 축력이 크게 감소한 상황이었다. 북한 정부는 농촌의 효율적인 복구건설과 사회주의 개조를 위하여 농업집단화를 추진하였다. 농업협동조합이 1953년 일부 지역에서 시험적으로 꾸려졌고, 1954년부터 본격 확대되었다. 북한 정부는 농민들에게 협동조합 가입·조직 문제를 자율적으로 결정하도록 하였다. 다만 협동조합에 다양한 혜택을 주어 농민들의 자발적 참여를 유도하였다. 그 결과 1955년 총 농가호수의 약 50%, 1956년 80%가 협동조합에 가입하였다.

1958년 8월 전체 농가가 협동조합에 가입하자 북한 당국은 농업협동조합을 리 단위로 통합 개편하여 농촌의 행정과 생산을 통일하였다. 리 인민위원장이 농업협동조합 관리위원장을 겸직하도록 하고, 협동조합 내에 작업반을, 작업반 밑에 분조를 편성하였다. 개인 상공업 부문에서도 사회주의적 개조가 1958년 마무리되었다. 이같은 북한의 사회주의적 집단화 과정은 황해도 지역을 제외하고(배천 바람) 큰 저항 없이 진행되었다.

사회주의 집단화에 뒤이어 북한은 공업화 토대 마련을 위한 5개년계획(1957~1961년)을 추진하였다. 1958년 3월 조선로동당 제1차 대표자회에서는 중공업을 위주로 하고 경공업·농업을 동시 발전시켜 사회주의 공업화의 토대를 만들고 의식주 문제를 해결한다는 제1차 5개년계획 방안을 확정하였다. 1950년대 후반 북한식 사회주의 경쟁운동으로 등장한 천리마운동에 힘입어 1960년 북한은 5개년계획을 조기 완료하였다. 북한은 전후복구와 5개년계

천리마운동

1950년대 후반 북한은 "천리마를 탄 기세로" 생산성을 획기적으로 높여 계획을 조기 달성하자는 천리마운동을 개시하였다. 천리마운동은 이후 작업반 별 경쟁운동인 천리마작업반운동으로 발전하였다. 모범적인 근로자에게 천리마기수, 노력영웅의 칭호를, 높은 성과를 달성한 집단에는 '천리마작업반', '천리마직장'의 명칭을 부여하고 상금이나 상품, 휴양 등의 특혜를 주어 보상하였다. 천리마운동은 공산주의적 인간개조를 목표로 한 생산·문화·사상 전반의 집단적 혁신운동이었으며, 소련의 스타하노프운동, 중국의 대약진운동과 비견되는 북한식 사회주의 경쟁운동이었다. 천리마운동은 1970년대 사상·기술·문화의 '3대 혁명운동'으로 교체되었다. 그러나 '천리마'는 21세기 들어 '만리마'로 진화되어 대중들의 사상동원에 여전히 활용되고 있다.

천리마동상 (미디어한국학)

획을 통하여 사회주의 기초건설을 완수하고 사회주의의 전면 건설을 위한 토대를 마련하였다고 선언하였다.

3. 유일사상체계 확립

사회주의 전면건설노선

1960년대 초의 북한은 사회주의 전면 건설과 주민생활 개선에 대한 낙관주의로 가득 차 있었다. 1961년 9월 개최된 조선로동당 제4차 대회에서는 제1차 7개년계획을 수립하고, 1967년까지 연평균 성장률 18% 달성, 중공업과 경공업·농업의 동시 발전, 기술혁신과 인민생활 향상을 통하여 사회주의 공업국가로 도약한다는 목표를 내세웠다.

대회에서 새로 구성된 당 중앙위원회에는 연안계와 소련계 인사들이 거의 자취를 감추고 '만주파'가 중앙위원회를 장악하였다. 또한 대회는 '항일무장투쟁의 혁명전통'을 노동당의 전통으로 명시함으로써 김일성과 만주파에 정통성을 부여하였다.

북한 당국은 새로운 사회주의적 경제관리 및 대중지도방식으로 '청산리방법'과 '대안의 사업체계'를 마련하였다. '청산리방법'은 김일성이 평안남도 강서군 청산리협동농장을 현지지도한 후 발표한 사회주의적 농촌지도방법으로, 상급기관이나 관리자가 현장을 정확히 파악하며, 대중 위에 군림하지 않고 대중을 감화시켜 열성을 이끌어내는 방식을 의미하는 것이었다. '대안의 사업체계'는 공업부문에서 기존의 지배인 유일관리제를 폐지하고 공장 당 위원회의 집단지도를 통해 공장을 관리하는 방식이었다. 이는 당이 직장을 직접 관리·운영함으로써 직장 내 관료주의와 기관 본위주의, 이기주의를 억제하고 직장의 이익이 아닌 국가 전체의 이익을 우선시하도록 하는 제도 개편이었다.

청산리 방식과 대안의 사업체계는 북한이 정치사상적 자극을 통해 대중의 생산 열의를 추동하며, 농촌과 도시의 모든 생산직장을 노동당의 계통적 지도 하에 운영하고자 하는 방침이었다. 이후 북한의 모든 경제단위에서 정치사업이 우선시되어 북한경제의 전체주의적 성격이 강화되었다.

7개년계획 초반 북한 경제는 순조로운 성장을 보였다. 1962년 초 김일성은 알곡·직물·수산물·주택·강철·석탄 등 6개 주력분야의 혁신을 촉구하는 "여섯 개 고지 점령" 과업을 제창하였다. 북한 정권 당국과 주민들은 7개년계획이 끝나면 "사회주의라는 나무가 튼튼히 자라 꽃을 피우고 열매를 맺어" 주민들의 의식주 문제가 완전히 해결될 것이라는 기대감에 차 있었다.

동아시아 정세 변화와 경제·국방 병진노선

1950년대 북한의 성장은 소련·중국을 비롯한 사회주의 우방국들의 경제적 지원과 견고한 동맹관계에 기초한 것이었다. 그런데 1960년대 본격화된 중소분쟁은 북한의 안보를 위협하고 경제성장에 걸림돌로 작용하였다. 처음에 북한은 중·소 어느 한편에 기울어지지 않고 실리를 찾으려 노력하였다. 그러나 소련의 평화공존노선과 쿠바사태, 중국의 문화대혁명을 거치면서 북한은 결국 소련·중국과 심각한 갈등을 겪게 되었다.

반면 미국을 중심으로 한 자본주의 진영은 동북아시아에서 공고한 한·미·일 삼각동맹체제를 형성하였다. 북한은 1960년대 초 한국의 4·19혁명과 5·16쿠데타를 관망하며 대남관계의 개선을 희망하였다. 그러나 박정희 정권은 반공을 '국시'로 내걸고 북한이 보낸 밀사(황태성)를 사형시키는 한편 미·일과의 군사적 동맹관계를 확립하였다. 이에 따라 북한의 안보 위기는 현실화되었고, 극동에서 중·소의 군사적 지원이 사라진 북한은 단독으로 미국의 군사력에 맞서야 하는 처지가 되었다.

이같은 배경 속에서 1962년 12월 조선로동당 중앙위원회 4기 5차 전원회의는 '경제·국방 병진노선'과 4대 군사노선(전군의 간부화, 전군의 현대화, 전 인민의 무장화, 전 국토의 요새화)을 채택하였다. 북한의 군사비 지출은 1960년 국가예산지출 총액의 19%에서 1967~1969년 평균 31.3%로 증가하였다.

과도한 국방비 지출로 인하여 7개년 계획은 점차 차질을 빚기 시작하였다. 1966년 공업생산액은 전년도보다 3% 감소하였고, 곡물생산량 증가 역시 지체되었다. 결국 7개년계획의 달성은 3년간 지체되었다. 1961~1970년간 7개년 계획 수행을 통하여 북한의 공업총생산액은 연평균 12.8% 성장하여 총 3.3배로 증가하였고 농촌경리의 기계화·화학화가 이루어져 농민들의 실질수입이 1.8배로 증가하였다고 북한은 발표하였다.

주체사상과 유일사상체계

1960년대 북한의 대내외 요인 속에서 주체사상과 유일사상체계가 확립되어 나갔다. 1960년대 중반 북한은 경제성장의 둔화와 안보 위기를 극복하기 위하여 소련·중국 등 강대국에게 의존하는 대신 독자노선을 선택하였다. 이는 내적 자원을 인적·물적으로 최대한 동원하는 것, 즉 총동원체제의 지속 강화를 의미하였다. 노동당 지도부는 지난 20여 년간 지속된 총동원체제의 피로감을 완화하고 국가의 지도력을 보장하기 위하여 주체사상을 새로운 통치이념으로 제시하고 정치권력의 집중과 극단적 사상통제를 단행하였다. 이른바 '유일사상체계'의 성립이었다.

우선 북한은 맑스·레닌주의 원칙을 북한 실정에 맞추어 '창조적'으로 적용한다는 기존의 '주체 방침'을 '주체사상'으로 발전시켰다. 1965년 김일성은 인도네시아 사회과학원에서 한 연설에서 주체사상을 "사상에서의 주체, 정치에서의 자주, 경제에서의 자립, 국방에서의 자위"로 요약하였다. 또한 소련·중국의 경험이 아닌 북한 자체의 역사적 전통, 특히 항일무장투쟁의 전통에서 모범을 찾도록 강조하였다. 이로써 북한사회는 정치적·사상적으로 만주파에 의해 장악되었다.

1966년 10월 제2차 당 대표자회와 당 중앙위원회 제4기 제14차 전원회의를 통하여 김일성과 만주파의 권력을 더욱 강화하는 제도적 장치가 마련되었다. 우선 당 중앙위원회 위원장·부위원장직을 없애고 비서국을 신설하여 김일성이 당 총비서에 취임하였다. 이에 따라 김일성은 당중앙위원회 위에 군림하는 절대적 권력을 제도적으로 확보하였다.

1967년 5월의 조선로동당 중앙위원회 제4기 제15차 전원회의는 유일사상체계 수립의 분기점이 되었다. 대회에서 박금철·김도만·리효순 등 갑산파 주요 지도자들은 부르주아사상·봉건유교사상·수정주의·지방주의·가족주의 등 반혁명사상을 유포하여 당의 유일사상체계 확립을 방해했다는 이유로 숙청되었다. 이후 북한의 사상교양사업은 김일성과 그 가계의 혁명전통을 고취하는 데 집중되었다. 학술·문화면에서 다양성이 실종되고 사회과학 학술지의 출판이 중단되는 등 북한은 초유의 문화적 암흑기에 돌입하였다.

1970년 11월 개최된 조선로동당 5차 대회에서는 주체사상을 기존의 맑스·레닌주의와 함께 당 지도이념으로 공식 채택하였다. 또한 당 규약을 개정하여 당내에 유일사상체계를 세울 것을 명시하였다. 이로써 주체사상과 유일사상체계가 당내에 확립되었다.

사회주의 헌법 제정

1970년 북한은 7개년계획의 결과 북한이 사회주의 공업국가로 전변되었고, 사회주의적 민족문화가 개화하였으며, 전체 인민이 정치·사상적으로 공고히 통일되었다고 선언하였다. 아울러 전인민적·전국가적 방위체계가 수립되고 사회주의 관리체계가 전면적으로 확립되었다고 평가하였다.

조선로동당 5차 대회는 사회주의의 완전한 승리를 앞당기기 위한 사상·기술·문화의 3대 혁명을 더욱 심화하고 온 사회의 혁명화·노동계급화를 실현하며, 국방력을 강화하고 인민생활을 균형적으로 발전시킬 것을 새로운 과업으로 제기하였다. 또한 대회에서는 인민경제발전 6개년계획(1971~1976년)을 결정하였는데, 공업화의 성과를 공고 발전시키고 기술혁명을 새로운 높은 단계에로 전진시켜 사회주의의 물질기술적 토대를 더욱 튼튼히 하며 근로자들을 힘든 노동에서 해방시키는 것을 목표로 하였다.

북한은 사회주의 제도화와 유일체제 확립이라는 변화된 현실을 반영하여 헌법을 개정하였다. 1972년 12월 제정된 사회주의 헌법은 북한이 '자주적인 사회주의 국가'이며, 노동계급이 영도하는 프롤레타리아 독재를 실시하고 주체사상을 국가활동의 지도적 지침으로 삼는다고 선언하였다. 또한 새 헌법은 권력기관을 전면 개편하여 국가주석제와 중앙인민위원회, 정무원을 신설하였다. 김일성이 국가주석에 추대되어 수령의 제도적 위상이 더욱 강화되었으며, 최고인민회의 권한 대부분이 국가주석과 중앙인민위원회로 이관되어 주권기관·대의기관이 유명무실해졌다. 이와 함께 김일성에 대한 개인숭배는 더욱 고조되었다.

김정일 후계체제 완성

1974년 2월 조선로동당 5기 제8차 전원회의에서 '당중앙'으로 추대된 김정일 비서는 '유일지도체제'를 구축하고 '온 사회의 주체사상화'를 당 최고 강령으로 선포하였다. 이로써 김정일은 사실상의 후계자로 입지를 굳혔다.

김정일 시대의 시작과 함께 북한은 '3대 혁명 소조운동'을 추진하였다. 이는 사상·기술·문화의 3대 혁명역량을 강화하고 온 사회의 주체사상화를 추동하기 위하여 젊은 당원과 경제·기술일꾼, 대학생들로 구성된 '혁명소조'를 각급 생산·문화기관에 지도성원으로 파견하는 사업이었다. 운동 과정에서 '3대 혁명 소조원'들은 구세대의 보수성과 소극주의를 퇴치하고 당 지도부의 결정을 절대적으로 따르는 신진 혁명세력으로 떠올랐다. 이어 1975년에는 '3대혁명 붉은기 쟁취운동'이라는 이름의 새로운 집단적 경쟁운동을 제창하였다. 이같은 '3대 혁명 운동'은 기존의 천리마운동을 대체하는 새로운 대중동원·경쟁운동이었다. 이처럼 북한은 인민대중의 정치사상적·도덕적 각성을 끊임없이 추구하였다.

1980년 10월 조선로동당 제6차 대회에서 김정일은 '수령' 김일성의 후계자로 대중 앞에 모습을 드러냈다. 김정일은 당 중앙위원회 정치국 상무위원, 비서국 비서, 군사위원회 위원으로 선출됨으로써 '3대 권력기구'에 모두 이름을 올린 유일한 인물이었다. 6차 대회는 온 사회의 주체사상화를 당면 목표로 하고, 인민경제의 주체화·현대화·과학화와 전력·석탄·강철·알곡 등 주요 생산부문의 10대 전망 목표를 추진하는 '80년대 속도 창조운동'을 발기하였다.

북한은 제2차 7개년계획(1978~1984)과 10대 전망 목표를 달성하여 1980년대 말에는 공업총생산액을 1980년 대비 3.1배 성장시킬 것을 계획하였다. 이로써 사회주의 자립적 민족경제의 위력이 강화되고 사회주의 완전승리가 실현될 것이라고 전망하였다. 그러나 북한의 기대와 달리 1970년대 내내 지속된 경제적 침체는 1980년대 더욱 심화되었다. 남북간 체제경쟁에서도 북한은 정치·군사·외교·경제의 제반 측면에서 점차 열세에 처하게 되었다.

4. 냉전기 북한의 사회와 문화

주체사상의 역사적 형성

북한에서 주체사상이란 김일성이 창시하고 김정일이 발전·풍부화한 "불멸의 혁명사상"이며, 사람이 자기 운명의 주인이라는 것이 주체사상의 "혁명적 본질"이라고 설명된다. 또한 주체사상은 "자주성을 위한 노동계급과 인민대중의 혁명 위업을 승리로 이끄는 위대한 향도의 기치"라고 인식된다. 북한에서는 김일성이 항일무장투쟁을 시작하던 1930년 주체사상의 원리를 밝혔다고 주장하고 있으나, 주체사상의 시원을 항일투쟁 시기까지 소급하여 추적하는 것은 항일혁명전통 수립 및 수령의 신격화 과정에서 발생한 무리한 해석이었다.

북한은 1950년대 중공업 우선 발전과 급진적 사회주의 집단화를 채택하면서 사회주의 강대국인 소련·중국과 갈등을 겪었다. 또한 김일성의 권력에 위협적이거나 중공업 우선 발전전략에 반대했던 남로당파·연안계·소련계를 사대주의·종파주의 집단으로 규정하고 숙청하였다.

1960년대 중·소분쟁과 대남 안보위협이 가중되는 상황은 북한의 독자노선 수립에 중요한 계기로 작용하였다. 김일성은 1950년대부터 맑스·레닌주의를 조선 현실에 맞게 창조적으로 적용하며, 교조주의와 형식주의를 퇴치하고 주체를 확립하라고 지시하였다. 1950년대의 '주체' 확립 방침은 1960년대까지 이어진 노선투쟁 속에서 '주체사상'으로 발전하였으며, 유일체제 확립의 이념적 토대가 되었다. 김일성은 1965년 주체사상에 대하여 "우리 당이 일관되게 견지하고 있는 입장"이라고 천명하였다. 1972년 사회주의헌법은 주체사상을 북한 국가활동의 '지도적 지침'이라고 규정하였다.

그런데 1974년 '온 사회의 주체사상화'가 제창되고 후계체제가 완성되어 김일성의 권위에 대한 신화적 우상화가 가속화되면서 주체사상은 국가활동의 실용적 지침을 넘어서 김일성의 '독창적 혁명사상'으로 변화하기 시작하였다. 후계자 김정일은 당내 사상 해석권을 독점하여 주체사상을 맑스·레닌주의를 대체하는 전일적 사상체계로 정립하였다.

냉전기 국제관계

북한은 정부 수립 직후 소련·중국·몽고·동독 등 사회주의권 12개 국가와 외교관계를 수립하였다. 사회주의 우방국들과의 관계는 북한 대외정책의 중심을 이루었는데, 특히 북소관계와 북중관계는 형제당 관계로서 조건 없는 친선을 전제로 한 비대칭 관계로 형성되었다. 소련과 중국은 북한에 인적·물적으로 막대한 원조와 안보상의 이익을 제공하는 대신 형제적 조언 또는 사회주의 진영의 행동통일이라는 명분을 내세워 내정간섭하였다. 북중 및 북소 관계에서 이같은 비대칭적 특성은 1960년을 전후하여 소멸되고 이후에는 일반적인 국가 대 국가의 관계로 전환되었다.

한편 북한은 정부수립 이전부터 국제진보진영과의 관계 형성에 힘썼다. 체코슬로바키아에서 1947년 개최된 제1회 세계청년학생축전과 국제민주여성연맹 대회에 북한은 북조선민주청년연맹 및 북조선여성동맹 대표를 각각 파견하였다. 1949년 파리에서 열린 제1회 평화옹호세계대회에는 작가 한설야를 단장으로 하는 대표단을 파견하고, 원자무기 반대 국제서명운동에 적극적으로 참여하였다. 이러한 활동을 통하여 북한은 일각의 국제 시민사회 및 지식인 집단과 연대하며 한국전쟁 시기 일부 국제여론의 지지와 원조를 받았다. 대표적인 사례로 국제민주여성동맹·국제민주법률가협회·국제과학자협회는 북한에 조사단을 파견하여 미국의 세균전 사용 의혹과 민간인학살 의혹에 대해 조사하고 보고서를 발표하였다.

한편 북한은 비동맹 외교노선을 채택하여 국제무대에서 지지기반을 넓히고 남북간 체제경쟁에서 우위를 확보하고자 하였다. 특히 1966년 8월 '내정불간섭과 호상 평등'을 표방한 자주노선을 선언한 이후 비동맹 외교에 적극 참여하여 1970년대에 66개 국가와 추가 수교하였다. 또한 1970년대 서방 자본주의 국가들과의 경제교역을 시도하고 12억 달러의 차관을 도입하여 자력갱생노선의 한계를 극복하고자 하였다. 그러나 1973년 제1차 석유파동의 여파로 누적채무액이 급격히 증가, 채무불이행 사태를 빚게 되는데, 이는 북한경제의 침체를 장기화하고 대외적 신용을 추락시킨 중요 요인이 되었다.

냉전기의 남북관계

소련이 1950년대 중반 평화공존노선을 채택하자 북한은 반미 노선은 고수하면서도 대남관계에서는 변화를 모색하였다. 북한은 이승만 정부의 북진통일론에 맞서 의회 교류, 송전 재개 등 남북교류를 주장하였다. 또한 조소앙·안재홍 등 납북인사들이 조직한 재북평화통일촉진협의회 활동을 제한적으로 지원하였다. 4월혁명 시기인 1960년 8월에는 '과도적 연방제' 통일방안과 경제·사회·문화 교류를 제안하였다.

1960년대에는 국방력 증강정책에 따라 일시적으로 군부가 강화되고 김창봉·허봉학 등 군부 강경파 세력이 득세하였다. 1968년 1·21 청와대 기습사건, 10월 울진·삼척 무장간첩 침투사건은 군부의 영웅주의·모험주의 방식에서 비롯되었다. 1968년 1월 23일 미군 정보함 푸에블로호 나포사건, 1969년 4월 미군 정찰기 EC-121기 격추사건 등 미국과의 군사적 충돌에 따라 한반도에는 전쟁위기가 조성되기도 했다.

1970년대 국제적으로 데탕트 정세가 조성되고, 미·중 관계가 진전되자 남북한 양측은 남북대화의 필요성에 공감하였다. 1971년 시작된 20여 차례의 비밀접촉과 수뇌부 회담 결과, 남북은 자주·평화·민족대단결의 3대 조국통일원칙에 합의하고 1972년 '7·4남북공동성명'을 발표하였다. 이후 남북은 직통전화를 설치하고 적십자회담을 지속하며 김영주·이후락을 공동위원장으로 하는 남북조절위원회를 구성하였다. 남북의 대표단과 기자단이 상호 방문하며 평화와 남북교류의 기대는 높아갔다. 그러나 남북 양측은 본질적 입장 차이를 극복하지 못하고 1년여 만에 대화는 중단되었다.

1980년대 남북관계는 레이건 정부의 대소 강경책과 남북 양측의 상호비난, 미얀마 아웅산묘소 폭파사건, 한미연합군사훈련 등 요인들로 인하여 대립과 긴장관계가 이어졌다. 통일방안 문제에서도 북한이 '고려민주연방공화국' 창설 방안을 내놓자 한국 정부는 '민족화합 민주통일방안'을 내세워 대응하였다. 1984년 북한이 남·북·미 3자회담을 수용하고 남한에 수해복구물자 지원을 제안한 것을 계기로 1980년대 중반 일시적인 교류·협력 분위기가 조성되었다. 남북적십자회담이 재개되었고, 이산가족 상봉, 예술공연단 교환, 체육 및 경제회담이 진행되었다.

1988년부터 남한 노태우정권은 북방정책을 추진하여 중국·소련과 관계 개선을 모색하고 7·7선언, 한민족공동체 통일방안을 제시하였다. 북한은 소련 및 동유럽 체제 전환에 따른 국제적 고립을 타개하기 위해 남북대화를 받아들였다. 1991년 채택된 남북기본합의서는 7·4남북공동선언을 계승한 남북 평화와 화해, 협력의 기본원칙을 천명한 것이었다.

북한의 주민생활

북한 일상생활문화의 기본 특징은 사회단체를 매개로 한 집단주의이다. 북한의 집단주의 생활문화는 해방 직후 북한 정권의 성립과 '민주개혁' 과정에서 형성되었다. 1946년 3월의 토지개혁은 과거 봉건·식민 권력에 억압받던 농민 대중이 북한 사회개혁의 주체로 성장한 극적인 사건으로 각인되었다. 이때부터 북한 주민의 집단주의적 생활은 농민동맹·직업동맹·여성동맹·청년동맹 등 사회단체 단위로 구축되어 나갔다.

1950년대 전후복구와 사회주의 기초건설 과정에서 전통적 생활문화가 해체되고 사회주의·집단주의 가치관이 확산되었다. 전쟁으로 인한 남성노동력의 손실과 사회주의 공업화에 따른 노동력 수요의 증가로 북한 당국은 여성의 직장 진출을 적극 장려하였다. 특히 농업집단화는 농촌 사회질서를 크게 바꾸어놓았다. 과거의 가족 단위 농촌경리는 협동화 후 작업반 단위 농촌경리로 개편되었다. 여성 조합원들은 남성과 동등한 분배를 받고 여성 작업반장들도 많아지면서 여성의 사회적 지위가 향상되고 전통적 가족관계도 변화되었다.

북한의 집단주의적 가치는 구성원 간의 사회적 평등과 물질문화생활의 보편적 향상을 추구하는 것이기도 했다. 1960~1970년대 주택 건설과 알곡 생산량 증가, 생필품 공업 발전으로 주민들의 생활수준이 향상되었다. 특히 1961년 '2·8비날론공장' 완공은 북한 주민의 의생활에 혁명적 변화를 불러일으켰다고 평가된다. 북한 자체의 원료와 기술로 비날론 섬유를 개발하였다는 점, 노동자들의 열성으로 최단기간 내에 공장을 완공하였다는 점(비날론 속도)에서 비날론은 '주체'의 상징으로 선전되었다.

북한은 점차 세금을 폐지하고 의무교육을 실시하며 무상치료제를 비롯한 사회보장제도를 마련하였다. 1970년대 '3대 기술혁명 과업'은 기술발전을 통하여 중노동과 경노동의 차이를 없애고, 농업노동과 공업노동의 차이를 없애며, 생활가전의 보급으로 여성을 가사일에서 해방한다는 방향에서 추진되었다. 1980년 개원한 '평양산원'은 호황기 북한의 사회보장제도를 과시한 대표적인 상징물이다.

교육과 문화예술

해방 직후 북한 성인문맹률은 90%에 달하였다. 북한은 문맹퇴치사업을 실시하는 한편, 6년제 인민학교와 중·고등학교, 성인학교를 설치하였으며, 김일성종합대학 등 고등교육기관을 설립하였다. 북한은 교육사업을 통하여 주민들 속에서 미신을 몰아내고 근대적 사상을 교육하여 정권에 협력하는 '인민대중'으로 개조하였다. 북한은 1956년 초등의무교육제를 실시한 이래 의무교육 범위를 점차 확대하여 1975년 11년제 무상의무교육제를 시행하였다. 1977년 김일성이 발표한 '사회주의 교육테제'는 북한 전체 구성원을 "주체형의 공산주의 혁명가"로 키우고 '온 사회의 인텔리화'를 실현한다는 목표를 내세웠다.

북한의 문화예술은 1940년대부터 민족주의와 사회주의적 특성이 공존하는 경향을 보였다. 이는 월북 문화인들의 참여, 소련문화 수입, 북한 정권의 전통문화 계승정책이 결합한 결과였다. 이러한 북한 문화예술은 1950년대 사회주의적 사실주의 예술양식으로 발전되었다. 북한의 문화예술인들은 조선문학예술총동맹에 결집하여 '혁명전통'을 형상화하고 민족문화전통을 현대적으로 재해석하며 모범적 노동자상을 창조하는 등 '주체사상'의 예술적 구현을 위해 활동하였다.

정전 직후 평양의 인적·물적 역량이 총동원된 평양시 복구건설사업은 평양의 오랜 역사·문화 전통을 보존한 현대적 계획도시를 건설하는 방향으로 진행되었다. 모란봉극장, 종합청사, 대동문영화관 등 개별 건축물들은 사회주의 특유의 신고전주의 양식과 한국의 전통 양식을 결합하였다. 농촌의 '협

1948년 평양을 방문한 중국 뤼신[鲁迅] 문예연구소 대표단과 평양의 예술가들(미디어한국학)
앞줄 오른쪽 첫번째가 최승희의 딸 안성희, 뒷줄 왼쪽 첫번째가 안막, 두번째가 정율성.

동마을'은 사회주의적 농촌경리에 유리하도록 계획되었으며, 새로운 사회주의 생활양식을 반영하였다. 주민들의 문화와 풍습 전반에서 전통문화를 재해석하고 취사선택한 토대 위에 사회주의적 노동규율을 융합하여 새로운 북한식 사회주의 문화를 형성하였다.

그러나 1960년대 말~1970년대 유일체제 확립기에는 북한 문화에서 민족 전통의 요소가 배제되고 항일무장투쟁 계승과 김일성 가계에 대한 충성이 강조되며 도식적이고 경직된 모습을 보였다. 건축면에서도 꾸밈 없이 실용적이며 표준화·규격화된 건물들이 양산되었다. 이러한 경직성은 1986년 '조선민족 제일주의'가 선언되어 전통적 생활문화와 민족전통의 가치가 부활할 때까지 지속되었다.

강호제, 2007, 『북한 과학기술 형성사 1』, 선인

기광서, 2018, 『북한 국가의 형성과 소련』, 선인

김광운, 2003, 『북한정치사 연구 1: 건당·건국·건군의 역사』, 선인

김선호, 2020, 『조선인민군: 북한 무력의 형성과 유일체제의 기원』, 한양대학교 출판부

김성보, 2000, 『남북한 경세구조의 기원과 전개: 북한 농업체제의 형성을 중심으로』,
    역사비평사

김수지 지음·윤철기·안중철 옮김, 2023, 『혁명과 일상: 해방 후 북조선, 1945~50년』,
    후마니타스

김재웅, 2018, 『북한 체제의 기원: 인민 위의 계급, 계급 위의 국가』, 역사비평사

김지형, 2008, 『데탕트와 남북관계』, 선인

서동만, 2005, 『북조선 사회주의체제 성립사:1945~1961』, 선인

서보혁·이창희·차승주, 2015, 『오래된 미래? 1970년대 북한의 재조명』, 선인

이신철, 2008, 『북한 민족주의운동 연구: 1948~1961, 월북·납북인들과 통일운동』, 역
    사비평사

이종석, 2006, 『조선로동당 연구』, 역사비평사

제22장

북한사 Ⅱ : 탈냉전기의 북한

세계사의 흐름 : 냉전 질서의 해체와 미·중 갈등의 심화

20세기 후반 소련 해체와 동유럽 사회주의 국가들의 체제 전환에 따라 냉전체제는 해체 수순에 접어들었다. 냉전의 해체는 소련과 중국, 그리고 여타 지역에서 서로 다른 양상으로 전개되었다. 냉전 종식 후 미국식 자유주의의 확산전략은 새로운 패권국가로 부상한 중국의 저항에 직면하였고, 신냉전이 출현하였다.

1980년대 소련은 사회주의적 계획경제와 정치체제가 누적하여 온 정치·경제적 모순을 해결하기 위하여 개혁·개방 정책을 추진하였다. 이는 소련공산당 내 친자본 세력의 성장을 불러왔고 소연방 내 분리주의를 자극, 결과적으로 소련 사회주의체제 붕괴 및 연방 해체를 야기하였다. 동유럽 각국에서도 시장경제와 민주화 요구가 거세어졌다. 헝가리와 폴란드는 총선을 통해 자유주의 체제로 이행하였다. 루마니아에서는 민중혁명으로 공산정권이 축출되었으며, 체코슬로바키아는 자유주의 정권 수립 후 체코와 슬로바키아로 분리되었다. 동독은 1990년 서독에 흡수통일되었다.

중국에서의 변화는 좀더 일찍 시작되었다. 1970년 중국·미국의 화해는 '데탕트' 시대를 열었다. 중국은 1970년대 일본·미국과 국교를 수립하였으며, 1976년 마오쩌둥 사망 후 실용주의적 개혁노선을 채택하였다. 베트남 역시 1986년 시장경제로 전환하는 개혁조치를 단행하였다.

한편 북한과 쿠바 및 제3세계의 사회주의 국가들은 서로 다른 형태로 탈냉전 시대를 받아들이고 있다. 북한에서는 냉전적 대결구도가 그대로 남아있는 상태에서 탈냉전의 위기가 중첩되었다. 특히 21세기 미·중 갈등은 한반도에 직접적으로 작용하였다.

서구 자유주의 진영의 중심인 미국은 냉전 해체 후 자유주의적 국제질서를 태평양 너머 아시아 지역에까지 확장시킨다는 인도·태평양 전략을 추진하고 있다. 반면 중국은 미국식 자유주의의 침투에 대항하는 새로운 패권국가 G2로 급부상하였다. 중국은 '하나의 중국'을 표방하며 해양강국 건설전략을 추진해 왔고, 이에 따라 대만·일본 및 동남아 국가들과의 해양 영토분쟁이 빈번히 발생하고 있다. 중국의 영해확장 전략과 미국의 인도·태평양 전략의 충돌은 현대 세계의 주요한 갈등 구도를 형성하고 있다.

중국의 권위주의 정치·경제체제와 대규모 디지털 감시체제는 천안문사태 이래 만들어진 서구 진영의 부정적 중국관을 계속적으로 강화시키고 있다. 뿐만 아니라 중국의 급속한 경제발전에 따라 국제경제구조에서 중국의 비중이 날로 확대되면서 서구 자본주의 진영의 위기의식은 증폭되었다. 결과적으로 미국의 자유주의 확장 전략에 정당성을 부여하면서 미·중 갈등은 군사적 대립으로 치닫고 있다. 역사적으로 중국 및 미국과의 관계에 크게 영향받아 온 북한은 미·중 갈등의 심화에 따라 더욱 복잡한 이해관계 속에 놓이게 되었다.

1. 탈냉전과 후계체제의 시작

북한의 후계 세습 논리

1990년대 초, 북한을 주시하는 외부세계는 김일성 사망 후 북한이 풍전등화의 처지에 놓일 것으로 보았다. 사회주의권 붕괴와 경제난 속에서 북한

1960년대 김일성의 군부대 현지지도를 수행하는 20대의 김정일 (미디어한국학)

은 오직 김일성의 절대권력과 1인 카리스마에 의존하여 체제를 지탱하는 것
으로 보였다. 많은 전문가들은 김일성이라는 구심력이 사라진 후 북한체제는
내적 결집력을 상실하여 빠르면 3일, 길어도 3년 이내에 붕괴할 것이라고 예
측하였다. 그러나 김일성 사후 30년이 지나도록 북한체제는 무너지지 않았
고, '수령'의 아들과 손자로 이어지는 3대 세습을 이어가며 여전히 체제를 유
지하고 있다.

오직 혈연을 이유로 권력을 승계한 후계자들이 어떻게 지도자의 권위를
인정받고 지도력을 행사하고 있는 것일까? 북한의 초대 지도자이며 '주체사
상의 창시자'이자 '영원한 수령'으로 추앙받는 김일성의 권위는 항일무장투
쟁과 정권수립의 오랜 과정을 통하여 역사적으로 형성되었고, 소련·중국이라
는 '형제당'의 권위와 '만주파' 원로들에 의하여 지탱되었다. 그에 비하여 김
정일은 비록 20여 년간 후계자로 경력을 쌓았으나 카리스마형 지도자가 아니
었고, 김정은은 권력을 승계할 당시 베일에 싸인 20대 후반의 젊은이였다.

북한에서 후계체제는 유일체계와 주체사상에 의하여 뒷받침되었다. 1970년을 전후하여 북한에서는 사상·정치·군사의 전 영역에서 수령이 당·국가의 정점에 선 '수령제' 정치체제가 확립되었다. 주체사상의 '혁명적 수령관'에서는 수령·당·인민이 하나의 생명체로 결합되어 있으며, 수령은 인민에게 사회정치적 생명을 부여하는 '뇌수腦髓'라고 설명된다. 그런데 수령의 권위와 역할이 절대적인 데 비하여 인간의 수명은 유한하므로, 수령의 절대적인 권력에 기반한 북한 체제는 안정된 후계체제에 의해서만 보장될 수 있었다. 즉, 북한에서 후계자의 의미는 체제를 안정적으로 지속·재생산한다는 데 있었다.

따라서 북한에서 후계자들은 수령의 '유훈'을 이어받아 후대에 실천할 것, 수령 생전에 수령의 권력에 도전하지 않을 것, 구성원들의 자발적 복종을 끌어낼 원천적 권위를 보유할 것 등 세 가지 조건을 갖추어야 했다. 이 가운데 가장 중요한 것은 세 번째의 '원천적 권위'였는데, 이는 김정일의 경우 '적장자'의 혈통, 김정은의 경우 '백두혈통'을 근거로 부여되었다.

1980년대 체제위기의 시작

제2차 7개년 계획(1978~1984) 기간 북한은 인민경제의 주체화·현대화·과학화를 추진하였다. 그러나 자본력이 극대화되어가는 국제적 흐름을 고려할 때, 적은 자본력으로 자력갱생을 추구하면서도 기술수준의 지속적 향상과 현대화를 달성한다는 목표는 애당초 실현하기 어려웠다. 제2차 7개년 계획 기간 북한의 공업총생산액은 2.2배 증가하여 원래 목표를 달성하였으나, 실질소득 증가는 목표에 훨씬 못 미치는 1.5배에 불과하였다. 국제적으로 소련·중국 등 사회주의 진영에서 실용주의 노선이 대두하고 사회주의진영 내 연대가 느슨해지는 시대적 변화 속에서, 북한은 안팎의 문제에 대처할 방안을 마련해야 했다.

북한은 구성원들에 대한 지속적인 사상적 독려와 집단주의적 경쟁운동을 통하여 성장 둔화에 대처하는 한편 경제개혁 조치를 시행하였다. 1984년 8월 북한은 대외 경제교류를 제도화한 '합영법'을 시행하여 서방국가들과의 합작 경영과 외국 자본 투자 유치에 나섰으나, 일본 조총련 기업 자본을 일부 유치했을 뿐 뚜렷한 성과를 거두지 못하였다. 1987년 북한은 제3차 7개년 계획을 발표하고, 공업생산 1.9배와 농업생산 1.4배, 국민소득 1.7배 증가를 목표하였다. 그러나 이 기간 북한은 물자부족으로 인한 성장 지체, 인민생활의 질적 저하를 겪으며 자력갱생 모델의 한계를 그대로 노출하였다.

1989년부터 동유럽 각국에서 사회주의 체제가 붕괴하고 소련·중국이 적극적으로 자본주의 진영과의 대화·협력을 추진하였다. 남북한 두 정부 역시 변화에 대응하여 상대 진영에 손을 내밀기 시작하였다. 북한은 미국을 상대로 평화협정 체결을 요구하고 북·미 고위급 회담을 거쳐 1994년 '제네바 합의'를 통해 북한 핵 동결과 미국의 경수로 지원에 합의하였다. 한국 역시 북방정책을 펼치며 소련·중국 등 사회주의 진영과의 교류에 나섰다. 1991년 남북관계에서는 '남북기본합의서' 채택과 유엔 동시가입이라는 기념비적 성과를 도출하기도 하였다.

그러나 1990년 한국·소련 수교에 이어 1992년 한국·중국 간에도 수교가 이루어지자 북한의 체제 고립은 심각해졌다. 북미관계 정상화가 실현되지 않은 상황에서 중국이 한중수교를 단행하고, 북·중 교역에서 중국이 기존의 구상무역 관행을 폐지하고 화폐결제를 요구하면서 북·중관계는 최악의 상황으로 냉각되었다. 외교적 고립과 미국과의 갈등, 경제적 어려움까지 더하여 북한은 한 치 앞을 내다볼 수 없는 체제위기에 직면했다.

'조선민족 제일주의'와 '우리식 사회주의'

북한은 외교적·경제적 고립을 타개하기 위하여 노력하였다. 1989년 평양에서 세계청년학생축전을 개최하고, 1992년 4월 20일 외국 사회주의 계열 정당 활동가들을 초청하여 "사회주의 위업을 옹호하고 전진시키자"는 '평양선

1990년 8월 개장한 '쑥섬 혁명사적지'(남북연석회의 개최지)와 통일전선탑.(미디어한국학)
북한은 1980년대 말부터 중도파 정치세력 및 민족주의 지식인들을 재평가하기 시작하였는데, 이는 변화된 국제환경 속에서 남북관계의 개선을 염두에 둔 조치였다.

평양시 역포구역 용산리의 동명왕릉(미디어한국학)
북한의 국보유적 제15호 동명왕릉은 2004년 유네스코 세계문화유산으로 지정되었다.

언'을 공동 채택하는 한편 비동맹 외교를 강화하였다. 1991년 라진·선봉 경제특구를 설치하여 대외무역 확대와 서방 각국과의 경제·기술적 협조를 모색하였다.

한편 새로운 지도자 김정일은 '조선민족제일주의'를 주창하여 구성원들 간의 단결과 낙관주의를 통하여 체제 불안을 극복하고자 하였다. 조선민족제일주의는 20세기 사회주의 진영의 공동번영 논리였던 '프롤레타리아 국제주의와 사회주의적 애국주의'를 대체하였다. 사회주의 진영의 해체로 '프롤레타리아 국제주의'의 가치가 사라지자 '사회주의적 애국주의' 대신 조선민족제일주의가 등장한 것이다. 부르주아 이데올로기로 배척하였던 '민족' 논리는 김정일에 의해 대담하게 부활하였다. 김정일은 조선민족제일주의의 근거로 '수령'의 영도력, 주체사상, 혁명전통, 북한식 사회주의, 민족의 고유한 역사 등 다섯 가지를 제시하였다. 이를 통하여 민족적 자부심과 우월감을 고취함으로써 주민들의 이탈과 동요를 막고 체제 결속을 도모하였다.

1991년 김정일은 '우리식 사회주의'를 선언하여 북한이 소련과 동유럽, 중국과는 다른 길을 모색할 것임을 분명히 하였다. 김정일은 동유럽 국가들을 '사회주의 배신자들'이라고 비난하면서, 수령·당·인민의 일심단결과 사회주의적 사상 무장을 더욱 강조하였다.

이어서 후계자의 권력 승계 절차가 진행되었다. 1990년 김정일은 국방위원회 제1부위원장, 1991년 인민군 최고사령관직에 차례로 오른 뒤, 1992년 공화국 '원수' 칭호를 받고 1993년 국방위원장에 취임하면서 군권을 최종적으로 인수하였다. 이로써 '수령'의 칭호를 제외한 권력승계 절차가 모두 마무리되었다.

2. 김정일 시대

'고난의 행군'과 '선군정치'

1994년 7월 김일성 주석의 사망과 함께 북한 사회는 사상 최대의 위기에 직면하였다. 미국과 핵·미사일 공방으로 전쟁 위기를 겪었고. 식량난과 에너지난, 의약품 부족으로 주민들의 고통은 심각해졌다. 행정·산업시스템이 교란되어 직장은 더 이상 근로자들의 생계를 보장해주지 못하게 되었다. 주민들은 거주지를 떠나 떠돌거나 비공식 경제영역에 진출했고, 이는 다시 공적 경제 침체와 행정시스템 붕괴의 악순환을 불러일으켰다.

출발부터 사상 초유의 위기에 직면하게 된 김정일 체제는 위기관리와 극복을 선결과제로 설정할 수밖에 없었다. 김정일은 현시대의 위기를 항일투쟁

시기에 빗대어 '고난의 행군'이라 명명하고, 항일유격대를 본받아 수령을 중심으로 일치단결하여 위기를 헤쳐나가자고 호소하였다. 그는 '유훈통치'와 '선군정치'로써 김정일식 위기관리체제를 구축하였다.

김정일은 "육체적 생명은 유한하지만 사회정치적 생명은 무한하다"는 '사회정치적 생명체론'의 내용에 근거하여 유훈통치를 제창하였다. 김일성 주석을 '영원한 수령'으로 받들고, 김일성의 출생일인 4월 15일을 '태양절'로, 구성원들을 '김일성민족'으로 정의하였다. 이는 '수령·당·인민대중의 혼연일체'를 바탕으로 수령 중심의 강성대국을 건설하겠다는 의지의 표현이었다.

김정일 시대의 통치방식은 '선군정치'로 요약된다. 북한은 위기 극복을 위하여 군이 가진 자원과 역량을 활용하고, 당의 사회통제 기능을 군 조직을 통해 보완하고자 했다. 오직 군 조직만이 자원과 역량을 보유하고 있었던 북한 현실에서 군대를 앞세운 선군정치는 불가피한 선택이었다. 김정일은 선군사상을 지도이념으로 내세워 군의 혁명성·조직성·전투력을 강조하였다. 모든 정치·사상적 역량을 국방위원회에 집중시키고 군대와 국방공업을 최우선으로 하는 '군사선행의 원칙'에 의거하여 사업하였다.

북한은 선군정치에 부합하도록 정치·경제제도를 개편하였다. 1998년 9월에 열린 최고인민회의는 김정일 국방위원회 위원장을 국가 최고수반으로 추대하였다. 또한 중앙인민위원회를 폐지하고 국방위원회가 행정사업과 국방사업을 통일적으로 관리하도록 하였다. 이에 따라 국방위원회는 상설적인 최고주권기관인 동시에 최고행정기관으로 자리매김하였고, 북한의 군사국가·병영국가 성격이 강화되었다.

사회경제적 변화 모색

1998년 식량위기가 다소 완화되자, 북한은 '고난의 시대'를 정리하며 체제를 정상 가동하기 시작하였다. 김정일 체제의 정식 출범에 즈음하여 북한은 주민들에게 희망을 줄 수 있는 새로운 정치적 구호로서 '사회주의 강성대

국론'을 내세웠다. 대외적으로도 북한 붕괴에 대한 국제사회의 인식을 불식하고 정권의 건재함을 과시할 필요가 있었다.

강성대국 건설론은 사상·정치의 강국, 군사의 강국, 경제의 강국 3가지 측면에서 추진되었다. 북한은 1998년 8월 '광명성 1호' 발사를 사회주의 강성대국 건설의 이정표를 마련한 성과이며 자립적 민족경제의 결실이라고선전하였다. 2000년 신년을 맞으며 북한은 사상 중시, 총대(군사) 중시, 과학기술 중시를 제시하였다.

2000년 6월 남북정상회담과 개성공단·금강산관광 등 남북협력사업 등으로 북한의 경제 및 안보 상황은 한층 호전되었다. 북한은 대집단체조와 예술공연 「아리랑」을 선보이며 북한식 사회주의를 대외적으로 과시하는 한편 외화벌이를 위한 문화자원으로 활용하였다.

2002년 7월 1일 북한은 '사회주의 경제관리 개선조치'(7·1조치)라는 일련의 경제개혁을 단행하였다. 우선 국정가격을 20배, 임금을 18배 인상하여 시장물가와 국정가격의 격차를 좁혔다. 공장·기업소 운영에 자율성을 확대하고 독립채산제를 강화하는 대신 당위원회의 역할을 축소하였다. 또한 사회보장제도를 유지하는 틀 안에서 배급제 가격을 인상하고 대신 다양한 수익제도를 도입하여 노동생산성 강화를 꾀하였다. 이러한 7·1조치는 북한식 '실리 사회주의'로 주목받았다.

우리식 사회주의 : 희생과 변칙의 시대

김정일 시대의 통치이념인 '우리식 사회주의'는 시대 변화에 맞추어 주체사상을 재해석한 것으로, 김정일이 후계자 시절 주체사상의 해석권을 독점하고 이를 체계화하고 집대성하는 과정에서 창안되었다. 김정일은 "혁명과 건설에서 나서는 모든 문제를 자주적 입장과 창조적 입장에서 자기 머리로 사고하고 판단하며 조선혁명의 요구와 우리 인민의 이익에 맞게 우리식대로 풀어나갈 것"을 강조하였다.

김정일은 1980년대 말 "우리식으로 살아나가자"는 구호를 내세워 외부 변화에 흔들림 없이 민족의 자주성을 수호할 것을 주장하고, '조선민족제일주의'를 내세워 북한을 여타 사회주의 국가들과 차별화하였다. 뒤이어 그 실체가 확실치 않은 '단군릉'을 발굴하고, '대동강문명론'을 창안하는 등 국수주의로 기울어지는 모습을 보였다.

1990년대 북한이 '우리식 사회주의'를 내세운 것은 체제 생존과 사회주의 옹호를 위하여 상당한 희생을 감내하고 변칙적 국가운영을 감행하겠다는 의미이기도 했다. 따라서 북한 주민들은 수령의 유훈을 지키고 사회주의를 옹호 고수하기 위하여 혁명적 경각성으로 무장하고 끊임없이 역경을 헤쳐나갈 것을 요구받았다. '선군정치' 역시 군을 전면에 세운 변칙적 국가운영이었다. 노동당 규약에 명시된 정례 일정은 거의 지켜지지 않았다. 당 대회는 5~10년 주기로 개최하는 것이 원칙이지만, 제3차 7개년 계획이 실패함에 따라 무기한 연기되었다.

2000년대 북한의 경제상황은 어느 정도 회복되었다. 그러나 김정일 시대 내내 당대회는 단 한 번도 개최되지 않았고, 비상시 국가체제인 국방위원회 체제가 고수되었다. 북한의 핵심 권력기구였던 당 정치국 상무위원회는 사실상 기능이 중단되고 대신 당 비서국이 당중앙위원회를 실질적으로 주도하였다. 1년에 1회 이상 소집하도록 규정된 당중앙위원회 전원회의 역시 1993년을 마지막으로 15년이 넘게 개최되지 않았다.

1·2차 남북정상회담과 경제협력

1998년 한국에는 김대중 정부가 출범하여 '햇볕정책'을 표방하며 대북 화해·협력을 제안하였다. 현대그룹 명예회장 정주영은 1998년 6월과 10월 두 차례에 걸쳐 1001마리의 '소떼 방북'을 실현시켜 남북 민간 경제교류의 물꼬를 텄다. 현대그룹과 북한은 금강산 관광사업과 경제합작에 합의하여 1998년 11월 해로를 통한 금강산 관광사업을 개시하였다.

2000년 6월에는 분단 이후 최초로 남북 정상 간의 만남이 성사되었다. 김대중 대통령은 6월 13일 평양을 방문하여 김정일 국방위원장과 정상회담을 가졌고, '6·15 공동선언'으로 통일문제의 자주적 해결과 상호 이해, 교류협력 등 5원칙에 합의하였다. 공동선언에 기초하여 2002년 경의선·동해선 철도연결사업, 남북 군사직통전화 개통, 북한 경제시찰단의 남측 방문 등 남북교류가 본격화되었다. 2002년 11월에는 금강산관광지구법과 개성공업지구법이 연이어 채택되었다. 이와 더불어 문화예술단 교환, 남북 역사학자 공동학술회의 개최, 아시안게임 응원단 파견 등 남북간 접촉이 활성화되었다.

2000년대 중반 북미관계 변화와 남한 사회 변화에 따라 남북관계는 경색되었다. 그럼에도 남측의 노무현 대통령과 북측의 김정일 국방위원장은 2007년 10월 제2차 남북정상회담을 극적으로 성사시켰다. 양측 정상은 「10·4선언: 남북관계 발전과 평화번영을 위한 선언」을 채택하여 6·15공동선언의 실천, 한반도 핵문제 해결을 위한 3자 또는 4자 정상회담 추진, 남북 경제협력사업 등 8개 항을 약속하였다. 10·4선언은 기존의 남북간 합의를 계승하여 상호 존중과 신뢰관계를 형성하기 위한 노력을 지속하였다는 점에서 의의를 가진다.

3. 김정은 시대: '정상국가'로의 길

3대 세습과 '국가'의 회복

김정은은 2009년 25세의 나이에 후계자로 내정되었다. 김정일의 건강 악화에 따라 긴급하게 이루어진 조치였다. 김정은은 당 조직을 장악하고, 이데올로기 해석권을 독점하며, 군부를 장악하는 등 3대 세습 절차를 빠르게 실행해 나갔다.

2010년 9월, 17년 만의 당 중앙위원회 전원회의가 개최되어 김정은을 당

중앙위원회 위원이자 중앙군사위원회 부위원장으로 선출하였다. 2010년 9월에는 44년 만의 당대표자회(제3차)를 열어 당 지도체제를 개편하고 당 규약을 후계체제에 맞게 개정하였다. 김정은은 10월 10일 노동당 창건 65주년 조선인민군 열병식에 등장하여 사열하였다. 이렇게 김정은 후계체제는 매우 짧은 기간에 완성되었다.

김정일이 2011년 12월 심근경색으로 사망하자 100일간의 국가추도기간을 치른 뒤 본격적으로 김정은 시대가 시작되었다. 2012년 4월 11일 조선로동당 제4차 당대표자회는 김정은을 당 제1비서 겸 정치국 상무위원, 당 중앙군사위원장으로 추대하였다. 뒤이어 4월 13일 최고인민회의는 김정은을 국방위원회 제1위원장으로 선출하고, 헌법을 개정하여 김정일을 '영원한 국방위원회 위원장'으로, 김정은을 "국가의 최고수위인 국방위원회 제1위원장"으로 추대하였다. 김정은은 4월 15일 김일성 주석 100회 생일(태양절)을 맞아 인민군 열병식을 열고 처음으로 대중 앞에서 연설하였다.

김정은은 3대 세습이라는 비정상적 방식으로 국가수반에 올랐으나, 국가운영의 변칙성을 해소하고 로동당 운영의 협의체를 복원하는 등 정상국가로의 회복를 지향하였다. 2016년 국무위원회를 신설하여 국방위원회 체제를 종식하였고, 비서국을 폐지하고 정무국을 새로 설치하였다. 과거 김정일이 비상시국에 대처하기 위해 운영한 국방위원회 및 비서국 운영체제를 없애고 당·국가체제를 복원하기 시작한 것이다.

2016년에는 무려 36년 만에 제7차 당대회를 개최하였고, 5년 후인 2021년 제8차 당대회를 개최하여 당대회는 정례화하였다. 이처럼 김정은 체제의 북한은 정상적인 당·국가체제의 틀 속에서 운영될 것임을 알렸다.

김정은 시대 북한의 변화
김정은 시대 북한은 '김일성·김정일주의'를 당의 유일한 지도적 지침으로 규정하면서도 국가운영을 위한 합의체를 복원하고, 지도자가 배우자를 대동하여 국제무대에 모습을 드러내는 등 앞선 시대와의 차별성을 드러내며 '정상국가'로 변화하기 위한 시도를 계속하였다. 가장 역점을 둔 것은 경제의 재건·발전을 위한 유연하고 실용적 노선의 추진이었다. 김정은이 내세운 '새 세기 산업혁명'은 '자주'와 '선군'을 계승하는 한편 '지식경제'를 표방하였다.

북한은 2011년 국가경제개발 10개년 계획을 수립하고, 경제특구를 확장하는 등 경제 재건에 나섰다. 2013년에는 '경제건설 및 핵무력 건설 병진노선'을 채택하였다. 2017년에는 6차 핵실험 성공에 따른 핵무력 완성을 선포하였고, 이듬해 '경제·핵 병진노선'의 승리적 종결과 '사회주의 경제발전 총력노선'을 선언하였다.

2018년 남북 및 북미 간 정상회담이 성사되면서 종전선언과 평화협정 체결에 대한 기대가 높아지자 북한의 경제·군사노선도 한층 유연해졌다. 2019년 4월 개정 헌법에 사회주의 기업책임관리제를 명시하고 실리보장을 내세우는 등 경제개혁 조치를 공식화·제도화하였다.

그러나 2019년 미국과의 '하노이 협상' 결렬 후 북·미관계가 급속도로 냉각되고, 국제사회의 대북제재가 다시금 심화되었다. 이에 북한은 외부의 압박과 경제건설에 정면돌파 자세로 나설 것임을 선포하면서 '자력부강', '자력번영'을 강조했다. 뒤이어 자력갱생과 핵·미사일 무장, 당적 통제 강화 등을 핵심요소로 하는 '새로운 길'을 표명하였다. 이는 대북제재 국면의 장기화를 기정사실화하고 국방력 강화를 통해 자주권과 생존권을 지킬 것임을 선언한 것이다.

2020년 전 세계를 휩쓴 코로나바이러스감염증-19 확산과 수해의 여파로 북한의 대내외 상황은 한층 악화되었다. 북한은 경제계획 달성 실패와 대외 안보환경의 악화 속에서 신형 대륙간탄도미사일ICBM, 전술핵무기의 다량 생산, 핵탄 보유량 증대 등을 추진하고 있다. 당 및 국가기구체계 면에서도 2016년 정무국으로 개편되었던 비서국을 2021년 다시 설치하여 노동당의 상시 집행기관이자 당내 핵심부서로 부활시키는 등 '비정상적' 과거로 회귀하는 모습을 보이고 있다.

3~5차 남북정상회담과 국제관계

2017~2018년은 남북관계의 해빙기였다. 김정은은 2017년 핵무력 완성을 선언한 자신감에 기초하여 2018년부터 남북대화의 필요성을 언급하였다. 한국에서도 '촛불정부'가 탄생하여 한반도 평화와 남북대화의 기대감이 높아갔다. 미국 역시 '전략적 인내' 정책을 버리고 대북 협상으로 방침을 전환하였다. 2018년 2월 평창동계올림픽을 계기로 남북대화 분위기는 빠르게 무르익어갔다.

2018년 4월 27일, 문재인 대통령과 김정은 국무위원장 사이에 3차 남북정상회담이 성사되었다. 양측 정상은 「한반도의 평화와 번영, 통일을 위한 판문점 선언(4·27판문점선언)」을 공동 발표하였다. 선언에서는 남북관계의 전면적·획기적인 개선과 발전을 이룩하여 끊어진 민족의 혈맥을 잇고 공동번영과 자주통일의 미래를 앞당겨 나갈 것, 한반도에서 군사적 긴장상태를 완화하고 전쟁 위험을 해소하기 위하여 노력할 것, 한반도 평화체제 구축을 위하여 적극 협력할 것을 명시하였다. 선언은 평화·번영과 비핵화를 위한 구체적인 방안을 담고 있다는 점에서 2007년 '10·4남북공동선언'을 계승·발전시킨 성과라고 평가된다.

같은 해 5월 26일에는 4차 남북정상회담이 성사되었다. 이 회담은 6월로 예정되었던 북미정상회담 대책 논의를 위하여 불시에 마련되었다. 4차 정상회담은 남북 정상의 상시적 소통을 통하여 중대 현안을 해결하였다는 점에서 한반도 평화가 현실화되고 있다는 기대감을 증폭시켰다. 5차 남북정상회담은 2018년 9월 18일부터 20일까지 평양에서 진행되었다. 양측은 비핵화, 군사·경제·이산가족 등 문제를 합의한 「9·19 평양 공동선언」을 발표하였다.

이처럼 남북은 2018년 한 해 동안 3차례 정상회담을 갖고 공동선언과 북미대화라는 구체적 성과를 달성하였다. 이 시기 양측 정상이 허물없는 호의를 표하는 모습에 한반도 전체는 민족화해의 축제 분위기에 젖어들었다. 그러나 이후 북미회담에서 성과를 도출하는 데 실패함에 따라 남북관계는 교착되었다. 2023년 말 북한은 남북관계를 "적대적인 두 국가, 교전 중인 두 국가 관계"로 규정하며 대남·국제정책의 전면적 전환을 선언하였다.

4. 북한 핵 및 인권 문제의 원인과 전개

한반도 핵문제의 연원과 '1차 북핵위기'의 촉발

한국전쟁기 미국의 핵위협과 1958년 주한미군의 핵무기 배치에 따라 핵무기의 직접 위협을 겪어 온 북한은 1950년대부터 원자물리학 연구사업을 시도하였다. 소련을 중심으로 한 '원자력의 평화적 이용' 운동과 모스크바 합동핵연구소 사업에 참여하는 한편 과학원 물리수학연구소에 원자물리연구실을 설치하였다. 북한은 1970년대부터 원자력발전소 건설을 본격적으로 추진하였고, 1985년 12월 핵확산금지조약NPT에 가입하였다.

1980년대 말, 소련의 해체와 사회주의권 붕괴로 전통적인 동맹국가들이 사라지자 북한은 홀로 체제불안과 안보위기에 대처해나가야 했다. 특히 미국 및 일본에 대한 군사적 열세는 북한의 위기의식을 가중시켰다. 따라서 1990년대 이후 북한의 대외관계에서 가장 중요한 것은 미국·일본과의 관계정상화와 군사적 열세의 극복이었다. 북한 지도부는 '핵 카드'를 내밀어 생존을 위한 돌파구를 찾고자 하였다.

미국은 1991년 소련과 합의 하에 주한미군에 배치한 핵무기를 철수하였다. 1992년 초 「한반도 비핵화 공동선언」을 통하여 남북은 핵무기를 개발하거나 핵 재처리시설과 우라늄 농축시설을 보유하지 않고 핵에너지를 평화적으로만 이용할 것, 상호 협의 하에 핵사찰을 실시할 것에 합의하였다. 그런데 국제원자력기구IAEA가 북한의 핵개발 의혹을 근거로 군사시설에 대한 특별 핵사찰을 요구하자 북한은 이를 거부하고 1993년 NPT 탈퇴를 선언하였다. 이에 따라 1차 북핵위기가 발생함으로써 한반도에서 전쟁 위기가 촉발되었다.

2차 북핵위기와 북한의 핵무력 완성 선포

북·미 핵공방으로 초래된 전쟁 위기는 1994년 6월, 카터 전 미국 대통령의 방북을 계기로 극적으로 해소되었다. 북한과 미국은 1994년 10월 「제네바 기본합의서」를 채택하여 북한이 핵개발을 중단하는 대신 미국이 북한에 경수로를 건설하고 중유를 지원한다는 데 합의하였다. 또한 북·미 양측은 장차 양국관계의 완전한 정상화를 추진할 것을 약속하였다.

그러나 제네바 합의 이후 북·미간에는 절차 등 세부문제에 대한 의견 불일치, 북한의 미사일 개발문제, 금창리 지하 핵시설 의혹 등으로 공방이 계속되었다. 북한은 미사일 개발이 핵문제와 관련 없는 자위권 영역에 해당한다고 주장하였으나, 주변국은 이를 핵무기 개발의 일부이자 호전적 무력시위로 간주하였다. 또한 미국은 지하 핵시설 의혹을 제기하며 현지 조사를 주장하였으나, 북한은 자국 군사기밀이라면서 불허하였다.

1999년~2000년에는 한국 정부의 햇볕정책 국면 속에서 미국 또한 기존의 대북 강경노선에서 한 발 물러나 북미간 관계정상화 노력이 진행되었다. 1999년 9월 베를린에서 개최된 고위급회담을 통해 북미는 대북 경제제재 해제와 장거리미사일 추가시험발사 중단에 합의하였다. 2000년 10월 워싱턴에서 「조·미 공동코뮤니케」로 적대관계 종식에 합의하고, 「반테러 공동성명」을 채택하였다. 클린턴 행정부 시기 '페리 프로세스'를 추진한 결과 북미 핵·미사일 문제는 해결되는 듯 보였다.

그러나 2001년 출범한 미국 부시 행정부는 북한을 '악의 축'으로 규정하고 북한에 대한 강경대응을 선택하였다. 이에 북·미간 기존 협정들은 유명무실해졌다. 북한이 2003년 미국의 중유 공급 중단을 비난하며 NPT를 탈퇴하고 핵시설 재가동에 돌입하자 2차 북핵위기가 발생하였다.

북미정상회담(2018년 6월 싱가포르)

　이처럼 북한은 미국이 초강경 정책을 취할수록 핵카드를 꺼내들고 맞서는 '벼랑 끝 전술'을 통해 체제 생존을 모색하였다. 이후 북한은 미국과의 대결 속에서 핵무기와 미사일 개발을 병행하였다. 북한은 2012년 헌법을 개정하여 북한이 핵보유국으로 전환되었음을 선언하였다. 2013년에는 「우주개발법」을 제정하고 국가우주개발국을 신설하였으며, 핵무장을 지속적으로 추진하였다. 2017년 9월 북한은 6차 핵실험을 진행하였고, 11월 정부 성명으로 '국가핵무력 완성'을 선포하였다.

　2018년 북한은 한국·미국의 정치적 변화와 핵보유국으로서의 자신감에 기반하여 북미대화와 남북대화를 성사하였다. 북한이 비핵화 의지를 드러내며 한국·미국과의 관계개선에 적극적으로 나선 것은 국제적 고립을 타개하고 북한을 '정상국가'로 변화시키기 위한 노력이었다. 그러나 2019년 하노이 북미정상회담의 결렬 이후 북한은 대외정책을 다시금 수정하였다. 2020년대 러시아·우크라이나 전쟁, 남한 정부의 '가치외교' 등 정세 변화와 맞물려 북한은 중국 및 러시아와의 우호·동맹을 강화해나가고 있다.

북한인권문제

1948년 12월 유엔총회는 "인권과 기본적 자유에 대한 보편적 존중과 준수"를 회원국의 의무로 규정하였다(세계인권선언). 유엔총회는 1966년「경제적·사회적·문화적 권리에 관한 국제규약(사회권규약·A규약)」과「시민적·정치적 권리에 관한 국제규약(자유권규약·B규약)」을 채택하였다. 북한은 1981년 두 규약에 모두 가입하였다.

그러나 북한의 인권상황에 대하여 국제사회의 불신은 매우 깊다. 북한에서 일어나는 중대한 인권침해 사례로 개인의 자유와 권리 제약, 공개처형, 정치범수용소, 종교의 자유 탄압, 거주·여행 제한, 성분 분류에 따른 제도적 차별 등이 종종 지적된다. 이같은 북한의 인권침해 사례는 대체로 B규약(자유권규약)에 대한 침해이다. 자유권규약위원회는 1997년과 1998년 북한에 인권개선을 권고하였다.

2000년대 유엔인권이사회와 유엔총회는 매년 북한인권결의를 채택하는 등 더욱 조직적·상시적으로 북한인권문제를 제기하였다. 2013년 구성된 '북한인권조사위원회'는 1년간의 조사활동 후「북한인권보고서」를 제출하였다. 보고서는 북한에서 김정은 제1비서의 직접 책임 하에 "체계적이고 광범위하며 심각한 인권 침해"가 자행되고 있다고 주장하고, 유엔 안보리에서 임시 형사재판소를 구성하여 북한 인권범죄를 조치할 것을 권고하였다. 국제사회는 이 보고서에 근거하여 2015년 유엔인권 서울사무소를 개설하는 등 직접적인 행동에 나섰다. 다만 보고서는 북한 방문조사 없이 증인 면담과 공청회 등 간접조사만을 통해 작성되었으므로, 조사 과정의 타당성과 정보원의 대표성 문제가 지적되었다.

한편 북한은 인권 관련 법조항을 마련하고 국제 인권단체 활동에 협조하는 등 국제사회의 의구심에 대처하여 왔다. 북한은 1990년「아동권리협약」,

2001년 「여성차별철폐협약」, 2014년 「아동의 매매·성매매·아동음란물에 관한 아동권리협약 선택의정서」, 2016년 「장애인권리협약」에 가입·비준하였다. 2009년 4월 개정 헌법 제8조에는 "인권을 존중하고 보호한다"는 조항이 추가되었다. 2017년 아동권리위원회·여성차별철폐위원회 심의 및 유엔 장애인 인권 특별보고관의 방북을 허용하였고, 2019년 1월에는 장애인권리협약 이행보고서를 제출했다. 또한 유엔 전체 회원국의 인권상황을 점검하는 「보편적 정례 검토」에 참여하여 2009년부터 4~5년 주기로 심사에 응했다.

한편 북한은 인권문제에 대한 외부의 공격이 불합리하다며 항변하고 있다. 북한은 '우리식 인권'을 내세워 언론·출판·집회·결사의 자유와 신앙·거주이전의 자유 등 시민적·정치적 권리보다 시민들에 대한 물질적 보장, 문화시설 보장, 남녀평등 등 경제적·사회적·문화적 권리가 더 중요하다고 강조하였다. 나아가 개별 인간의 자유보다 국가·집단의 자유, 생존의 권리를 주장하며 국제사회의 압박에 대응하고 있다.

참고문헌

김진환, 2012, 『동북아시아 열국지 1: 북·미 핵공방의 기원과 전개』, 선인

백학순, 2010, 『북한 권력의 역사: 사상·정체성·구조』, 한울

와다 하루끼 지음·남기정 옮김, 2014, 『와다 하루끼의 북한현대사』, 창비

이종석, 1994, 『조선로동당 연구』, 역사비평사

임동원, 2015, 『피스 메이커: 남북관계와 북핵문제 25년』, 창비

정영철·정창현, 2018, 『평화의 시선으로 분단을 보다』, 유니스토리

정창현, 2013, 『북한, 다름을 만나다』, 선인

통일부 통일교육원, 2023, 『2023 북한이해』, 국립통일교육원

　19세기 후반부터 21세기 초반의 오늘에 이르는 150여 년의 한국근현대
사는 문자 그대로 '파란만장한 역사'였다. 세계사의 모든 문제가 한반도에서
압축되어 터져 나왔다고 해도 과언이 아닐 정도로 한반도에서는 세계사와 관
련된 수많은 사건이 일어났다. 하지만 한국인들은 이러한 사건들에 능동적인
자세로 대처하여 주어진 현실을 극복해 왔다.

　또 이 시기는 세계사적으로도 변화의 속도가 매우 빠른 시기였다. 농업사
회에서 산업사회로, 산업사회에서 정보사회로 빠르게 변화하는 역사의 흐름
속에서 한국인들은 적극적인 자세로 대처하여 앞날을 개척하고 나름의 성취
를 이루어왔다. 따라서 이 시기의 한국사는 '시련과 극복', '도전과 성취'라는
단어로 요약될 수 있을 것이다.

시련과 극복, 도전과 성취

　개항 이후 조선은 일본, 청국, 서구열강의 정치적 간섭과 경제적 침략으로
인해 사실상 반식민지상태에 놓였다. 특히 1882년 이후 청국의 간섭, 1894
년 청일전쟁 이후 일본의 간섭, 1896년 아관파천 이후 러시아의 간섭으로 조
선(대한제국)의 자주독립국 지위는 크게 흔들렸다. 1904년 러일전쟁 이후 일본
은 열강의 묵인 아래 한국을 보호국으로 만들고, 외교권 박탈뿐만 아니라 내
정간섭까지도 서슴지 않았다. 나아가 1910년 일본은 마침내 한국을 강제로

병합하였다.

이로써 한국은 국권을 상실하고 일본의 식민지가 되었다. 이후 35년 동안 한국인들은 일본의 식민지배 하에서 살아야만 하였다. 일본의 식민지배는 한국인의 정치적 권리의 완전 박탈, 한국인의 일본인으로의 정치적·문화적 동화, 일본인과 한국인의 민족적 차별, 일본 자본의 한국경제 장악과 각종 물자 및 노동력 수탈, 한국인의 언론·집회·결사의 자유 박탈 등으로 요약된다.

한국인은 잃어버린 나라의 주권을 되찾기 위해 줄기차게 민족해방운동(독립운동)을 전개했다. 3·1운동은 그 대표적인 것이었으며, 그 이후에도 수많은 사람들이 이 운동에 참여했다. 그들은 민족주의·사회주의·아나키즘 등 다양한 사상을 수용하여 운동의 이념적 기반으로 삼았다. 민족해방운동은 국내외에서 계몽운동, 외교운동, 무장투쟁, 의열투쟁, 임시정부운동, 노동·농민운동, 청년·학생운동, 여성운동 등 다양한 방향으로 전개되었다. 태평양전쟁이 발발하자 대한민국임시정부는 좌우세력으로 연합정부를 구성하고, 광복군을 창건하여 일본에 선전을 포고하였다.

2차 세계 대전이 끝나갈 즈음, 연합국 수뇌들은 전쟁이 끝나면 한국을 독립시키기로 합의했다. 이는 한국인이 줄기차게 벌여온 독립운동을 그들도 잘 알고 있었기 때문이다. 1945년 8월 15일 2차 세계대전이 끝나면서 한국은 일본의 지배에서 벗어나 해방될 수 있었다. 그러나 미국과 소련 두 나라의 군대는 일본군 무장해제를 구실로 한반도를 분할 점령했다. 미국과 소련은 모스크바삼상회의를 통해 한반도에서 5년간 신탁통치를 실시하기로 합의했다. 반면 대다수 한국인들은 즉각적인 독립을 원했다. 1947년 들어 미국과 소련은 냉전상태에 들어갔다. 결국 신탁통치 문제를 협의하기 위한 미소공동위원회는 좌절되었고, 1948년 한반도에는 친미, 친소 두 개의 분단 정부가 들어서게 되었다.

남북한의 분단 정부는 체제경쟁 상태에 들어가게 되었고, 미소간의 냉전이 격화되면서 1950년 북한은 소련의 지원을 얻어 남한을 전면 공격하였다. 미국은 유엔군을 조직, 참전하여 남한을 도왔고, 중국도 참전하여 북한을 도왔다. 양측은 일진일퇴 공방전을 벌였고, 결국 전선은 소강상태에 빠졌다. 이후 긴 협상 끝에 1953년 7월 비로소 휴전협정이 조인되었다.

남북한의 전쟁으로 인한 인적, 물적 피해는 대단히 컸다. 그러나 북한은 소련과 동구권의 지원으로, 남한은 미국의 지원으로 생각보다 빨리 전쟁의 폐허를 극복하고 다시 일어섰다. 남한은 1960년대 이후 외자유치와 수출중심, 저임금 노동력 이용을 골자로 하는 경제개발계획으로 서서히 세계 최빈국 대열에서 벗어나기 시작하였다. 1980년대에는 3저 호황으로 비약적인 성장을 할 수 있었다. 그리하여 1990년대에는 OECD에 가입할 수 있을 정도가 되었다. 그러나 1997년 IMF사태로 한국경제는 큰 시련을 겪어야만 했다. 다행히 중국과 동남아시아의 경제성장, 반도체와 자동차 수출의 호황 등에 힘입어 한국경제는 다시 일어서 국내총생산GDP이 세계 10~20위 권에 도달하게 되었다.

1980년대까지 한국의 정치는 이승만, 박정희, 전두환 정권으로 이어지는 민간독재, 군부독재로 얼룩졌다. 민주 정치는 제대로 시행되지 못하였고, 국민의 자유와 인권은 억압당하였다. 야당과 지식인, 학생들은 민주화를 위한 운동을 줄기차게 벌였다. 4·19혁명, 반유신운동, 5·18민중항쟁 등 수많은 이들이 참여한 민주화운동은 마침내 1987년 6월항쟁을 통하여 독재정치를 종식시켰다. 이후 민주화는 점진적으로 진행되었으며, 여야 간에 정권교체도 몇 차례 이루어졌다.

이와 같이 한국인들은 식민, 분단, 전쟁, 독재, 빈곤이라는 갖가지 시련을 겪으면서도 결코 좌절하지 않고 이를 극복하기 위해 노력해왔다. 그 결과 비록 분단은 극복하지 못했지만, 남한에서는 민주화와 경제성장이라는 두 마리 토끼를 모두 잡았다고 평가되고 있다.

남은 과제와 새로운 과제

한국인들은 수많은 시련을 극복하면서 적극적인 도전을 통해 상당한 성취를 이루어냈지만, 모든 과제를 해결한 것은 아니었다. 1990년대 들어 미소 간의 냉전은 끝났지만, 남북한 분단체제는 여전히 계속되고 있다. 한때 해빙 무드를 보였던 남북관계는 다시 악화되어, 통일의 길은 갈수록 멀어지고 국민들의 통일지향의식도 점점 약화되고 있다. 북한의 핵무기 개발, 미국과 북한, 남한과 북한 간의 긴장 고조로 인하여 언제 전쟁이 다시 일어날지 모른다는 우려도 여전히 계속되고 있다. 북미관계, 북일관계, 남북관계의 개선을 통한 분단의 극복은 향후 남북한이 해결해야 할 가장 큰 과제로 남아 있다.

정치적 측면에서 남한의 민주주의 체제도 아직 안정화되지 못하였다. '87년체제'는 '제왕적 대통령제' '양당중심제' 등으로 그 한계가 지적되고 있다. 권력기구 간의 견제와 균형, 사회의 다원화와 여론의 다양화를 반영하는 제도적 장치의 도입이 필요하다는 여론이 높아져 가고 있다.

사회경제적 측면에서는 1990년대 IMF 사태 이후 심화되고 있는 빈부격차의 확대, 즉 사회양극화 문제를 제대로 해결하지 못하고 있다. 수도권과 지방 사이의 불균등 발전과 이로 인한 인구의 수도권 집중은 더욱 심화되고 지방은 공동화되어 가고 있지만, 한국사회는 해결 방안을 찾지 못하고 있다.

그런 가운데 21세기 들어 새로운 도전이 몰려오고 있다. 국제적으로 보면, 중국이 경제발전에 힘입어 미국과 경쟁할 정도의 강대국으로 부상하면서 한반도 주변의 정세는 크게 변하고 있다. 미-중 간의 갈등이 심화되는 가운데 한국은 미국·일본·중국·러시아와 어떤 관계를 가져야 할 것인지 신중하게 고려해야 할 처지에 있다. 전 지구적으로 보면 기후위기는 이미 눈앞에 닥쳐와 있다. 기후위기로 인한 생태계의 변화, 자연재해의 빈발은 한반도 주민의 삶에도 커다란 영향을 미치고 있다. 또 급격한 세계화로 인하여 코로나19와 같은 신종 바이러스의 신속한 세계 확산(팬데믹)은 향후 더욱 자주 일어날 것으로 예상된다. 여기에 더하여 인공지능 시대가 개막되면서 산업구조도 크게 개편될 것으로 전망되고 있다.

국내적으로는 급격한 노령화, 저출생 문제가 한국 사회에 커다란 변화를 일으키고 있다. 모든 측면에서 확대일로를 걸어온 한국사회가 이제는 축소일로를 걸어야만 하는 상황이 되었다. 노동인구는 줄어들고 경제성장은 둔화될 것이며 젊은 세대의 노년 세대에 대한 부양 부담은 더욱 커질 것이다. 또한 노동력 부족으로 외국인 노동자들이 계속해서 들어와 한국은 서서히 다민족 국가로 변해갈 것으로 보인다. 한국은 지금까지 한 번도 가보지 못한 길을 가야 한다.

한국근현대사에서 시련과 극복, 도전과 성취의 주역은 바로 평범한 한국인들이었다. 지난 150여 년간 한국의 교육수준과 문화수준은 크게 높아졌으며, 정치의식과 사회의식도 크게 높아졌다. 이를 바탕으로 한국인은 시대의 과제를 하나하나 해결해왔다. 앞으로 한국사회의 남은 과제, 새로운 과제를 해결해 나갈 주역도 바로 이들일 것이다.

:: 편저자

박찬승

한양대학교 사학과 명예교수.
주요 저서로『한국근대정치사상사연구』『마을로 간 한국전쟁』『1919』『혼돈의 지역사회』『근대이행기 민중운동의 사회사』등이 있다.

이승일

한양대학교 사학과 교수.
주요 저서로『일제 식민지법 체제와 조선통치』『근대 한국의 법, 재판 그리고 정의』등이 있다.

김지형

서원대학교 역사교육과 교수.
주요 저서로『데탕트와 남북관계』『남북을 잇는 현대사 산책』등이 있다.

:: 공동저자 (가나다 순)

김민석

한양대학교 비교역사문화연구소 연구교수.
주요 논저로『갑오개혁·대한제국기 지방제도 개편과 지방자치 논의』,「전통적 華夷論의 변천과 崔濟愚의 文明觀」「일본 외유기(1901~1905) 孫秉熙의 '文明' 개념과 文明論」등이 있다.

김보영

인천가톨릭대학교 강사.
주요저서로『전쟁과 휴전-휴전회담 기록으로 읽는 한국전쟁』『한국전쟁기 남·북한의 점령정책과 전쟁의 유산』(공저)『구술로 본 한국현대사와 군』(공저) 등이 있다.

류승주

고려대학교 독일어권문화연구소 연구교수.
주요 논저로『재중 동포의 현대사』(공저)「북한의 민족문화전통과 항일혁명전통 수립(1945~1967)」 등이 있다.

백선례

국사편찬위원회 편사연구사.
주요 논문으로『조선총독부의 급성전염병 예방 대책 변화』,「위생비로 본 조선총독부 방역 정책」「1940년대 초 조선총독부 후생국의 신설과 폐지」 등이 있다.

양지혜

동북아역사재단 연구위원.
주요 논저로『한국근대사 연구의 쟁점』(공저)『일제하 일본질소비료(주)의 흥남 건설과 지역사회』 등이 있다.

이명종

전 한양대학교 사학과 강사
주요 저역서로『근대 한국인의 만주 인식』『국역 한국근대민사판결문』(공저)『새로운 현대 역사학의 명저들』(번역) 등이 있다.

정대훈

국사편찬위원회 편사연구사.
주요 논저로『해방 이후의 전원(電源)개발구상과 전력산업 개편』『공공역사를 실천 중입니다』(공저) 등이 있다.

정종원

한양대학교 사학과 강사.
주요 논문으로「유형원과 정약용의 경세서에 나타난 국가개혁사상 비교 시론」『독립신문』의 국제정치관 연구」 등이 있다.

최은진

국사편찬위원회 편사연구사.
주요 저서로『종속과 차별 : 식민지기 조선과 일본의 지주제 비교사』『식민지지주제와 소작정책의 식민성』『투자 권하는 사회』(공저) 등이 있다.

세계사 속의 한국근현대사

초판 1쇄 발행 | 2024년 1월 22일
초판 2쇄 발행 | 2024년 9월 10일

편저자 | 박찬승·이승일·김지형
발행인 | 한정희
발행처 | 경인문화사
등록번호 | 제10-18호(1973년 11월 8일)
주   소 | 경기도 파주시 회동길 445-1 경인빌딩 B동 4층
전   화 | 031-955-9300 팩   스 | 031-955-9310
홈페이지 | http://kyungin.mkstudy.com
이메일 | kyungin@kyunginp.co.kr

ISBN 978-89-499-6773-8   03910
값 29,000원